新版
日本外交史ハンドブック

［第二版］　　　解説と資料

増田 弘・佐藤 晋［編著］

有信堂

はしがき

　21世紀はどのような時代になるのだろうか。19世紀から20世紀へと移行してまもなく、ノーベル平和賞受賞者のノルマン・エンジェル（Norman Angel）は名著『大いなる幻想（The Great Illusion）』で、将来における戦争の限界と終焉を大胆に予言した。いわく、「現代の社会は分業の進歩と交通の発達とに基づいて起った信用制度及び商業的契約の上に築かれたものである。されば戦争に依って、此の信用制度及び商業的契約を破壊することは、啻に戦敗国に苦痛を与うるに止らず、戦勝国も亦戦敗国と同様なる損害を蒙り、何等の利益を得る余地もない」と。

　つまり、一度戦争が起これば、全世界に張りめぐらされた国際経済貿易金融システムは破壊され、発達を遂げた近代的な社会ネットワークは断絶されるため、戦争勝利国も敗戦国もともに甚大な損害を受けることになるから、もはや戦争は不可能となりつつあるが、「今以って戦争の止み難いのは、此の理を覚らず、戦争は矢張勝者に利益を齎すものと幻想せるが故である」。このようなエンジェルの論理の背後にはヒューマニズムが息づいていたとはいえ、グローバルかつ経済合理主義の見地から、戦争の困難性を鋭く指摘したところに画期的意義があった。

　ただし20世紀という時代を鳥瞰すると、エンジェルの予想は大きく外れた。それどころか、19世紀には経験することがなかった世界大戦という大惨禍を2度も人類にもたらした。第一次大戦を通じて数千万もの死傷者を出した結果、国際社会は国際連盟というプラトン以来の世界国家という理想の突端まで到達したが、わずか20年後の第二次大戦の勃発を阻止できなかった。国際連合という連盟を補完する超国家的機関を再構築したものの、東西冷戦が40年にも及んだことは周知のとおりであり、20世紀が「戦争の時代」と総括される所以である。

21世紀に進んだのちも，9・11テロ事件をはじめ，アフガン戦争，コソボ戦争，イラク戦争と地域紛争は止むことはない。インド，パキスタンの核保有につづいて，イラン，北朝鮮などの核疑惑も生じている。また石油・天然ガスをはじめとする資源争い，環境汚染や地球温暖化や自然災害による地球規模の危機，食糧や飢餓・エイズ・麻薬問題まで含めれば，国際的な難問が山積状態にある。NGO（非政府組織）や **NPO**（非営利組織）の活躍は目覚しいが，国連をはじめとする国際機関の役割はいまひとつといった感が強い。

　ではこのような国際情勢や国際環境の変化するなかで，日本は一体どのような外交を展開してきたのだろうか。外交とは「互いに異なる利益・価値観をもつ国々のなかにあって，相手国の異なる利益・価値観を認識し，利益・価値観が互いに対立するときに，どこまで自己の価値観を譲れるかを定め，その調整を図ること」である（孫崎亨『日本外交　現場からの証言』中公新書，1993，3-4頁）。つまり，外交は自国の行為と他国の行為との日常的な相互作用であり，その時々における最良と思われる政策の選択である。とすれば，外交史とはそれら選択の結果の集積であり，結果という多数の点を直線化・曲線化したものといえるが，さらにそれら直線や曲線が未来に向けて延びていくべきものでなければならないであろう。具体的には，学問としての外交史は，単に過去の歴史的経緯を解明するばかりでなく，将来への指針となる"オアシス"のような輝く存在となる必要がある。

　本書は，以上のような問題意識をもって，19世紀中葉から21世紀にいたる約1世紀半の日本外交の軌跡を歴史のスクリーン上に映写する。この目的を達成するために，われわれ編者が留意したことは，日本外交を規定する要因とは何かということである。これら要因としては，国際環境，地理，歴史，国力，国民性，政治外交の質などを指摘できる。まず国際環境としては，東アジアに大きな影響を及ぼす大国との関係がつねに日本外交を左右していたことである。第二次大戦以前は英・仏・独ら西欧諸国が存在したが，全般を通じては，やはり日本とアメリカ・中国・ロシア（ソ連）との関係がきわめて重要な位置を占めた。

次に地理・歴史的要因としては，朝鮮半島と中国大陸が深く関わった。古代から朝鮮半島は東アジアの"火薬庫"であり，朝鮮の平和と安定が崩れるとき，日本の安全保障は必ず危機にさらされた。元寇や秀吉の出兵などはその典型的な事例である。20世紀をはさむ日清・日露両戦争も，結局朝鮮支配をめぐる争いであった。米ソ冷戦期の朝鮮戦争は占領下の日本に無縁であったはずであるが，米軍（占領軍）参戦による特需景気や日本の再軍備化など間接的に朝鮮半島と結びついた。40年を経た90年代における北朝鮮の核疑惑やテポドン事件，また朝鮮の南北対話や日朝対話にしても，朝鮮半島が日本の政治・安全保障上依然として緊要であることを再認識させた。

　このように国力こそ外交上もっとも有力な要素であることは否めない。明治維新以降，日本は西欧列強を目標に切磋琢磨してアジア随一の軍事大国へとのぼりつめたものの，太平洋戦争の敗北によってゼロからの再スタートを余儀なくされ，戦後はアメリカの圧倒的な影響下で，平和憲法と一体化した経済大国への道をひたすら歩んだ。日本の各界指導者は，経済を単に国家再建の方途という消極的意味にとどまらず，戦後の国際社会では金の卵を産む"積極的手段"として理解して「経済外交」を推進し，1970年代には経済大国の地位を確立した。今世紀にはIT産業を主体とする科学技術力が国家隆盛の基本となるであろうが，日本外交がこれを国力として活かせるか否かが重要なカギを握るであろう。

　最後に国民性や政治外交の質とは結局文化・思想問題に帰結する。日本外交の思想や資質を総体として論じることは難しい。長期的視野に立った国家戦略を駆使して外交に関与した政府内外の指導者としては，明治期の伊藤博文，山県有朋，陸奥宗光，小村寿太郎をはじめ，福沢諭吉，渋沢栄一など枚挙に暇がない。他面，一般的な国民性としては，合理性よりも情緒的感傷的であり，個人主義よりも集団主義を好み，島国であるがゆえに"内発的"行動よりも，外部からのインパクトに対応するといった"外発性"が強いであろう。日本外交の転換期などにこのような特質が世論として凝縮された際に，政府の外交政策を左右した事例は少な

くない。戦前の日独伊三国同盟や戦後の日中国交正常化の直前には、「バスに乗り遅れるな」の大合唱が起こり、政府の肩を押したのである。また太平洋戦争時には、日清・日露両戦争以来の不敗必勝、神風神話など不条理が社会に浸透した。

さて21世紀を迎えた今日、日本外交は国際社会のなかでどのような評価を得ているのだろうか。90年代の湾岸戦争では、汗をかかずにカネだけ出すというこれまでの日本の国際貢献のあり方（"小切手外交"と揶揄された）が国際社会から厳しく批判され、それが日本のPKO（平和維持活動）に関与する契機となったことは記憶に新しい。昨今の日本は中国やインドの躍進の陰に隠れがちとはいえ、その経済的地位は決して揺らいでいない。新しい国際社会構築のために日本からのビジョンが問われていることをわれわれは強く意識しなければならない。

本書は旧書と同様に、以上のような趣旨にもとづいて、外交史を学ぼうとする初心者の便宜に供するために工夫している。19世紀中葉の幕末から21世紀の今日にいたる近現代の日本外交約180年の流れを60項目に整理するとともに、213点もの資料を収録した。なお増田がⅠからⅫまでの55～57を除く大項目と小項目の解説文すべてを、佐藤がⅩからⅫの55～57の解説文と資料面と付録のすべてをそれぞれ担当した。

本書の編集にあたり留意した諸点は以下のとおりである。

(1) 解　説……［Ⅰ］から［Ⅻ］まで12の大項目と60の小項目に分け、それぞれに解説を付した。大項目は19世紀から21世紀にいたる国際秩序の変容と、そのなかでの日本外交の位置づけというマクロ的な観点から論述した。また小項目は日本外交史上重要な事項を60に絞り、基本的な事実を踏まえてミクロ的な観点から論述した。各事項についてさらに詳しく学べるように、巻末には参考文献リストを掲げた。

(2) 資　料……各項目にはできるだけ基本的かつ重要な外交資料を多く収録した。このため各資料は部分的にならざるをえないものもある。ただし出典を明記しているので、深く知りたい場合には原本にあたってほしい。

(3) 付　録……巻末には日本外交の大きな流れが理解できるように，年表と歴代の首相・外相の一覧表を収めた。また参考文献リストではできるだけ入手しやすいものを優先的に選んだ。

　近現代の日本外交について，これほど多くの資料を解説とともに1冊の本にまとめたものは他に例がないであろう。日本外交に関心のある方々ばかりでなく，今後国際社会のなかで日本外交のあり方に関心をもたれる方々にも，広く本書が読まれ，活用されることを期待している。

　　2016年3月　　　　　　　　　　　　　　　　　　　　　　増田　弘
　　　　　　　　　　　　　　　　　　　　　　　　　　　　　佐藤　晋

日本外交史ハンドブック／目　次

はしがき　　i
凡　例　　xx

I. 華夷秩序からの離脱

1. 欧米の対日接近 ―――― 4

1・a　林子平の「海防強化論」(5)／1・b　ゴローニンの日本人および日本観(6)／1・c　無二念打ち払い令(7)

2. ペリー来航と日米和親条約 ―――― 8

2・a　フィルモア米大統領の国書(9)／2・b　日米和親条約(10)／2・c　ペリー, プチャーチン来航地図(11)

3. 安政諸条約 ―――― 12

3・a　ハリスの対幕府交渉(13)／3・b　下田条約(14)／3・c　日米修好通商条約(14)

II. 近代国家への発進

4. 領土問題 ―――― 18

4・a　北方領土および南方領土地図(19)／4・b　樺太千島交換条約(20)／4・c　錦絵「征韓議論図」(21)／4・d　西郷隆盛の「征韓論」(21)

5. 条約改正問題 ──────────────── 22

5·a 条約改正年表(23)／5·b 岩倉使節団への三条実美の檄文(23)／5·c 岩倉使節団の歴訪地図(24)／5·d 日英通商航海条約(25)

6. 日清戦争 ──────────────── 26

6·a 福沢諭吉の「脱亜論」(27)／6·b 下関条約(27)／6·c 陸奥宗光の『蹇蹇録』(28)

7. 日英同盟 ──────────────── 30

7·a 列強による中国勢力圏分割(31)／7·b 小村寿太郎の「日英提携論」(32)／7·c 第1回日英同盟協約(33)

8. 日露戦争 ──────────────── 34

8·a 日露戦争経過地図(35)／8·b 高橋是清の米・英での戦費調達(35)／8·c ポーツマス条約(36)

III. アジアへの勢力拡大

9. 満州問題 ──────────────── 40

9·a 桂・タフト協定(41)／9·b 桂・ハリマン満州鉄道予備協定覚書(42)／9·c 伊藤博文の満州軍政実施批判(42)／9·d 第1回日露協約(44)／9·e 韓国併合に関する条約(45)

10. 対米移民問題 ——————————46

10・a 在米日本人移民地図(47)／10・b 加州排日土地法(47)／10・c 1924年移民法に対する埴原正直大使の抗議とアメリカの回答(48)／10・d 1924年の排日移民法(49)

11. 第一次世界大戦参戦問題 ——————————50

11・a 第3回日英同盟協約(51)／11・b 対独最後通牒(52)／11・c 石橋湛山の青島領有批判(52)／11・d 成金マンガ(53)

12. 対中国21カ条要求問題 ——————————54

12・a 李大釗「全国のみなさんに警告する書」(55)／12・b （21カ条要求に関する）対中国最後通牒(55)／12・c （21カ条条約のうち）山東省に関する条約(56)／12・d （21カ条条約のうち）南満州及東部内蒙古に関する条約(56)／12・e 日本排斥十戒(57)

13. シベリア出兵問題 ——————————58

13・a 第4回日露協約(59)／13・b 石井・ランシング協定(59)／13・c シベリア出兵宣言(60)／13・d シベリア出兵地図(61)

14. パリ平和会議 ——————————62

14・a 牧野伸顕全権の「人種的差別待遇撤廃問題」演説(63)／14・b ベルサイユ講和条約の日本関係条款(64)／14・c 吉野作造の「五・四運動」観(64)／14・d 近衛文麿「英米本位の平和主義を排す」(65)／14・e 日本の委任統治領地図(67)

IV. ワシントン体制下の協調外交

15. ワシントン会議 ——————————————70
15・a 太平洋に関する四カ国条約(71)／15・b 海軍軍縮に関する五カ国条約(71)／15・c 中国に関する九カ国条約(72)／15・d 九カ国条約締約国一覧表(73)

16. 日ソ国交樹立 ——————————————74
16・a 日ソ基本条約(75)

17. 幣原外交と中国ナショナリズム ——————76
17・a 幣原喜重郎外相の国際協調主義(77)

18. 田中外交と北伐 ——————————————78
18・a 田中義一首相の「上奏文」(79)／18・b 張作霖爆殺事件と昭和天皇の叱責(79)

19. ロンドン海軍軍縮会議 ——————————80
19・a 不戦条約(81)／19・b 加藤寛治軍令部長の上奏文(81)／19・c ロンドン海軍条約(82)／19・d 鳩山一郎の「統帥権干犯論」(82)／19・e 美濃部達吉の「ロンドン条約擁護論」(83)

V. アジア盟主の構想と挫折

20. 満州事変 ——————————86
20・a 石原莞爾の「満蒙問題私見」(87) ／ 20・b 松岡洋右の国際連盟総会における演説(88) ／ 20・c 「五族協和」を謳う満州国建国ポスター(89)

21. ロンドン国際経済会議 ——————————90
21・a 飢える東北(91) ／ 21・b 世界の通貨ブロック(91)

22. 日中戦争 ——————————92
22・a 第三国の対中国援助に関する「天羽声明」(93) ／ 22・b 盧溝橋事件地図(93) ／ 22・c 第一次近衛声明「国民政府ヲ対手トセズ」(94) ／ 22・d 日中戦争経過地図(95)

23. 日独伊軍事同盟 ——————————96
23・a 日独防共協定(97) ／ 23・b 平沼騏一郎首相の退陣表明(98) ／ 23・c 日独伊三国同盟(98) ／ 23・d 1939〜40年のヨーロッパ情勢(99)

24. 日本の南進 ——————————100
24・a 広田内閣の「国策の基準」(101) ／ 24・b 近衛内閣の「基本国策要綱」(102) ／ 24・c 南進の経緯と背景(103)

25. 太平洋戦争の勃発 ——————————104
25・a 日ソ中立条約(105) ／ 25・b 日米両国諒解案(105) ／ 25・c 日米交渉における日本側最終提案

(107)／25・d　日米交渉における米国側最終提案(108)／25・e　対米英宣戦布告(109)

VI. 冷戦下の再出発

26. 降伏と占領 ―――――――――――――― 112

26・a　カイロ宣言(113)／26・b　ヤルタ協定(113)／26・c　ポツダム宣言(114)／26・d　日本人引揚の地図(115)

27. 占領政策の転換 ――――――――――――― 116

27・a　降伏後における米国の初期の対日方針(117)／27・b　公職追放指令(117)／27・c　「日本の非軍事化と経済自立」に関するロイヤル陸軍長官演説(119)／27・d　NSC13／2(120)／27・e　経済安定9原則(122)／27・f　ドッジ声明「竹馬政策は自滅への道」(123)

28. 朝鮮戦争 ―――――――――――――――― 124

28・a　朝鮮戦争に関する国連安保理決議(125)／28・b　朝鮮休戦協定(126)／28・c　朝鮮特需の経済的効果(127)

29. 日本の再軍備 ――――――――――――― 128

29・a　警察予備隊設置に関する吉田茂首相宛のマッカーサー書簡(129)／29・b　旧海軍関係者による日本再軍備構想案(130)／29・c　吉田首相の保安庁長官としての訓示(131)／29・d　保安隊に対する吉田首相の訓示(131)

30. 対日講和条約 ————————132

30・a 吉田首相の「曲学阿世の徒」発言をめぐって(133)／30・b 対日講和条約(134)／30・c 対日講和条約についての世論調査(135)

31. 日米安保条約 ————————136

31・a 日米安保条約(137)／31・b 日米安保条約第3条に基づく行政協定(138)／31・c MSA協定(139)

VII. 国際社会への復帰

32. 日華平和条約 ————————142

32・a 中ソ友好同盟相互援助条約(143)／32・b 国民政府との講和に関する吉田首相のダレス特使宛書簡(144)／32・c 日華平和条約(145)

33. 日ソ国交正常化 ————————146

33・a 日ソ国交正常化に関するドムニツキー書簡(147)／33・b 日露(ソ)間における国境の変遷(147)／33・c 日ソ交渉におけるダレスの横やり(147)／33・d 日ソ共同宣言(148)／33・e 日ソ貿易の推移(149)

34. 日本の国連加盟 ————————150

34・a 国連加盟時における重光葵外相の演説(151)

35. 東南アジア諸国との賠償外交 ————————152

35・a 日比賠償協定(153)／35・b 日本の賠償額(153)／35・c 日本の賠償・準賠償負担の推移(153)

36. 日中国交正常化の挫折 —————————————154

36・a 日本国際貿易促進協会設立趣旨(155)／36・b 第四次日中民間貿易協定(155)／36・c 第四次日中民間貿易協定に関する愛知揆一内閣官房長官談話(156)／36・d 「日中貿易協定問題に関する日本・国府間の会談経過」についての国府外交部発表(156)／36・e 長崎国旗事件(156)／36・f 長崎国旗事件等に関する陳毅外交部長の談話(157)

37. 日米安保条約の改定 —————————————158

37・a 岸・アイゼンハワー共同声明「日米新時代」(159)／37・b 安保反対デモ(159)／37・c 新日米安保条約(160)／37・d 事前協議制に関する日米間の交換公文(161)

VIII. 経済大国への歩み

38. 経済外交の始動 —————————————164

38・a 日本外交の「三原則」と「当面の重要課題」(165)／38・b 日米両国の経済力の推移(166)／38・c LT貿易覚書(166)／38・d 日本の貿易に占める東南アジア・中国・米国の割合(167)

39. 日韓国交正常化 —————————————168

39・a 久保田発言(169)／39・b 李承晩ライン(170)／39・c 日韓基本条約(170)／39・d 日米韓経済交流の急進展(171)

40. ベトナム戦争 ———————————————172

40・a　ジョンソン米大統領「北爆に関する声明」(173)／40・b　「北爆」支持に関する佐藤栄作首相発言(173)／40・c　日本のベトナム報道に関するライシャワー米大使発言(174)／40・d　日本の対アジア直接投資(175)

41. 沖縄返還交渉 ————————————————176

41・a　沖縄返還に関する佐藤・ニクソン共同声明(177)／41・b　沖縄返還協定(177)／41・c　屋良朝苗琉球政府主席の談話(178)／41・d　沖縄復帰直後の米軍基地(179)

IX. 西側先進国の一員として

42. ニクソン・ショック ——————————————182

42・a　ニクソン・ドクトリン(183)／42・b　ニクソン米大統領訪中声明(183)／42・c　米中接近工作に関するニクソン米大統領の回顧録(184)／42・d　ニクソン・ショックに対する佐藤首相の反応(184)／42・e　米中上海コミュニケ(185)

43. ドル・ショック ————————————————186

43・a　ニクソン米大統領「金・ドル交換停止声明」(187)／43・b　ドル・ショックに対する佐藤首相の反応(187)／43・c　スミソニアン合意の概要(188)／43・d　スミソニアン合意を伝える新聞(189)

44. 日中国交正常化 ──────────190

44・a 竹入メモ(191)／44・b 日中共同声明(191)／44・c 大平正芳外相の台湾問題に関する声明(193)／44・d 台湾・外交部による対日断交声明(193)

45. 第四次中東戦争とオイル・ショック ──────────194

45・a OAPEC10カ国石油相緊急会議特別決議(195)／45・b 二階堂進内閣官房長官談「中東問題について」(195)／45・c オイル・ショックの影響(196)／45・d 世界の石油の流れ(197)／45・e 日本の石油依存度および中東依存度の推移(197)

X. 経済大国の政治的役割

46. 対アジア援助外交 ──────────200

46・a マンガ「田中首相のジャカルタ訪問」(201)／46・b 福田赳夫首相「わが国の東南アジア政策」(201)／46・c 大平正芳首相の「環太平洋連帯構想」(201)／46・d 日本による2国間ODAの地域別配分の推移(202)／46・e 日本のODA予算(203)／46・f ODAに関する新旧大綱の比較(203)／46・g 日本のODA支出総額の上位10カ国(203)

47. サミット(先進国首脳会議) ──────────204

47・a ウィリアムズバーグ・サミット(205)／47・b ウィリアムズバーグ・サミットに関する中曽根康弘首相回顧録(205)／47・c サミット一覧(206)

48. 日中平和友好条約と日米ガイドライン ─────208

> 48・a 日中交渉における日台航空路線の取扱い(209)／48・b 日中平和友好条約(209)／48・c 対中国円借款額の推移(210)／48・d 日米ガイドライン(210)

49. 日米経済摩擦とジャパン・バッシング ─────212

> 49・a 日本の主要な通商問題(213)／49・b プラザ合意(214)／49・c 日米経済指標の推移(214)／49・d ウォルフレンのジャパン・バッシング(215)／49・e 日本の対米貿易額の推移(215)

XI. 冷戦終焉後の国際安全保障

50. 米ソ冷戦の終焉 ─────218

> 50・a ベルリンの壁を乗り越える東独市民(219)／50・b マルタ会談終了後の米ソ両首脳の声明(219)／50・c EUの拡大(220)／50・d NATOの東方拡大(221)／50・e 各国の国防費推移(221)

51. 湾岸戦争とPKO ─────222

> 51・a 対中東貢献策に関する坂本三十次内閣官房長官発言(223)／51・b クウェートの「感謝広告」をめぐって(223)／51・c PKO協力法(224)

52. 北朝鮮問題 ─────226

> 52・a 日朝平壌宣言(227)／52・b 世界の核兵器保有状況(227)

53. 日米新ガイドラインと周辺事態法 ———————228

53・a　日米安全保障共同宣言(229)／53・b　日米新ガイドライン(230)／53・c　在日米軍の兵力(231)

XII. 21世紀の新国際秩序形成に向けて

54. APEC（アジア太平洋経済協力会議）———————234

54・a　ボゴール宣言(235)／54・b　APECの主要経済指標(236)／54・c　小泉純一郎首相の東南アジア訪問時の演説(236)／54・d　各地域機構の参加国(237)

55. 環境外交 ———————238

55・a　環境に関する国際的取り組み年表(239)／55・b　二酸化炭素の国・地域別排出量と1人当たり排出量(239)

56. 国連改革 ———————240

56・a　第59回国連総会における小泉首相の演説(241)／56・b　主要国の国連分担金拠出率(241)

57. 国際テロとアフガニスタン戦争 ———————242

57・a　9・11テロ後のブッシュ米大統領演説(243)／57・b　テロ対策特別措置法(244)／57・c　小泉・ブッシュ日米首脳会談(246)／27・d　テロ事件年表(247)

58. イラク戦争 ────────248

58・a フセイン大統領に対するブッシュ米大統領の国外退去通告(249)／58・b イラク対策特別措置法(249)／58・c 世界における米軍の配置状況(251)

59. 東アジアの緊張と安全保障関連法の成立 ────252

59・a 「平和安全法制」の主要事項の関係(253)

60. TPP(環太平洋経済連携協定) ────────254

60・a 日本のEPA・FTAの現状(255)／60・b TPP参加12か国(255)

付・*1*　日本外交史主要年表　257
付・*2*　首相・外相対応表　267
付・*3*　参考文献　270

あとがき　276
事項索引・人名索引　279

凡　例

1. 本書に収録した資料（図表も含む）にはすべて大項目の番号（Ⅰ，Ⅱ，Ⅲ，……Ⅻ，付）と小項目の番号（1, 2,……60）とともにa，b，c，……の付号をもって表示した。
2. 資料は，原則として原文（原資料）通りとした。ただし，一部は現代表記にあらためた。
3. 句読点は，読みやすいように最小限追補した。また文意によって改行箇所を変更したところもある。
4. 資料の年月日等数字の表記は，アラビア数字を用いることを原則とした。なお，明治6年に陽暦に統一されるまでは，括弧内に陰暦を併記した。
5. 主要な人名については，原則として，初出の際に名前・肩書を記した。外国人の原綴りは巻末の人名索引に一括した。
6. 資料には，出典を明記した。ただし，頻度の高い『日本外交年表竝主要文書』(外務省編・原書房・上巻1965年／下巻1966年)と『法令全書』(内閣官報局編，各年月版)，および『大日本外交文書』・『日本外交文書』(ともに外務省編・刊)の出典明記は，巻数とページ表記のみとした。
7. 条約の名称は，一般によく流布されている通称・略称がある場合にはそれらを用い，正式の名称は括弧のなかに掲げた。
8. 事項・人名索引は，巻末にまとめて掲載した。

新版　日本外交史ハンドブック

—— 解説と資料 ——

〔第二版〕

I 華夷秩序からの離脱

　17世紀前半，徳川政権はキリスト教の信仰と布教を禁止すると同時に，対外貿易をオランダ・中国両国にかぎり，長崎一港に来航を許可する体制を敷き，ここにいわゆる鎖国が完成した。以後，わが国は世界文明の進歩からほぼ隔離された状況に置かれ，日本人に島国根性という閉鎖的かつ排他的な対外姿勢をもたらした。

　ではなぜ2世紀にも及ぶ鎖国が可能となったのか。第一に，日本は自然の障壁ともいうべき海によって四方を囲まれ，また世界の中心であるヨーロッパから遠距離に位置する地勢的条件があったからである。第二に，アジアでは中国の存在が大きく，その陰に隠れたからである。第三に，当時のヨーロッパでは宗教戦争，ナポレオン戦争，クリミア戦争などが相次ぎ，列強同士が牽制しあう状況にあったからである。

　こうして日本は「華夷秩序」というアジア独特の国際秩序のもとに置かれた。華夷秩序とは中国の華夷思想，つまり中国人の民族主義的思想である中華思想にもとづく二元的世界観であり，強大で卓越した国力をもつ中国自身を世界の中心とし，劣弱な周辺諸国を従属国として服従を強いた。中国の「天子（皇帝）」に対する夷狄の「国王」という称号，また中国に対する夷狄の「朝貢貿易」こそが，その証であった。徳川政権は，豊臣時代の朝鮮出兵以来途絶えた中国との関係を完全に復旧できなかったが，この華夷秩序を緩やかに受容しながら鎖国体制を維持したのである。

　ではこの間の日本人の対外観，世界観とはどのようなものであったのか。鎖国は日本人の世界認識を大きく制約し，彼らにとって現実の世界とは3国（日本，唐，天竺）であり，それ以外は茫漠たる空間，野蛮人が住む恐るべき地域と想像された。また中華思想の影響により，「中華」対「夷狄」にもとづく国際観が形成され，矛盾とはいえ日本自身を中国に置き換え，日本が中国とともに世界の中心と考えた。こうして日本の独自性が学問面で追究され，国学が成立し，そこから神国意識を生み，攘夷論が促されて幕末の変革期を迎えるのである。

この間列強は領土拡張政策をとり，海外へと乗りだしていた。まずロシアは17世紀に東部シベリアからカムチャツカ半島に達し，18世紀後半にはロシア船が日本近海に出没しはじめた。そのため国内では「北辺の脅威」が叫ばれるにいたった。次いで新興国アメリカが交易の観点から日本に関心を示し，1830年代に日本との貿易・通商関係の樹立を試みたが，幕府側は接近する外国船を容赦なく砲撃し，漂着した船員を投獄して長崎から放逐する措置をとった。

　それでもアメリカは40年代に日本との通商の必要性を一段と認め，正式使節を派遣し，ついに50年代半ば，ペリー艦隊の恫喝外交により「日米和親条約」の締結に成功した。英仏露蘭4カ国との間にも同様の条約が結ばれ，日本の鎖国体制は崩れはじめた。次いでハリスが来日し，幕府に対する粘り強い説得が効を奏して「日米修好通商条約」が調印された。つづいて西欧列強とも通商条約（いわゆる安政諸条約）が締結され，日本は鎖国体制に完全に終止符を打った。

　ただし開国は政治面や経済面で混乱をもたらした。輸出入が増大し，生糸，茶，海産物が海外に流れるとともに，海外の廉価な綿製品等が国内に出回った。また金と銀との交換比率が日本と欧米では異なったため，多量の金が流出し，そのため物価が高騰し，社会不安が増し，百姓一揆が頻発した。当然ながら幕府批判が強まり，儒学や国学の影響を受けた尊王思想が台頭し，それは外国への反感とも結合して「攘夷論」をもたらした。こうして60年代前半に攘夷運動が活発となったのである。

　苦境に立たされた幕府は，経済の安定に努めるとともに，「公武合体」政策を推進し，孝明天皇の妹，和宮（かずのみや）の降嫁を実現したが，この間，攘夷運動の急先鋒であった薩摩・長州両藩は，薩英戦争，下関戦争を通じて西欧の国力を深く認識し，従来の攘夷方針を放棄してともに開国方針へと転じ，同時にこのエネルギーを倒幕運動へと差し向けた。劣勢を悟った将軍徳川慶喜（よしのぶ）は，ついに270年に及ぶ大政の奉還へと踏み切ったが，倒幕派は「王政復古の大号令」を発し，ここに徳川幕府時代の終焉と，明治維新の開始を宣言した。以降，日本は明治維新政府のもとで旧来の華夷秩序から漸次離脱し，西欧的国際秩序下へと移行していくのである。

1. 欧米の対日接近

　鎖国体制下の日本に，他に先駆けて接近したのは帝政ロシアであった。すでに17世紀にロシアの勢力は東部シベリアからカムチャッカ半島に達し，以後，不凍港を求めて日本方面へと南下しはじめた。こうして18世紀には千島，樺太，蝦夷，さらに東北地方近海にロシア船が出没し，国内では「北辺の脅威」が叫ばれた。この事態に際し，兵学者の林子平は『海国兵談』(1786) を著わして，幕府がいち早く海防を固めるよう説いたが容れられず，逆に民心を惑わすとして厳罰に処せられた。その後ロシアは日本との通商を求めて，1792年 (寛政3) に正式使節としてラックスマン一行を根室へ，また1804年にはレザノフ一行を改めて長崎に派遣した。しかし幕府側がこの要求に応じなかったため，北方地域では日露間に衝突事件が発生した。しかも08年にはイギリス軍艦フェートン号が長崎湾内に侵入する事件も起こり，幕府はようやく海防の必要性を悟るにいたった。

　20年代になると，英米の捕鯨船が日本近海に現われた。彼らが薪水・食料の供給と避難港を日本に望んだのに対し，幕府側は25年に，外国船は打ち払い，上陸する者は捕えて殺害してもよいとの「無二念打ち払い令」を発した。幕府側は外国の接近を撃退できると過信しており，先進諸国の真の実力を理解していなかった。こうして避難船員は，逮捕され監禁されたのち長崎の出島から国外追放される結果となった。たとえば，ロシア人のゴローニンは同令制度以前に日本に漂着し，日本での体験をもとに『日本幽囚記』(1816) を著わした。

　概して欧米社会では，将軍を政治上の支配者，天皇を宗教上の支配者とみなし，国民は専制政府の圧政下にあると理解された。半面，日本への好奇心が高まり，オランダ人のケンペルの『日本史』(1712) など，日本を紹介する本が欧米でも出版された。しかも長崎で日本人と接した外国人は，予想以上に日本人が礼儀正しく，親切・丁寧で，非常に高い文化をもっている点に好印象をもった。他方，日本人は一般に外国人を野蛮人とみなし，日本侵略の目的で来航するものと信じて疑わず，その追放を実施したが，そのような日本の手荒い措置は，当然ながら外国側の対日イメージを悪化させた。

I·1·a 林子平の「海防強化論」

海国兵談自序

海国とハ何の謂ぞ、日、地続の隣国無して四方皆海に沿ル国を謂也。然ルに海国にハ海国相当の武備有て、唐山の軍書及ビ日本にて古今伝授する諸流の説ト品替れる也。此わけを知ざれば、日本の武術とハ云かたし。先海国ハ外寇の来リ易きわけあり、亦来リ難キいわれもあり。其来リ易シというハ、軍艦に乗じて順風を得ば日本道2，3百里の遠海も1，2日に走リ来ル也。此如ク来リ易キわけあるゆえ、此備を設ざれば叶ざる事也。亦来難シというわれは四方皆大海の険ある故、妄リに来り得ざるなり。しかれども其険を恃て、備に怠ル事なかれ。是に付て思えば日本の武備ハ外寇を防グ術を知ルこと、指当ての急務なるべし。さて外寇を防グの術ハ水戦にあり、水戦の要ハ大銃にあり。此二ツを能調度する事、日本武備の正味にして、唐山韃靼等の山国ト、軍政の殊なる所なり。これを知て然して後、陸戦の事に及ブべし。……今小子海国兵談を作て、水戦を以て開巻第一義に述ス、是海国武備の根本なるがゆえなり。……又近頃、欧羅巴の莫斯哥未亜其勢イ無双にして、遠ク韃靼の北地を侵掠シ、此ころは室韋の地方を略シて、東の限リ加模西葛杜加即カムサスカ也 蝦夷ノ東北ニ在迫押領したり。然ルに加模西葛杜加より東にハ此上、取べき国土なし。此故に又西に顧みて蝦夷国の東なる、千嶋を手に入ルべき機シありト聞及べり。既に明和辛卯の年、莫斯哥未亜より加模西葛杜加江遣シ置ル豪傑、バロンマオリッツ・アラアダルハン・ベンゴロウという者加模西葛杜加より船を発シて、日本江押渡り港ミナト江下縄サグナワして、其深サを測リながら、日本を過半、乗廻シたる事あり。就中土佐の国に於ては日本国に在合、阿蘭陀人江と認シ書を遺置ノコシたる事もある也。是等の事其心根憎べし恐べし。海国なるがゆえに、来ル間敷船も乗ル人の機転次第にて心易ク来ルゝなり。察スべし。

海国兵談第一巻（水　戦）

海国の武備ハ海辺にあり。海辺の兵法は水戦にあり。水戦の要は大銃ユにあり。是海国自然の兵制也。然ル故に

此篇ヲ以て開巻第一義に挙ル事、深意ある也。尋常の兵書ト同日の義にあらずと知べし。昇平久キ時は人心弛ユルム。人心弛ム時は乱を忘ル事、和漢古今の通病也。是を忘ざるを武備トいう。盖武は文ト相並ンで徳の名也。備ハ徳にあらず事也。変に臨て事欠カさる様に物を備置と云也。

○当世の俗習にて、異国船の入津ハ長崎カギリに限る事にて、別の浦江船を寄ル事ハ決して成ざる事ト思リ。実に太平に鼓腹する人ト云べし。既に古は薩摩の坊の津、筑前の博多、肥前の平戸、摂州の兵庫、泉州の堺ツルガ、越前の敦賀等江異国船入津して物を献ジ、物を商イたる事数多あり。是自序にも言シ如ク、海国なるゆえ何国の浦江も心に任せて船を寄らるゝ事なれば、東国なりとて曾て油断は致されざる事也。是に因て思えバ、当世長崎の港口に石火矢台を設て備を張が如ク、日本国中東西南北を論ぜず、悉ク長崎の港の如クに備置度事、海国武備の大主意なるべし。さて此事、為シ難キ趣意にあらず。今より新制度を定て漸ゞに備なば、50年にして、日本の惣海浜堂ゞたる厳備をなすべき事、得て期すべし。疑

こと勿レ。此如ク成就する時ハ，大海を以て池ト為シ，海岸を以て石壁ト為て，日本トいう方5千里の大城を築キ立たるが如シ。豈愉快ならずや。
○窃に憶えば当時長崎に厳重に石火矢の備有て，却て安房，相模の海港に其備なし。此事甚不審。細カに思えば江戸の日本橋より唐，阿蘭陀迄境なしの水路也。然ルを此に備えずして長崎にのミ備ルは何ぞや。小子が見を以てせば安房，相模の両国に諸侯を置て，入海の瀬戸に厳重の備を設ケ度事也。日本の惣海岸に備ル事ハ，先此港口を以て始ト為べし。是海国武備の中の又肝要なる所也。然ト云とも忌諱を顧りみずして有の儘に言ウハ不敬也。言ざるは亦不忠也。此故に独夫，罪を憚ずして以て書す。〔以下略〕

　　　　出所）林子平『海国兵談』1786（『林子平全集』1, 生活社，1943, 81, 83, 87-88頁）。

I·1·b　ゴローニンの日本人および日本観

　日本政府としては，国民が自国の文明だけで満足し，自国民の頭で発明したものばかりを使用することを求め，他国民の考案を採り入れることを禁止して，外国の学問，芸術とともに異国の風俗が入りこんで来ないようにしている。日本に隣接した東洋諸国では，天啓が日本の立法家たちにこんな考えを植えつけたことを感謝して，日本人がその政策を捨てて西洋式の政策を採用するきっかけを与えないように努力すべきである。
　もしこの人口多く，聡明犀利で，模倣力があり，忍耐強く，仕事好きで，何でも出来る国民の上に，わが国のピョートル大帝ほどの王者が君臨したならば，日本の胎内にかくされている余力と富源をもって，その王者は多年を要せずして，日本を全東洋に君臨する国家たらしめるであろう。その暁には遠く離れた国々の保護を受くべき，アジヤ東岸およびアメリカ西岸の各地はどうなるであろう？
　またかりに日本側でヨーロッパ文明をとり入れ，われわれの政策に追随しようと思い立ったら，支那人もまたそれと同じ政策を行わざるを得なくなるであろう。そうなればこの二大強国はヨーロッパ問題を全然一変させることが出来るであろう。……
　世俗の皇帝については，これを単に日本皇帝と称すべきであろう。というのは彼は狭いながら，極めて人口多く，一つの王笏の下に結合された多数の藩からなるこの国家の専制的支配者であるからである。一口にいうと，彼はヨーロッパでなら皇帝という尊称を奉るが如き王者である。
　日本の信仰上の皇帝に相当するがごとき名称は他の如何なる国家にもない。この位は日本固有の，世界唯一のものである。ヨーロッパ的な概念による皇帝という称号には全然ふさわしからぬものである。第一に信仰上の皇帝または禁裡様は，日常の国政や秩序の進行には，何ら関与されないのである。外部から風評でも伝わって来ないかぎり，国内で何事が起っているかさえ知られないのである。ただ最も重要な場合にのみ，世俗の皇帝は信仰上の皇帝のアドバイスを受けねばならない。例えば現行法を改正したり，新法を施行したりする場合とか，外国と国交関係を樹立したり，戦争を開始すると云ったような場合がそれである。しかしそのような場合においても，世俗の皇帝は予め自分で対策を講じて置い

て、禁裡様は自分の出そうと思う提案に賛成して下さるものと承知しているのである。簡単に云うと、現在日本で世俗の皇帝が信仰上の皇帝に対して行っていることは、かつてローマ教王に対して、あまり迷信上の偏見をもたない強大なカトリック国の国王たちのとっていた態度と同一である。これらの国王はあらかじめ贈物と威嚇を使って教王を籠絡し、しかるのち表べだけ恐惶頓首した使者を差立てて、教王の祝福と印璽を貰っていた。彼らは教王そのものと同様にその印璽をも軽侮していたが、ただ迷信ぶかい人民の目をくらますために、それを必要としたのであった。〔以下略〕

出所）ゴローニン『日本幽囚記』1816（井上満訳，同名書・下，岩波文庫，1943, 37, 58-59頁）．

I・1・c 無二念打ち払い令
1825年4月6日（文政8年2月18日）（抄）

　異国船乗寄候ハヽ可打払旨御書付
　　植村駿河守殿御渡
異国船渡来之節取計方，従前々数度被仰出有之，おろしや船之儀ニ付而ハ，文化之度改而相触候次第も候処，いぎりす之船，先年長崎ニおいて及狼藉，近来ハ所々江小船ニ而乗寄，薪水食料を乞，去々年ニ至り候而ハ，猥ニ上陸致し，或ハ廻船之米穀，島方之野牛等奪取候段，追々横行之振舞，其上邪宗門ニ勧入レ候致方も相見え，旁難被捨置事ニ候，一体いぎりすニ不限，南蛮西洋之儀ハ御制禁邪教之国ニ候間，以来何れ之浦方ニおいても，異国船乗寄候を見請候ハヽ，其所ニ有合候人夫を以，有無ニ不及，一図ニ打払，逃延候ハヽ，追船ニ不及，其儘ニ差置，若押而上陸いたし候ハヽ，搦捕又ハ打留候而も不苦候，本船近付居候ハヽ，打潰候共，又時宜次第可計旨，浦方末々之者迄申含，追而其段相届候様，改而被仰出候間，得其意，浦々備手立之儀ハ，土地相応実用専一ニ心掛，手重過不申様，又怠慢も無之，永続可致便宜を考，銘々存分ニ可被申付候，尤唐朝鮮琉球など，其船形人物を可見分候得共，阿蘭陀船ハ見分も相成かね可申，右等之船方万一見損相誤候共，御察度ハ有之間敷候間，無二念打払せ，見掛図を不失様取計候処，専要之事ニ候条，無油断可被申付候，
右之趣，可被相触候，〔以下略〕

出所）法制史学会代表者 石井良助編『徳川禁令考』VI, 創文社, 1959, 404-05頁．

1. 欧米の対日接近　　7

2. ペリー来航と日米和親条約

ロシアに次いで日本に接近したのはアメリカであった。具体的な行動は第7代大統領ジャクソンの時期に生じ，民間人ロバーツを日本へ派遣しようとしたが，彼は1836年にマカオで客死し，最初の公式使節の派遣は失敗に終わった。つづいて翌37年，貿易商キングの率いるモリソン号が浦賀沖に到着したが，幕府側により砲撃され，退散せざるをえなかった（モリソン号事件）。

しかし40年代にオレゴン，カリフォルニアを併合し，太平洋国家へと変身したアメリカは，改めて日本との貿易開始を考慮した。その最大の理由は，この時期に捕鯨業がピークに達しており，漁船員が日本側から薪水・食糧の供与を拒否されたり，救難・救助も保障されないことが緊急な問題となったからである。そのほか米清間貿易が拡大し，汽船の発明も手伝って太平洋貿易も活発化したため，ハワイ・広東間の中間に位置する日本に石炭の補給基地を望んだこと，またアメリカ人のキリスト教布教の願望や辺境開拓者精神（フロンティア・スピリッツ）も，対日接近を促した要因であった。

こうして対日派遣の正式使節として東インド艦隊司令官ビッドルが任命され，一行は46年に浦賀沖に到着したが，幕府に通商を拒否されて退去せざるをえなかった。代わってこの役割を担ったのがペリーであった。彼は日本関係の文献400余冊を読みあさるなど日本について猛勉強し，ビッドルの失敗を反省して対日強硬姿勢で臨む方針を決定した。53年（嘉永6）7月，ペリー艦隊は浦賀沖に到着した。4隻の異様な黒船とペリーの強硬な態度を前に，老中首座阿部正弘ら幕府中枢は一行の久里浜上陸を許し，国書および日本皇帝宛公文を受諾せざるをえなかった。

その後上海にとどまっていたペリーらは，ロシアのプチャーチン艦隊の長崎訪問を知ると，翌54年2月，日本に再来航し，艦隊の威容を背景にして幕府側の応諾を迫った。ついに幕府も折れて，3月「日米和親条約（神奈川条約）」が締結され，①修好関係の樹立，②難破船員の保護，③アメリカ汽船への食料等の供給，④特定地の開港などが規定された。つづいて英露蘭3国ともほぼ同様の条約を調印し，日本は鎖国体制から離脱したのである。

I・2・a　フィルモア米大統領の国書

1852年11月13日（嘉永5年10月2日）

　アメリカ合衆国大統領ミラード・フィルモーアより　日本皇帝陛下に呈す
偉大にして，よき友よ。余は提督マッシウ・シー・ペルリを介してこの公書を陛下に呈す。この者は合衆国海軍に於ける最高地位の一士官にして，今陛下の国土に訪れたる艦隊の司令官なり。

余はペルリ提督に命じて，余が陛下と陛下の政府とに対して極めて懇切の情を抱き居ること，及び余が提督を遣したる目的は，合衆国と日本とが友交を結び，相互に商業的交通を結ばんことを陛下に提案せんがために外ならずと，陛下に確言せしめんとす。

合衆国の憲法及び諸法律は，他国民の宗教的又は政治的事項に干渉することを悉く禁ずるものなり。余は，陛下の国土の平安を乱すべきあらゆる行動をなさざるよう，特にペルリ提督に諭したり。

アメリカ合衆国は，太洋より太洋に跨り，又吾がオレゴン地方及びカリフォルニア州は，陛下の国土と正に相対して横る。吾が汽船は，18日にしてカリフォルニアより日本に達することを得。

吾がカリフォルニアの大州は，毎年黄金約6千万弗を産し，尚銀，水銀，貴金属及び他の多くの価値ある物資を産出す。日本も亦富裕豊饒の国にして，多くの甚だ価値ある物資を産す。陛下の臣民は，多くの技術に巧なり。両国が互に交易して，日本及び合衆国が共に利益を享けんことは，余の切望するところなり。

貴政府の古き法律によれば，支那と和蘭とに非ざれば外国貿易を許さざることを余等は知れり。されど世界の状勢は変化して，数多の新政府が形成されたれば，時勢に応じて新法を定むることを賢明とするが如し。

貴国政府の古き法律が初めて制定されたるは過去のことなり。

それと殆ど時を同じくして屢々新世界と呼ばれ居るアメリカが，ヨーロッパ人によって初めて発見せられ植民されたりき。長らくの間人民の数は少く，人民は貧しかりき。今やその数は実に無数となり，その通商は甚だ拡大し，又陛下が古き法律を改めて両国間の自由なる貿易を許されなば，両国に極めて利益あらんと思惟するものなり。

もし陛下が，外国貿易を禁ずる古き法律の廃棄を全く安全なるものと首肯せられざる時には，実験を試みるために5年又は10年を限るをよしとす。もし所期の如く利益あることが明とならざりしときは，古き法律に復するを得べし。合衆国は，屢々外国諸国との条約を2，3年に限りて，望に従って更にそれを更新し，或は更新せざることあり。

余はペルリ提督に命じて，陛下に他の事を告げしむ。吾が船舶にして毎年カリフォルニアより支那に赴くもの多く，又吾が人民にして，日本沿岸に於て捕鯨に従事するもの甚だ多し。荒天の際には，吾が船舶中の一艘が貴国沿岸に於て難破することも屢々なり。かゝる場合には悉く，吾等が他の船舶を送りてその財産及人民を運び去るまでは，吾が不幸なる人民を親切に遇し，その財産を保護せられんことを願い又期待するものなり。余はこのこ

とを熱望するものなり。

余は又ペルリ提督に命じて，陛下に次のことを告げしむ。即ち余等は日本帝国内には，石炭及び食糧が豊富なることを聞知し居ることこれなり。吾が諸汽船が太洋を横ぎるに当りては多量の石炭を焚く。又それを遥にアメリカより持ち来るは便利ならず。願わくば吾が汽船及びその他の船舶が日本に停船して，石炭，食糧及び水の供給を受くることを許されよ。それ等の物に対しては金銭又は陛下の臣民が好む物をもって支払をなすべし。又吾が船舶がこの目的のため停船するを得るが如き便利なる一港を，貴帝国の南部地方に指定せられんことを要求す。余はこのことを熱望するものなり。

余が強力なる艦隊をもってペルリ提督を派遣し，陛下の有名なる江戸市を訪問せしめたる唯一の目的は次の如し。即ち友交，通商，石炭と食糧との供給及び吾が難破民の保護これなり。余はペルリ提督に命じて，陛下が2，3の贈物を御嘉納あられんことを乞わしむ。その贈物は，それ自身甚だ価値あるものには非れども，その或る物は，合衆国に於て製作さるゝ物品の見本とならん。且はそれ等の品物をもって吾々の誠実にして敬愛の友情を示さんとするなり。万能の神陛下に加護を垂れ給わんことを！　こゝに証として合衆国の大印章を捺さしめ，余の姓名を記したり。アメリカ，ワシントン市，吾が政府内の自席に於て。

時に第1852年第11月13日

敬具

ミラード・フィルモーア

出所）ペリー／土屋喬雄・玉城肇訳『ペルリ提督日本遠征記』上，臨川書店，1988, 434-36頁。

I・2・b　日米和親条約（日本国米利堅合衆国和親条約）

1854年3月31日（安政元年3月3日）批准書調印，
1855年2月21日（安政2年1月5日）批准書交換（抄）

第1条　日本と合衆国とは其人民永世不朽の和親を取結び場所人柄の差別無之事

第2条　伊豆下田松前地箱館の両港は日本政府に於て亜墨利加船薪水食料石炭欠乏の品を日本人にて調候丈は給し候為め渡来の儀差免し候尤下田港は約条書面調印の上即時相開き箱館は来年3月より相始候事　給すべき品物直段書の儀は日本役人より相渡可申右代料は金銀銭を以て可相弁候事

第3条　合衆国の船日本海浜漂着の時扶助致し其漂民を下田又は箱館に護送致し本国の者受取可申所持の品物も同様に可致候尤漂民諸雑費は両国互に同様の事故不及償候事

第4条　漂着或は渡来の人民取扱の儀は他国同様緩優に有之閉籠候儀致間敷乍併正直の法度には伏従致し候事

第5条　合衆国の漂民其他の者共当分下田箱館逗留中長崎に於て唐和蘭人同様閉籠窮屈の取扱無之下田港内の小島周り凡7里の内は勝手に徘徊いたし箱館港の儀は追て取極候事

第6条　必用の品物其外可相叶事は双方談判の上取極候事

第7条　合衆国の船右両港に渡来の時金銀銭竝品物を以て入用の品相調候差免し候尤日本政府の規定に相従可申且合衆国の船より差出候品物を日本人不好して差返候時は受

取可申事
第8条　薪水食料石炭並欠乏の品求る時には其地の役人にて取扱すべく私に取引すべからざる事
第9条　日本政府外国人へ当節亜墨利加人へ不差許候廉相許し候節は亜墨利加人へも同様差許可申右に付談判猶予不致候事
第10条　合衆国の船若し難風に逢ざる時は下田箱館両港の外猥に渡来不致候事
第11条　両国政府に於て無拠儀有之候（よんどころなきぎこれあり候）時は模様に寄り合衆国官吏の者下田に差置候儀も可有之尤約定調印より18箇月後に無之候ては不及其儀候事
第12条　今般の約定相定候上は両国の者堅く相守可申尤合衆国主に於て長公会大臣と評議一定の後書を日本大君に致し此事今より後18箇月を過ぎずして君主許容の約定取換せ候事
右の条日本亜墨利加両国の全権調印せしむる者也
　嘉永7年3月3日　1854年3月30日　　　　　　　　林大学頭　　花押
　　　　　　　　　　　　　　　　　　　　　　　井戸対馬守　花押
　　　　　　　　　　　　　　　　　　　　　　　伊沢美作守　花押
　　　　　　　　　　　　　　　　　　　　　　　鵜殿民部少輔　花押
　　　　　　　　　　　　　　　　　　　　マツゼウ, カルブレズ, ペルリ　手記
出所）『日本外交年表並主要文書』上, 1-2頁.

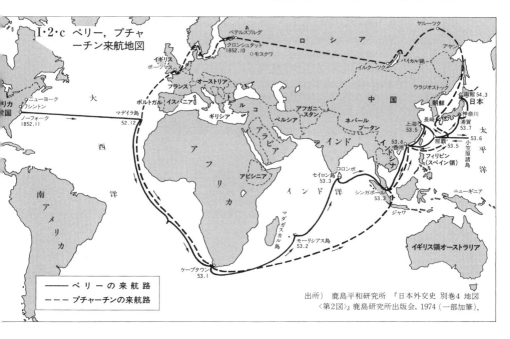

出所）鹿島平和研究所『日本外交史 別巻4 地図〈第2図〉』鹿島研究所出版会, 1974（一部加筆）.

3. 安政諸条約

　日米和親条約に従い，1856年（安政3），アメリカ初の駐日総領事としてハリスが下田に到着した。しかし幕府は彼の駐在に難色を示すなど，当初からトラブルが相次いだ。それでもハリスは辛抱強く交渉を行ない，翌57年6月，領事裁判権とアメリカ人の下田・箱館居留の許可を認める「下田条約」を調印することに成功した。また苦労の末に江戸参上の承諾も得て，幕府首脳と通商条約をめぐる直接交渉となったが，日本側の理解を得ることは困難を極めた。ハリスは中国が英仏両国の侵略に苦慮している惨状を明らかにし，日本がアメリカと先に通商条約を締結すれば，中国のような最悪の事態を避けられると熱心に説いた。

　ようやく幕府側も彼の要望を容れ，58年7月「日米修好通商条約」が締結された。その骨子は，①公使の交換と江戸在留権，②神奈川など4港の開港と外国人居留地の設置，③江戸・大坂の開市，④外国人の土地租借等の権利付与，⑤領事裁判権の承諾であり，付属貿易章程では正規税率を平均20％と定めた。つづいて英仏露蘭の4カ国とも同様の条約を締結し，日本はこれら安政諸条約をもって完全な開国体制へと転じた。しかしこれら諸条約には関税自主権の喪失，領事裁判権の承認など日本にとって不平等な条項があり，その後改正に苦慮することとなる。

　開国後，政治面や経済面で混乱が生じ，攘夷運動が勃興すると，大老井伊直弼（なおすけ）は水戸藩など開国反対派を弾圧した（安政の大獄）が，60年3月の彼の暗殺以降，攘夷運動は倒幕運動へと移行する。しかも攘夷運動の急先鋒であった薩摩と長州の両藩は，63年の薩英戦争，64年の下関戦争を通じて西欧の国力を認識し，従来の攘夷から開国へと方針を転じた。イギリスのオールコック駐日公使も薩摩藩に接近し，これを支援する姿勢を示した。一方フランスの助力を得た幕府は，長州征伐を実施して政権を維持しようとしたが，第二次長州征伐に失敗し，また将軍徳川家茂（いえもち）の死去が痛手となった。第15代将軍に就任した慶喜は，67年10月，ついに「大政奉還」に踏み切った。これに対して倒幕派は68年1月に「王政復古の大号令」を発し，ここに徳川幕府時代は終焉して，明治維新となったのである。

I・3・a　ハリスの対幕府交渉

　彼らは，こう言いはじめた。我々は貴下が我々にあたえた条約の草案を注意ぶかく検討した。日本国は狭小なので，3港以上は開かぬことに決定した。下田は閉鎖して，その代りに，より大きな1港を提供することになろう。ペリー提督に港を開いたことは大きな譲歩で，大きな困難をおかして行ったものである。これまでのところ，アメリカの船は単に薪水食糧などの必需品を供されるだけで，日本の物品は供給されていない。こんど，大統領の書翰と全権委員の極めて重要にして友好的な通信の結果として，ロシア，およびオランダとの間に結んだばかりの条約に盛られているのと同様の条件で，アメリカ人と貿易をはじめることに決定したと!!!（日本に関する私の私文書綴の中の，これら恥辱的な文書の写しを見よ）下田の代りに，彼らは神奈川と横浜を申し出た。そして，大名全部が貿易の結果について満足してから，他の港を開くことにしよう。貿易はオランダならびにロシアの条約の規定通りに行わるべきこと。アメリカ人の日本における旅行は許すわけにはゆかぬし，厳重な制限をうけねばならぬと。

　ここで，彼らは言葉を止めた。そこで私は，こう反論した。神奈川条約の第9条によれば，他の国に許された事柄は，そのまま直ちにアメリカ人にも適用される。それ故に，何ら条約の規定を要しない。ロシア，オランダの両条約について言えば，それらの条件は，それらの締結にしたがったあらゆる関係者にとって不面目なものであり，貿易に関するかぎり，それらの文書は，それらの書かれた用紙にも値しない。もし，私がこのような条項に署名するとすれば，大統領は私に不名誉な召喚を命ずるであろうと。それから私は，「貿易の自由を許容しよう」という大君(たいくん)の約束がよく守られるように要求した。……

　この議論に対して，日本委員は備えを欠いていた。それは，閣老会議の指示によって極めて巧みに用意されていた彼らのプランを全く覆した。彼らは極めて狼狽(くうがえ)した。

　彼らは，「日本は2百年以上も鎖国されていたので，日本国民は貴下の提言するような大変革に対する用意がない。……この国民が貴下を一層よく知るようになったら，その時には，我々は一層自由に行動することができる」などという陳腐な説を繰返しはじめた。

　私は，彼らの提出するような規定の下においては，貿易は不可能であって，アメリカ人は50年間日本に滞在しても，これ以上に親睦の方向にむかって進むことはなかろうし，かかる事情の下に交際すれば，偏見を去るどころか，それを増大するであろう。――なぜなれば，日本人は，彼らがオランダ人を蔑視すると同じ程度に，アメリカ人を軽蔑することを覚えるであろう。そして，私が日本で観察したあらゆる点よりして，日本の国民は実際は我々との自由な交際を切望しているものと確信する。もし，どこかに反対があるとすれば，それは大名と武士に限られているが，この二つの階級は，どこの国においても，国民の大多数の状態改善に反対するものであると，反論した。

　日本委員は，私が今述べたことの正しさを，率直に認めた。〔以下略〕

　　出所）ハリス『日本滞在記』（中）1858年1月25日（坂田精一訳，岩波文庫，1954, 119-21頁).

3.　安政諸条約

I・3・b　下田条約（日本国米利堅合衆国条約）

1857年6月17日（安政4年5月26日）調印（抄）

第1条　日本国肥前長崎の港を亜米利加船の為に開き其地に於て其船の破損を繕い薪水食料或は欠乏の品を給し石炭あらば又夫をも渡すべし

第2条　下田並箱館の港に来る亜米利加船必用の品日本に於て得難き分を弁ぜん為に亜米利加人右の2港に在住せしめ且合衆国のワイス，コンシュルを箱館の港に置く事を免許す但此箇条は日本安政5午年6月中旬合衆国1858年7月4日より施すべし

第3条　亜米利加人持来る所の貨幣を計算するには日本金壹分或は銀壹分を日本分銅の正きを以て金は金銀は銀と秤し亜米利加貨幣の量目を定め然して後吹替入費の為6分丈の余分を日本人に渡すべし

第4条　日本人亜米利加人に対し法を犯す時は日本の法度を以て日本司人罰し亜米利加人日本人へ対し法を犯す時は亜米利加の法度を以てコンシュル・ゼネラール或はコンシュル（共ニ官名）罰すべし

第5条　長崎下田箱館の港に於て亜米利加船の破損を繕い又は買う所の諸欠乏品代等は金或は銀の貨幣を以て償うべし若し金銀共所持せざる時は品物を以て弁ずべし

第6条　合衆国のエキセルレンシー（敬称）コンシュル・ゼネラール（官名）は7里境外に出べき権ある事を日本政府に於て弁知せり然りと雖も難船等切迫の場合にあらざれば其権を用うるを延す事を下田奉行望めり此に於てコンシュル・ゼネラール（官名）承諾せり〔以下略〕

出所）『日本外交年表竝主要文書』上，9頁.

I・3・c　日米修好通商条約（日本国米利堅合衆国修好通商条約）

1858年7月29日（安政5年6月19日）調印，1860年5月22日（万延元年4月3日）批准書交換（抄）

第1条　向後日本大君と亜米利加合衆国と世々親睦なるべし
日本政府は華盛頓(ワシントン)に居留する政事に預る役人を任じ又合衆国の各港の内に居留する諸取締の役人及び貿易を処置する役人を任ずべし其政事に預る役人及び頭立たる取締の役人は合衆国に到着の日より其国の部内を旅行すべし　合衆国の大統領は江戸に居留するヂプロマチーキ・アゲントを任じ又此約書に載る亜米利加人民貿易の為に開きたる日本の各港の内に居留するコンシュル又はコンシュラル・アゲント等を任ずべし其日本に居留するヂプロマチーキ・アゲント並にコンシュル・ゼネラールは職務を行う時より日本国の部内を旅行する免許あるべし

第2条　日本国と欧羅巴中の或る国との間に差障起る時は日本政府の嘱に応じ合衆国の大統領和親の媒と為りて扱うべし合衆国の軍艦大洋にて行過たる日本船へ公平なる友睦の取計あるべし且亜米利加コンシュルの居留する港に日本船の入る事あらば其各国の規定によりて友睦の取計あるべし

第3条　下田箱館の港の外次にいう所の場所を左の期限より開くべし
　　神奈川　午3月より凡15箇月の後より　　西洋紀元1859年7月4日
　　長　崎　午3月より凡15箇月の後より　　西洋紀元1859年7月4日
　　新　潟　午3月より凡20箇月の後より　　西洋紀元1860年1月1日
　　兵　庫　午3月より凡56箇月の後より　　西洋紀元1863年1月1日
　　若し新潟港を開き難き事あらば其代りとして同所前後に於て1港を別に選ぶべし
神奈川港を開く後6箇月にして下田港は鎖(とざ)すべし　此箇条の内に載たる各地は亜米利加人に居留を許すべし居留の者は一箇の地を価を出して借り又其所に建物あれば之を買う事妨なく且住宅倉庫を建る事をも許すべしと雖之を建るに托して要害の場所を取建る事は決して成さゞるべし　此掟を堅くせん為に其建物を新築改造修補など為る事あらん時には日本役人是を見分する事当然たるべし
亜米利加人建物の為に借り得る一個の場所並に港々の定則は各港の役人と亜米利加コンシュルと議定すべし　若し議定し難き時は其事件を日本政府と亜米利加ヂプロマチーキ・アゲントに示して処置せしむべし
其居留場の周囲に門墻を設けず出入自在にすべし
　　江　戸　午3月より凡44箇月の後より　　1862年1月1日
　　大　坂　同断凡56箇月の後より　　　　 1863年1月1日
右2箇所は亜米利加人只商売を為す間にのみ逗留する事を得べし　此両所の町に於て亜米利加人建家を価を以て借るべき相当なる一区の場所並に散歩すべき規程は追て日本役人と亜米利加のヂプロマチーキ・アゲントと談判すべし
双方の国人品物を売買する事総て障りなく其払方等に付ては日本役人は立会わず諸日本人亜米利加人より得たる品を売買し或は所持する倶に妨なし　軍用の諸物は日本役所の外へ売るべからず尤外国人互の取引は差構ある事なし此箇条は条約本書為取替済の上は日本国内へ触渡すべし　米並に麦は日本逗留の亜米利加人並に船に乗組たる者及び船中旅客食料の為の用意は与うとも積荷として輸出する事を許さず　日本産する所の銅余分あれば日本役所にて其時々公けの入札を以て払渡すべし　在留の亜米利加人日本の賤民を雇い且諸用事に充る事を許すべし
第6条　日本人に対し法を犯せる亜米利加人は亜米利加コンシュル裁断所にて吟味の上亜米利加の法度を以て罰すべし亜米利加人へ対し法を犯したる日本人は日本役人糺の上日本の法度を以て罰すべし日本奉行所亜米利加コンシュル裁断所は双方商人逋債(すべ)等の事をも公けに取扱うべし　都て条約中の規定並に別冊に記せる所の法則を犯すに於てはコンシュルへ申達し取上品並に過料は日本役人へ渡すべし両国の役人は双方商民取引の事に付て差構う事なし〔以下略〕
　　　　　　　　　　　　　　　　　　　　　　　井上信濃守　花押
　　　　　　　　　　　　　　　　　　　　　　　岩瀬肥後守　花押
　　　　　　　　　　　　　　　　　　　　タウンセンド，ハルリス　手記
　　　　　　　　　　　　　　　　　　　　　　出所）同上書，17-20頁．

II 近代国家への発進

「五箇条の御誓文」を指導理念とした明治新政府は、内外に多くの難問を抱えながらスタートを切った。しかも新政府の実権を掌握した三条実美(さねとみ)、岩倉具視(ともみ)、大久保利通(としみち)、木戸孝允(たかよし)ら公家・薩長連合の勢力基盤は脆弱であった。ではこのような厳しい条件下で、新政府はどのような内政・外交を推進していったのか。

まず対内的には、西欧列強を模範とする近代化政策が実施された。政治面では版籍奉還、廃藩置県を断行して徳川封建体制の一角を崩壊させ、代わって天皇を統一のシンボルとした中央集権化をはかった。次いで内閣制度を導入し、大日本帝国憲法を発布して、立憲君主制へと踏みだした。財政面では地租改正を断行して財政基盤を固め、軍事面では国民皆兵とする徴兵令を布き、中央政府直属の軍隊を編成した。社会面では四民平等が謳われ、文明開化により欧米文化が流入し、風俗・習慣・食生活に大きな変化が生じた。教育面でも藩校・寺子屋に代わり尋常小学校から帝国大学にいたる教育制度が創設された。

対外政策では、日本の独立をいかにして堅持するかが新政府の最重要課題となった。結局、西欧列強の侵略を受けた隣国中国の二の舞を演じないことが上策とされ、①旧来の排外主義を放棄する、②西欧型近代国家へと移行する、③領土問題を解決して安全保障を確保することが当面の目標となった。排外主義の放棄という点では、欧米社会におけるキリスト教の重要性を認め、キリシタン禁制の高札を撤去し、検挙されていたキリスト教徒を釈放した。こうして1880年代には来日する宣教師が増大し、また信者数も4千から3万9千へと急増した。

次に国家の近代化が重要視された。中国や朝鮮が華夷秩序に固執し西欧化を拒絶したのに対して、日本は旧来の華夷秩序から急速に離脱し、富国強兵・殖産興業をスローガンに掲げて西欧諸国をモデルとした近代化を急速に推進した。その過程で不平等条約改正問題が対外的に主要な懸案となり、約半世紀をかけてその不平等性から脱却した。

朝鮮半島問題では、征韓論争を経て朝鮮開国に成功した日本は、以

後，清国の半島支配の阻止が目標となり，朝鮮内部の勢力争いや排外的な民族主義運動による混乱に乗じ，ついに日清戦争へと突入した。ところが日本は勝利を得たものの，清国よりもさらに強大なロシアと朝鮮・満州をめぐって対峙し，「日英同盟」を締結したが日露開戦となった。この戦争でも日本は奇跡的な勝利を収め，アジア唯一の植民地保有国となり，リージョナル・パワーへと躍進する契機をつかんだ。そればかりでなく，ほぼ同時期，日本は国家的近代化を達成し，明治維新以来の国家目標が概ね満たされたのである。

　ではこのような日本の国家的近代化の特色や意義はどのようなものであったか。第一に，外発的な面が顕著であった。たとえばアメリカの国家的近代化が，植民地から離脱する過程で，イギリス本国との政治的経済的摩擦を介して近代的ナショナリズムを台頭させた内発型であったのに対して，すでに独立国家であった日本では，外圧がナショナリズムへと転化し，そのナショナリズムが旧体制を崩壊させ，華夷秩序からの離脱と西欧型国際秩序への参入をもたらした。

　第二に，中国は西欧列強のインパクトを受けての近代化過程で，従来の中央集権体制が崩れて地方分権型社会へと移行したが，逆に日本は，幕藩体制という二重構造社会から明治維新を経て，一元的な中央集権体制へと移行したことである。その根底には日本人の素早い転身ぶりがあった。つまり外来文化から成立した社会であり，取捨選択の文化である日本社会の特性が発揮されたといえよう。

　第三に，アジアにおける日本の方途に関してさまざまな見解が提示された。代表的見解としては福沢諭吉の「脱亜論」(1885)，樽井藤吉の『大東合邦論』(1885) があった。前者が守旧的な清国や朝鮮と乖離する現実主義的立場を主張したのに対して，後者は理想主義的な興亜論であり，日本はアジアの一員として清国・朝鮮と提携して欧米のアジア進出に対処すべきことを提唱した。また自由民権論者の中江兆民は『三酔人経綸問答』(1887) で日本の将来のあり方を論じた。概して日本の指導層は福沢的な現実主義路線を選択していくが，日露戦後，興亜と脱亜の二つの思想はネジレ現象を起こし，ここから生じた「日本盟主論」（「大アジア主義」）はしだいに独善的色彩を帯び，アジア諸国を隷属化する方向をたどっていく。

4. 領土問題

　日本が対外的に独立の立場を維持するには，領土問題を早急に解決する必要があった。まず北方領土に関して日露通好条約 (1855) は，千島列島のウルップ，エトロフ両島間を境界として，樺太を「雑居」と規定していたが，60年代になると樺太ではロシア人が増大し，邦人との間に紛争が生じた。そこで北海道開拓使の黒田清隆は樺太を放棄し，代わって全千島列島を日本領とする方針を決定した。こうして「樺太千島交換条約」が1875年 (明8) 5月にペテルブルグ（現サンクトペテルブルグ）で調印された。以降，日本はアメリカの支援を得て北海道開拓に意を注いだ。

　南方領土では琉球の帰属問題が生じた。琉球王国は1609年の薩摩遠征以来島津藩の管轄下にあったが，清国とも朝貢関係を維持するなど日清に両属していた。明治維新後，新政府は琉球の日本帰属化を意図し，琉球人が台湾原住民に殺害された台湾事件 (1871) を契機として74年に台湾出兵を行ない，大久保利通が清国と交渉して，琉球を清国から切り離した。この間琉球国を琉球藩とし（清との朝貢断絶），次いで79年にはいわゆる琉球処分を実施し，沖縄県として日本に編入した。これに対して琉球側は清国に窮状を訴え，清国を介してグラント前米大統領が斡旋に乗りだしたが，日本側の容れるところとならなかった。

　16世紀末に松本藩の小笠原貞頼が発見したといわれる小笠原諸島は，久しく無人島状態がつづいていたが，19世紀に欧米列強が極東に進出し，とくにペリー一行が独断でこれら諸島を領有しようとして注目を浴びた。徳川幕府は移民を送り，日本領土とする措置をとったが，実際には1873年にアメリカが占領放棄を宣言したのを受けて，明治政府が75年に同諸島の回収を言明し，日本領となった。

　なお尖閣諸島については，日本側が85年以降現地調査を実施し，無人島であること，および清国の支配外であることを確認したうえで，95年に日本領と宣言し，今日にいたっている。しかし1970年代に中国ならびに台湾が各々自国領を主張しており，問題は完全に解決されていない。

II·4·a 北方領土および南方領土地図

南方領土関係

1872.10.16(明治5.9.14) 琉球王国を廃し、琉球藩とする.
1879.4.4(明治12) 琉球藩を廃し、沖縄県を置く.
1895.1.14(明治28) 尖閣列島を沖縄県の管轄とすることを決定, 1.21同県知事に指示.
1876.3.10(明治9) 小笠原諸島を内務省の管轄とする.

北方領土関係

1855.2.7(安政元.12.21) 日露通好条約
　択捉島以南の千島諸島を日本領、ウルップ島以北をロシア領とし、樺太は雑居.
1875.5.7(明治8) 樺太・千島交換条約
　ウルップ島以北シュムシュ島にいたる千島諸島を日本領、樺太はロシア領.

出所) 前掲『日本外交史 別巻4 地図〈第3図〉』より.

4. 領土問題　19

II・4・b　樺太千島交換条約
1875年(明8)5月7日調印(抄)

大日本国皇帝陛下ト
全魯西亜国皇帝陛下ハ今般樺太島（即薩哈嗹島）是迄両国雑領ノ地タルニ由リテ屢次其ノ間ニ起レル紛議ノ根ヲ断チ現下両国間ニ存スル交宜ヲ堅牢ナラシメンガ為メ
大日本国皇帝陛下ハ樺太島（即薩哈嗹島）上ニ存スル領地ノ権理全魯西亜国皇帝陛下ハ「クリル」群島上ニ存スル領地ノ権理ヲ互ニ相交換スルノ約ヲ結ント欲シ
大日本国皇帝陛下ハ海軍中将兼在魯京特命全権公使従四位榎本武揚ニ其全権ヲ任ジ
全魯西亜国皇帝陛下ハ太政大臣金剛石装飾魯帝照像金剛石装飾魯国「シント・アンドレアス」褒牌「シント・ウラジミル」一等褒牌「アレキサンドル・ネフスキー」褒牌白鷲褒牌「シント・アンナ」一等褒牌及「シント・スタニスラス」一等褒牌仏蘭西国「レジウン・ド・オノール」大十字褒牌西班牙国金膜大十字褒牌澳太利国「シント・エチーネ」大十字褒牌金剛石装飾孛魯生国黒鷲褒牌及其他諸国ノ諸褒牌ヲ帯ル公爵「アレキサンドル・ゴルチャコフ」ニ其全権ヲ任ゼリ
右各全権ノ者左ノ条款ヲ協議シテ相決定ス

第1款　大日本国皇帝陛下ハ其ノ後胤ニ至ル迄現今樺太島（即薩哈嗹島）ノ一部ヲ所領スルノ権理及君主ニ属スル一切ノ権理ヲ全魯西亜国皇帝陛下ニ譲リ而今而後樺太全島ハ悉ク魯西亜帝国ニ属シ「ラペルーズ」海峡ヲ以テ両国ノ境界トス

第2款　全魯西亜国皇帝陛下ハ第1款ニ記セル樺太島（即薩哈嗹島）ノ権理ヲ受シ代(カワリ)トシテ其後胤ニ至ル迄現今所領「クリル」群島即チ第一「シュムシュ」島第二「アライド」島第三「パラムシル」島第四「マカンルシ」島第五「ヲネコタン」島第六「ハリムコタン」島第七「エカルマ」島第八「シャスコタン」島第九「ムシル」島第十「ライコケ」島第十一「マツア」島第十二「ラスツア」島第十三「スレドネワ」及「ウシシル」島第十四「ケトイ」島第十五「シムシル」島第十六「ブロトン」島第十七「チエルポイ」並ニ「ブラット，チエルボエフ」島第十八「ウルップ」島共計18島の権理及ビ君主ニ属スル一切ノ権理ヲ大日本国皇帝陛下ニ譲リ而今而後「クリル」全島ハ日本帝国ニ属シ東察加地方「ラパツカ」岬ト「シュムシュ」島ノ間ナル海峡ヲ以テ両国ノ境界トス

第5款　交換セシ各地ニ住ム各民（日本人及魯人）ハ各政府ニ於テ左ノ条件ヲ保証ス，各民並共ニ其本国籍ヲ保存スルヲ得ルコト，基本国ニ帰ラント欲スル者ハ常ニ其意ニ放セテ帰ルヲ得ルコト，或ハ其交換ノ地ニ留ルヲ願ウ者ハ其生計ヲ充分ニ営ムヲ得ルノ権理及其所有物ノ権理及随意信教ノ権理ヲ悉ク保全スルヲ得ル全ク其新領主ノ民（日本人及魯人）ト差異ナキ保護ヲ受クル事雖然其各民ハ並共ニ其保護ヲ受ル政府ノ支配(ジュリスヂクション)下ニ属スル事　〔以下略〕

榎　本　武　揚　(印)
ゴルチャコフ　(印)

出所）『日本外交年表並主要文書』上，57-59頁．

II・4・c 錦絵「征韓議論図」

征韓実行か否か，この問題をめぐって明治政府首脳部は大分裂となった。この錦絵は，征韓論を主張する西郷隆盛と反対する大久保利通が互いににらみあい，西郷側の江藤新平と大久保側の岩倉具視が激しく糾弾しあっている様子を描いている。

出所）塩谷七重郎氏所蔵（小西四郎『錦絵 幕末・明治の歴史7』講談社，1977，7頁所収）．

II・4・d 西郷隆盛の「征韓論」

　先日は遠方迄御来訪成し下され，厚く御礼申し上げ候。扨朝鮮の一条副島氏も帰着相成り候て，御決議相成り候や。若しいまだ御評議これなく候わば，何日には押して参朝致すべき旨御達し相成り候わば，病を侵し罷り出で候様仕るべく候間，御含み下されたく願い奉り候。弥 御評決相成り候わば，兵隊を先に御遣わし相成り候儀は，如何に御座候や。兵隊を御繰り込み相成り候わば，必ず彼方よりは引き揚げ候様申し立て候には相違これなく，其の節は此方より引き取らざる旨答え候わば，此より兵端を開き候わん。左候わば初めよりの御趣意とは大いに相変じ，戦いを醸成候場に相当たり申すべきやと愚考仕り候間，断然使節を先に差し立てられ候方御宜敷はこれある間敷や。左候得ば決って彼〔朝鮮〕より暴挙の事は差し見得候に付き，討つべきの名も慥かに相立ち候事と存じ奉り候。兵隊を先に繰り込み候訳に相成り候わば，樺太の如きは，最早魯〔ロシア〕より兵隊を以て保護を備え，度々暴挙もこれあり候事故，朝鮮よりは先に保護の兵を御繰り込み相成るべく相考え申し候間，旁 往き先の処故障出来候わん。夫よりは公然と使節を差し向けられ候わば，暴殺は致すべき儀と相察せられ候に付き，何卒私を御遣わし下され候処，伏して願い奉り候。副島君の如き立派の使節は出来申さず候共，死する位の事は相調い申すべきかと存じ奉り候間，宜敷希い奉り候。此の旨略儀ながら書中を以て御意を得奉り候。頓首。

出所）1873年（明6）7月29日付板垣退助宛書翰（西郷隆盛全集編集委員会編『西郷隆盛全集』第3巻，大和書房，1978，371-73頁）．

5. 条約改正問題

　幕末期に日本が諸外国と締結した諸条約には不平等な規定があった。領事裁判権の承認，関税自主権の喪失，片務的な最恵国待遇などである。このような不平等条約の存在は，劣等国の象徴であり，新興国日本にとって目の上のコブであった。また当時関税収入が国家財政上きわめて有益であったにもかかわらず，1866年(慶応2)以来5％の低関税率に抑えられており，国内産業を保護するためにも関税自主権の確立は早急な課題であった。

　そこで明治新政府は71年(明4)末に岩倉使節団をアメリカに派遣して，条約改正のきっかけを得ようとしたが失敗した。次いで寺島宗則外務卿のもとでアメリカと交渉が行なわれ，税権回復を認めた条約が78年に調印されたが，英独両国の反対で実施されなかった。井上馨外務卿時代には，税権・法権の一部改正，列国との一括交渉方式へと転じ，法典の整備も行ない，日本の欧米化を示すため鹿鳴館でパーティーを催すなどしたうえで，86年に条約改正本会議を開き，関税の平均11％への引上げ，外国人裁判官の採用などを提示した。しかし内外から批判を浴び，折しも発生したノルマントン号事件や自由民権運動により井上は辞職した。

　代わって大隈重信外相は，従来の懇願姿勢から強硬姿勢で臨んだ結果，88年にメキシコとの間に領事裁判権のない対等条約が締結された。翌年米独露3国とも新条約を調印したが，その内容が井上案と大差ない旨判明すると，言論界は猛反対し，大隈は国権論者に襲われ，89年に外相を辞任した。後任の青木周蔵外相は税権を除いた完全平等をめざし，大審院法官への外国人登用および領事裁判権の撤廃を認めないかぎり外国人に土地所有権を与えない方針を示し，最強硬のイギリスと交渉にあたった。当時ロシアと対立を深めていたイギリスは日本に譲歩し，91年に改正条約に調印したが，その直後に大津事件が発生して青木は辞任した。

　陸奥宗光新外相は青木を駐英公使に任命して交渉を継続させ，94年に日英新条約が締結され，ようやく治外法権は全廃された。以降，97年までに全13カ国との条約改正が完了した。ただし税権に関しては，1911年の小村寿太郎外相の時代まで待たねばならなかった。

II・5・a　条約改正年表

1858. 7.29	日米修好通商条約	7.29	井上外相，条約改正会議の無期延期を各国公使に通告
69.10.18	日澳洪修好通商航海条約		
71.11.20	岩倉使節団，欧米に派遣	9.17	井上外相辞任
72. 3.20	大久保・伊藤両副使，全権委任状要求のためワシントン出発	88. 2. 1	大隈重信外相就任
		11.26	ドイツ臨時公使に条約改正案手交（国別談判方式）
73. 2.26	耶蘇教禁制の高札撤去，各国公使に通告	11.30	メキシコと修好通商条約締結（最初の対等条約）
75. 1.27	英仏両公使，横浜駐屯軍撤退通告	89. 2.20	アメリカと改正通商航海条約調印（6.11ドイツ，8.8ロシアとも調印，いずれも発効せず）
11.10	寺島宗則外務卿，関税自主権回復の目的で条約改正交渉開始を上申		
76. 4.25	寺島外務卿，吉田清成駐米公使に税権交渉の開始を訓令	10.18	大隈外相，玄洋社社員に襲われ重傷
78. 2.20	アヘン密輸英商人ハートレーに領事裁判所で無罪判決	12.24	大隈外相，辞職
		12.24	青木周蔵外相就任（最初は，英国との交渉にあたる）
7.25	日米約書（実施されず）		
79. 9.10	寺島外務卿辞任，後任は井上馨	91. 5.11	来日中のロシア皇太子襲撃される（大津事件）
80. 7. 6	改正条約案，各国公使に手交		
81. 7.25	英外相，井上案に反対し，列国公使による予備会議開催を要求	5.29	青木外相辞任，榎本武揚就任
		92. 8. 8	陸奥宗光外相就任
82. 1.25	東京で条約改正に関する各国連合予備会議開催（～7.27）	93. 7. 8	臨時閣議，条約改正案および交渉方針を決定（内地雑居を認め領事裁判権を廃棄など）
4. 5	井上外相，日本の法律への服従を条件に内地開放を提議		
		12.19	衆議院，現行条約励行案を上程，10日間の停会
83.11.28	鹿鳴館完成		
85. 5.11	井上外相，第三次改正案を各国公使に内示	12.29	陸奥外相，条約励行反対の演説，14日間の再停会，翌日解散
86. 5. 1	井上外相，第1回条約改正会議を開催，第四次改正案提出	94. 6. 6	清国（6.7日本），朝鮮出兵を通告
		7.16	日英改正通商航海条約締結
6.15	裁判管轄条約案（英独草案）提出される	8. 1	清国に宣戦布告
		1902. 1.30	日英同盟協約調印
87. 6. 1	司法省法律顧問ボアソナード，裁判管轄条約案に反対する意見書を提出	04. 2.10	ロシアに宣戦布告（日露戦争）
		10. 8.22	韓国併合条約調印
7. 3	農商務相谷干城，裁判管轄条約案に反対する政府反対意見書を提出	11. 2.21	日米新通商航海条約調印（関税自主権確立）

II・5・b　岩倉使節団への三条実美の檄文 (抄)

欧米各国ヘ使節ヲ派遣スベキノ件並ニ改正スベキ条約要目ニ関スル件

対等ノ権利ヲ存シテ相互ニ凌辱侵犯スル事ナク共ニ比例互格ヲ以テ礼際ノ慇勤ヲ通ジ貿易ノ利益ヲ交ユ此レ列国条約アル所以ニシテ而テ国ト国ト固ヨリ対等ノ権利ヲ有スルコト当然ナレバ其条約モ亦対等ノ権利ヲ存スベキハ言ヲ待タザル事ナリ

故ニ地球上ニ国シテ独立不羈ノ威柄ヲ備エ列国ト相聯並比肩シテ昂低平均ノ権力ヲ誤ラズ

能ク交際ノ誼ヲ保全シ貿易ノ利ヲ斉一ニスルモノ列国公法アリテ能ク強弱ノ勢ヲ制圧シ衆寡ノ力ヲ抑裁シ天理人道ノ公義ヲ補弼スルニ由レリ是以テ国ト国ト対等ノ権利ヲ存スルハ乃チ列国公法ノ存スルニ此レ由ルト云フベシ

今其国ノ人民其国ヲ愛スルハ亦自然ノ止ムベカラザル所ナリ既ニ其国ヲ愛スルノ誠アル其ノ国事ヲ憂慮セザルベカラズ憂慮既ニ此ニ反ウ苟モ之ヲ実務上ニ徴シテ我国ニ存スル権利ノ如何ヲ審察セザルベカラズ既ニ之ヲ審察スルニ於テ果シテ其権利我ニ存シテ失ワザルカ或ハ之ヲ他ニ失シテ存セザルカ能ク之ヲ認メ得ベシ之ヲ認メテ我国既ニ対等ノ権利ヲ失イ他ニ凌辱侵犯セラレ比例互格ノ道理ヲ得ザレバ勉励奮発シテ之ヲ回復シ其凌辱ヲ雪ギ侵犯セラレザル道ヲ講究スル事其国人正ニ務ムベキ職任ニシテ其国人タルノ道理ヲ尽スト云ウベシ而テ其凌辱侵犯ヲ受ケザル道ヲ講究スル之ヲ列国公法ニ照シテ其条約ノ正理ニ適スルヤ否ヤヲ考察セザルベカラズ……

……正ニ列国ト並肩スルノ基礎ヲ立ントス宜ク従前ノ条約ヲ改正シ独立不羈ノ体裁ヲ定ムベシ従前ノ条約ヲ改正セント欲セバ列国公法に拠ラザルベカラズ列国公法ニ拠ル我国律,民律, 貿易律, 刑法律, 税法等公法ト相相反スルモノ之ヲ変革改正セザルベカラズ〔以下略〕

(出所) 1871年10月28日 (明4年9月15日) 「三条太政大臣ヨリ岩倉外務卿ヘノ諮問」(『大日本外交文書・条約改正関係』第1巻, 37-38頁).

II·5·c 岩倉使節団の歴訪地図

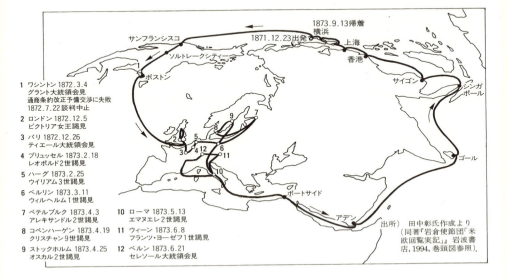

1 ワシントン 1872.3.4
グラント大統領会見
通商条約改正予備交渉ニ失敗
1872.7.22 談判中止
2 ロンドン 1872.12.5
ビクトリア女王謁見
3 パリ 1872.12.26
ティエール大統領会見
4 ブリュッセル 1873.2.18
レオポルド2世謁見
5 ハーグ 1873.2.25
ウイリアム3世謁見
6 ベルリン 1873.3.11
ウィルヘルム1世謁見
7 ペテルブルク 1873.4.3
アレキサンドル2世謁見
8 コペンハーゲン 1873.4.19
クリスチャン9世謁見
9 ストックホルム 1873.4.25
オスカル2世謁見
10 ローマ 1873.5.13
エマヌエレ2世謁見
11 ウィーン 1873.6.8
フランツ・ヨーゼフ1世謁見
12 ベルン 1873.6.21
セレソール大統領会見

(出所) 田中彰氏作成より
(同著『岩倉使節団「米欧回覧実記」』岩波書店, 1994, 巻頭図参照).

II・5・d　日英通商航海条約
1894年(明27) 7月16日調印(抄)

第1条　両締盟国ノ一方ノ臣民ハ他ノ一方ノ版図内何レノ所ニ到リ、旅行シ或ハ住居スルモ全ク随意タルベク而シテ其身体及財産ニ対シテハ完全ナル保護ヲ享受スベシ

該臣民ハ其ノ権利ヲ伸張シ及防護センガ為メ自由ニ且容易ニ裁判所ニ訴出ルコトヲ得ベク又該裁判所ニ於テ其ノ権利ヲ伸張シ及防護スルニ付内国臣民ト同様ニ代言人弁護人及代人ヲ選択シ且使用スルコトヲ得ベク而シテ右ノ外司法取扱ニ関スル各般ノ事項ニ関シテ内国臣民ノ享有スル総テノ権利及特典ヲ享有スベシ

住居権、旅行権及各種動産ノ所有、遺嘱又ハ其ノ他ノ方法ニ因ル所ノ動産ノ相続並ニ合法ニ得ル所ノ各種財産ヲ如何ニ処分スルコトニ関シ両締盟国ノ一方ノ臣民ハ他ノ一方ノ版図内ニ在リテ内国若ハ最恵国ノ臣民或ハ人民ト同様ノ特典、自由及権利ヲ享有シ且此等ノ事項ニ関シテハ内国若ハ最恵国ノ臣民或ハ人民ニ比シテ多額ノ税金若ハ賦課金ヲ徴収セラル、コトナカルベシ

両締盟国ノ一方ノ臣民ハ他ノ一方ノ版図内ニ於テ良心ニ関シ完全ナル自由、及法律、勅令及規則ニ従テ公私ノ礼拝ヲ行ウノ権利、並ニ其ノ宗教上ノ慣習ニ従イ埋葬ノ為メ設置保存セラル、所ノ適当便宜ノ地ニ自国人ヲ埋葬スルノ権利ヲ享受スベシ

何等ノ名義ヲ以テスルモ該臣民ヲシテ内国若ハ最恵国ノ臣民或ハ人民ノ納ムル所若ハ納ムベキ所ニ異ナルカ又ハ之ヨリ多額ノ取立金若ハ租税ヲ納メシムルヲ得ズ

第18条　大不列顛国(ブリテン)政府ハ同政府ニ関スル限ハ左ノ取極ニ同意スベシ

日本国ニ在ル各外国人居留地ハ全ク其ノ所在ノ日本国市区ニ編入シ爾後日本国地方組織ノ一部トナルベシ

然ル上ハ日本国当該官吏ハ之ニ関シテ其ノ地方施設上ノ責任義務ヲ悉皆負担スベシ又之ト同時ニ右外国人居留地ニ属スル共有資金若ハ財産アルトキハ之ヲ右日本国官吏ヘ引渡スベキモノトス

尤前記外国人居留地ヲ日本国市区ニ編入ノ場合ニハ該居留地内ニテ現ニ因テ以テ財産ヲ所持スル所ノ現在永代借地券ハ有効ノモノト確認セラルベシ而シテ右財産ニ対シテハ右借地券ニ載セタル条件ノ外ハ別ニ何等ノ条件ヲモ附セザルベシ但シ借地券中ニ領事官トアルハ総テ日本国当該官吏ヲ以テ之ニ代ユベキコト、知ルベシ

外国人居留地公共ノ目的ノ為メニ無借料ニテ既ニ貸与シタル各地所ハ永代ニ保存セラルベシ且該地所ニシテ最初貸与シタルトキノ目的ニ使用セラル、限ハ総テノ租税及徴収金ヲ免ズベシ但シ土地収用権ニハ従ウベキモノトス〔以下略〕

青木　周蔵　印
キムバーレー　印

出所)『日本外交年表並主要文書』上、143-44, 147-49頁。

6. 日清戦争

　華夷秩序から急速に離脱した日本では，守旧的姿勢を崩さない朝鮮への征伐論が高まったが，欧米視察を終えて帰国した岩倉・大久保らは内治優先を主張してこれを退けた。しかし西南戦争後，国内が安定へと向かうと，再度朝鮮の鎖国問題が論議された。欧米諸国でも朝鮮の排外主義，とくに天主教弾圧が問題視され，開国を要求する気運が強まった。そうした折，日本政府は江華島事件を契機として1876年（明9）2月に「日朝修好条規」を締結し，朝鮮の開国に成功した。

　以降，朝鮮では日本の経済進出や日本指導下の軍制改革が行なわれ，宗主国清国と日本との間に緊張が生じた。しかも朝鮮政界では大院君と閔妃一族との政争があり，また80年代前半には親日派と親清派とが対立し，壬午の変と甲申の変が起こった。その結果日清間に「天津条約」が結ばれたが，半島情勢は安定しなかった。そこで清国の李鴻章は欧米諸国の影響力を用いた対日牽制策をとった。一方日本側では清国を仮想敵とした軍事力強化が進められ，とくに山県有朋は90年の意見書で主権線と利益線を区分したうえで，朝鮮の独立維持の必要性を唱えた。

　94年6月排外的な東学党の乱が発生し，日清両軍が出動した。まもなく乱は収拾されて共同撤兵交渉となったが，清勢力の排除をもくろむ陸奥外相は，日清両国による朝鮮の内政改革を強硬に主張した。そして軍事的優位を背景に単独で朝鮮改革を実施し，大院君を擁立して清朝条約を廃棄させた。7月豊島沖で日清間の海戦が起こり，8月両国は宣戦を布告した。日清戦争は大方の予想に反して日本軍の圧倒的勝利となった。95年3月から下関で日清間の和平交渉が行なわれ，清国側から李，日本側からは伊藤・陸奥が全権として出席し，休戦協定の調印後の4月，日本の要求をほぼ容れた「日清講和条約」が調印された。すなわち，①朝鮮の独立，②遼東半島・台湾・澎湖諸島の割譲，③償金2億両，④沙市などの開市開港，⑤揚子江航行権の許与，⑥最恵国待遇である。ところが1週間後，日本の遼東半島領有は極東の平和を脅かすとして同半島の放棄を勧告する，露仏独3国による「三国干渉」が生じ日本側に衝撃を与えた。結局日本はその返還を承諾せざるをえず，以降「臥薪嘗胆」をスローガンに掲げ，雌伏を余儀なくされた。

II・6・a　福沢諭吉の「脱亜論」(抄)

　我日本の国土は亜細亜の東辺に在りと雖ども，其国民の精神は既に亜細亜の固陋を脱して西洋の文明に移りたり。然るに爰に不幸なるは近隣に国あり，一を支那と云い，一を朝鮮と云う。此二国の人民も古来亜細亜流の政教風俗に養わる，こと，我日本国民に異ならずと雖ども，其人種の由来を殊にするか，但しは同様の政教風俗中に居ながらも遺伝教育の旨に同じからざる所のものある歟，日支韓三国相対し，支と韓と相似るの状は支韓の日に於けるよりも近くして，此二国の者共は一身に就き又一国に関して改進の道を知らず，交通至便の世の中に文明の事物を聞見せざるに非ざれども，耳目の聞見は以て心を動かすに足らずして，其古風旧慣に恋々するの情は百千年の古に異ならず，此文明日新の活劇場に教育の事を論ずれば儒教主義と云い，学校の教旨は仁義礼智と称し，一より十に至るまで外見の虚飾のみを事として，其実際に於ては真理原則の知見なきのみか，道徳さえ地を払うて残刻不廉恥を極め，尚傲然として自省の念なき者の如し。我輩を以て此二国を視れば，今の文明東漸の風潮に際し，迚も其独立を維持するの道ある可らず。……輔車唇歯とは隣国相助くるの喩なれども，今の支那朝鮮は我日本国のために一毫の援助と為らざるのみならず，西洋文明人の眼を以てすれば，三国の地利相接するが為に，時に或は之を同一視し，支韓を評するの価を以て我日本に命ずるの意味なきに非ず。例えば支那朝鮮の政府が古風の専制にして法律の恃む可きものあらざれば，西洋の人は日本も亦無法律の国かと疑い，支那朝鮮の士人が惑溺深くして科学の何ものたるを知らざれば，西洋の学者は日本も亦陰陽五行の国かと思い，支那人が卑屈にして恥を知らざれば，日本人の義侠も之がために掩われ，朝鮮国に人を刑するの惨酷なるあれば，日本人も亦共に無情なるかと推量せらる，が如き，是等の事例を計れば枚挙に遑あらず。之を喩えば比隣軒を並べたる一村一町内の者共が，愚にして無法にして然かも残忍無情なるときは，稀に其町村内の一家人が正当の人事に注意するも，他の醜に掩われて埋没するものに異ならず。其影響の事実に現われて，間接に我外交上の故障を成すことは実に少々ならず，我日本国の一大不幸と云う可し。左れば今日の謀を為すに，我国は隣国の開明を待て共に亜細亜を興すの猶予ある可らず，寧ろ其伍を脱して西洋の文明国と進退を共にし，其支那朝鮮に接するの法も隣国なるが故にとて特別の会釈に及ばず，正に西洋人が之に接するの風に従て処分す可きのみ。悪友を親しむ者は共に悪名を免かる可らず。我れは心に於て亜細亜東方の悪友を謝絶するものなり。

出所)『時事新報』社説，1885年3月16日号(『福沢諭吉全集』第10巻，岩波書店，1960，239-40頁).

II・6・b　下関条約（日清講和条約）

1895年(明28) 4月17日調印,同年5月8日批准書交換(抄)

第1条　清国ハ朝鮮国ノ完全無欠ナル独立自主ノ国タルコトヲ確認ス。因テ右独立自主ヲ

損害スベキ朝鮮国ヨリ清国ニ対スル貢献典礼等ハ将来全ク之ヲ廃止スベシ。
第2条　清国ハ左記ノ土地ノ主権並ニ該地方ニ在ル城塁，兵器製造所及官有物ヲ永遠日本国ニ割与ス。
① 左ノ経界内ニ在ル奉天省南部ノ地
鴨緑江口ヨリ該江ヲ溯リ安平河口ニ至リ該河口ヨリ鳳凰城，海城，営口ニ互リ遼河口ニ至ル折線以南ノ地併セテ前記ノ各城市ヲ包含ス。而シテ遼河ヲ以テ界トスル処ハ該河ノ中央ヲ以テ経界トス……遼東湾東岸及黄海北岸ニ在テ奉天省ニ属スル諸島嶼
② 台湾全島及其ノ附属諸島嶼
③ 澎湖列島即英国「グリーンウィチ」東経119度乃至120度及北緯23度乃至24度ノ間ニ在ル諸島嶼
第4条　清国ハ軍費賠償金トシテ庫平銀2億両ヲ日本国ニ支払ウベキコトヲ約ス。右金額ハ都合8回ニ分チ初回及次回ニハ毎回5千万両ヲ支払ウベシ。而シテ初回ノ払込ハ本約批准交換後6箇月以内ニ次回ノ払込ハ本約批准交換後12箇月以内ニ於テスベシ。……又初回振込ノ期日ヨリ以後未ダ振込ミ了ラザル額ニ対シテハ毎年100分ノ5ノ利子ヲ支払ウベキモノトス。但シ清国ハ何時タリトモ該賠償金ノ全額或ハ其ノ幾分ヲ前以テ一時ニ支払ウコトヲ得ベシ。如シ本約批准交換後3箇年以内ニ該賠償金ノ総額ヲ皆済スルトキハ総テ利子ヲ免除スベシ。若夫迄ニ2箇年半若ハ更ニ短期ノ利子ヲ払込ミタルモノアルトキハ之ヲ元金ニ編入スベシ。〔以下略〕

　　　　　　　　　　　　　　　伊藤　博文（記名）印　　陸奥　宗光（記名）印
　　　　　　　　　　　　　　　李　鴻章（記名）印　　李　経方（記名）印
　　　　　　　　　　　　　　　出所）『日本外交年表並主要文書』上，165-68頁．

II・6・c　陸奥宗光の『蹇蹇録』（抄）

……広島の御前会議は（当時広島に滞在する者，伊藤総理の外山県，西郷陸海2大臣のみ）固より余が再度の電報を待つまでに猶予すべきに非ざれば，その商議を進行し，而して当日伊藤総理提議の要領は，（第一）仮令新たに敵国増加の不幸に遭遇するも，この際断然，露，独，仏の勧告を拒絶する乎，（第二）ここに列国会議を招請し，遼東半島の問題を該会議において処理する乎，（第三）この際むしろ3国の勧告は全然これを聴容し清国に向かい遼東半島を恩恵的に還附する乎，の3策の中，その一を選ぶべしというにあり。出席文武各臣はいずれも反覆丁寧に討論を尽したる末，伊藤総理の第一策については，当時我が征清軍は全国の精鋭を悉して遼東半島に駐屯し，我が強力の艦隊は悉く澎湖島に派出し，内国海陸軍備は殆ど空虚なるのみならず，昨年来長日月の間，戦闘を継続したる我が艦隊は固より人員，軍需共に既に疲労，欠乏を告げたり，今日において3国連合の海軍に論なく，露国艦隊のみと抗戦するもまた甚だ覚束なき次第なり。故に今は第三国とは到底和親を破るべからず，新たに敵国を加うるは断じて得策に非ずと決定し，次にその第三策は，意気寛大なるを示すに足る如きも余

りに言い甲斐なき嫌いありとし，遂にその第二策，即ち列国会議を招請して本問題を処理すべしと廟議粗々協定し，伊藤総理は即夜広島を発し，翌25日暁天，余を舞子に訪い，御前会議の結論を示し，なお余の意見あらばこれを聴かんといえり。この時松方，野村両大臣もあたかも京都より舞子に来会せしに由り，いずれも余が病床を繞りて鼎座し，ここに再び協議は開けたり。余は一昨日来，両回，伊藤総理に発電したる趣意を再演し，ともかくも露，独，仏3国の勧告は一応これを拒絶し，彼らが将来如何なる運動をなすべきやを視察し，深く彼らの底意を捜究したる上，なお外交上一転の策を講ずべしといいたれども，伊藤総理は，この際予めその結果如何を推究せずして卒然3大強国の勧告を拒絶するは事すこぶる無謀ならずや，かつ露国が昨年以来の挙動は今更にその底意の浅深を探るまでもなく甚だ明白なることなり，しかるに殊更に我よりこれを挑撥して彼らに適応の口実を与うるはその危険甚だ多く，いわんや危機まさに機微の際に暴発せんとするに臨み，いわゆる外交上一転の策もまたこれを講ずるの余地なかるべきにおいてや，と余の説を論駁し，松方，野村の両大臣もまた均しく伊藤総理の論旨に左袒したり。衆論右の如くなる上は余は自説を撤回することに吝かならざれども，しかれども伊藤総理が御前会議の結論として齎し来れる列国会議の説は，余の同意を表するに難しとしたる所たり。その理由は今ここに列国会議を招請せんとせば，対局者たる露，独，仏3国の外少なくともなお2，3大国を加えざるべからず，而してこの5，6大国がいわゆる列国会議に参列するを承諾するや否や，良しやいずれもこれを承諾したりとするも実地にその会議を開くまでには許多の日月を要すべく，而して日清講和条約批准交換の期日は既に目前に迫り，久しく和戦未定の間に彷徨するは徒に時局の困難を増長すべく，また凡そこの種の問題にして一度列国会議に附するにおいては，列国各々自己に適切なる利害を主張すべきは必至の勢いにして，会議の問題果して遼東半島の一事に限り得べきや，あるいはその議論枝葉より枝葉を傍生し各国互いに種々の注文を持ち出し，遂に下ノ関条約の全体を破滅するに至るの恐れなき能わず，これ我より好んで更に欧州大国の新干渉を導くに同じき非計なるべしといいたるに，伊藤総理，松方，野村両大臣もまた余の説を然りと首肯したり。しからば如何にこの緊急問題を処理すべきかというに至り，広島御前会議において既に方今の形勢新たに敵国を増加すること得計に非ずと決定したる上は，露，独，仏3国にして，その干渉を極度まで進行し来るべきものとせば，とにかく我は彼らの勧告の全部もしくは一部を承諾せざるを得ざるは自然の結果なるべし。而して我が国今日の位置は目前この露，独，仏三国干渉の難問題を控え居る外，なお清国とは和戦未定の問題を貽し居る場合なれば，もし今後露，独，仏3国との交渉を久しくするときは清国あるいはその機に乗じて講和条約の批准を抛棄し，遂に下ノ関条約を故紙空文に帰せしむるやも計られず。故に我は両個の問題を確然分割して，彼此相牽連する所なからしむべきよう努力せざるべからず。これを約言すれば，3国に対しては遂に全然譲歩せざるを得ざるに至るも，清国に対しては一歩も譲らざるべしと決心し，一直線にその方針を追うて進行すること目下の急務なるべし〔以下略〕

出所）陸奥宗光『蹇蹇録』岩波文庫，1983, 306-09頁.

7. 日英同盟

　日清戦争後の極東情勢は依然不安定であった。脆弱性を露呈した清国は，1898年（明31）以降，西欧列強による政治的経済的進出を許して半植民地状態に陥った。しかし西欧文明の急激な流入や多大な利権の喪失は，排外的な義和団事変を引き起こした。この混乱期，ヘイ米国務長官は英独露日伊仏6カ国に通牒を送り，中国での商業上の機会均等・領土的行政的保全を訴えた。また朝鮮半島をめぐり日露対立が深まり，「三国干渉」で窮地に立った日本は，「北守南進」政策をとりつつ，外交交渉により勢力挽回を期した。その結果小村・ウェーバー覚書，山県・ロバノフ議定書，西・ローゼン協定が相次いで調印され，ロシアは韓国での日本の優越性を認めたが，日本側が希望する満韓交換には応じなかった。

　この頃イギリスは，ドイツに海軍力や工業力で急迫され，ロシアとも世界各地で敵対し，フランスともアフリカで対立するなど「名誉ある孤立」政策の限界を感じていた。そこでチェンバレン植民地相は98年に露独米3国に各々接近し，同盟の可能性を探ったが成功しなかった。ところがその後エッカルトシュタイン駐英ドイツ大使代理がチェンバレンに英独二国同盟ではなく，日本を加えた三国同盟構想を提起した。しかし英独交渉は頓挫し，日英交渉のみが進展した。

　1901年，桂太郎内閣外相となった小村寿太郎は，「機会をみて欧州の一国（英）とある種の協商を締結する，韓国を保護国とする」との外交方針を固め，10月から公式の対英交渉を開始した。この間国内では二大外交論争が起こった。伊藤，井上，松方正義らは「満韓交換論」を唱え，日露協調による極東の平和を主張したが，山県，桂，小村らは「満韓不換論」を唱え，日英提携によるロシアの南下防止を主張した。12月，小村は日露提携と日英提携の利害得失を明らかにし，政府の方針を後者へと導いた。しかも伊藤の訪露がイギリスを刺激して対日譲歩を引きだし，02年1月にロンドンで「日英同盟条約」が調印された。同条約は，両国はいずれか一国が清韓での利益のため第三国と開戦した場合，他国は厳正中立を守ると定めていた。ここに日本は世界列強のイギリスとほぼ対等の関係に立つと同時に，日英米3国対露仏という構図を生み，ここに日露戦争の原型ができあがったのである。

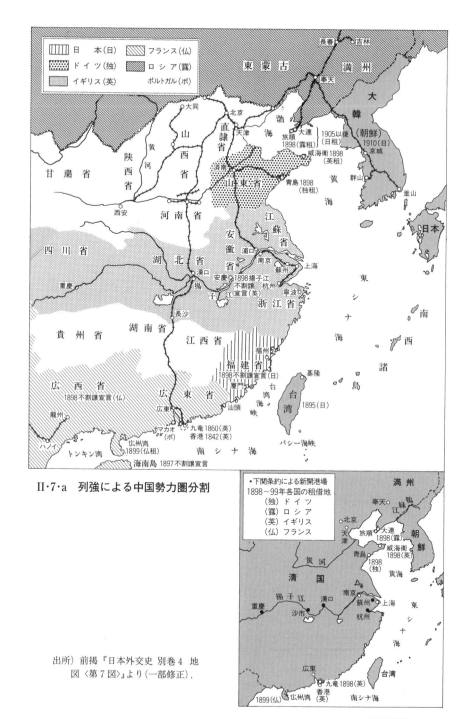

II·7·a 列強による中国勢力圏分割

出所）前掲『日本外交史 別巻4 地図〈第7図〉』より（一部修正）．

II・7・b 小村寿太郎の「日英提携論」
1901年(明34) 4月12日

清国駐劄小村公使ヨリ加藤外務大臣宛英文電報

Taku, 12-4-1901   5-20p.m.
Rec'd 13- 〃 - 〃   12-55a.m.

Kato,
Tokio.

101. Regarding your telegram 96, if the proposed combination of Powers in the Far East can possibly be brought about it would be in my opinion of immense advantage to Japan owing to the following considerations.

1. It would strengthen our position vis-à-vis Russia as England in combination with Germany would be able to keep France neutral in the event of conflict between Russia and Japan.

2. It would, if properly arranged, prove useful in safeguarding our interests in South China which might be endangered, if Japan had no other Power to support her while she was engaged in conflict with Russia, and

3. There would be no danger of Japan being involved in European entanglement, as the object of the combination is limited to preservation of balance of power in the Far East.

These views respectfully submit to your consideration.

Komura.

出所)『日本外交文書』第34巻, 3頁.

英文電報の要約
……擬想の日英独三国同盟は, (1) 仮に日露両国間に衝突ある場合に, 英独の結合は仏国をして中立を守らしむるの力があるが故に, 露国に対する我が位地を鞏固にするを得ること, (2) 仮に日露両国間に衝突ある場合に, 南清に於ける我が利益の危険に陥るを防ぎ, 之を防護するの効あること, (3) 其の目的極東に於ける均勢を保持するに止まるが故に, 我国をして欧州政変の渦中に投ぜしむるが如き危険更に無きこと, の3理由を挙げて賛意を電答した。

出所) 外務省編『小村外交史』原書房, 1966, 253頁.

II・7・c　第1回日英同盟協約
1902年(明35)1月30日調印

日本国政府及大不列顛国(ブリテン)政府ハ偏ニ極東ニ於テ現状及全局ノ平和ヲ維持スルコトヲ希望シ且ツ清帝国及韓帝国ノ独立ト領土保全トヲ維持スルコト及該二国ニ於テ各国ノ商工業ヲシテ均等ノ機会ヲ得セシムルコトニ関シ特ニ利益関係ヲ有スルヲ以テ茲ニ左ノ如ク約定セリ。

第1条　両締約国ハ相互ニ清国及韓国ノ独立ヲ承認シタルヲ以テ該二国孰レニ於テモ全然侵略ノ趨向ニ制セラルルコトナキヲ声明ス。然レドモ両締約国ノ特別ナル利益ニ鑑ミ即チ其利益タル大不列顛国ニ取リテハ主トシテ清国ニ関シ又日本国ニ取リテハ其清国ニ於テ有スル利益ニ加ウルニ韓国ニ於テ政治上並ニ商業上及工業上格段ノ利益ヲ有スルヲ以テ両締約国ハ若シ右等利益ニシテ列国ノ侵略ノ行動ニ因リ,若クハ清国又ハ韓国ニ於テ両締約国孰レカ其臣民ノ生命及財産ヲ保護スル為メ干渉ヲ要スベキ騒動ノ発生ニ因リテ侵迫セラレタル場合ニハ両締約国孰レモ該利益ヲ擁護スル為メ必要欠クベカラザル措置ヲ執リ得ベキコトヲ承認ス。

第2条　若シ日本国又ハ大不列顛国ノ一方カ上記各自ノ利益ヲ防護スル上ニ於テ列国ト戦端ヲ開クニ至リタル時ハ他ノ一方ノ締約国ハ厳正中立ヲ守リ併セテ其同盟国ニ対シテ他国ガ交戦ニ加ワルヲ妨グルコトニ努ムベシ。

第3条　上記ノ場合ニ於テ若シ他ノ一国又ハ数国ガ該同盟国ニ対シテ交戦ニ加ワル時ハ他ノ締約国ハ来リテ援助ヲ与エ協同戦闘ニ当ルベシ。講和モ亦該同盟国ト相互合意ノ上ニ於テ之ヲ為スベシ。

第4条　両締約国ハ孰レモ他ノ一方ト協議ヲ経ズシテ他国ト上記ノ利益ヲ害スベキ別約ヲ為サザルベキコトヲ約定ス。

第5条　日本国若クハ大不列顛国ニ於テ上記ノ利益ガ危殆ニ迫レリト認ムル時ハ両国政府ハ相互ニ充分ニ且ツ隔意ナク通告スベシ。

第6条　本協約ハ調印ノ日ヨリ直ニ実施シ該期日ヨリ5箇年間効力ヲ有スルモノトス。若シ5箇年ノ終了ニ至ル12箇月前ニ締約国孰レヨリモ本協約ヲ廃止スルノ意思ヲ通告セザル時ハ本協約ハ締約国ノ一方ガ廃棄ノ意思ヲ表示シタル当日ヨリ1箇年ノ終了ニ至ル迄ハ引続キ効力ヲ有スルモノトス。然レドモ右終了期日ニ至リ同盟国ノ一方ガ現ニ交戦中ナルトキハ本同盟ハ講和結了ニ至ル迄当然継続スルモノトス。

右証拠トシテ下名ハ各其政府ヨリ正当ノ委任ヲ受ケニ記名調印スルモノナリ。
1902年1月30日竜動ニ於テ本書2通ヲ作ル

　　　　　大不列顛国駐剳日本国皇帝陛下ノ特命全権公使　　林　　　董　印
　　　　　大不列顛国皇帝陛下ノ外務大臣　　　　　　　　ランスダウン　印

出所）『日本外交年表並主要文書』上, 203-04頁.

8. 日露戦争

　日英同盟の成立はロシア側に衝撃を与えた。満韓交換を是認するウィッテ蔵相ら穏健派は日本との戦争を回避するため，1902年（明35）4月，清との間に満州撤兵条約を締結し，第一次撤兵を完了した。しかししだいに宮廷内で主戦派が優位となり，翌年5月，皇帝ニコライ二世はウィッテを更迭し，撤兵条約の廃棄と満州への軍隊増派を決定した。この結果ロシアの極東政策は積極化され，再び緊迫する事態となった。これに対して日本国内では，外務省や陸海軍の中堅で組織する湖月会や東京帝大7博士が対露早期開戦を提起するなど，開戦論が強まった。逆に『万朝報』の幸徳秋水ら社会主義者，内村鑑三らキリスト教者は非戦論を唱えた。

　日本政府は終始慎重で，外交交渉により露軍の満州撤兵を実現しようとしたが，ロシア側が強硬のため，04年1月に開戦を決定，2月に旅順沖で両国の軍艦が交戦し，宣戦布告となった。日本軍は陸上では鴨緑江と大連・遼陽の戦闘で勝ち，次いで翌05年1月に旅順を攻略し，5月の奉天会戦でも勝利を収めた。海上では同年5月の日本海海戦で東郷平八郎率いる連合艦隊がバルチック艦隊を撃破し，日本の勝利を決定づけた。また外交面では金子堅太郎をアメリカに派遣し，アメリカ世論の支持を獲得できるように尽力させた。財政面でも日銀副総裁の高橋是清を米英両国に派遣し，外債募集にあたらせて大きな成果を得た。

　この頃ロシア国内では，永年の圧制による厭戦気運が国民の間で高まり，05年1月に血の日曜日事件，また黒海のオデッサ港では兵士の反乱が生じた。日本の圧倒的勝利を懸念するルーズベルト米大統領が日露講和を斡旋した結果，8月からポーツマスで小村と高平小五郎駐米公使，復帰したウィッテとローゼン前駐日公使をそれぞれ全権とする外交交渉が行なわれた。争点は樺太の割譲と賠償にあったが，結局日本側は賠償金の獲得を断念し，樺太の南半分，遼東半島，南満州鉄道，沿海州の漁業権を得ることで了承した。このような「日露講和条約」の結果に国民は納得せず，日比谷焼き討ち事件を起こすなど不満を爆発させたが，他面，日露戦争の勝利によって，日本は明治維新以来の念願であった安全保障を確立すると同時に国家的近代化を達成し，アジア唯一の大国へと躍進するにいたった。

II·8·a 日露戦争経過地図

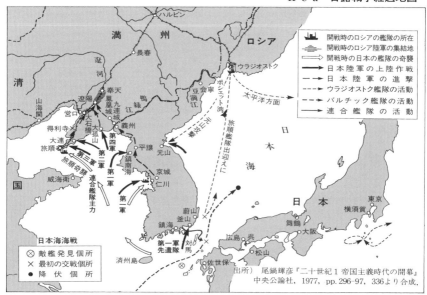

II·8·b 高橋是清の米・英での戦費調達 (抄)

　アメリカに着いてニューヨークに直行し，まず3，4の銀行家に面会して様子を探って見ると，一般米国人の気分はロシアに対して日本が開戦したことを，豪胆な子供が力の強い巨人に飛びかかったのだといって，日本国民の勇気を嘆称し，我が国に対する同情の表現は予想外であって非常に愉快を感じたが，この時代の米国はまだ自国産業発達のためには，むしろ外国資本を誘致せねばならぬ立場にあって，米国内で外国公債を発行するなどということには，経験も乏しく一度相談して見たが到底成立しないことを認めたので，僅かに4，5日の逗留（とうりゅう）で，3月の初めに米国を発って英国に向った。……

　なおだんだん内情を探って見ると，日本公債の発行に関する英国政府当局の意嚮（いこう）が判然（はっきり）と分らないこと，また，日露戦争は白色人種と黄色人種との戦争である。ことに，ロシアの帝室とイギリスの皇室とは近い親戚の間柄である。この場合英国が独り日本のために軍費を調達することは白色人種の一員として多少心苦しい点があるなどと噂されたこと，その他ロシアはフランスという偉大なる財力の後援者があるので戦費には困らない，また兵力から察しても戦争は結局日本に勝味がないというようないろいろなことが，銀行家たちをして日本公債の発行を鈍らせていることも判って来た。

　この時まで私は，毎日のように銀行家たちと面会していたが，公債のことは強く迫らず，むしろいろいろ雑談の中に，日本を諒解せしむることに努めておった。

　すなわちこのたびの戦争は，日本としては国家生存のため，自衛上已むを得ずして起っ

たのであって，日本国民は2500年来，上に戴き来った万世一系の皇室を中心とし，老若男女結束して一団となり，最後の一人まで戦わざれば已まぬ覚悟であるというような意味を雑談し，またわが武士道の話や国家組織の単位が家族の上にあることなどを説明した。当時銀行家たちは割合に日本の事情に暗く，常に非常な興味をもって聞いておった。かくして日一日と互いに心を開いて談ずるようになって来た。〔以下略〕

出所）『高橋是清自伝』（上塚司編，同名書・下，中公文庫，1976，191-92, 200頁）．

II・8・c　ポーツマス条約（日露講和条約）
1905年(明38) 9月5日調印，同年10月16日公布(抄)

第1条　日本国皇帝陛下ト全露西亜国皇帝陛下トノ間及両国並両国臣民ノ間ニ将来平和及親睦アルベシ。

第2条　露西亜帝国政府ハ日本国ガ韓国ニ於テ政事上，軍事上及経済上ノ卓絶ナル利益ヲ有スルコトヲ承認シ日本帝国政府ガ韓国ニ於テ必要ト認ムル指導，保護及監理ノ措置ヲ執ルニ方リ之ヲ阻礙又ハ之ニ干渉セザルコトヲ約ス。

韓国ニ於ケル露西亜国臣民ハ他ノ外国ノ臣民又ハ人民ト全然同様ニ待遇セラルベク之ヲ換言スレバ最恵国ノ臣民又ハ人民ト同一ノ地位ニ置カルベキモノト知ルベシ。

両締約国ハ一切誤解ノ原因ヲ避ケンガ為露韓間ノ国境に於テ露西亜国又ハ韓国ノ領土ノ安全ヲ侵迫スル事アルベキ何等ノ軍事上措置ヲ執ラザルコトニ同意ス。

第3条　日本国及露西亜国ハ互ニ左ノ事ヲ約ス。
① 本条約ニ附属スル追加約款第1ノ規定ニ従イ遼東半島租借権ガ其ノ効力ヲ及ボス地域以外ノ満州ヨリ全然且同時ニ撤兵スルコト。
② 前記地域ヲ除クノ外現ニ日本国又ハ露西亜国ノ軍隊ニ於テ占領シ又ハ其ノ監理ノ下ニ在ル満州全部ヲ挙ゲテ全然清国専属ノ行政ニ還附スルコト。

露西亜帝国政府ハ清国ノ主権ヲ侵害シ又ハ機会均等主義ト相容レザル何等ノ領土上利益又ハ優先的若ハ専属的譲与ヲ満州ニ於テ有セザルコトヲ声明ス。

第4条　日本国及露西亜国ハ清国ガ満州ノ商工業ヲ発達セシメンガ為列国ニ共通スル一般ノ措置ヲ執ルニ方リ之ヲ阻礙セザルコトヲ互ニ約ス。

第5条　露西亜帝国政府ハ清国政府ノ承諾ヲ以テ旅順口，大連並其ノ附近ノ領土及領水ノ租借権及該租借権ニ関連シ又ハ其ノ一部ヲ組成スル一切ノ権利，特権及譲与ヲ日本帝国政府ニ移転譲渡ス。露西亜帝国政府ハ又前記租借権ガ其ノ効力ヲ及ボス地域ニ於ケル一切ノ公共営造物及財産ヲ日本帝国政府ニ移転譲渡ス。

両締約国ハ前記規定ニ係ル清国政府ノ承諾ヲ得ベキコトヲ互ニ約ス。

日本帝国政府ニ於テハ前記地域ニ於ケル露西亜国臣民ノ財産権ガ完全ニ尊重セラルベキコトヲ約ス。

第6条　露西亜帝国政府ハ長春（寛城子）旅順口間ノ鉄道及其ノ一切ノ支線並同地方ニ於テ之ニ附属スル一切ノ権利，特権及財産及同地方ニ於テ該鉄道ニ属シ又ハ其ノ利益ノ

為メニ経営セラルル一切ノ炭坑ヲ補償ヲ受クルコトナク且清国政府ノ承諾ヲ以テ日本帝国政府ニ移転譲渡スベキコトヲ約ス。

両締約国ハ前記規定ニ係ル清国政府ノ承諾ヲ得ベキコトヲ互ニ約ス。

第7条　日本国及露西亜国ハ満州ニ於ケル各自ノ鉄道ヲ全ク商工業ノ目的ニ限リ経営シ決シテ軍略ノ目的ヲ以テ之ヲ経営セザルコトヲ約ス。

該制限ハ遼東半島租借権ガ其ノ効力ヲ及ボス地域ニ於ケル鉄道ニ適用セザルモノト知ルベシ。

第8条　日本帝国政府及露西亜帝国政府ハ交通及運輸ヲ増進シ且之ヲ便易ナラシムルノ目的ヲ以テ満州ニ於ケル其ノ接続鉄道業務ヲ規定センガ為成ルベク速ニ別約ヲ締結スベシ。

第9条　露西亜帝国政府ハ薩哈嗹島南部及其ノ附近ニ於ケル一切ノ島嶼並該地方ニ於ケル一切ノ公共営造物及財産ヲ完全ナル主権ト共ニ永遠日本帝国政府ニ譲与ス。其ノ譲与地域ノ北方境界ハ北緯50度ト定ム。該地域ノ正確ナル境界線ハ本条約ニ附属スル追加約款第二ノ規定ニ従イ之ヲ決定スベシ。

日本国及露西亜国ハ薩哈嗹島又ハ其ノ附近ノ島嶼ニ於ケル各自ノ領地内ニ堡塁其ノ他之ニ類スル軍事上工作物ヲ築造セザルコトニ互ニ同意ス。又両国ハ各宗谷海峡及韃靼海峡ノ自由航海ヲ妨礙スルコトアルベキ何等ノ軍事上措置ヲ執ラザルコトヲ約ス。

第10条　日本国ニ譲与セラレタル地域ノ住民タル露西亜国臣民ニ付テハ其ノ不動産ヲ売却シテ本国ニ退去スルノ自由ヲ留保ス。但シ該露西亜国臣民ニ於テ譲与地域ニ在留セント欲スルトキハ日本国ノ法律及管轄権ニ服従スルコトヲ条件トシテ完全ニ其ノ職業ニ従事シ且財産権ヲ行使スルニ於テ支持保護セラルベシ。日本国ハ政事上又ハ行政上ノ権能ヲ失イタル住民ニ対シ前記地域ニ於ケル居住権ヲ撤回シ又ハ之ヲ該地域ヨリ放逐スベキ充分ノ自由ヲ有ス。但シ日本国ハ前記住民ノ財産権ガ完全ニ尊重セラルベキコトヲ約ス。

第11条　露西亜国ハ日本海・「オコーツク」海及「ベーリング」海ニ瀕スル露西亜国領地ノ沿岸ニ於ケル漁業権ヲ日本国臣民ニ許与センガ為日本国ト協定ヲナスベキコトヲ約ス。

前項ノ約束ハ前記方面ニ於テ既ニ露西亜国又ハ外国ノ臣民ニ属スル所ノ権利ニ影響ヲ及サザルコトニ双方同意ス。

第12条　日露通商航海条約ハ戦争ノ為廃止セラレタルヲ以テ日本帝国政府及露西亜帝国政府ハ現下ノ戦争以前ニ効力ヲ有シタル条約ヲ基礎トシテ新ニ通商航海条約ヲ締結スルニ至ルマデノ間両国通商関係ノ基礎トシテ相互ニ最恵国ノ地位ニ於ケル待遇ヲ与ウルノ方法ヲ採用スベキコトヲ約ス。而シテ輸入税及輸出税、税関手続、通過税及噸税並一方ノ代弁者、臣民及船舶ニ対スル他ノ一方ノ領土ニ於ケル入国ノ許可及待遇ハ何レモ前記ノ方法ニ依ル。〔以下略〕

小村寿太郎（記名）印　　高平小五郎（記名）印
セルジ・ウィッテ（記名）印　　ローゼン（記名）印

出所）『日本外交年表竝主要文書』上，245-46頁．

III アジアへの勢力拡大

　日本は日露戦争で奇跡的な勝利を収めた結果，明治維新以来の国家目標である安全保障を確立すると同時に，近代社会へと脱皮した。しかし戦後の国家方針をめぐり国論の分裂がみられた。たとえば朝鮮・南満州を拠点として中国大陸へと勢力を伸ばす「北進論」か，台湾・福建省を拠点として華南・フィリピン・南太平洋方面へと進出する「南進論」かという対立。また日本外交の機軸を依然日英同盟とすべきか，日露同盟とすべきかという論争。あるいはロシアとの再戦に備えて軍備増強をつづけるべきか，それとも戦争期に犠牲を強いてきた国民の生活向上と安寧のために，民力を休養させるべきかという対立である。

　しかもこの時期に，政界では桂太郎，西園寺公望，小村寿太郎，加藤高明ら第二世代が台頭し，元老の伊藤，山県，松方，井上ら第一世代は徐々に彼らへと指導権を移譲していく。この世代交代は藩閥中心の寡頭政治から脱藩閥的な多頭政治への移行を意味したが，幕末以来国内の混乱を克服し，列強の干渉を受けながら艱難辛苦の末に国家建設に励んできた第一世代と比較して，彼ら第二世代にはさほどの労苦や対外的緊張感はなく，力に任せた外交を展開していく。また一般国民も日清・日露両戦争を勝ち抜いて自信を深め，従来の慎重細心な「小国意識」はしだいに消え失せ，傲慢ともいえる「大国意識」が表面化した。この意識上の変化は，対アジア観に明確に現われた。日本人の大半は虐げられたアジア諸民族への共感と対等な関係を退け，「アジア盟主論」が勢いを増し，「満州聖域論」が国民の間に浸透していった。

　この時期に東アジア情勢は，日米関係が友好から対立へ，日露関係が対立から協調へと変転していく。日米対立の原因は満州問題と日本移民問題にあった。危惧したアメリカは日本と桂・タフト協定（1905.7），高平・ルート協定（1908.11）を締結し，日本の朝鮮支配を認める代わりに太平洋および中国の現状維持とフィリピンへの南進阻止をはかったが，満州における日本の門戸閉鎖と日本人のカリフォルニアへの集中的移民は，アメリカ側の不満を高揚させた。日本側も，血と財であがなっ

た満州に対するアメリカの介入と同胞への排斥運動に対して，反白人感情を強めた。逆に日露関係は急速に改善され，満州権益を南北に分割する第1回日露協約 (1907.7)，第2回日露協約 (1910.7)，第3回日露協約 (1912.7) を締結し，アメリカの経済的介入を抑止していく。

一方日英関係は，第2回日英同盟協約 (1905.8) をピークにしだいに緊密さを失っていった。日露・英露両協商の成立でロシアという共通敵が消滅し，またイギリスやカナダらが日米対立を懸念したためであった。こうして第3回日英同盟協約 (1911.7) となり，イギリスは万一の日米戦争に際して対米参戦義務を免れた。以後日露同盟が模索され，第4回日露協約 (1916.7) が成立するがロシア革命により破綻に瀕する。この間日本は，英米露ら列強の了解を得ながら，朝鮮支配を実現していく。まず日露戦時の第一次日韓協約 (1904.8) を経て，戦後の第二次日韓協約 (1905.11) で韓国から外交権を奪い，元老の伊藤が初代統監として赴任した。次いでハーグ密使事件により高宗を退位させ，第三次日韓協約 (1907.7) で内政権を奪い，伊藤がハルビンで暗殺される (1909.10) と，日韓併合を断行した (1910.8)。

こうして1910年代，つまり辛亥革命やロシア革命，第一次世界大戦が発生するなど激動の時代に，日本は帝国主義の波に乗り，リージョナル・パワーへと躍進する。まずヨーロッパ列強が大戦に忙殺されている間を縫って，日本は中国に21カ条要求を行ない，次いでシベリア出兵を実施した。当初日本を牽制したアメリカも大戦に参戦して日本と同盟国同士となったため，両国は石井・ランシング協定 (1917.11) を結んで妥協せざるをえなかった。

しかしアメリカは，ウィルソン大統領の「14カ条」(1918.1) による戦後構想，平和再建の方途を提示し，大戦終結後のパリ平和会議をリードした。日本は史上初めて世界五大強国の一つに列せられたとはいえ，国際連盟の創設や秘密外交の廃止など，旧秩序を否定して自由主義的な変革をめざすアメリカの新外交に困惑せざるをえなかった。とくに大戦中に日本がドイツから奪取した山東利権は，米中両国の反対で暗礁に乗り上げたが，最終段階でかろうじて承認された。この結果，中国では五・四運動 (1919.5) が発生して反日運動が激化し，日中関係が決定的に悪化したばかりでなく，日米関係の対立もさらに深刻化したのである。

9. 満州問題

　日露戦争時にアメリカが日本に友好的態度を示したのは，ロシアが満州の門戸を閉鎖しようとしたからである。したがってポーツマス講和会議頃より，アメリカ側は満州市場再開への期待を強めた。その最初の現われが鉄道王ハリマンの来日であり，彼は日本の要人に南満州鉄道への経営参加を表明した。財源に乏しく，ロシアとの再戦を恐れる日本側はこれを承諾し，1905年(明38)10月に桂・ハリマン予備覚書が手交された。しかし小村外相は血であがなった利権を外国に手放せないと主張し，これを破棄させた。そこで06年6月，国策会社として南満州鉄道株式会社（満鉄）を創設し，日本の満州経営の基幹とした。また日本軍部は講和後も現地の軍政を改めず，日本企業を優遇する反面，外国資本の流入を拒むなど，満州の門戸閉鎖の政策をとったため，英米両国から非難された。

　事態を重視した元老伊藤は06年5月に軍政を批判し，その結果軍政が廃止されて平時組織として関東都督府が8月成立した。こうして満鉄と外務省の出先機関である関東庁とともに，三頭立ての満州経営が開始された。一方，アメリカの満州進出が日露両国の利害を一致させ，しだいに協調関係をもたらし，07年6月の日仏協約を介して7月に第1回日露協約が締結された（英露協約も成立）。本協約では，日露相互の領土保全，ポーツマス条約の遵守，清国の独立と領土保全・機会均等を謳いながら，秘密協約では満州の勢力範囲を南北に分割し，日本の韓国における自由行動とロシアの外蒙古における特殊利益を相互に認めあった。

　これに対抗してアメリカは「ドル外交」を展開し，09年12月に満州諸鉄道の中立化を提唱するとともに，米独清3国提携による反日露政策を推進したが，失敗に終わった。警戒した日露両国が10年7月に2回目の協約を締結すると，アメリカは英米仏独4カ国の借款団を成立させ，満州中立化政策の失敗をあがなおうとした。しかし日英・露仏両協商関係により，まもなく日露両国の加入を認めざるをえなくなると，アメリカは13年3月に脱退した。この間清国では辛亥革命が起こり，12年2月には皇帝溥儀が退位して清王朝が崩壊すると，日露両国は7月に第3回協約を結んで，いっそう満蒙権益の確保をはかった。

III·9·a 桂・タフト協定
1905年(明38) 7月29日, 桂・タフト会談における了解(抄)
比島, 極東の平和, 韓国の諸問題に関する桂・タフト了解

THE TAFT-KATSURA AGREEMENT. (note)

...COUNT KATSURA and Secretary Taft had a long and confidential conversation on the morning of July 27...

First, in speaking of some pro-Russians in America who would have the public believe that the victory of Japan would be a certain prelude to her aggression in the direction of the Philippine Islands, Secretary Taft observed that Japan's only interest in the Philippines would be, in his opinion, to have these islands governed by a strong and friendly nation like the United States, ...Count Katsura confirmed in the strongest terms the correctness of his views on the point and positively stated that Japan does not harbor any aggressive designs whatever on the Philippines...

Second, Count Katsura observed that the maintenance of general peace in the extreme East forms the fundamental principle of Japan's international policy. Such being the case, ...the best, and in fact the only, means for accomplishing the above object would be to form good understanding between the three governments of Japan, the United States and Great Britain...

Third, in regard to the Korean question Count Katsura observed that Korea being the direct cause of our war with Russia, it is a matter of absolute importance to Japan that a complete solution of the peninsula question should be made as the logical consequence of the war. If left to herself after the war, Korea will certainly draw back to her habit of improvidently entering into any agreements or treaties with other powers, thus resuscitating the same international complications as existed before the war. In view of the foregoing circumstances, Japan feels absolutely constrained to take some difinite step with a view to precluding the possibility of Korea falling back into her former condition and of pacing us again under the necessity of entering upon another foreign war. Secretary Taft fully admitted the justness of the Count's observations and remarked to the effect that, in his personal opinion, the establishment by Japanese troops of a suzerainty over Korea to the extent of requiring that Korea enter into no foreign treaties without the consent of Japan was the logical result of the present war and would directly contribute to permanent peace in the East. His judgment was that President Roosevelt would concur in his views in this regard, although he had no authority to give assurance of this...

出所)『日本外交文書』第38巻第1冊, 450-51頁.

III・9・b　桂・ハリマン満州鉄道予備協定覚書
1905年(明38)10月12日

日本政府ノ獲得セル満州鉄道並附属財産ノ買収，該鉄道ノ復旧整備改築及延長並ニ大連(「ダルニー」)ニ於ケル鉄道終端ノ完整及改良ノ為資金ヲ整ウルノ目的ヲ以テ一ノ「シンヂケート」ヲ組織スルコト両当事者ハ其取得シタル財産ニ対シ共同且均等ノ所有権ヲ有スベキモノトス。別約ニ依リ鉄道ニ関連セル炭坑採掘ノ特許ヲ一会社ニ与ウルコト該会社ニ於ケル利益並ニ代表権ハ共同且均等タルベキコト。

満州ニ於ケル各般企業ノ開発ニ関シテハ双方互ニ他ノ一方ト均等ノ利益ヲ有スルノ権利アルベキコトヲ原則トス。満州鉄道ハ其ノ附属財産並ニ鉄軌，枕木，橋梁其ノ他一切ノ線上設備，停車場建築物「プラットホーム」倉庫，船梁埠頭等ト共ニ両当事者ノ共同代表者ノ決定スベキ実価ヲ以テ引取ラルベキコト。

会社ノ組織ハ其ノ時機ニ際シ有スベキ須要ト状勢トニ適応スベキ基礎ニテ定ムベシ。日本ニ於ケル状勢ニ適応スルハ得策ナリト認メラルルニ付会社ハ日本ノ監督ノ下ニ組織スルコトトスベシ。尤モ事情ノ許ス限リ随時右ニ変更ヲ加エ以テ結局代表権並ニ監督権ヲ均等ナラシムルコトヲ期スベシ。「ハリマン」氏自身ニ於テハ日本ノ会社ニ由リ事業ヲ行ウコトニ同意シタルニ付残ス所ハ氏ノ組合者ノ之ニ対スル同意ノ件ナリ。氏ハ右ノ同意アルベキヲ信ズ。

仲裁者ヲ設クルコトトシ「ヘンリー・ダブリユー・デニソン」氏ヲ以テ右ノ任ニ当ラシムルコトニ同意ス。日本国ト清国間若クハ日本国ト露国間開戦ノ場合ニハ満州鉄道ハ軍隊及軍需品輸送ニ関シ常ニ日本政府ノ命令ニ遵フベシ。日本政府ハ右等ノ役務ニ応ジ鉄道ニ報償スベク且他ノ攻撃ニ対シ常ニ鉄道ヲ保護スベキモノトス。日本興業銀行総裁添田寿一氏ヲ以テ両当事者間通信ノ仲介トナスコトニ同意ス。

両当事者以外ノモノヲ加入セシムルコトハ双方ノ協議ト相互ノ同意ヲ俟テ始メテ行ワルベキモノトス。

出所)『日本外交年表並主要文書』上，249頁．

III・9・c　伊藤博文の満州軍政実施批判
1906年(明39) 5月22日，満州問題協議会(抄)

　伊藤統監　……現に満州には軍政官なるものがある。之に関する規定を見ると，清国人が不満を唱えるのは当然であろう。今日露国から譲渡されたものを保持するのは当然で，何人も異議を挟む筈が無い。然るに実際の事実は，此の範囲外に出つゝあるのだ。軍政署の綱領なるものを見ると，若し之を実施したならば，清国人の活動する余地は更に無い。否，領事と雖活動する事は出来ぬ。軍事当局者は，固より相当の御考慮があるのであろうが，自分の見る所では，軍政署なるものを断然廃止して了わねば不可ぬ。断乎之を撤廃した上は，其の地方の行政は，之を清国官憲に一任せねばならぬ。何故ならば，其地方に行

政を布き，人民を保護するのは，当然清国の責任だからである。若し清国が行政及び人民保護の実績を挙げ得なかったならば，日本から之を援助するのは宜しい。今日の如く，日本が軍政を布いている以上は，清国に於て行政保護の責任を取る事の出来ぬのは当然である。さすれば此の責任は，日本が之を負わねばならぬ。既に権力を有する以上は，之に伴う義務の履行は到底免れぬ所だからである。……

　山本海軍大将　　……陸海軍は，政府の意志に基いて，局部の必要に応ずるものであるのに過ぎぬので，平和克服後に於ては，其行動が戦時と異るもののあるは論ずる迄も無い。要するに陸海軍の活動すべき必要範囲は，国家を代表する政府が之を定めねばならぬ。

　桂陸軍大将　　……大体の方針さえ定れば，軍事当局者が決して其の範囲外に出づる事の出来ぬのは，余の言う迄も無い事である。……

　井上伯爵　　議論としては大体本案に異議の無い事は明白であるが，実際の動作が其の趣旨の反対に出るから，兎角に物議を招くのである。

　西園寺首相　　政府の方針としては，清国と約定し，既に御裁可を経た事項は，誠実に之を実行するの義務がある。さりながら露西亜と再戦する場合の準備を怠らぬと云う，出先官憲の精神も亦之を排斥する事は出来ない。……

　伊藤統監　　……之（『満州軍政実施要領』）に依って見ると名は軍政署であるが，其実は純然たる民政庁である。殊に施政の方針を云々し，満州を目するに新占領地を以てするが如きは，徹頭徹尾，軍政以外に逸出して居るものと云わねばならぬ。……

　……　領事は人民の保護者では無い。帝国商工業上の代表者である。人民保護の権は，宜しく之を清国に譲らなければならぬ。……

　山県枢府議長　　領事を置く以上は，軍政官は之を廃するが宜い，然らざれば，必ず衝突するの惧れがある。

　児玉参謀総長　　領事館と軍政署の管掌事項を明確に規定すれば，必ずしも衝突するとは云われぬ。

　伊藤統監　　参謀総長に献策する。此際断然戦時の状況継続を廃止してはどうか。

　児玉参謀総長　　今日に方（あた）って，戦時の状況継続と云う如き念慮を抱く者はあるまい……。

　……　無責任の地位に在る人は，何事も思う儘に批評する事が出来るが，苟も責任を有する以上は，軽々しき言動を為す事は出来ぬ。一例を挙ぐれば，行政を清国に一任したならば，衛生上の施設などは少しも念頭に無いのであるから，流行病は忽ち蔓延する。そしてそこに駐屯する我が軍隊は，由々しき損害を蒙むるに至るであろう。……

　……　南満州は将来我国と種々なる関係を生ずる。其内に於いて，軍事は最も簡単である。何故なれば，明年4月以後に至れば，鉄道守備隊を残すのみとなるからである。けれども満州経営の上から見れば，将来種々なる問題が発生する事であろう。而して是等の問題が，一度内地に移れば，各省箇々別々の主管となって，取扱手続は実に煩雑極まるものとなる。日本の勢力を扶植してある南満州の開港場は，漢口とか上海とかと異るのは云う迄も無い。故に満州に於ける主権を，誰か一人の手に委ね，前陳したような煩雑なる事務を一箇所に纏めて，一切を指揮する官衙を新に組織してはどうであろう。

伊藤統監　余の見る所に依ると，児玉参謀総長等は，満州に於ける日本の位地を，根本的に誤解して居らるゝようである。満州方面に於ける日本の権利は，講和条約に依って露国から譲り受けたもの，即ち遼東半島租借地と鉄道の外には何物も無いのである。満州経営と云う言葉は，戦争中から我国人の口にして居た所で，今日では官吏は勿論，商人なども切りに満州経営を説くけれども，満州は決して我国の属地では無い。純然たる清国領土の一部である。属地でも無い場所に，我が主権の行わるゝ道理は無いし，随って拓殖務省のようなものを新設して，事務を取扱わしむる必要も無い。満州行政の責任は宜しく之を清国政府に負担せしめねばならぬ。〔以下略〕

出所）平塚篤編『伊藤博文秘録』原書房，1982, 396-408頁。

III・9・d　第1回日露協約
1907年（明40）7月30日調印, 同年8月15日公布（抄）

第1条　締約国ノ一方ハ他ノ一方ノ現在ニ於ケル領土保全ヲ尊重スルコトヲ約ス。又締約国間ニ謄本ヲ交換セル締約国ト清国トノ現行諸条約及契約ヨリ生ズル一切ノ権利（但シ機会均等主義ニ反セザル権利ニ限ル）並1905年9月5日即露暦8月23日「ポーツマス」ニ於テ調印セラレタル条約及日本国ト露西亜国トノ間ニ締結セラレタル諸特殊条約ヨリ生ズル一切ノ権利ハ互ニ之ヲ尊重スルコトヲ約ス。

第2条　両締約国ハ清帝国ノ独立及領土保全竝同国ニ於ケル列国商工業ノ機会均等主義ヲ承認シ且自国ノ執リ得ベキ一切ノ平和的手段ニ依リ現状ノ存続及前記主義ノ確立ヲ擁護支持スルコトヲ約ス。

右証拠トシテ下名ハ各其ノ政府ヨリ正当ノ委任ヲ受ケニ記名調印スルモノナリ。

本野一郎　　イズヴォルスキー

秘密協約

日本国皇帝陛下ノ政府及全露西亜国皇帝陛下ノ政府ハ満州，韓国及蒙古ニ関シ一切ノ紛争又ハ誤解ノ原因ヲ除去センコトヲ欲シ左ノ条款ヲ協定セリ。

第1条　日本国ハ満州ニ於ケル政事上及経済上ノ利益及活動ノ集注スル自然ノ趨勢ニ顧ミ且競争ノ結果トシテ生ズルコトアルベキ紛議ヲ避ケンコトヲ希望シ本協約追加約款ニ定メタル分界線以北ノ満州ニ於テ自国ノ為又ハ自国臣民若ハ其ノ他ノ為ノ何等鉄道又ハ電信ニ関スル権利ノ譲与ヲ求メズ又同地域ニ於テ露西亜国政府ノ扶持スル該権利譲与ノ請求ヲ直接間接共ニ妨礙セザルコトヲ約ス。露西亜国ハ亦同一ノ平和的ノ旨意ニ基キ前記分界線以南ノ満州ニ於テ自国ノ為又ハ自国臣民若ハ其ノ他ノ為ノ何等鉄道又ハ電信ニ関スル権利ノ譲与ヲ求メズ又同地域ニ於テ日本国政府ノ扶持スル該権利譲与ノ請求ヲ直接間接ニ妨礙セザルコトヲ約ス。

1896年8月28日即露暦8月16日及1898年6月25日即露暦6月13日ノ東清鉄道敷設契約ニ依リ東清鉄道会社ニ属スル一切ノ権利及特権ハ追加約款ニ定メタル分界線以南ニ在ル同鉄道ノ部分ニ対シ有効ニ存続スルモノトス。

第2条　露西亜国ハ日本国ト韓国トノ間ニ於テ現行諸条約及協約（日本国ヨリ露西亜国政府ニ其ノ謄本ヲ交付セルモノ）ニ基キ存在スル政事上利害共通ノ関係ヲ承認シ該関係ノ益々発展ヲ来スニ当リ之ヲ妨礙シ又ハ之ニ干渉セザルコトヲ約ス又日本国ハ韓国ニ於テ露西亜ノ政府，領事官，臣民，商業，工業及航海業ニ対シ特ニ之ニ関スル条約ノ締結セラルルマデ一切最恵国待遇ヲ与ウルコトヲ約ス。

第3条　日本帝国政府ハ外蒙古ニ於ケル露西亜国ノ特殊利益ヲ承認シ該利益ヲ損傷スベキ何等ノ干渉ヲ為サザルコトヲ約ス。

第4条　本協約ハ両締約国ニ於テ厳ニ秘密ニ附スベシ。

出所）『日本外交年表並主要文書』上，280-81頁．

III・9・e　韓国併合に関する条約

1910年（明43）8月22日調印，同年8月29日公布（抄）

第1条　韓国皇帝陛下ハ，韓国全部ニ関スル一切ノ統治権ヲ完全且永久ニ日本国皇帝陛下ニ譲与ス。

第2条　日本国皇帝陛下ハ，前条ニ掲ゲタル譲与ヲ受諾シ且全然韓国ヲ日本帝国ニ併合スルコトヲ承諾ス。

第3条　日本国皇帝陛下ハ，韓国皇帝陛下太皇帝陛下皇太子殿下並其ノ后妃及後裔ヲシテ各其ノ地位ニ応ジ相当ナル尊称威厳及名誉ヲ享有セシメ且之ヲ保持スルニ十分ナル歳費ヲ供給スベキコトヲ約ス。

第4条　日本国皇帝陛下ハ，前条以外ノ韓国皇族及其ノ後裔ニ対シ各相当ノ名誉及待遇ヲ享有セシメ且之ヲ維持スルニ必要ナル資金ヲ供与スルコトヲ約ス。

第5条　日本国皇帝陛下ハ，勲功アル韓人ニシテ特ニ表彰ヲ為スヲ適当ナリト認メタル者ニ対シ栄爵ヲ授ケ且恩金ヲ与ウベシ。

第6条　日本国政府ハ前記併合ノ結果トシテ全然韓国ノ施政ヲ担任シ同地ニ施行スル法規ヲ遵守スル韓人ノ身体及財産ニ対シ十分ナル保護ヲ与エ且其ノ福利ノ増進ヲ図ルベシ。

第7条　日本国政府ハ，誠意忠実ニ新制度ヲ尊重スル韓人ニシテ相当ノ資格アル者ヲ事情ノ許ス限リ韓国ニ於ケル帝国官吏ニ登用スベシ。

第8条　本条約ハ日本国皇帝陛下及韓国皇帝陛下ノ裁可ヲ経タルモノニシテ公布ノ日ヨリ之ヲ施行ス。

右証拠トシテ両全権委員ハ本条約ニ記名調印スルモノナリ。

　　明治43年8月22日　　　　　　　　　　　　　統監子爵　　寺内正毅　印
　　隆熙4年8月22日　　　　　　　　　　　　　内閣総理大臣　李完用　印

出所）外務省条約局編『旧条約彙纂』第3巻，222-25頁．

10. 対米移民問題

　日本の移民は明治維新期にハワイから始まった。ハワイ政府と日本政府間に移民条約が1885年（明18）に成立し，以降1900年までに日本移民数は8万に達した。そしてハワイがアメリカに併合されると，本土のカリフォルニア州（加州）に渡る日本移民が急増し，低賃金で勤勉に働く彼らは白人労働者にとって脅威となった。

　そのため現地社会では日本人への反発が強まり，1900年5月，サンフランシスコで日本人排斥の市民大会が開催された。日露戦後に満州市場をめぐり日米対立が生ずると，日本人への非難が強まり，06年4月サンフランシスコが大地震に見舞われた際，市当局は10月に日本人学童93名を東洋人学校へ転校させた。これが「日本人学童隔離事件」であり，日露戦争に勝利して意気上がる日本世論を憤慨させた。日本政府の抗議に接したルーズベルト大統領は事態を重視し，翌年市当局に撤回を命じるとともに，日本移民の制限を約束した。その結果，07年から08年にかけて「日米紳士協定（Gentlemen's Agreement）」が成立し，日本側は対米移民数を年間400人に自主制限するとともに，ハワイからの転航を禁止した。

　しかし日本移民への批判は収まらなかった。農業方面への進出，写真結婚の習慣，天皇への忠誠心，アメリカ社会に同化しないことなどが問題視された。加州議会では07年以降，09年，11年と排日法案が提出され，そのつど連邦政府が介入して成立を阻止したが，政権が共和党から民主党に代わると，13年5月加州議会は排日法案（30余件）を成立させた。これが「加州排日土地法」であり，「帰化不能外国人」である日本人の土地所有を禁止した。その後西部諸州にも同法が拡大し，農業方面に進出しつつあった日本人に打撃を与えた。それでも日本移民はアメリカで生まれた子供の名義で土地を獲得するなどして活路を見いだそうとしたが，17年2月に連邦議会で移民に語学・読書能力の試験を課す「新移民法」が成立した。また20～23年には加州議会で「第二次排日土地法」が成立し，日本人は借地権も奪われ，写真結婚も禁止された。そして22年10月，連邦裁判所は「日本人に帰化権がない」との決定的な判決を下した。さらに24年7月には「排日移民法」が施行され，事実上日本移民は禁止されるにいたったのである。

III・10・a　在米日本人移民地図

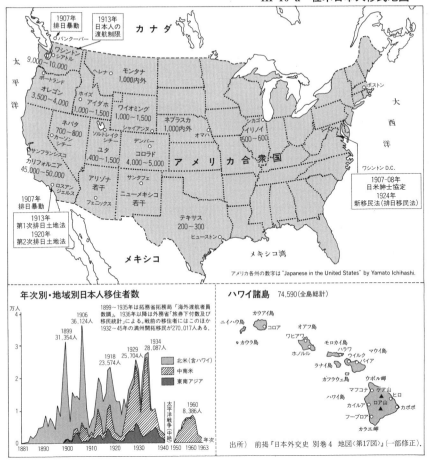

III・10・b　加州排日土地法

1913年(大2)8月10日実施(加州外国人土地法要旨)

1. 米国法ニ拠リ米国市民タルヲ得ル外国人ハ市民ト均シク不動産及之ニ関スル権利ヲ取得保有使用譲渡遺贈及相続スルコトヲ得　2. 米国法ニ拠リ米国市民タルヲ得ザル外国人ハ該外国人ノ本国ト米国トノ間ニ締結セラレタル条約ノ規定ノ範囲内ニ於テノミ不動産及之ニ関スル権利ヲ取得保有使用及譲渡スルコトヲ得　会員ノ多数ガ此種外国人タル団体又ハ発行株式ノ過半数ガ此種外国人ノ所有ニ属スル会社ニ関シテモ亦同ジ　3. 本法ニ違反シテ取得シタル不動産又ハ之ニ関スル権利ハ州ニ没収セラル　4. 前記第2項ニ該

当スル外国人又ハ外国法人ト雖モ三ケ年ヲ超エザル期間農業用ノ目的ヲ以テ土地ヲ貸借スルコトヲ得

出所) 外務省編『日本外交文書・対米移民問題経過概要』1972, 429頁.

III・10・c　1924年移民法に対する埴原(はにはら)正直大使の抗議とアメリカの回答

1924年(大13) 5月31日(抄)

日本政府ハ米国ニ於テ「1924年移民法」ト称スル法律制定セラレタルノ報ニ接シ憂慮ニ堪ヘス本法中ノ差別的条項即チ第13条(C)項ハ帰化不能外国人ニ付他ノ種類ノ外国人ト区別シテ入国ノ禁止ヲ規定シ其ノ適用ハ日本人ヲ目的トスルノ意図ニ出テタルコト明白ナルヲ以テ日本政府ハ曩ニ米国議会ニ於ケル本法案ノ討議中機ヲ失セス該差別的条項ニ対スル米国政府ノ注意ヲ喚起シタリ然ルニ右日本政府ノ申入並大統領及国務長官ノ勧告ハ共ニ米国議会ノ無視スル所トナリ遂ニ同条項ハ米国成文法ノ一部ヲ成スニ至レリ

凡ソ国際間ノ差別待遇カ其ノ形式又ハ事項ノ如何ヲ問ハス仮令純然タル経済上ノ理由ニ基ク場合ニ於テモ正義公平ノ原則ニ背反スルコトハ敢テ言説ヲ要セス惟フニ正義公平ノ原則ハ列国親交ノ根底ナリ現今一般ニ承認セラレ米国ノ終始支持セル機会均等主義亦実ニ此原則ニ基礎ヲ有ス殊ニ人種ニ因ル差別待遇ハ不快ノ念ヲ一層深カラシム……

日本人ハ到底米国ノ生活及理想ニ同化スルモノニ非ストノ説ハ従来米国ニ於テ此種ノ差別的措置ヲ弁護セムカ為ニ屡々唱ヘラレタル所ナルモ第一ニ外国系移民ニ対シ単ニ人生一代ノ短期間内ニ新ナル環境ニ同化セムコトヲ期待スルカ如キハ難キヲ求ムルモノト謂ハサルヘカラス顧ミルニ日本人カ多少米国ニ移住スルニ至レルハ19世紀ノ末期数年以来ノ事ニシテ此際米国ニ於テ各人種ノ同化力ニ付日本人ト帰化権ヲ有スル外国移民トヲ比較シテ断定的判断ヲ下スハ早計ニ失スルモノト思考ス……

根本論トシテハ各国ノ版図内ニ於ケル移民入国ノ制限及取締カ国家固有ノ主権内ニ属スルコトハ茲ニ之ヲ否定セムトスルモノニ非ス然レトモ右権利行使ニ当リ外国ノ正当ナル自尊心国際間ノ了解又ハ礼譲ノ通義ヲ無視シ外国ニ対シテ明ニ公正ヲ失スルノ措置アルニ於テハ問題ノ性質トシテ固ヨリ外交的交渉及解決ニ訴フルコトヲ得サルヘカラス仍テ日本政府ハ茲ニ1924年ノ移民法第13条(C)項ニ包含セラルル差別的条項ニ対シ厳粛ナル抗議ヲ持続シ之ヲ記録ニ留メ且米国政府ニ対シ差別待遇除去ノ為一切ノ適当ナル措置ヲ執ラレムコトヲ要請スルヲ以テ其ノ当然ノ責務ナリト思考ス

米国国務長官「ヒューズ」6月16日埴原大使ニ手交ノ回答

大統領ハ移民法案署名ニ際シ陳述書ヲ公表シ右写ハ曩ニ本官ヨリ貴官ニ手交シタル所ナルカ大統領ハ日本国民ニ対スル賞賛ノ念ト深厚ナル友誼ノ情ハ今後モ従来ニ於ケルト等シク依然十分ニ披瀝セラルヘク右情念カ排斥条項ノ制定ニ依リ何等変化ヲ生スルモノニ非サルコトヲ欣然確認セラレタリ試ミニ同条項ノ内容ヲ略述スレハ第13条(C)項ハ帰化不能外国人ニ適用セラルルモノナルカ同条項ハ特定ノ例外ヲ設ケ次ニ列挙セラルルモノニ対シテハ排斥条項ヲ適用セサルコトトセリ……

移民法ノ規定ニ拠レハ貴官ノ言及セラレタル本法第13条(C)項ハ1924年7月1日ヨリ実施セ

ラルヘシ而シテ米国ニ於テ移民取締ニ関スル立法権ノ行使ヲ自制スレハ是レ日本政府カ米国ニ来ルヘキ労働者ノ移住制限ニ関スル1907, 8年紳士協約中ニ包含セラルル協定ヲ履行スルコトヲ以テ其ノ条件トシタルカ故ニ移民法第13条(C)項ノ実施期日以後ハ前記協定ニ拠ルノ責ニ任セサルヘシトノ日本政府ノ見解ニ対シ米国政府ハ之ニ同意セサルヲ得ス

本官ハ此ノ機会ニ於テ紳士協約ヲ実行スルニ当リ貴国政府ノ尽シタル自発的協力ハ米国政府ノ深ク多トスル所ナルコトヲ反覆力説スルト同時ニ移民制限ニ関スル両国立法権ノ承認ハ終始両国間ノ特徴タリシ相互ノ好意及厚誼ヲ些カタリトモ毀損スルモノニアラサルコトヲ述ヘムトス

出所）『日本外交年表並主要文書』下, 63-67頁.

III・10・d 1924年の排日移民法
1924年(大13) 7月1日発効(抄)

【移民ノ定義】第3条 本法ニ於テ使用スル「移民」ナル語ハ合衆国外ノ地点ヲ発シ合衆国ニ向フ外国人ヲ指ス但シ左ノ者ハ此ノ限ニアラス (1) 政府ノ官吏並其ノ家族従者僕婢及雇人 (2) 一時的ニ旅行者トシテ又ハ一時的用務若ハ観光ノ為ニ合衆国ニ渡来スル外国人 (3) 継続的ニ合衆国ヲ通過スル外国人 (4) 適法ニ合衆国ニ入国ヲ許可セラレタル後合衆国ノ一地方ヨリ接壌外国領土ヲ通過シテ他ノ地方ニ赴ク外国人 (5) 合衆国ノ港ニ到著スル船舶ニ海員トシテ従事スル善意ノ外国人海員ニシテ単ニ其ノ職務ノ為一時的ニ合衆国ニ入国セムトスル者 (6) 現行通商航海条約ノ規定ニ準拠シ単ニ商業ヲ営ム目的ヲ以テ合衆国ニ入国シ得ル外国人

【非歩合移民】第4条 本法中使用ノ「非歩合移民」ナル語ハ左記ノ者ヲ指ス／(イ) 第9条ニ定ムル願書ヲ提出スル当時合衆国ニ居住スル市民ノ18歳未満ノ未婚ノ子又ハ妻タル移民／(ロ) 曩ニ適法ニ合衆国ニ入国ヲ許可セラレタル移民ニシテ一時外国ニ赴キタル後帰還スル者……

【合衆国入国禁止】第13条 (イ) 左記ノ各項ヲ具備セサル移民ノ入国ヲ許サス／(1) 期間満了ニ至ラサル移民許可証ヲ所持スルコト又ハ同伴セラルル親ノ移民許可証発給後ニ於テ出生シタルコト (2) 移民許可証ノ査証ニ明記セラレタル国籍ヲ有スルコト (3) 非歩合移民ニシテ移民許可証ノ査証ニ其旨明記セラレタルコト及 (4) 他ニ移民法ニ依リ入国シ得ルコト／(ロ) 規則ニ定メラルル場合及条件ヲ具備スルトキハ合衆国ニ適法ニ入国シタル後一時合衆国ヲ去リタル移民ハ移民許可証ノ所持ヲ要求セラルルコトナク入国ヲ許可セラルヘシ／(ハ) 合衆国市民トナルコトヲ得サル外国人ハ左ノ場合ヲ除キ合衆国ニ入国スルコトヲ得ス／(1) 第4条(ロ), (ニ)若ハ(ホ)項ノ規定ニ依リ非歩合移民トシテ入国シ得ルモノ／(2) 前記(ニ)ニ依リ入国シ得ル移民ノ妻又ハ18歳未満ノ未婚ノ子ニシテ該移民ニ同伴シ又ハ呼寄セラレタルモノ／(3) 第3条ニ定メタル移民ニ非サルモノ

出所）外務省編『日本外交文書・対米移民問題経過概要』1972年, 863-98頁.

11. 第一次世界大戦参戦問題

　第一次世界大戦の基因となる独墺伊の「三国同盟」と英仏露の「三国協商」との対立の構図は、ドイツのカイザー（ウィルヘルム二世）時代 (1890～1918) に形成された。日本は、日露戦後に日英同盟と日露協約を介して三国協商側にくみし、その意味でヨーロッパ情勢はアジア情勢にも連関していた。

　戦争は1914年 (大3) 6月のサラエボ事件を契機とし、7月末から8月にかけて列強同士で次々と宣戦布告が発せられ、未曾有の世界大戦となった。このときイギリスはアジア利権の保護に関してジレンマに陥っていた。ヨーロッパの混乱に乗じて日本が中国方面へ進出する恐れと、香港・威海衛など自国の根拠地がドイツ側により攻撃される恐れである。結局イギリスは参戦直後、戦争が極東に波及して香港・威海衛が攻撃された場合、日本に援助を要請する方針を決定し、ドイツ武装艦の撃破を日本に要請した。すると日本政府は限定的参戦よりも全面的参戦の姿勢を示したため、イギリスはまもなく参戦要請を取り消した。

　しかし、年来の中国問題を解決する好機が到来したと考える大隈内閣の加藤高明外相は、参戦に積極的であった。やむなくイギリスは日本の参戦を承認し、戦争区域を制限しようとしたが、加藤はこの要求を不可能と回答した。そして日本政府はドイツに最後通牒を提出し、この期限切れとなった8月23日、ドイツに宣戦布告したのである。

　日本軍はドイツ側の拠点青島を攻略する一方、赤道以北のドイツ領南洋諸島を占領し、11月に日本側の一方的勝利で日独戦争は終了した。この間日本の参戦は国内の政界で全面的に支持された。元老井上馨は「欧州戦争の勃発は天佑」と言明した。経済界もこの戦争を日露戦後の「不況克服の梃子(てこ)」なるものとして歓迎した。言論界でも参戦を煽るジャーナリズムが圧倒的であり、国民の間では日本の勝利に酔うムードが漂った。そのなかで『東洋経済新報』の石橋湛山は、日本の参戦はアジアの平和を乱し、青島領有は満州から中国大陸への植民地拡大を意味し、中国国民から疎んじられ、世界からも第二の露独として非難攻撃されるだろうと警告して、青島の早期放棄を主張した。

III・11・a　第3回日英同盟協約

1911年(明44) 7月13日調印

協　約　前　文

日本国政府及大不列顛国(ブリテン)政府ハ1905年8月12日ノ日英協約締結以来事態ニ重大ナル変遷アリタルニ顧ミ該協約ヲ改訂シ以テ其ノ変遷ニ適応セシムルハ全局ノ静寧安固ニ資スベキコトヲ信ジ前記協約ニ代ワリ之ト同ジク

(イ)　東亜及印度ノ地域ニ於ケル全局ノ平和ヲ確保スルコト

(ロ)　清帝国ノ独立及領土保全並清国ニ於ケル列国ノ商工業ニ対スル機会均等主義ヲ確実ニシ以テ清国ニ於ケル列国ノ共通利益ヲ維持スルコト

(ハ)　東亜及印度ノ地域ニ於ケル両締盟国ノ領土権ヲ保持シ並該地域ニ於ケル両締盟国ノ特殊利益ヲ防護スルコト

ヲ目的トスル左ノ条款ヲ約定セリ。

第1条　日本国又ハ大不列顛国ニ於テ本協約前文ニ記述セル権利及利益ノ中何レカ危殆ニ迫ルモノアルヲ認ムルトキハ，両国政府ハ相互ニ充分ニ且隔意ナク通告シ其ノ侵迫セラレタル権利又ハ利益ヲ擁護センガ為ニ執ルベキ措置ヲ協同ニ考量スベシ。

第2条　両締盟国ノ一方ガ挑発スルコトナクシテ1国若ハ数国ヨリ攻撃ヲ受ケタルニ依リ又ハ1国若ハ数国ノ侵略ノ行動ニヨリ該締盟国ニ於テ本協約前文ニ記述セル其ノ領土権又ハ特殊利益ヲ防護センガ為交戦スルニ至リタル時ハ，前記ノ攻撃又ハ侵略ノ行動ガ何レノ地ニ於テ発生スルヲ問ワズ他ノ一方ノ締盟国ハ直ニ来リテ其ノ同盟国ニ援助ヲ与エ協同戦闘ニ当リ講和モ又双方合意ノ上ニ於テ之ヲ為スベシ。

第3条　両締盟国ハ孰レモ他ノ一方ト協議ヲ経ズシテ他国ト本協約前文ニ記述セル目的ヲ害スベキ別約ヲ為サザルベキコトヲ約定ス。

第4条　両締盟国ノ一方ガ第三国ト総括的仲裁裁判条約ヲ締結シタル場合ニハ本協約ハ該仲裁裁判条約ノ有効ニ存続スル限右第三国ト交戦スルノ義務ヲ前記締盟国ニ負ワシムルコトナカルベシ。

第5条　両締盟国ノ一方ガ本協約中ニ規定スル場合ニ際シ他ノ一方ニ兵力的援助ヲ与ウベキ条件及該援助ノ実行方法ハ両締盟国陸海軍当局者ニ於テ協定スベク又該当局者ハ相互利害ノ問題ニ関シ相互ニ充分ニ且隔意ナク随時協議スベシ。

第6条　本協約ハ調印ノ日ヨリ直ニ実施シ10年間効力ヲ有ス。

右10年ノ終了ニ至ル12月前ニ両締盟国ノ孰レヨリモ本協約ヲ廃棄スルノ意思ヲ通告セザルトキハ本協約ハ両締盟国ノ一方ガ廃棄ノ意思ヲ表示シタル当日ヨリ1年ノ終了ニ至ル迄引続キ効力ヲ有ス。然レドモ若右終了期日ニ至リ同盟国ノ一方ガ現ニ交戦中ナルトキハ本同盟ハ講和ノ成立ニ至ル迄当然継続スベシ。

　　　　　大不列顛国駐劄日本帝国皇帝陛下ノ特命全権大使　加藤　高明　印
　　　　　大不列顛国皇帝陛下ノ外務大臣　イー・グレー　印
　　　　　出所)『日本外交年表並主要文書』上，351-52頁.

III·11·b　対独最後通牒
1914年（大3）8月23日

帝国政府ハ現下ノ状勢ニ於テ極東ノ和平ヲ紊乱スベキ源泉ヲ除去シ日英同盟協約ノ予期セル全般ノ利益ヲ防護スルノ措置ヲ講ズルハ該協約ノ目的トスル東亜ノ平和ヲ永遠ニ確保スルガ為メニ極メテ緊要ノコトタルヲ思イ茲ニ誠意ヲ以テ独逸帝国政府ニ勧告スルニ同政府ニ於テ左記2項ヲ実行セラレンコトヲ以テス。

第1　日本及支那海洋方面ヨリ独逸国艦艇ノ即時ニ退去スルコト能ハザルモノハ直ニ其武装ヲ解除スルコト。

第2　独逸帝国政府ハ膠州湾租借地全部ヲ支那国ニ還附スルノ目的ヲ以テ1914年9月15日ヲ限リ無償無条件ニテ日本帝国官憲ニ交附スルコト。

日本帝国政府ニ於テ叙上ノ勧告ニ対シ1914年8月23日正午迄ニ無条件ニ応諾ノ旨独逸帝国政府ヨリノ回答ヲ受領セザルニ於テハ帝国政府ハ其必要ト認ムル行動ヲ執ルベキコトヲ声明ス。

出所）同上，380-81頁.

III·11·c　石橋湛山の青島領有批判（抄）

　青島（チンタオ）陥落が吾輩の予想より遥かに早かりしは，同時に戦争の不幸の亦た意外に少なかりし意味に於いて，国民と共に深く喜ぶ処なり。然れども，かくて我が軍の手に帰せる青島は，結局如何に処分するを以って，最も得策となすべきか。是れ実に最も熟慮を要する問題なり。

　此問題に対する吾輩の立場は明白なり。亜細亜（アジア）大陸に領土を拡張すべからず，満州も宜く早きに泛（およ）んで之れを放棄すべし，とは是れ吾輩の宿論なり。更に新たに支那山東省の一角に領土を獲得する如きは，害悪に害悪を重ね，危険に危険を加うるもの，断じて反対せざるを得ざる所なり。……

　……更に一歩を進めて考うるに，英仏米の諸国が，支那領土を割取するの野心なきは天下の認むる所，否，此の3国は衷心より，他国の，支那分割を恐れ，百方其の防止に努力しつつあり。而して動もすれば支那の領土に野心を包蔵すと認められつつあるは，露独日の3国なり。此の点に於いて，我が日本は深く支那人に恐れられ，排斥を蒙り，更に米国には危険視せられ，盟邦の英人にすら大に猜疑せらる。然るに，今若し独逸を支那の山東より駆逐せよ，只だ夫れだけにても，日本の支那に於ける満州割拠は，著しく目立つべきに，其の上，更に青島を根拠として，山東の地に，領土的経営を行わば，其の結果は果して如何。支那に於ける我が国の侵入は愈（いよ）明白となりて，世界列強の視聴を聳動（しょうどう）すべきは言を待たず。我が国人をして言わしむれば，我が国が満州に拠り，山東に拠ることは，国際的に，内乱的に，支那に一朝事ある場合には我が有力なる陸海軍を迅速に，有効に，はたらかして，速かに平和の回復を得しめ，将た禍乱を未発（はたま）に防止する所以なりと，説か

んも，支那国民自身，及び支那に大利害を有する欧米諸国の立場より見れば，是れ程，危険にして恐るべき状態はあるべからず。

　戦争中の今日こそ，仏人の中には，日本の青島割取を至当なりと説くものあるを伝うと雖，這次の大戦も愈よ終りを告げ，平和を回復し，人心落着きて，物を観得る暁に至れば，米国は申す迄もなく，我れに好意を有する英仏人と雖，必ずや愕然として畏るる所を知り，我が国を目して極東の平和に対する最大の危険国となし，欧米の国民が互いに結合して，我が国の支那に於ける位地の顛覆に努むべきは，今より想像し得て余りあり。かくて我が国の青島割取は実に不抜の怨恨を支那人に結び，欧米列強には危険視せられ，決して東洋の平和を増進する所以にあらずして，却って形勢を切迫に道くものにあらずや。

　這回の戦争に於いて，独逸が勝つにせよ負くるにせよ，我が国が独逸と開戦し，独逸を山東より駆逐せるは，我が外交第一着の失敗なり。若夫れ我が国が独逸に代って青島を領得せば，是れ更に重大なる失敗を重ぬるものなり。其の結果は，豈に啻だ我が国民に更に限りなき軍備拡張の負担を強ゆるのみならんや。青島の割取は断じて不可なり。

　　　出所）石橋湛山「青島は断じて領有すべからず」『東洋経済新報』1914年11月15日
　　　　　　号社説（『石橋湛山全集』第1巻，東洋経済新報社，1971，375-77頁）。

III・11・d　成金マンガ

井上馨は，第一次世界大戦を「大正新時代の天佑」と呼んだが，経済界にも戦争景気が訪れた。1915年夏ごろには，輸出の激増と海運の活況により株価は開戦時の三倍にはね上がった。この戦争景気により，いわゆる「戦争成金」が生まれた。しかし大戦の終了とともに戦後不況が訪れ，成金の多くは倒産の憂き目を見ることになる。不況のなかで三井・三菱などの財閥系企業は巨大化し日本経済界における優位が高まった。
　　　　　　　　画・和田邦方
　　　（日本近代史研究会提供）

12. 対中国21カ条要求問題

　日本が日露戦争勝利で獲得した南満州権益は，中国から租借したものであった。たとえば関東州租借地と安奉線は1923年（大12）までであり，南満州鉄道は40年を期限としていた。しかし日本政府には返還の意思はなく，加藤高明駐英大使はグレー英外相と会談した際，これら権益の延長を暗に求めて了承を得ていた。大隈内閣の外相に就任した加藤は，まもなく起こった第一次世界大戦を好機到来とみなした。外務省政務局に原案の作成を指示すると，陸軍，財界，元老などからさまざまな要求が持ち込まれ，当初予定していた満蒙利権に関する10カ条程度のものが，21カ条にまで膨れあがった。

　大隈内閣は日独戦争終結時の11月に同案を承認し，翌15年1月，日置益駐華公使は袁世凱中華民国大総統に直接要求書を提出した。それは，第1号：山東省に関する4カ条，第2号：南満州および東部内蒙古に関する7カ条，第3号：漢冶萍公司に関する2カ条，第4号：福建省の不割譲に関する1カ条，第5号：中国の一般的事項に関する7カ条，の計21カ条であった。

　中国側はこの要求に猛反発した。とくに第5号は中国の主権を脅かすものとして頑強に抵抗した。また中国政府は日本との交渉内容を意図的に列強に暴露し，アメリカの干渉を期待した。当初第5号の存在を認めなかった加藤も2月にその存在を認め，第1号から第4号までが「demand」であり，第5号は「request」にすぎないと釈明した。アメリカ政府は第5号のうち4点を認めないが，山東，南満州，東蒙古の利権に関しては反対しないとのブライアン・ノートを提出した。しかし4月，ウィルソン大統領が介入して反対する立場へと転じた。やむなく日本側は第5号で譲歩し，膠州湾還付を提示したが，中国側は依然反対の態度を変えず，また元老山県の加藤批判もあり，5月，日本政府は第5号を削除したうえで最後通牒を提出した。中国内部には開戦論もあったが，結局袁はこれを受諾し，5月25日調印となった。中国はこの日を国恥記念日とし，以後中国の排外運動はしだいに排日運動と化して日中関係悪化の最大要因となった。またアメリカも日本に対して不承認を通告し，日米関係にも悪影響を及ぼす結果となった。

III·12·a 李大釗「全国のみなさんに警告する書」
1913年(大2) 1月末起草,ガリ版印刷で中国国内に配布(抄)

……日本がこの機に乗じて中国を併呑しようとしている経過を明らかにしましたが,われわれがしっかりと銘記しておかなければならないことは,日本がにくむべき仇敵であるということです。日本がわが国を危機に陥れようとしていることに対して,中国が拱手傍観(へいどん)(こうしゅぼう)(かん)して滅亡に甘んじないとすれば,両国間がしだいに決裂にいたることは必至です。日本は強力な陸軍と巨大な軍艦を保有していますが,わが中国は血肉と決心があります。蜂や蠍(さそり)でも毒をもち人を恐れさせます。いわんや一国国民の信念は,どんな方法を使おうともこれを屈服さすことはできません。全国4億の国民が起きあがれば,いかに日本が横暴でも,鮮血でそまったわが大陸を呑(の)みこむことはできません。のみならず,極東に動乱がおこれば,かならずヨーロッパにおける戦争は早急に和議におもむき,ドイツ・ロシア・アメリカ・イギリスなど諸列強が極東にのり出して一致して日本に向かい,わが国を戦場としてあいたたかうでしょう。それまでにわが中国がすでに滅亡していたとしても,日本は列強の一斉攻撃をまぬがれることはできません。こうなれば,黄色人種は暗黒の深淵に落ちこんで白色人種だけが世界の支配権を握るでしょうから,野心にあふれた日本といえども,どうして安全でありえましょうか。〔以下略〕

出所) 横山英『ドキュメンタリー中国近代史』亜紀書房,1973,159-60頁.

III·12·b (21カ条要求に関する) 対中国最後通牒
1915年(大4) 5月7日(抄)

抑モ帝国政府ガ支那国政府ニ対シ今回ノ交渉ヲ開始シタルハ一ハ日独戦争ニ因リ発生シタル時局ノ善後ヲ図ルト一ハ日支両国ノ親交ヲ阻碍スル原因タルベキ諸種ノ問題ヲ解決シ両国友好関係ノ基礎ヲ固クシ以テ東亜永遠ノ平和ヲ確保セントスルニ在ルモノニシテ本年1月我提案ヲ支那政府ニ申入レテヨリ以来今日ニ至ルマデ胸襟ヲ披キ支那政府ト会議スルコト実ニ二十有五回ヲ重ネタリ……交渉全部ノ討議ハ第24回会議即客月17日ニ於テ略終了シタルヲ以テ帝国政府ハ交渉全部ヲ通シテ支那政府ノ論議シタル所ヲ参酌シ最初編製シタル原提案ニ対シ多大ノ修正譲歩ヲ加エ同月26日ヲ以テ修正案ヲ支那政府ニ提出シ其ノ同意ヲ求ムルト同時ニ若シ支那政府ニシテ該案ニ対シ同意ヲ表スルニ於テハ日本ガ多大ノ犠牲ヲ以テ獲得シタル膠州湾一帯ノ地ヲ公正至当ナル条件ノ下ニ適当ノ機会ニ於テ支那ニ還附スベキコトヲ声明セリ。

帝国政府ノ修正案ニ対シ 5月1日ヲ以テ支那政府ノ与エタル回答ハ全然帝国政府ノ予期ニ反スルモノニシテ啻ニ該案ニ対シ誠意アル研究ヲ加エタルノ痕ヲ示サザルノミナラズ膠州湾還附ニ関スル帝国政府ノ苦衷ト好意トニ対シテハ殆ド一顧ノ労ヲモ与エザルモノナリ。元来膠州湾ノ地タル商業上軍事上実ニ東亜ニ於ケル一要地ニシテ之ヲ獲得スルガ為ニ日本帝国ノ費シタル血ト財トノ勘少ナラザルコトハ言ヲ俟タザルナリ。而シテ既ニ一度之ヲ我手ニ収メタル以上ハ敢テ支那ニ還附スルノ義務毫モ之ナキニ拘ラズ,進デ之ヲ還附セ

ントスルハ誠ニ将来ニ於ケル両国国交ノ親善ヲ思エバナリ。然ルニ支那政府ニ於テ帝国政府ノ苦心ヲ諒トセザルハ実ニ帝国政府ノ遺憾禁ズル能ワザル所ナリ。支那政府ハ曽ニ膠州湾還附ニ関スル帝国政府ノ情誼ヲ顧ミザルノミナラズ帝国政府ノ修正案ニ対スル其ノ回答ニ於テ同地ノ無条件還附ヲ求メ且独戦争ニ際シ日本ガ膠州湾ニ於テ用兵ノ結果生ジタル避クベカラザル各種損害ノ賠償ノ責ニ任ゼンコトヲ求メ其ノ他同地方ニ関係シ数項ノ要求ヲ提出スルト同時ニ更ニ今後日独講和ノ会議ニ参加スルノ権アルコトヲモ声明セリ。殊ニ膠州湾無条件還附若クハ日独戦争ノ為ニ生ジタル避クベカラザル損害ノ賠償ヲ日本ニ於テ負担スベシトノ要求ノ如キハ日本ニ対シ到底其ノ容認スル能ワザルコト明白ナル所ノモノヲ求メントスルニ外ナラズ而モ支那政府ハ右要求ヲ含メル今回ノ対案ヲ以テ其ノ最後ノ決答ナリト明言セリ。従テ日本ニ於テ是等ノ要求ヲ容認セザル限リ他ノ諸項ニ関シ如何ニ妥協商定スル所アルトモ是等ハ皆遂ニ何等ノ意味ヲモ有セザルコトトナルベク，結局支那政府今回ノ回答ハ其ノ全体ニ於テ全ク空漠無意義ノモノトナルニ至ルベシ。加之翻テ帝国政府ノ修正案中他ノ条項ニ対スル支那政府ノ回答ニ就テ考ウルモ素ト南満州及東部内蒙古ノ地タル地理上政治上将タ商工業ノ利害上帝国ノ特殊関係ヲ有スル地域タルハ中外ノ認ムル所ニシテ此関係ハ実ニ帝国ガ前後2回ノ戦役ヲ経タルニヨリテ特ニ深キヲ致シタルモノトス。然ルニ支那政府ハ此事実ヲ閑却シ帝国ノ該地方ニ於ケル地位ヲ尊重セズ。〔以下略〕

出所）『日本外交年表竝主要文書』上，402-03頁.

III·12·c （21カ条条約のうち）山東省に関する条約
1915年（大4）5月25日調印，同年6月9日公布（抄）

第1条　支那国政府ハ独逸国ガ山東省ニ関シ条約其ノ他ニ依リ支那国ニ対シテ有スル一切ノ権利利益譲与等ノ処分ニ付日本国政府ガ独逸国政府ト協定スル一切ノ事項ヲ承認スベキコトヲ約ス。

第2条　支那国政府自ラ芝罘又ハ龍口ヨリ膠済鉄道ニ接続スル鉄道ヲ敷設セントスル場合ニ於テ独逸国ガ煙沿鉄道借款権ヲ抛棄シタルトキハ支那国政府ハ日本国資本家ニ対シ借款ヲ商議スベキコトヲ約ス。

第3条　支那国政府ハ成ルベク速ニ外国人ノ居住貿易ノ為自ラ進ミテ山東省ニ於ケル適当ナル諸都市ヲ開放スベキコトヲ約ス。

第4条　本条約ハ調印ノ日ヨリ効力ヲ生ズ。

出所）外務省編『大正7年輯録・条約彙纂』353-54頁.

III·12·d （21カ条条約のうち）南満州及東部内蒙古に関する条約
1915年（大4）5月25日調印，同年6月9日公布（抄）

第1条　両締約国ハ旅順大連ノ租借期限並南満州鉄道及安奉鉄道ニ関スル期限ヲ何レモ99箇年ニ延長スベキコトヲ約ス。

第2条　日本国臣民ハ南満州ニ於テ各種商工業上ノ建物ヲ建設スル為又ハ農業ヲ経営スル為必要ナル土地ヲ商租スルコトヲ得。

第3条　日本国臣民ハ南満州ニ於テ自由ニ居住往来シ各種ノ商工業其ノ他ノ業務ニ従事スルコトヲ得。

第4条　日本国臣民ガ東部内蒙古ニ於テ支那国国民ト合弁ニ依リ農業及附随工業ノ経営ヲ為サントスルトキハ支那国政府之ヲ承認スベシ。

第5条　前3条ノ場合ニ於テ日本国臣民ハ例規ニ依リ下附セラレタル旅券ヲ地方官ニ提出シ登録ヲ受ケ又支那国警察法令及課税ニ服スベシ。

民刑訴訟ハ日本国臣民被告タル場合ニハ日本国領事官ニ於テ又支那国国民被告タル場合ニハ支那国官吏ニ於テ之ヲ審判シ互ニ員ヲ派シ臨席傍聴セシムルコトヲ得。但シ土地ニ関スル日本国臣民及支那国国民間ノ民事訴訟ハ支那ノ法律及地方慣習ニ依リ両国ヨリ員ヲ派シ共同審判スベシ。

将来同地方ノ司法制度完全ニ改良セラルルトキハ日本国臣民ニ関スル一切ノ民刑訴訟ハ完全ニ支那国法廷ノ審判ニ帰スベシ。

第6条　支那国政府ハ成ルベク速ニ外国人ノ居住貿易ノ為自ラ進ミテ東部内蒙古ニ於ケル適当ナル諸都市ヲ開放スベキコトヲ約ス。

第7条　支那国政府ハ従来支那国ト各外国資本家トノ間ニ締結シタル鉄道借款契約規定事項ヲ標準ト為シ速ニ吉長鉄道ニ関スル諸協約竝契約ノ根本的改訂ヲ行ウベキコトヲ約ス。

将来支那国政府ニ於テ鉄道借款事項ニ関シ外国資本家ニ対シ現在ノ各鉄道借款契約ニ比シ有利ナル条件ヲ附与シタルトキハ，日本国ノ希望ニヨリ更ニ前記吉長鉄道借款契約ノ改訂ヲ行ウベシ。

第8条　満州ニ関スル日支現行各条約ハ本条約ニ別ニ規定スルモノヲ除クノ外一切従前ノ通リ実行スベシ。

第9条　本条約ハ調印ノ日ヨリ効力ヲ生ズ。

出所）同上，392-94頁．

III・12・e　日本排斥十戒

(1)　日本帽子冠るな
(2)　日本売薬服むな
(3)　日本婦人妻とするな
(4)　日本床屋に入るな
(5)　学生送るな
(6)　日本の為め雇われるな
(7)　日本人に野菜売るな
(8)　日本銀行に金やるな
(9)　日本海産物口にするな
(10)　日本に行くな

日本の最後通牒を中国側が受け入れて後，上海から帰った日本船近江丸のもたらした漢口方面に出された「救国十戒」。

出所）『東京朝日新聞』1915年（大4）5月25日付．

13. シベリア出兵問題

　第一次世界大戦は勃発後3年を経ても膠着状態にあったが，1917年（大6）4月アメリカが協商国側にくみして参戦したため，やむなく日米両国は石井・ランシング協定をもって妥協した。一方ロシアは，戦争の長期化により厭戦気運が高まり，しかもドイツにより大陸を閉鎖されたため，日本からの軍事・経済支援を期待せざるをえなかった。日本も日英同盟の希薄化により日露同盟を模索した結果，16年7月第4回日露協約が成立した。同協約は両国の緊密な連携と極東における両国の地位の相互承認を明らかにした公開部分と，「第三国と戦争となった場合，両国は援助を与え単独講和をしない」と規定した非公開部分とがあり，日露両国は軍事同盟へと踏みだした。

　ところが17年11月，ロシアではレーニンらによる革命が成功し，世界史上初の社会主義政権が誕生した。しかも新政権はドイツと単独講和条約を締結して戦争から離脱したため，英仏側に衝撃を与えた。とくにボルシェビズムの台頭は皇室を戴く日英両国にとって懸念材料となった。またロシア帝政の崩壊により北満州や東部シベリアに政治的空白が生じたことは，日本陸軍にとって勢力拡大の好機でもあった。18年1月東部戦線の再構築を意図する英仏両国は，日米両国に対してシベリアへの共同出兵を提案し，当初消極的であったアメリカもチェコ兵が孤立したチェリアビンスク事件後に同意した。ただし日本の行動を警戒したアメリカは，目的と兵力数を限定した日米協定を8月に締結する。

　こうしてシベリア出兵となったが，日本軍は，まもなく7万2千へと兵力を増強し，しかもコサックや白軍のホルヴァート，セミョーノフ両将軍などを支援して，東部シベリアの独占的管理をはかった。そのため，あくまでチェコ軍救済を目的とするアメリカと対立した。19年6月，講和成立により英・仏・チェコ軍，つづいて20年1月にアメリカ軍も撤退したため，日本軍の単独駐兵となった。その結果，日本は欧米諸国から疑惑をもたれたばかりか，日本側の人的かつ財政的負担は増し，しかもニコライエフスク事件などによりロシア国民からの反感も招き，撤兵を余儀なくされて，結局22年10月，シベリア出兵は終了するのである。

III·13·a　第4回日露協約（日露大正5年協約）
1916年(大5)7月3日調印(抄)

第1条　日本国ハ露西亜国ニ対抗スル何等政事上ノ協定又ハ聯合ノ当事国トナラザルベシ。露西亜国ハ日本国ニ対抗スル何等政事上ノ協定又ハ聯合ノ当事国トナラザルベシ。

第2条　両締約国ノ一方ニ依リ承認セラレタル他ノ一方ノ極東ニ於ケル領土権又ハ特殊利益ガ侵迫セラルルニ至リタルトキハ，日本国及露西亜国ハ其ノ権利及利益ノ擁護防衛ノ為相互ノ支持又ハ協力ヲ目的トシテ執ルベキ措置ニ付協議スベシ。

秘 密 協 約

第1条　両締約国ハ其緊切ナル利益ニ顧ミ支那国ガ日本国又ハ露西亜国ニ対シ敵意ヲ有スル第三国ノ政事ノ掌握ニ帰セザルコトヲ緊要ナリト認メ，必要ニ応ジテ随時隔意ナク且誠実ニ意見ノ交換ヲ行イ前記事態ノ発生ヲ防止センガ為執ルベキ措置ニ付協議スベシ。

第2条　前条ノ規定ニ依リ双方合意ノ上ニテ執リタル措置ノ結果両締盟国ノ一方ト前条ニ記述セル第三国トノ間ニ宣戦アリタル場合ニハ，締盟国ノ他ノ一方ハ請求ニ基キ同盟国ニ援助ヲ与ウベク，此ノ場合ニ於テ両締盟国ハ執レモ予メ他ノ一方ノ同意アルニ非ザレバ講和セザルコトヲ約ス。

第3条　両締盟国ノ一方ガ前条ノ規定ニ依リ他ノ一方ニ兵力的援助ヲ与ウベキ条件及該援助ノ実行方法ハ両締盟国当該官憲ニ於テ協定スベシ。

第4条　両締盟国ノ一方ハ切迫セル戦争ノ重大ナル程度ニ適応スベキ援助ヲ其ノ同盟諸国ヨリ保障セラルルニ非ザレバ本条約第2条ニ規定スル兵力ノ援助ヲ他ノ一方ニ与ウルノ義務ナシ。

第5条　本協約ハ調印ノ日ヨリ直ニ実施シ1921年7月14日（1日）迄効力ヲ有ス。
前記期間ノ終了ニ至ル12箇月前両締盟国ノ執レヨリモ本協約ヲ廃棄スルノ意思ヲ通告セザルトキハ本協約ハ両締盟国ノ執レカニ於テ廃棄ノ意思ヲ表示シタル当日ヨリ1箇年ノ終了ニ至ル迄引続キ効力ヲ有ス。

第6条　本協約ハ両締盟国ニ於テ厳ニ秘密ニ附スベシ。

本 野 一 郎
ワ ゾ ノ フ

出所）『日本外交年表竝主要文書』上，420-21頁.

III·13·b　石井・ランシング協定（中国に関する日米両国間交換公文）
1917年(大6)11月2日調印

米国国務長官ヨリ石井特命全権大使宛公文（訳文）

以書翰致啓上候。陳者支那共和国ニ関シテ貴我両国政府ノ共ニ利害ヲ感ズル諸問題ニ付本官ハ最近閣下トノ会談中意見ノ一致シタルモノト了解スル所ヲ茲ニ閣下ニ通報スルノ光栄ヲ有シ候。

近来往々流布セラレタル有害ナル風説ヲ一掃センガ為閣下及本官ハ茲ニ支那ニ関シ両国政府ノ等シク懐抱スル希望及意向ニ付更ニ公然タル宣言ヲ為スヲ得策ナリト思惟ス。

合衆国及日本国両政府ハ領土相近接スル国家ノ間ニハ特殊ノ関係ヲ生ズルコトヲ承認ス。従テ合衆国政府ハ日本国ガ支那ニ於テ特殊ノ利益ヲ有スルコトヲ承認ス。日本ノ所領ニ接壌セル地方ニ於テ殊ニ然リトス。

尤モ支那ノ領土主権ハ完全ニ存在スルモノニシテ，合衆国政府ハ日本国ガ其ノ地理的位置ノ結果右特殊ノ利益ヲ有スルモ他国ノ通商ニ不利ナル偏頗ノ待遇ヲ与エ又ハ条約上支那ノ従来他国ニ許与セル商業上ノ権利ヲ無視スルコトヲ欲スルモノニ非ザル旨ノ日本国政府累次ノ保障ニ全然信頼ス。

合衆国及日本国両政府ハ毫モ支那ノ独立又ハ領土保全ヲ侵害スルノ目的ヲ有スルモノニ非ザルコトヲ声明ス。且右両国政府ハ常ニ支那ニ於テ所謂門戸開放又ハ商工業ニ対スル機会均等ノ主義ヲ支持スルコトヲ声明ス。

将又凡ソ特殊ノ権利又ハ特典ニシテ支那ノ独立又ハ領土保全ヲ侵害シ若ハ列国臣民又ハ人民ガ商業上及工業上ニ於ケル均等ノ機会ヲ完全ニ享有スルヲ妨礙スルモノニ付テハ，両国政府ハ何国政府タルヲ問ワズ之ヲ獲得スルニ反対ナルコトヲ互ニ声明ス。

本官ハ貴我双方間ニ意見ノ一致セルモノト了解スル前記各項ニ対シ閣下ノ確認ヲ得ンコトヲ致希望候。

ロバート・ランシング

出所）同上，439-40頁。

III・13・c　シベリア出兵宣言
1918年(大7)8月2日付，国務大臣連署

帝国政府ハ露国竝露国人民ニ対スル旧来ノ隣誼ヲ重ンジ，露国ノ速ニ秩序ヲ回復シテ健全ナル発達ヲ遂ゲンコトヲ衷心切望シテ止マザル所ナリ。然ルニ近時露国ノ政情著シク混乱ニ陥リ，復タ外迫ヲ捍禦スルノ力ナキニ乗ジ，中欧諸国ハ之ニ圧迫ヲ加ウルコト愈々甚シク，其ノ威圧遠ク極東露領ニ浸漸シテ現ニ「チェック・スローヴァック」軍ノ東進ヲ阻碍シ，其ノ軍隊中ニハ多数ノ独墺俘虜混入シ，実際ニ於テ其ノ指揮権ヲ掌握スルノ事跡顕然タルモノアリ。

抑々「チェック・スローヴァック」軍ハ夙ニ建国ノ宿志ヲ抱キ，終始連合列強ト共同敵対スルモノナルガ故ニ，其ノ安危ノ繋ル所延イテ与国ニ影響スルコト少シトセズ。是レ連合列強及ビ合衆国政府ガ同軍ニ対シ多大ノ同情ヲ寄与スル所以ナリ。今ヤ連合列強ハ同軍ガ西比利亜方面ニ於テ独墺俘虜ノ為メ著シク迫害ヲ被ムルノ報ニ接シ，空シク拱手傍観スルコト能ワズ，業ニ已ニ其ノ兵員ヲ浦塩ニ派遣シタリ。合衆国政府モ亦同ク其ノ危急ヲ認メ，帝国政府ニ提議シテ先ズ速ニ救援ノ軍隊ヲ派遣センコトヲ以テセリ。是ニ於テカ帝国政府ハ合衆国政府ノ提議ニ応ジテ其ノ友好ニ酬イ，且今次ノ派兵ニ於テ連合列強ニ対シ歩

武ヲ斉シクシテ履信ノ実ヲ挙グル為速ニ軍旅ヲ整備シ,先ズ之ヲ浦塩ニ発遣セントス。
叙上ノ措置ヲ取ルニ方リ,帝国政府ハ一意露国及露国人民ト恒久ノ友好関係ヲ更新センコ
トヲ希図スルヲ以テ,常ニ同国ノ領土保全ヲ尊重シ,併セテ其ノ国内政策ニ干渉セザルノ
既定主義ヲ声明スルト共ニ,所期ノ目的ヲ達成スルニ於テハ政治的又ハ軍事的ニ其ノ主権
ヲ侵害スルコトナク速ニ撤兵スベキコトヲ茲ニ宣言ス。

出所)同上,462頁.

Ⅲ・13・d シベリア出兵地図

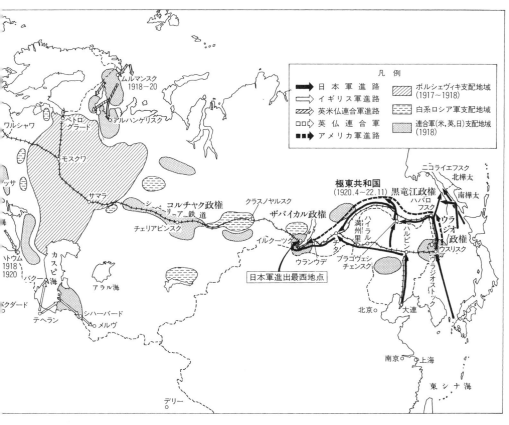

出所)前掲『日本外交史 別巻4 地図〈第16図〉』より.

14. パリ平和会議

　第一次世界大戦は，1918年（大7）夏以降，協商国側が攻勢に転じた結果，ブルガリア，トルコ，オーストリアが降伏し，ドイツもウィルヘルム二世のオランダ亡命により，11月，休戦条約の調印によって終結した。27カ国の参加国と4年3カ月に及んだ大戦は，双方の戦傷者数6千万，戦死者数8百万という惨禍をもたらした。また非戦闘員が多数動員され，国民経済の力が勝敗を左右するなど総力戦となり，タンク，飛行機，毒ガス，潜水艦等の近代兵器が登場した戦争でもあった。そしてロマノフ，ホーエンツォレルン，ハプスブルグなど伝統ある専制王朝が崩壊し，ヨーロッパの没落をもたらした。代わって台頭したのが日米の非西欧国家であり，両国はともに大戦期に債務国から債権国へと転じた。

　19年1月，パリで各国全権による平和会議が開かれ，ヨーロッパの戦後処理をめぐって半年に及ぶ討議が行なわれた。会議では指導原理をめぐり，ウィルソンの14カ条に示された道義性ある新外交と，英仏らの伝統的な勢力均衡原則や秘密外交を本旨とする旧外交とが鋭く対立した。史上初めて五大国の一員に列せられた日本は，西園寺公望，牧野伸顕らを全権として送りだしたが，会議の中心議題がヨーロッパ問題であったため，終始脇役にとどまった。

　日本の関心事は，①山東問題，②南洋諸島問題，③人種平等条項挿入問題にあった。②は概ね日本の要求が容れられたが，③はオーストラリアなど白人優位を主張する諸国の抵抗を受け，単に議事録に収録されるにとどまった。①は，日本側が21カ条条約，英仏伊との秘密条約，山東に関する日華公文を根拠に無条件譲渡を要求したが，中国側はアメリカの支持を得て譲らず，4月，日本代表は満足な解決が得られぬならば講和条約の調印は見合わすと決意した。折しもイタリアがフィウメ問題で会議から引き揚げる事態が発生したため，ウィルソンは譲歩し，日本も将来の膠州湾租借地返還を約束して決着した。この決定に対して北京では，山東権益の直接返還と21カ条条約取消しを求める「五・四運動」が起こり，中国代表は講和条約の調印を拒否した。中国問題をめぐる日中・日米の対立は日本外交に深刻な影を落としたばかりでなく，新外交や国際連盟といった新動向に刺激を受けて外務省内に革新派が形成されるなど影響を残すこととなった。

III·14·a　牧野伸顕全権の「人種的差別待遇撤廃問題」演説

1919年(大8) 4月28日,連合与国第5回総会議席上〔抄〕

余ハ最初2月13日国際連盟委員会ニ文化ノ程度進ミ連盟員トシテ充分資格ヲ有スルモノト認メラルル国家ノ人民ニ対シテハ其ノ人種或ハ国籍ノ如何ヲ論ゼズ均等公平ノ待遇ヲ与ウルコトノ主義ヲ包含セル連盟規約修正案ヲ提出セリ。当時ヨリ人種問題ハ常ニ苦情ノ種トナリ何時緊急危険ノ問題トナルヤモ計リ難キモノナルニ付之ニ関スル条項ヲ連盟規約中ニ設クルコトハ極メテ望マシキコトナル旨同委員会ノ注意ヲ喚起セリ。……

且ツ余ハ国際連盟ハ云ワバ戦争ニ対スル世界的保険ノ組織ナルヲ以テ攻撃ヲ受ケタル場合ニハ之ヲ防禦スルニ好適ノ地位ニアル国民ハ同僚連盟員ノ領土ノ安全及ビ政治上ノ独立ヲ防護スルノ覚悟ヲ要スベキコトニ関シ注意ヲ喚起シ置キタリ，右ハ即チ連盟員国家ノ人民ハ共同目的ノ為軍費ヲ負担シ必要ノ場合ニハ其ノ生命ヲモ犠牲ニスルノ覚悟ナカルベカラザルコトヲ意味ス。斯ノ如ク自己ノ所属国ガ連盟加入ノ結果其ノ国民ハ此等ノ新タナル義務ヲ負担セザルベカラザル事実ニ鑑ミ，国民各自ニ於テハ自己ノ生命ヲ賭シテ迄モ防禦セントスル人民ハ均等ノ立場ニ置カレンコトヲ希望シ，且ツ之ヲ要求スルハ蓋シ当然ノ数ナリ。然レドモ吾人ノ提唱セシ修正案ハ遂ニ委員会ニ於テ採用セラレザリキ，……

……将来国民間ノ関係ニ於テ吾人ガ之ニ基キ行ワレンコトヲ要望スル主義トシテ最初ノ修正案ニ於テ提議セル処左ノ如シ。

「国民平等ノ主義ハ国際連盟ノ基本的綱領ナルニ鑑ミ，締盟国ハ連盟員タル総テノ国家ノ人民ニ対シ其ノ人種及ビ国籍ノ如何ニ依リ法律上又ハ事実上何等ノ区別ヲ設クルコトナク一切ノ点ニ於テ均等公平ノ待遇ヲ与ウベキコトヲ約ス」

抑モ連盟ノ大業タル時々変更スル各国政府ノ措置ニ依ルヨリモ寧ロ関係各国民ガ同組織ニ包容セラルル崇高ナル理想ヲ誠意受入レ忠実ニ之ヲ遵奉スルニ依リ其ノ恒久ノ成功ヲ博シ得ル次第ニシテ，民本主義ノ今日ニ於テハ人民各自右大業ノ管理者ナリトノ感念ヲ有セザルベカラズ。而シテ斯ル観念ハ誠意ナル協調並ニ相互信頼ノ確実ナル保障ヲ得テ初テ之ヲ抱懐スルヲ得ベキナリ。或ル国民ニ対シテ平等公平ノ待遇ヲ与エザルコトトナランカ，其ハ其ノ国民ノ性質及ビ立場ニ対シ異様ノ感想ヲ与ウルコトトモナリ，遂ニハ将来連盟各員ノ国際関係ヲ律スル基準タルベキ正義公平ノ主義ニ対スル彼等ノ信念ヲ動揺セシムルニ至ルベシ。斯カル心的状態ハ目下考慮中ナル連盟唯一ノ確乎タル基礎タルベキ勠力協調ニ対シ最モ有害ナルモノタルベク，吾人ガ前顕ニ提議ヲ敢テシタルモ畢竟好意公平並ニ道理ノ健実確固タル基礎ノ下ニ国際連盟ノ建設セラレンコトヲ希望セルガ故ニ外ナラズ。〔以下略〕

出所)『日本外交年表並主要文書』上，482-84頁.

III・14・b　ベルサイユ講和条約の日本関係条款
1919年(大8) 6月28日調印（抄）

第156条　独逸国ハ1898年3月6日独逸国ト支那国トノ間ニ締結シタル条約及山東省ニ関スル他ノ一切ノ協定ニ依リ取得シタル権利，権原及特権ノ全部殊ニ膠州湾地域，鉄道，鉱山及海底電線ニ関スルモノヲ日本国ノ為ニ抛棄ス。

青島済南府間ノ鉄道（其ノ支線ヲ含ミ竝各種ノ附属財産，停車場，工場，固定物件及車輌，鉱山，鉱業用設備及材料ヲ包含ス）ニ関スル一切ノ独逸国ノ権利ハ之ニ附帯スル一切ノ権利及特権ト共ニ日本国之ヲ取得保持ス。

青島上海間及青島芝罘間ノ独逸国有海底電信線ハ之ニ附帯スル一切ノ権利，特権及財産ト共ニ無償且無条件ニテ日本国之ヲ取得ス。

第157条　膠州湾地域内ニ於ケル独逸国有ノ動産及不動産竝該地域ニ関シ独逸国ガ直接又ハ間接ニ施設若ハ改良ヲ為シ又ハ費用ヲ負担シタル為其主張シ得ベキ一切ノ権利ハ無償且無条件ニテ日本国之ヲ取得保持ス。

第158条　独逸国ハ膠州湾地域ノ民政，軍政，財政，司法其ノ他ニ関スル記録，登録簿，図書，証書其他各種ノ文書ヲ其ノ所在ノ如何ニ拘ラズ本条約実施後3カ月以内ニ日本国ニ引渡スベシ

独逸国ハ前2条ニ規定シタル権利，権原又ハ特権ニ関スル一切ノ条約，協定又ハ取極ニ付其詳細ヲ前記期間内ニ日本国ニ通告スベシ。

出所）同上，492-93頁。

III・14・c　吉野作造の「五・四運動」観

北京大学学生の新運動は，何故に曹汝霖君，陸宗輿〔段祺瑞政権の外交総長〕君並びに章宗祥君を憎んだか。こは云う迄もなく，彼等が日本の官僚軍閥の薬籠中のものとなり，国を売て私益を計ったと認められたからである。彼等が真に日本の軍閥の操縦する処となったか否か，又国を売って私益を計ったか否か，予輩明かにこれを知らない。けれども，彼等が最近に於ける日支各種の交渉の当局者であり，而してその交渉はすべて国民多数の意嚮と没交渉に行われた事だけは明白である。この点に於て，これら三君の一派は，すべての意味に於て我が日本の官僚軍閥と酷似して居る。而して日本に於ける開明の思想家は，常に官僚閥の対支外交をいろいろの意味に於て攻撃して已まなかった。或る者はその形式を非なりとし，或る者は両国の真の国民的要求を無視するを非なりとした。或る者は，少数者の間に公にすべからざる醜関係を結んで，一時の成功に国民全体の利益幸福を犠牲に供するのではあるまいかと疑った。なかんずく，当局者が，自家階級の狭い見識に依って，すべての外交方針をきめるのを見て，不満に感ぜざるを得ない。かくの如き外交の，形に於ても，実質に於ても，旧式封建的外交にして，とうてい今日の時世に存在を許さるべきものではない。いわんや，その結果の，国民全体の永久の生命を毒する事頗る大なるべき

に於てをや。而して，北京大学学生の運動は，これらの旧式外交を否認して，能く公明に，能く合理的に国家政策を指導せんとする，その熱心なる意図に於て，まさに我々とその立場を同うするものと見なければならない。即ち彼に於て，曹章陸君を弾劾する声と，日本に於て軍閥的対支外交を弾劾するの声と，大いに共鳴するものがある。大いに共鳴するものあるだけ，それだけ彼等の取った狂暴なる手段を，くれぐれも遺憾とする。

……これを他の一面より見れば，北京騒擾は，我国官僚軍閥に対して対支外交の新規播き直しを要求する実物教育に他ならない。これだけ実物教育にぶつかって，なおかつ目醒めないとすれば，我が日本は遂に永久に支那に延びる機会が無くなるだろう。いやしくも支那と親しみ，支那と共に立って，東洋の文物の開発を進めんとするならば，即ち吾人のかねがね主張して居ったような，対支政策の人道的転換を決行せなければならない。従来の対支政策が，必ずしも侵略的であった，又軍国主義的であったと云わないけれども，少しでもこれらの臭があるならば，そはことごとくこれを捨てなければならない。我々はどこ迄も人道主義の立場に立って，自主共存の根本義よりいっさいの対支政策を割り出さなければならない。この主張は，従来の官僚軍閥より殆んど顧みられなかった。而して，今や北京に起った実物教育は，更に現実の力を以て吾人年来の主張を裏書し，官僚軍閥の伝統的外交に変革を迫って居る。

……彼等の奮起した精神に至りては，大いに共鳴するものがある。殊に彼等の排日を叫ぶのは，即ち彼等の敵とする支那の官僚を操縦籠絡した官僚軍閥の日本を排斥するのであって，彼等の思想に共鳴する日本国民の公正を疑うのではあるまい。

我々は，彼と我とに於けるいわゆる我が党の勝利に於て，始めて日支親善の確実なる基礎が開ける事を思うものである。官僚軍閥同士の親善は，断じて似而非の親善である。真個の国民的親善は，これから我々の隣邦開明の諸君と共に，打ち解かなければならない宿題である。

出所）吉野作造「北京大学学生騒擾事件に就て」『新人』1919 年 6 月号（松尾尊兊編『中国・朝鮮論──吉野作造』平凡社，1970，212-15 頁）。

III・14・d　近衛文麿「英米本位の平和主義を排す」(抄)

……吾人は我国近時の論壇が英米政治家の花々しき宣言に魅了せられて，彼等の所謂民主主義人道主義の背後に潜める多くの自覚せざる又は自覚せる利己主義を洞察し得ず，自ら日本人たる立場を忘れて，無条件的無批判的に英米本位の国際聯盟を謳歌し，却って之を以て正義人道に合すと考うるが如き趣あるを見て甚だ陋態なりと信ずるものなり。……日本人の正当なる生存権を確認し，此の権利に対し不当不正なる圧迫をなすものある場合には，飽く迄も之と争うの覚悟なかる可らず……。自己の正当なる生存権を蹂躙せられつゝも尚平和に執着するはこれ人道主義の敵なり。平和主義と人道主義とは必しも一致せず吾人は人道の為に時に平和を捨てざる可らず。……英米人の平和は自己に都合よき現状維持にし

て之に人道の美名を冠せたるもの，……欧州戦乱は已成の強国と未成の強国との争なり，現状維持を便利とする国と現状破壊を便利とする国との争なり。現状維持を便利とする国は平和を叫び，現状破壊を便利とする国は戦争を唱う。平和主義なる故に必しも正義人道に叶うに非ず，軍国主義なる故に必しも正義人道に反するに非ず。……要之英米の平和主義は現状維持を便利とするもの、唱うる事勿れ主義にして何等正義人道と関係なきものなるに拘らず我国論者が彼等の宣言の美辞に酔うて平和即人道と心得其国際的地位よりすれば寧ろ独逸と同じく現状の打破を唱うべき筈の日本に居りながら英米本位の平和主義にかぶれ国際聯盟の天来の福音の如く渇仰するの態度あるは実に卑屈千万にして正義人道より見てだき蛇蝎視すべきものなり。吾人は固より妄りに国際聯盟に反対するものに非ず。もし此聯盟にして真実の意味に於ける正義人道の観念に本きて組織せらる、とせば，人類の幸福の為にも国家の為にも双手を挙げて其成立を祝するに吝なるものに非ずと雖，此聯盟は動もすれば大国をして経済的に小国を併呑せしめ後進国をして永遠に先進国の後塵を拝せしむるの事態を呈する恐なしとせず。即ち此聯盟により最も多く利する者は英米両国にして他は正義人道の美名に誘われて仲間入をしながら殆ど何の得る所なきのみならず益々経済的に萎縮すと云う如き場合に立至らんか，日本の立場よりしても正義人道の見地よりしても誠に忍ぶ可らざる事なり。故に来るべき講和会議に於て国際平和聯盟に加入するに当り少くとも日本として主張せざる可らざる先決問題は経済的帝国主義の排斥と黄白人の無差別的待遇是なり。……若し講和会議にして此経済的帝国主義の跋扈を制圧し得ずとせんか，此戦争によりて最も多くを利したる英米は一躍して経済的世界統一者となり，国際聯盟軍備制限と云う如き自己に好都合なる現状維持の旗幟を立て、世界に君臨すべく，爾余の諸国如何に之を凌がんとするも武器を取上げられては其反感憤怒の情を晴らすの途なくして，恰もかの柔順なる羊群の如く喘々焉として英米の後に随うの外なきに至らん。……領土狭くして原料品に乏しく，又人口も多からずして製造工業品市場として貧弱なる我国は英国が其殖民地を閉鎖するの暁に於て，如何にして国家の安全なる生存を完うするを得ん。即ちか、る場合には我国も亦自己生存の必要上戦前の独逸の如くに現状打破の挙に出でざるを得ざるに至らん。而して如斯は独り我国のみならず，領土狭くして殖民地を有せざる後進諸国の等しく陥られるべき運命なりとすれば吾人は単に我国の為のみならず，正義人道に本く世界各国民平等生存権の確立の為にも，経済的帝国主義を排して各国をして其殖民地を開放せしめ，製造工業品の市場としても，天然資源の供給地としても，之を各国平等の使用に供し，自国にのみ独占するが如き事なからしむるを要す。次に特に日本人の立場よりして主張すべき黄白人の差別的待遇の撤廃なり。……即ち吾人は来るべき講和会議に於いて英米人をして深く其前非を悔いて傲慢無礼の態度を改めしめ，黄人に対して設くる入国制限の撤廃は勿論，黄人に対する差別的待遇を規定せる一切の法令の改正を正義人道の上より主張せざる可らず。〔以下略〕

出所）『日本及日本人』1918年（大7）12月15日号，23-26頁．

III・14・e　日本の委任統治領地図

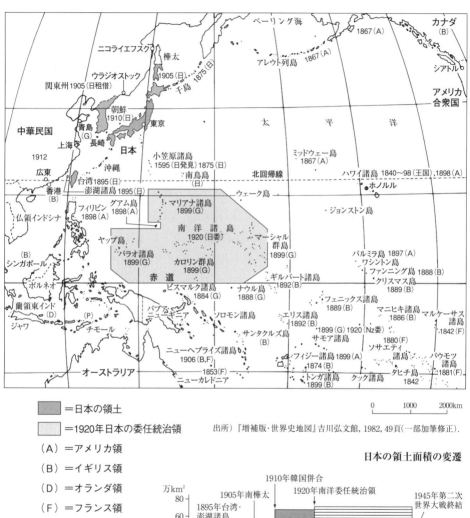

■ ＝日本の領土
▨ ＝1920年日本の委任統治領
（A）＝アメリカ領
（B）＝イギリス領
（D）＝オランダ領
（F）＝フランス領
（G）＝ドイツ領
（P）＝ポルトガル領

出所）『増補版・世界史地図』吉川弘文館，1982，49頁（一部加筆修正）．

日本の領土面積の変遷

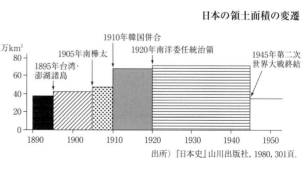

出所）『日本史』山川出版社，1980，301頁．

14．パリ平和会議　67

IV ワシントン体制下の協調外交

　1920年代は，世界大戦や革命が相次いだ激動期の10年代と，イデオロギーや国益が火花を散らす抗争期の30年代との谷間に位置する比較的に安定平穏な時代であった。この時期，ヨーロッパ地域を覆うベルサイユ体制とともに，アジア・太平洋地域にワシントン体制とよばれる新国際秩序が維持されたためである。日本はこの時期，アジア唯一の大国として認められ，ワシントン会議では従来の満州問題や移民問題など日米対立要因を払拭し，英米両国と協調して新体制を維持するグローバル国家へと発展する。

　20年代の日本外交をリードした幣原外交と田中外交は，対中国外交で好対照を示したとはいえ，ともに国際協調主義を基本とし，体制の庇護者という点で共通していた。また国内政治面でも日本は大正デモクラシーの円熟期を迎え，二大政党が政権を交互に担う憲政の常道，つまり民主的議会制度が確立された。ようやく藩閥・軍閥中心の政治から近代的な民主政治へと移行しはじめたのである。

　さてワシントン体制は，ワシントン会議の所産である三つの条約，海軍軍縮に関する「五カ国条約」，太平洋に関する「四カ国条約」，中国に関する「九カ国条約」を法的規範として成立し，①日米英3国の協調システム，②日米英三大国の中国支配・従属システム，③革命国家ソビエトの排除システムを特質とした。しかしまもなくワシントン体制に対し，三つの攪乱要因による挑戦が行なわれた。

　まず第一に，20年代前期，革命国家ソビエトがイデオロギー的挑戦を行なった。彼らは四カ国条約を「ソビエトに対する帝国主義国家の共同陰謀」とみなし，ヨーロッパ方面と同様にアジア方面でも日英米包囲網を突破すべく，中国に向けて革命外交を展開した。とくに北方の軍閥政権と抗争する南方の孫文政権に接近し，共同合作を促して中ソ関係を正常化した。次いで日本にはイデオロギー色を後退させた現実主義的外交で接近し，「日ソ基本条約」(1925.1) による関係改善に成功した。

第二に，20年代の中期から後期にかけて，中国では排外的なナショナリズムが胎動し，ワシントン体制に反発した。すでに10年代末の五・四運動以来，中国では労働者や市民を中心とする民族主義運動が急速に高まりつつあったが，「五・三〇事件 (1925.5)」でピークを迎えた。この運動は対内的には国家統一をめざし，蒋介石率いる国民革命軍が「北伐」を達成して南北を統一した (1928.8)。また対外的には，アヘン戦争以来列強によって奪われた国権の回収を目標としたが，関税自主権の回復に成功すると同時に，南京統一政権を欧米列強に承認させた。このように中国ナショナリズム運動はワシントン体制に修正を迫ったのである。

　これに対して幣原外交は，中国への不干渉主義と経済合理主義をもって，日中関係の改善を意図したが，国内の強硬派から「軟弱外交」と批判され，所期の目標を十分達成できなかった。つづく田中外交は北伐の混乱期に3度も山東出兵を実施し，日本の在華利権確保のためには武力行使も辞さない「サーベル外交」を展開した。しかも関東軍が張作霖を爆殺する過激な行動（満州某重大事件）に出て，日中関係を悪化させ，ひいては田中内閣を総辞職へと追い込んだ。

　第三に，20年代末期から30年代初頭にかけて，日本の軍部や右翼を中心とする反ワシントン体制派が挑戦した。田中外交に代わり再登場した幣原外交は，ロンドン海軍軍縮条約を成立させたものの，野党政友会や軍部らによる「統帥権干犯」批判により窮地に陥った。この間政界では政権交替をめぐる権謀術数が横行し，一般国民や言論界，ひいては軍部から顰蹙を買った。折しも世界恐慌が発生し，経済的混乱は日本ばかりか日本のアキレス腱ともいうべき満州にも押し寄せた。米英仏ら「持てる国」が自給自足的な経済ブロック化政策をとり，自己本位の防衛措置を展開する事態を眼前にして，一般国民はしだいに軍部や右翼が唱える「大アジア主義」や「昭和維新」といった現状変革の気運に共感していった。

　こうした状況を背景に，石原莞爾ら関東軍が満州で決起した（柳条湖事件）。そして約半年で満州を制圧し，傀儡の満州国を建国したことにより，極東情勢は大きく転換していった。この第三の要因こそが，「ペンとインクで書かれているにすぎない」といわれるワシントン諸条約の欠陥，つまり条約違反国への制裁措置が明記されていない盲点を突いて，この国際秩序を崩壊へと導くのである。

15. ワシントン会議

　ワシントン会議が開催された背景には，第一に，満州の門戸閉鎖，21カ条要求，日本移民排斥，シベリア出兵などをめぐる日米対立の問題，第二に，日英同盟を延長するか廃棄するかというイギリス連邦内部の問題，第三に，日米英3国を中心とする建艦競争を抑止して軍縮を実現しようとする問題があった。軍備拡張競争が世界大戦を招来したとの国際世論の批判もあり，また戦後不況による各国財政への圧迫は，もはや軍事力増強を困難とした。

　このような諸問題を一挙に解決するため，会議の主導権を握ったのはアメリカであった。1921年（大10）3月に成立したハーディング新政権は，7月にワシントン会議の開催を関係諸国に提議した。日本側は，パリ平和会議の二の舞を恐れ，極東・太平洋問題を議題から切り離し，軍縮問題に限定するよう主張したが，アメリカ側が日中両国に対する公平不偏を約束したため，参加を応諾した。

　会議は日米英仏伊五大国のほか，中国，ポルトガル，ベルギー，オランダの計9カ国が参加し，同年11月から翌22年2月まで行なわれ，日本からは加藤友三郎海相，徳川家達貴族院議長，幣原喜重郎駐米大使らが全権として出席した。討議が軍縮委員会（5カ国）と太平洋・極東委員会（9カ国）とに別個に行なわれた結果，「中国に関する九カ国条約」，「太平洋に関する四カ国条約」，「海軍軍縮に関する五カ国条約」など5条約と13決議が採択された。

　当初日本側は日英同盟の存続，中国利権の確保，海軍力の対英米7割を目標としたが，日英同盟は廃棄されて米仏を加えた四カ国条約となり，中国問題ではアメリカのルート4原則を容れた九カ国条約となり，山東省のドイツ権益の大部分を返還する日華協定が調印された。軍縮問題では会議議長のヒューズ米全権の大胆な軍縮提案を受けて論争がつづいたが，日本の海軍力が対英米6割とする五カ国条約となった。総じてアメリカ外交の勝利，日本外交の敗北が鮮明になり，以後国内では反ワシントン勢力が形成された。またこれら諸条約には条約違反への制裁措置が不明という欠陥があった。とはいえ，極東・太平洋方面に新秩序をもたらし，日米対立が解消され，日米協調に転じたことは大きな成果であった。

IV·15·a　太平洋に関する四カ国条約（太平洋方面に於ける島嶼たる属地及び島嶼たる領地に関する四国条約）

1921年（大10）12月13日調印，1923（大12）年8月17日批准書寄託（抄）

亜米利加合衆国，英帝国，佛蘭西国及日本国ハ
一般ノ平和ヲ確保シ且太平洋方面ニ於ケル其ノ島嶼タル属地及島嶼タル領地ニ関スル其ノ権利ヲ維持スルノ目的ヲ以テ
之ガ為条約ヲ締結スルコトニ決シ……左ノ如ク協定セリ。

第1条　締約国ハ互ニ太平洋方面ニ於ケル其ノ島嶼タル属地及島嶼タル領地ニ関スル其ノ権利ヲ尊重スベキコトヲ約ス。
　　　締約国ノ何レカノ間ニ太平洋問題ニ起因シ且前記ノ権利ニ関スル争議ヲ生ジ外交手段ニ依リテ満足ナル解決ヲ得ルコト能ハズ。且其ノ間ニ幸ニ現存スル円満ナル協調ニ影響ヲ及ボスノ虞アル場合ニ於テハ右締約国ハ共同会議ノ為他ノ締約国ヲ招請シ当該事件全部ヲ考量調整ノ目的ヲ以テ其ノ議ニ付スベシ。
第2条　前記ノ権利ガ別国ノ侵略ノ行為ニ依リ脅威セラルルニ於テハ締約国ハ右特殊事態ノ急ニ応ズル為共同ニ又ハ各別ニ執ルベキ最有効ナル措置ニ関シ了解ヲ遂ゲンガ為充分ニ且隔意ナク互ニ交渉スベシ。
第3条　本条約ハ実施ノ時ヨリ10年間効力ヲ有シ且右期間満了後ハ12月前ノ予告ヲ以テ之ヲ終了セシムル各締約国ノ権利ノ留保ノ下ニ引続キ其ノ効力ヲ有ス。
第4条　本条約ハ締約国ノ憲法上ノ手続ニ従イ成ルベク速ニ批准セラルベク且華盛頓（ワシントン）ニ於テ行ワルベキ批准書寄託ノ時ヨリ実施セラルベシ。1911年7月13日倫敦（ロンドン）ニ於テ締結セラレタル大不列顛（ブリテン）国及日本国間ノ協約ハ之ト同時ニ終了スルモノトス。〔以下略〕

出所）『日本外交年表竝主要文書』上，536頁．

IV·15·b　海軍軍縮に関する五カ国条約（海軍軍備制限に関する条約）

1922年（大11）2月6日調印，1923年（大12）8月17日批准書寄託（抄）

第1条　締約国ハ本条約ノ規定ニ従イ各自ノ海軍軍備ヲ制限スベキコトヲ約定ス。
第2条　締約国ハ第2章第1節ニ掲グル主力艦ヲ各自保有スルコトヲ得。本条約実施ノ上ハ合衆国，英帝国及日本国ノ既成又ハ建造中ノ他ノ一切ノ主力鑑ハ第2章第2節ノ規定ニ従イ之ヲ処分スベシ。……
第3条　第2条ノ規定ヲ留保シ締約国ハ各自ノ主力艦建造計画ヲ廃止スベク，又締約国ハ第2章第3節ニ掲グル所ニ従イ建造シ又ハ取得スルコトヲ得ベキ代換噸数以外ニ新主力艦ヲ建造シ又ハ取得スルコトヲ得ズ。
　　　第2章第3節ニ従イ代換セラレタル軍艦ハ同章第2節ノ規定ニ従イ之ヲ処分スベシ。
第4条　各締約国ノ主力艦合計代換噸数ハ基準排水量ニ於テ合衆国52万5000噸（53万3400「メートル」式噸），英帝国52万5000噸（53万3400「メートル」式噸），佛蘭西国17万5000噸（17万7800「メートル」式噸），伊太利国17万5000噸（17万7800「メートル」式噸），

日本国31万5000噸（32万40「メートル」式噸）ヲ超ユルコトヲ得ズ。
第5条　基準排水量3万5000噸（3万5560「メートル」式噸）ヲ超ユル主力艦ハ何レノ締約国モ之ヲ取得シ又ハ之ヲ建造シ，建造セシメ若ハ其ノ法域内ニ於テ之ガ建造ヲ許スコトヲ得ズ。
第19条　合衆国，英帝国及日本国ハ左ニ掲グル各自ノ領土及属地ニ於テ要塞及海軍根拠地ニ関シ本条約署名ノ時ニ於ケル現状ヲ維持スベキコトヲ約定ス。
　(1)　合衆国ガ太平洋ニ於テ現ニ領有シ又ハ将来取得スルコトアルベキ島嶼タル属地。但シ(イ)合衆国，「アラスカ」及巴奈馬運河地帯ノ海岸ニ近接スル島嶼，(「アリューシァン」諸島ヲ包含セズ）並，(ロ)布哇諸島ヲ除ク。
　(2)　香港及英帝国ガ東経110度以東ノ太平洋ニ於テ現ニ領有シ又ハ将来取得スルコトアルベキ島嶼タル属地。但シ(イ)加奈陀海岸ニ近接スル島嶼，(ロ)濠太利連邦及其ノ領土並，(ハ)新西蘭ヲ除ク。
　(3)　太平洋ニ於ケル日本国ノ下記ノ島嶼タル領土及属地。即チ，千島諸島，小笠原諸島，奄美大島，琉球諸島，台湾及澎湖諸島並日本国ガ将来取得スルコトアルベキ太平洋ニ於ケル島嶼タル領土及属地。
　前記ノ現状維持トハ右ニ掲グル領土及属地ニ於テ新ナル要塞又ハ海軍根拠地ヲ建設セザルベキコト，海軍力ノ修理及維持ノ為現存スル海軍諸設備ヲ増大スルノ処置ヲ執ラザルベキコト並右ニ掲グル領土及属地ノ沿岸防禦ヲ増大セザルベキコトヲ謂フ。但シ右制限ハ海軍及陸軍ノ設備ニ於テ平時慣行スルガ如キ磨損セル武器及装備ノ修理及取替ヲ妨グルコトナシ。

　　　　　　　　　　　　　　　出所）『日本外交年表並主要文書』下，9-12頁。

Ⅳ・15・c　中国に関する九カ国条約

1922年(大11) 2月6日調印，1925年(大14) 8月5日批准書寄託(抄)

第1条　支那国以外ノ締約国ハ左ノ通約定ス。
　(1)　支那ノ主権，独立並其ノ領土的及行政的保全ヲ尊重スルコト
　(2)　支那ガ自ラ有力且安固ナル政府ヲ確立維持スル為最完全ニシテ且最障碍ナキ機会ヲ之ニ供与スルコト
　(3)　支那ノ領土ヲ通ジテ一切ノ国民ノ商業及工業ニ対スル機会均等主義ヲ有効ニ樹立維持スル為各尽力スルコト
　(4)　友好国ノ臣民又ハ人民ノ権利ヲ減殺スベキ特別ノ権利又ハ特権ヲ求ムル為支那ニ於ケル情勢ヲ利用スルコトヲ及右友好国ノ安寧ニ害アル行動ヲ是認スルコトヲ差控エルコト
第2条　締約国ハ第1条ニ記載スル原則ニ違背シ又ハ之ヲ害スベキ如何ナル条約，協定，取極又ハ了解ヲモ相互ノ間ニ又ハ各別ニ若ハ協同シテ他ノ1国又ハ数国トノ間ニ締結セザルベキコトヲ約定ス。

第3条　一切ノ国民ノ商業及工業ニ対シ支那ニ於ケル門戸開放又ハ機会均等ノ主義ヲ一層有効ニ適用スルノ目的ヲ以テ支那国以外ノ締約国ハ左ノ要求セザルベク又各自国民ノ左ヲ要求スルコトヲ支持セザルベキコトヲ約定ス。
　(イ)　支那ノ何レカノ特定地域ニ於テ商業上又ハ経済上ノ発展ニ関シ自己ノ利益ノ為一般ノ優越権利ヲ設定スルニ至ルコトアルベキ取極
　(ロ)　支那ニ於テ適法ナル商業若ハ工業ヲ営ムノ権利又ハ公共企業ヲ其ノ種類ノ如何ヲ問ハズ支那国政府若ハ地方官憲ト共同経営スルノ権利ヲ他国ノ国民ヨリ奪ウガ如キ独占権又ハ優先権或ハ其ノ範囲、期間又ハ地理ノ限界ノ関係上機会均等主義ノ実際的適用ヲ無効ニ帰セシムルモノト認メラルルガ如キ独占権又ハ優先権……
第4条　締約国ハ各自国民相互間ノ協定ニシテ支那領土ノ特定地方ニ於テ勢力範囲ヲ創設セントシ又ハ相互間ノ独占ノ機会ヲ享有スルコトヲ定メントスルモノヲ支持セザルコトヲ約定ス。
第5条　支那国ハ支那ニ於ケル全鉄道ヲ通ジ如何ナル種類ノ不公平ナル差別ヲモ行イ又ハ許容セザルベキコトヲ約定ス。殊ニ旅客ノ国籍，其ノ出発国若ハ到達国，貨物ノ原産地若ハ所有者，其ノ積出国若ハ仕向国又ハ前記ノ旅客若ハ貨物ガ支那鉄道ニ依リ輸送セラルル前若ハ後ニ於テ之ヲ運搬スル船舶其ノ他ノ輸送機関ノ国籍若ハ所有者ノ如何ニ依リ料金又ハ便宜ニ付直接間接ニ何等ノ差別ヲ設ケザルベシ。

出所）同上，15-19頁．

IV・15・d　九カ国条約締約国一覧表

締約国	批准日	批准書寄託及び実施日	加入通告日	効力発生日
米国	1923. 6. 9	1925. 8. 5		
白耳義国	1923. 1.27	1925. 8. 5		
「ボリヴィア国」			1925.11.21	
支那国	1922. 4.29	1925. 8. 5		
丁抹国			1925.12.29	1925.12.30
佛蘭西国	1925. 7.20	1925. 8. 5		
英帝国	1922. 8. 4	1925. 8. 5		
伊太利国	1923. 4.19	1925. 8. 5		
日本国	1922. 8. 5	1925. 8. 5		
「メキシコ国」			1927. 1.14	1927. 1.15
諾威国			1925.11.16	1925.11.18
和蘭国	1922. 5.26	1925. 8. 5		
「ポルトガル国」	1923. 5.24	1925. 8. 5		
瑞典国			1925.12. 5	1925.12. 8

出所）同上，18-19頁．

16. 日ソ国交樹立

ソビエト新政権に対する連合国のシベリア出兵以来、日ソ関係は断絶状態にあったが、内憂外患に陥ったソビエト側は、国際的孤立化から脱却するために日本との関係修復を模索し、革命外交を標榜しつつも現実的な平和外交を推進しはじめた。他方日本側は、「労農露国」の出現と社会主義・共産主義の「過激思想」が国内に流入するのを極度に警戒し、ソビエト承認に慎重な構えを示した。

したがって初期段階では、日露時代の全条約の再検討を申し入れたソ連側の要求を日本側は無視し、シベリア駐兵の継続と反ソビエトのオムスク政権支持の立場をとった。それでも1920年（大9）に同政権崩壊後、非共産主義国の極東共和国を介した対日交渉には応じ、3国間の大連会議が21年8月から22年4月にかけて行なわれた。しかし日本の態度が強硬であったため、交渉は決裂した。つづいて22年9月に長春会議が開かれたが、ソ連側が日本の対ソ承認と北樺太（サガレン州）からの日本軍撤退を強く求めたため決裂した。

その後同年10月に日本軍がシベリアから撤兵したことに加えて、12月にはソビエトが極東共和国を併合してソ連邦が成立した。ソビエトはすでに4月にドイツとラパロ条約を締結し、ヨーロッパでの孤立状態から脱却していたため、その立場が一段と有利となった。そこで日本は従来の強硬方針を転換せざるをえなくなった。とくに後藤新平元外相は「新旧大陸対峙論」にもとづく日ソ提携を唱え、23年にはヨッフェ駐華大使を日本に招待した。これを契機に日本政府との非公式交渉が行なわれ、次いで24年5月から北京で、芳沢謙吉駐華公使とカラハン・ソ連代表との間で正式交渉が行なわれた。折しも第二次山本権兵衛内閣の内相となった後藤は、この日ソ交渉が成功するよう背後から支援した。

24年6月に加藤高明内閣が成立して新外相となった幣原は、英伊両国のソ連承認もあって対ソ交渉を促進し、25年1月「日ソ基本条約」が締結された。同条約は、①両国は正式な外交関係を確立する、②帝政時代の条約はポーツマス条約を除き改定または廃止する、③安寧を脅かす活動を行なわないなどを規定した。ここに両国はシベリア出兵以来の断絶状態に終止符を打ったのである。

IV・16・a 日ソ基本条約（日本国及「ソヴィエト」社会主義共和国連邦間ノ関係ヲ律スル基本的法則ニ関スル条約）

1925年（大14）1月20日北京にて調印，同年4月15日批准書交換（抄）

第1条　両締約国ハ本条約ノ実施ト共ニ両国間ニ外交及領事関係ノ確立セラルベキコトヲ約ス。

第2条　「ソヴィエト」社会主義共和国連邦ハ1905年9月5日ノ「ポーツマス」条約ガ完全ニ効力ヲ存続スルコトヲ約ス。

　1917年11月7日前ニ於テ日本国ト露西亜国トノ間ニ締結セラレタル条約，協約及協定ニシテ右「ポーツマス」条約以外ノモノハ両締約国ノ政府間ニ追テ開カルベキ会議ニ於テ審査セラルベク且変化シタル事態ノ要求スルコトアルベキ所ニ従イ改訂又ハ廃棄セラレ得ベキコトヲ約ス。

第4条　両締約国ノ政府ハ本条約実施ノ上ハ左記ノ原則ニ従ヒ通商航海条約ノ締結ヲ為スベク且右条約ノ締結ニ至ル迄ノ間両国間ノ一般交通ハ右原則ニ依リ律セラルベキコトヲ約ス。

(1)　両締約国ノ一方ノ臣民又ハ人民ハ他方ノ法令ニ従イ，(イ)其ノ領域内ニ到リ，旅行シ且居住スルノ完全ナル自由ヲ有スベク，(ロ)身体及財産ノ安全ニ対シ恒常完全ナル保護ヲ享有スベシ。

(2)　両締約国ノ一方ハ私有財産権並通商，航海，産業及其ノ他ノ平和的業務ニ従事スルノ自由ヲ最広キ範囲ニ於テ且相互条件ノ下ニ他方ノ臣民又ハ人民ニ対シ自国領域内ニ於テ自国ノ法令ニ従イ付与スベシ。

(3)　自国ニ於ケル国際貿易ノ制度ヲ自国ノ法令ヲ以テ定ムルノ各締約国ノ権利ヲ害スルコトナク，両国ノ通商，航海及産業ヲ成ルベク最恵国ノ地歩ニ置クハ両締約国ノ意向ナルニ依リ両締約国ハ両国間ノ経済上又ハ其ノ他ノ交通ノ増進ヲ妨グルニ至ルコトアルベキ禁止，制限又ハ課金ヲ他方締約国ニ対シ差別的ニ行ウコトナカルベキモノトス……。

第5条　両締約国ハ互ニ平和及友好ノ関係ヲ維持スルコト，自国ノ法権内ニ於テ自由ニ自国ノ生活ヲ律スル当然ナル国ノ権利ヲ充分ニ尊重スルコト，公然又ハ陰密ノ何等カノ行為ニシテ苟モ日本国又ハ「ソヴィエト」社会主義共和国連邦ノ領域ノ何レカノ部分ニ於ケル秩序及安寧ヲ危殆ナラシムルコトアルベキモノハ之ヲ為サズ且締約国ノ為何等カノ政府ノ任務ニ在ル一切ノ人及締約国ヨリ何等カノ財ノ援助ヲ受クル一切ノ団体ヲシテ右ノ行為ヲ為サシメザルコトノ希望及意向ヲ厳粛ニ確認ス。

　又締約国ハ其ノ法権内ニ在ル地域ニ於テ，(イ)他方ノ領域ノ何レカノ部分ニ対スル政府ナリト称スル団体若ハ集団又ハ(ロ)右団体若ハ集団ノ為政治上ノ活動ヲ現ニ行ウモノト認メラルベキ外国人タル臣民若ハ人民ノ存在ヲ許サザルベキコトヲ約ス。〔以下略〕

芳沢　謙吉（印）　エル・カラハン（印）

出所）『日本外交年表並主要文書』下，67-68頁.

17. 幣原外交と中国ナショナリズム

　二期，合計5年3カ月に及ぶ幣原外交 (1924.6〜27.4, 1929.7〜31.12) の特徴は，①排他的・侵略的政策ではなく，平和・正義の精神に則った「国際協調主義」（とくに対英米協調），②経済力こそ国力の源泉とみなす合理主義的な「経済外交」，③「共存共栄の精神」によるワシントン体制の擁護にあった。これらの特徴は，第一期における幣原外交の対中国政策に集約的に現われた。

　1910年代にナショナリズムが勃興した中国では，20年代に入ると対内的には「国家統一運動」，つまり南北対立の解消，対外的にはアヘン戦争以来列強により奪われた諸権利をとりもどす「国権回収運動」を指向した。中国の民族主義は，五・四運動以後，労働運動の組織化とともに高まり，劣悪な労働条件の改善を掲げてストライキが全国的に頻発した。1925年 (大14) 5月に上海で起こった五・三〇事件はそのピークであった。また軍閥混戦がつづく北方に対して，南方では孫文の後継者の蒋介石が26年7月「北伐」を開始し，半年ほどで揚子江以南を制圧した。その後北伐軍は同年末漢口・九江のイギリス租界を回収したばかりでなく，27年春には列強の領事館に乱入して館員に暴行を加え，英米の宣教師を殺害した南京事件や漢口事件を起こして世界に衝撃を与えた。

　このような緊迫した中国情勢に対して幣原は，24年の第二次奉直戦争の際，日本軍部の要求する張作霖支援策に反対した。また五・三〇事件を中国の国内問題として処理し，日英共同介入の要求を退けたばかりでなく，南京事件での共同干渉を拒否するなど，内政不干渉の姿勢を貫いた。他面，25〜26年に開かれた北京関税会議では，日本の在華経済利権を擁護する点で幣原外交は強硬であった。そして27年1月に幣原は「対華四原則」を示し，①中国の主権・領土保全の尊重と内政不干渉，②日中の共存共栄と経済提携，③道理ある中国国民の希望実現に向けての協力，④中国の現状に対する寛大・忍耐の態度と日本の正当かつ重要な権利・利益の擁護，を明らかにした。しかし，国内では軍部や野党政友会，枢密院，右翼の間で，幣原外交を"軟弱外交"として批判する空気が強まり，若槻礼次郎内閣の総辞職により，第一次幣原外交は終了せざるをえなかった。

IV・17・a　幣原喜重郎外相の国際協調主義

1925年(大14)1月22日,第50帝国議会貴族院本会議演説(抄)

……今ヤ世界ノ人心ハ一般ニ偏狭且ツ排他的ナル利己政策ヲ排斥イタシ,兵力ノ濫用ニ反対シ,侵略主義ヲ否認シ,万般ノ国際問題ハ関係列国ノ了解ト協力トヲ以テ,処理セントスル機運ニ向ッテ進ミツヽアルノヲ認メラルヽノデアリマス,……我国ハ最早東洋ノ一隅ニ孤立シ,門戸ヲ鎖シテ自己単独ノ生存ノミニ限界ヲ局限シ得ルモノデハアリマセヌ,国際聯盟ノ主要ナル一員トシテ世界ノ平和,人類ノ幸福ニ向ッテ重大ナル責任ヲ負担イタシテ居ル次第デアリマス,……政府ノ対支政策ニ付キマシテハ私ハ既ニ前期議会ニ於テ其大綱ヲ説明イタシマシテ,第１ニ我ミハ支那ノ合理的ナル立場ヲ尊重スルト共ニ,我ガ合理的立場ハ飽ク迄モ之ヲ擁護スル覚悟デアルト云ウコトヲ述ベ,又第２ニ支那ノ内政問題ニ至ッテハ一切之ニ干渉スルノ意思ノ無イコトヲ明言イタシテ置イタノデアリマス,……申ス迄モナク日本ノ懸念スル所ハ満蒙地方ノ事態ニ限ルモノデハアリマセヌ,支那全体ニ対シテ日本ハ国家的生存上極メテ密接ナル利害関係ヲ有シテ居ルコトハ現実ナル事実デアル,然ルニ我ガ国民ノ感覚ガ満蒙地方ニ付テ特ニ鋭敏デアルノハ以上ノ利害関係ニ加ウルニ歴史上ノ理由ガアルカラデアリマス,即チ日本ハ満州ノ野ニ於テ自衛ノタメ東洋平和ノタメ国運ヲ賭シテ二大戦争ニ従事イタシタノデアル,日本人ガ今日同地方ニ於キマシテ平和ノ事業ニ活動スルコトヲ得マシタノモ結局此大ナル努力ノ結果デアル,固ヨリ我ミハ同地方ニ於キマシテモ,又支那ノ何レノ地方ニ於キマシテモ,領土ノ侵略ノ意図ヲ有スルモノデナイコトハ政府ガ既ニ幾回トナク声明イタシ,今又重ネテ之ヲ繰返ス通リデアリマス,第２ニ支那ノ内政不干渉主義ニ至リマシテハ政府ハ又徹底的ニ之ヲ実行イタシタノデアリマス,……唯我国トシテ最モ重キヲ置ク所ハ,支那ガ外ニ対シテハ誠実ニ国際義務ヲ履行シ内ニ在ッテハ各地方ノ平和秩序ヲ保ツベキ鞏固ナル政府ヲ樹立スルニ至ルノ一事デアリマス,我ミハ此目的ノ為ニ支那ノ臨時政府ガ目下鋭意努力中ナルコトヲ認メマシテ,深厚ナル同情ヲ以テ其成功ヲ祈リ,列国ト共ニ出来得ル限リ好意的援助ヲ与ウルコトヲ辞シナイ決心デアリマス,此同情ト援助トハ単ニ支那ニ於ケル特定ノ一人又ハ特定ノ一派ニ対スルモノデハナイ,終始支那全国民ノ利益ヲ念頭ニ置クモノデアルコトハ茲ニ明カニ致シテ置キタイト思ウノデアリマス,……要スルニ我ミハ支那ニ於ケル我ガ正当ナル権利利益ヲ飽ク迄モ之ヲ主張スルト共ニ,支那特殊ノ国情ニ対シテハ十分同情的ナル考慮ヲ加エマシテ,精神的ニ文化的ニ経済的ニ両国民ノ提携協力ヲ図ラントスルモノデアリマス,……要スルニ我ガ外交方針ノ根底ヲナスモノハ帝国ノ正当ナル権利利益ヲ擁護増進スルト共ニ列国ノ正当ナル権利利益ハ之ヲ尊重シ国際的ノ闘争ヲ避ケテ,国際的協力ヲ進メルコトデアリマス,我ミハ此方針ニ従ッテ行動ヲ致シテ行ク上ニ於キマシテ,国民ノ正当ナル理解ト,支持トヲ享クベキコトヲ確信スル次第デアリマス.

出所)『帝国議会貴族院議事速記録45——第50議会 上 大正13年』東京大学出版会,1982,23-25頁.

18. 田中外交と北伐

　田中外交は往々にして幣原外交と対比される。幣原外交の特色を欧米的な国際主義・合理主義とすれば，田中外交のそれは日本的な国粋主義・武断主義であり，前者の"善玉外交"に対する"悪玉外交"の典型とされる。田中義一は"陸の長州"のエリートとして，陸軍省軍務局長，参謀本部次長，2度の陸軍大臣を経て政界へと転じ，1925年（大14）5月政友会総裁となり，民政党の若槻礼次郎内閣が総辞職した27年4月に首相兼外相に就任した。その直後，田中内閣は2千の兵力を青島へ派遣する第一次山東出兵を敢行するとともに，外務省で本省幹部と外交官および軍部代表を召集して東方会議を開き，「対支政策綱領」を決定した。この綱領は中国への内政不干渉主義を謳いながらも，日本の在華権益と居留民の保護を指示し，また満蒙の特殊権益擁護とそのための張作霖支持を暗示していたが，まもなく「田中上奏文」という怪文書が流出し，これが重大視された。

　一方中国では，蒋介石と汪兆銘との対立が解消され，27年7月国民政府が統一されると，北伐が再開された。翌28年4月北伐軍が山東方面に迫ると，田中政権は第二次出兵（5千）を行ない，ついに中国軍と衝突する済南事件が発生した。そこで5月には第三次出兵（1万5千）となったが，蒋介石側が日本との全面対決を回避したため，事態は収拾された。

　その後北伐軍は快進撃をつづけて北京に迫ると，田中は迎撃態勢をとる張作霖に対して満州帰還を説得し，やむなく張はこれを了承した。ところが帰途，関東軍の河本大作大佐らが張を爆殺する「満州某重大事件」を起こした。河本らは東三省を混乱させ，それに乗じて関東軍が一挙にこの地を制圧し，日本の特殊権益を確保するつもりであった。しかし張作霖の跡を継いだ張学良は，父の死を日本軍の行為と見破り，蒋介石の南京政権に帰順（易幟）したため，関東軍の謀略は失敗に終わった。田中は昭和天皇に対して河本らの処罰と軍紀粛正を公約したが，陸軍首脳や政友会が抵抗したため河本を単なる行政処分にとどめた。この点を天皇から叱責された田中は，29年7月首相を辞職，9月に死去する。以後陸軍の満州方面での動きが活発化していき，31年の満州事変となっていくのである。

IV・18・a　田中義一首相の「上奏文」

1927年（昭2）7月25日（田中メモランダム）（抄）

満蒙に対する積極政策

　曩日の日露戦争は，実際は日支の戦いにして，将来支那を制せんと欲せば，必ず先ず米国の勢力を打倒せざるべからざること，日露戦争と大同小異なり。而して支那を征服せんと欲せば先ず満蒙を征せざるべからず。世界を征服せんと欲せば必ず先ず支那を征服せざるべからず。

　もし支那にして完全に我が国の為に征服せられんか，他の小アジア，インド，南洋等の如き異服の民族は必ず我を畏敬して我に降服すべく，世界をして我が国の東洋たるべきを知らしめ，永久に敢て我が国を侵害することなからしむるに至るべし。これ乃ち明治大帝の遺策にして，亦我が日本帝国の存在上必要事たるなり。

　我が国の現勢及び将来を考うるにもし昭和新政を樹立せんと欲せば，必ず積極的に満蒙に於ける利権を強取するを以て主義と為し，利権を以て貿易を培養すべし。これ支那工業の発達を制するのみならず，欧米勢力の東漸を回避し得べく，策の優にして計の善なるものこれに過ぎたるものなし。

　我が対満蒙利権にして真に我が有に帰せば，満蒙を根拠とし貿易の仮面を以て支那4百余州を風靡し，なお満蒙の利権を司令塔として全支那の利源を攬取し，支那の富源を以て印度及び南洋各島，進んでは中小アジア及びヨーロッパを征服するの資となすべく，我が大和民族がアジア大陸に歩武せんとする第一の大関鍵は，満蒙の利権を把握するに在り。

　昭和新政を樹立し，我が帝国永久の隆盛を致さんと欲せば，たゞ積極的対満蒙利権主義の一事あるのみ。

　　　　　　　　　　　　　　出所）歴史学研究会編『太平洋戦争史 I 満州事変』東洋
　　　　　　　　　　　　　　　　　経済新報社，1953，250-51頁（資料・附録II）．

IV・18・b　張作霖爆殺事件と昭和天皇の叱責

次デ白川陸相拝謁，満洲某重大事件責任者処分ノ件ヲ内奏ス。元来前日田中首相該事件発表ニ関シ奏上ノ際陛下ヨリ責任ヲ取ルニアラザレバ許シ難キ意味ノ御沙汰アリシ由，然ルニ首相ハ解セザリシカ或ハ解セザル風ヲ装ウテカ白河〔川〕陸相ニ勧メ責任者処分ノ件ヲ内奏セシメタルタメ逆鱗ニ触レ事頗ル面倒ニ立至レリ。

陸相ノ内奏ハ御嘉納被為在午后表向キノ上奏御裁可アラセラル。

午后1時半侍従長ヨリ首相ノ参内ヲ求メ聖上逆鱗ノ旨ヲ伝エタルニ，首相ハ辞表捧呈ノ決心ヲナシタルト云ウ。

　　出所）「奈良武次侍従武官長日記」1929年6月28日の項（『中央公論』1990年9月号，330頁）．

19. ロンドン海軍軍縮会議

　ワシントン軍縮条約の成立以後，列強は同条約で対象外とされた補助艦の建艦競争に乗りだしたため，軍縮気運に水をさしたばかりか，各国の国家財政に悪影響を及ぼした。そこで国際連盟が軍縮に取り組んだが失敗した。次いで1927年（昭2）6月ジュネーブ軍縮会議が行なわれたが，比率問題をめぐり日米が対立する一方で，巡洋艦問題をめぐり英米が対立したため休会となった。しかし28年8月「不戦条約」の調印により平和気運が高まり，29年7月に日本では軍縮達成を目標に掲げる浜口雄幸政権が誕生し，10月にフーバー，第二次マクドナルドの米英新政権間で妥協が成立（ラピタン協定）したことにより，30年1月からロンドンで補助艦に関する海軍軍縮会議が開催され，若槻礼次郎前首相が日本全権として出席した。

　会議の焦点は，対英米7割を主張する日本と，6割を求めるアメリカとの対立にあった。若槻・スチムソン間，松平恒雄・リード間で各々交渉が行なわれた結果，3月に総括比率で日本の対米6割9分7厘5毛という妥協案が成立した。海軍軍令部の猛反対にもかかわらず，浜口雄幸首相，幣原外相らは元老や重臣の支持と2月の総選挙での圧勝を背景に，同案を承認する回訓を若槻らに与えた。こうして「ロンドン海軍（軍縮）条約」が4月に調印されたのである。

　ところが加藤寛治海軍軍令部長が天皇に「帷幄上奏」し，同条約では海軍の作戦上重大な欠陥を生ずると訴えた。野党政友会も憲法11条に論拠して政府の「統帥権干犯」を唱え，特別議会は紛糾した。その底流には，ワシントン軍縮条約への批判，移民問題での反白人・反米感情，山梨・宇垣両軍縮への不満，欧米文化の象徴としての大正デモクラシーに対する反発などがあった。これに対して政府は憲法12条により反論し，本条約の締結は国際平和の維持と国民負担の軽減になるとともに，国防作戦上なんら不安はないとした。憲法学者の美濃部達吉，佐々木惣一らも政府の見解を支持した。こうして国内を二分する大論争へと発展したが，浜口内閣はさまざまな抵抗を克服し，10月枢密院で批准を得た。しかしその後，浜口首相の遭難，海軍内部の艦隊派と条約派の対立，軍部の政党政治批判，満州事変，五・一五事件が起こり，結局軍部・右翼の台頭を許すこととなった。

IV・19・a　不戦条約（戦争放棄に関する条約）

1928年（昭3）8月27日調印, 1929年（昭4）7月24日批准書寄託（抄）

第1条　締約国ハ国際紛争解決ノ為戦争ニ訴ウルコトヲ非トシ且其ノ相互関係ニ於テ国家ノ政策ノ手段トシテノ戦争ヲ抛棄スルコトヲ其ノ各自ノ人民ノ名ニ於テ厳粛ニ宣言ス。

第2条　締約国ハ相互間ニ起ルコトアルベキ一切ノ紛争又ハ紛議ハ其ノ性質又ハ起因ノ如何ヲ問ワズ平和的手段ニ依ルノ外之ガ処理又ハ解決ヲ求メザルコトヲ約ス。〔以下略〕

出所）『日本外交年表竝主要文書』上, 120頁.

IV・19・b　加藤寛治軍令部長の上奏文（抄）

謹ミテ倫敦（ロンドン）海軍会議現下ノ情勢ニ鑑ミ同会議ニ於テ帝国ガ協定スベキ事項中統帥ニ関係アル重要ナル点ニ就キマシテ奏上致シマス。……

米国ノ提案ハ右ノ如ク総括的ニハ6割9分余トナリマスガ帝国ニ取リ最不利ト致シマスル所ハ20糎砲搭載巡洋鑑ニ於テ6割デアルコトト潜水艦ノ保有量モ僅ニ5万2千余噸デ甚シク過少ナルコトデ御座リマス。

抑帝国ノ主張タル補助艦総括的7割ハ20糎砲巡洋艦対米7割及潜水艦自主的所要量約7万8千噸ノ二大眼目ヲ内容トシテ始メテ其ノ意義ヲナスモノデアリマシテ……帝国ガ米国ノ7割ニ相当スル兵力ヲ確保スルコトハ絶対ニ必要デ御座リマス。又潜水艦ハ主力艦ニ於テ劣勢ナル帝国海軍トシテ邀撃作戦上我地理的優位ヲ利用シテ其ノ特性ヲ最有効ニ活用セシムルヲ要スルモノデアリマシテ、之ガ為ニハ昭和6年度末ニ於テ整備スベキ潜水艦ノ量即約7万8千噸ヲ必要ト致シマスルノデ、之ヲ縮減致シマスルコトハ帝国要地ノ防備兵力ヲ薄弱ニシ南洋作戦ニ必要ナル兵力ニ不足ヲ来タシ、作戦計画ノ根本ヲ破壊致シ兵力配備ニ大ナル欠陥ヲ生ジマシテ作戦上非常ニ困難ト致スノデ御座リマス。

右ノ如キ次第デアリマスルカラ米国ノ提案ハ実ニ帝国海軍ノ作戦上重大ナル欠陥ヲ生ズル恐ルベキ内容ヲ包蔵スルモノデ御座リマス。

帝国ノ主張致シマスル比率及兵力量ハ実ニ守ルニ足ルダケノ真ノ防禦兵力デアリマシテ毫モ他国ヲ脅威致スモノデナイコトハ明カデアリマスガ米国ガ尚オ之ニ承諾ヲ肯ゼナイノハ補助艦ノ中心勢力タル20糎砲搭載巡洋艦ニ於テ飽迄帝国ニ6割ヲ強要シ帝国ニ対シ約17割ノ優越ヲ持シ又潜水艦ヲ極度ニ制限シテ英米両国本来ノ主張タル潜水艦全廃ニ導カントシマスルコトハ畢竟米国ノ東洋ニ対スル進攻作戦ヲ容易ナラシメントスルモノデアルト考エザルヲ得ナイノデ御座リマス。又米国ノ提案ニ依リマスルト帝国ガ1936年迄ニ建造シ得ル艦艇ハ米国ニ比シ極メテ少量デアリマシテ1936年頃ニナリマスルト米国ガ多数ノ新艦ヲ保有致シマスルニ反シ帝国ハ旧式艦ノ多数ヲ擁スルコトトナリマスノミナラズ潜水艦ノ如キハ1隻ヲモ建造シ得ナイコトトナリ二十数年ヲ要シテ漸ク今日アルヲ得マシタ特殊ノ造艦技術ヲ一朝ニシテ退歩衰滅セシメ事実上将来潜水艦全廃ニ導クコトトナルノデ御座リマス。

之ヲ要スルニ帝国全権委員ニ与エラレマシタ訓令中ノ帝国所要兵力量及比率ハ実ニ帝国自衛上必要ナル最小限度デアリマシテ之ニ依リ帝国々防ノ安固ヲ期シ得マスト共ニ米国ノ攻勢作戦ヲ困難ナラシメ延イテハ其ノ戦意ヲ減却致シ戦ワズシテ平和ヲ維持スルコトガ出来ルノデアリマスカラ，今回ノ米国提案ハ勿論其ノ他帝国ノ主張スル兵力量及比率ヲ実質上低下セシムルガ如キ協定ノ成立ハ大正12年御裁定アラセラレタル国防方針ニ基ク作戦計画ニ重大ナル変更ヲ来スヲ以テ慎重審議ヲ要スルモノト信ジマス。

　　　　　出所）「加藤軍令部長上奏文」（1930年4月2日），日本国際政治学会太平洋戦争
　　　　　　　　原因研究部編『太平洋戦争への道』別巻，朝日新聞社，1963，47-48頁。

IV・19・c　ロンドン海軍条約
1930年（昭5）4月22日調印，同年10月27日批准書寄託（抄）

第1条　締約国ハ1922年2月6日「ワシントン」ニ於テ相互ノ間ニ署名セラレ且本条約ニ於テ「ワシントン」条約ト称セラルル海軍軍備制限ニ関スル条約ノ第2章第3節ニ規定セラルル主力艦代換トン数ノ龍骨据附ノ自国ノ権利ヲ1931年乃至1936年ノ期間中行使セザルコトヲ約ス。
　右規定ハ不慮ノ事変ニ依リ亡失シ又ハ破壊セラレタル艦船ノ代換ニ関スル前記条約第2章第3節第1款(ハ)ニ掲ゲラルル規定ノ適用ヲ妨グルコトナシ。
　尤モ仏蘭西国及伊太利国ハ前記条約ノ規定ニ依リ1927年及1929年ニ自国ガ起工スルノ権利ヲ与エラレタル代換トン数ヲ建造スルコトヲ得。
第23条　左ノ例外ヲ留保シ本条約ハ1936年12月31日ニ至ル迄引続キ効力ヲ有スベシ。
　(1)　第4編ハ無期限ニ引続キ効力ヲ有スベシ。
　(2)　第3条，第4条及第5条ノ規定並ニ航空母艦ニ関スル限リ第11条及第2編第2附属書ノ規定ハ「ワシントン」条約ト同一ノ期間内引続キ効力ヲ有スベシ。
締約国ハ其ノ全部ガ締約国ト為ルベキ一層一般的ナル海軍軍備制限協定ニ依リ別段ノ取極ヲ為サザル限リ本条約ニ代リ且本条約ノ目的ヲ遂行スル新条約ヲ作成スル為1935年ニ会議ヲ開催スベシ。但シ本条約ノ何レノ規定モ右会議ニ於ケル何レノ締約国ノ態度ヲモ妨グルコトナカルベキモノトス。〔以下略〕

　　　　　　　　　　　　　出所）『日本外交年表竝主要文書』上，159-61頁。

IV・19・d　鳩山一郎の「統帥権干犯論」
1930年（昭5）4月26日，衆議院における質疑（抄）

　……今日迄ハ憲法第11条に付テハ，国務大臣ハ其輔弼ノ責任ナシト云ウコトハ，終始一貫シテ議会ニ於テ答弁サレテ居ルノデアル（拍手）。而シテ用兵ト国防ノ計画ヲ立テルト云ウコトガ，憲法第11条ノ統帥権ノ作用デアルカドウカト云ウコトヲ考エマスレバ，参謀本部条例又ハ海軍軍令部条例ニニツノモノヲ同ジク規定シテ居ル趣旨カラシテ，共ニ憲法第11条ノ作用ノ中ニ在ルト云ウコトハ議論ハナイノデアル，果シテ然ラバ政府ガ軍令部長

ノ意見ニ反シ,或ハ之ヲ無視シテ国防計画ニ変更ヲ加エタト云ウコトハ,洵ニ大胆ナ措置ト謂ワナクテハナラナイ（拍手）。国防計画ヲ立テルト云ウコトハ,軍令部長又ハ参謀総長ト云フ直接ノ輔弼ノ機関ガ茲ニ在ルノデアル,其統帥権ノ作用ニ付テ直接ノ機関ガ茲ニ在ルニ拘ラズ,其意見ヲ蹂躙シテ,輔弼ノ責任ノ無イ輔弼ノ機関デナイモノガ飛出シテ来テ,之ヲ変更シタト云ウコトハ,全ク乱暴デアルト謂ワナクテハナラヌ（拍手）。〔以下略〕

出所）『官報号外』昭和5年4月26日衆議院議事速記録第3号,26頁.

IV・19・e　美濃部達吉の「ロンドン条約擁護論」(抄)

　ロンドン海軍条約は言うまでもなく,海軍の兵力の分量を定むることに就いての条約で,即ち軍の編制に関する決定をその内容とするものである。
　凡て国際条約を締結することは,憲法第13条により国の元首としての天皇の大権に属するもので,もとより帷幄の大権に属するものではない。随って,条約の内容がたとい軍の統帥に関するものであるとしても,それがいやしくも国際条約を以って定められる以上は,それに付いて輔弼の責に任ずるものは,専ら内閣であって,帷幄に属する機関ではない。例えば,陸戦条約海戦条約の如き,戦争の遂行即ち作戦用兵の事に関する条約ですらも,参謀本部や海軍軍令部は,唯専門委員として下調べの任に当る者を参加せしむるだけで,その締結に就いての責任の衝に当るものは,専ら政務の機関である。その条約が既に締結せられた上は,陸海軍は当然それによって拘束せられ,用兵作戦もそれに従って行われねばならぬもので,たとい陸海軍がそれに不満であるとしても,それは少しも条約の効力を妨ぐるものではない。
　況んや軍の編制に関する条約に至っては,たゞに条約の締結が国務上の大権に属するばかりではなく,軍の編制自身が国務上の大権に属するもので,これを定むることが専ら政府の職責に関することは云うまでもない。軍部の意見は唯政府の意見を定むるに就いて,斟酌し参考せらるべき材料たるに止まるものである。
　……編制大権をも統帥大権と同様に,帷幄の大権に属するものとすることが,誤りであることは勿論編制大権をもって帷幄と政府との共同事項となし,双方の同意が無ければ決することの出来ないものとなすことも,又憲法上到底維持し得られない思想である。〔以下略〕

出所）美濃部達吉「海軍条約の成立と統帥権の限界」『民政』第4巻第6号,1930年6月1日,36-37頁.

V　アジア盟主の構想と挫折

　1920年代が繁栄・好況の時代であったのに対して，30年代は抗争・不況の時代であった。この暗い時代状況をもたらした直接の契機は1929年（昭4）10月ニューヨーク株式市場での株価大暴落である。以後アメリカでは失業者が増大し，農業も不振に陥って社会不安をもたらし，さらに世界恐慌となって日本や満州を襲った。すでに27年に金融恐慌で打撃を蒙っていた日本経済は，29年の世界恐慌と浜口内閣の「金解禁」断行とが重なって一段と深刻化し，東北など地方農村部の生活が窮迫した。またこの時期，ロンドン軍縮条約をめぐり統帥権干犯問題が起こり，これをきっかけに反ワシントン体制派の軍部・右翼が「昭和維新」のスローガンを掲げて現状打破を訴えた。

　こうして20年代の安定した国際システムにひび割れが生じ，国際協調主義と経済合理主義を基調とした幣原外交は後退を余儀なくされた。世界恐慌の嵐は列強の経済政策を自己中心的なものへと導き，植民地を従えた米英仏など「持てる国」が自給自足的で排他的な経済ブロック化を進めている以上，「持てない国」日本としては満州を植民地とし，「日満支」3国を政治・経済・軍事面で一体化すべきであるとする軍部・右翼の主張が現実性を帯びはじめた。言論界や一般世論もこのような見解に同調していった。石原莞爾ら関東軍は，東京の陸軍中堅層と稠密な協議の末，ついに31年9月に満州で決起した。この「柳条湖事件」を起点として日本軍部は傀儡の満州国を建国し，32年5月の「五・一五事件」により政党政治を終息させたばかりか，ワシントン体制を崩壊せしめ，33年3月には日本の連盟脱退をもたらした。

　以後，日本は軍国主義・全体主義・国家主義へと傾斜し，36年11月の「日独防共協定」を手始めにドイツ・イタリアのファシズム国家と提携を強め，枢軸体制が形成された。これに対して欧米では，ファシズムの台頭を警戒しながらも，ソ連共産主義への脅威も捨て切れず，また国内経済再建の重要課題もあって，ヒトラーの膨張主義に目を瞑（つぶ）らざるをえなかった。この間日本は満州から中国大陸部へとその触手

を伸ばし，37年7月の「盧溝橋事件」により日中全面戦争となった。38年1月，近衛内閣は「国民政府を対手にせず」との声明（第一次近衛声明）を発して日中和平の道を閉じ，11月には東亜新秩序形成に邁進する旨宣言する（第二次近衛声明）と同時に，5月の国家総動員令により戦時体制へと突入した。

当初，自国外の政治経済問題に無関心であったアメリカは，日本の中国侵略がドイツの中欧侵略の動きと一致しており，反自由主義・反民主主義イデオロギーに基因した危機がグローバルに拡大しつつあると認識するや，枢軸国の冒険思想を隔離しなければならないと考えはじめた。ただしアメリカにとってアジア問題は副次的にすぎず，ヨーロッパ第一主義は不変であった。それでもアメリカ政府は38年末に中国支援を決定し，39年以降，対日経済制裁措置を漸次実施するとともに日米通商航海条約を廃棄するなど，フィリピン等への日本の南進を防止しようとした。これに対して日本側は九カ国条約の廃棄を表明し，南京に汪兆銘の傀儡政権樹立を企図する一方，日独防共協定強化に着手したが，39年春夏の「ノモンハン事件」で関東軍がソ連軍に完敗したのにつづき，8月「独ソ不可侵条約」の調印に衝撃を受け，9月の第二次世界大戦勃発に際しては，内外に中立を表明した。

しかしドイツ軍が快進撃を遂げ，40年6月にフランスが降伏すると，国内では枢軸派が勢いを盛り返し，反枢軸的な米内光政政権を倒壊させ，日独提携強化と政治的空白を生じたインドシナへの侵攻を唱えた。9月第二次近衛内閣は日本軍の北部仏印進駐を実施する一方，「日独伊軍事同盟条約」を締結した。これに対してアメリカは三国同盟が自国を敵視したものと判断し，戦火を交えずに日本の進出を阻止しようとした従来の対日禁輸政策の限界を認識した。この結果，英米間の軍事提携が強まり，対日ABCD包囲網が構築された。逆に日本はジリ貧から脱却するため南進を拡大した。41年4月からワシントンで開戦回避のための日米交渉が行なわれたが，もはや外交による和解は困難であった。日本はアメリカが望む中国からの撤退，三国同盟からの離脱を不可とし，南部仏印へ軍を進めた。そして10月東条英機内閣の成立とともに対米開戦に決し，12月8日，死中に活を求めてハワイ真珠湾攻撃となり，太平洋戦争に突入した。しかし力量に優る米軍の前に日本はしだいに追い詰められ，45年8月15日，敗戦を迎える。

20. 満州事変

　1928年（昭3）以後，満州に民族運動や革命運動が波及し，反日的気運が高まる一方，世界恐慌の影響によって大豆などの価格が暴落し，満州農村は極度の恐慌に陥った。また，31年には南満州鉄道も運賃収入の激減で大幅赤字（340万円）を記録するなど，社会不安が増した。そこで在満邦人100万（うち朝鮮人80万）は満蒙危機運動を展開し，日本世論の理解を求めた。折しも同年7月に長春郊外で朝鮮人と中国人農夫が衝突する「万宝山事件」が発生し，また6月「中村大尉殺害事件」が起こると，日本のマスメディアは反中国論調に傾き，日本各地で中国への武力行使を求める国民大会が開かれた。

　この間，浜口内閣は国際協調と緊縮財政の方針により軍縮政策を推進したが，軍部は統帥権干犯を理由に抵抗し，青年将校や右翼は金融恐慌・世界恐慌による不況で打撃を受けた東北など農村部での惨状に接すると，反財閥・反政党・反特権階級の意識を強め，天皇を戴く国家改造・軍部独裁による昭和維新の断行を主張しはじめた。この頃関東軍参謀として満州に赴任した石原莞爾中佐は，ヨーロッパ戦史と日蓮宗を骨格とする世界最終戦論を唱え，板垣征四郎大佐とともに満蒙領有論を主張した。この観点から彼らは31年5月「満蒙問題解決方策大綱」をまとめ，資源の供給地およびソ連への要塞として満蒙を掌握することを計画し，武力行使の機会を狙っていた。そして31年9月決行した。これが「柳条湖事件」である。石原の分析どおり，ソ連は第一次5カ年計画に忙殺され，中国も中共軍討伐戦のためともに介入できず，英米らも国内の大恐慌対策に追われて極東問題に関与できなかった。この結果，半年余で関東軍は満州の大部分の制圧に成功した。

　中国が日本軍の行動は平和を侵害するとして国際連盟に提訴したため，連盟はリットン調査団を現地に派遣した。他方，石原らは政府の反対を受けて満蒙領有から独立国家樹立へと方針を転換し，清朝の廃帝溥儀を執政（のち皇帝）とし，「王道楽土・五族協和」をスローガンとする満州国を32年3月建国した。そして連盟が『リットン報告書』にもとづいて日本の行為を正当防衛とは認め難いとの判定を下すと，33年3月日本は連盟から脱退し，国際的孤立化への道をたどるのである。

V・20・a　石原莞爾の「満蒙問題私見」

1931年（昭6）5月（抄）

第一　満蒙ノ価値

　欧州大戦ニヨリ5個ノ超大国ヲ成形セントシツツアル世界ハ更ニ進テ結局一ノ体系ニ帰スベク其統制ノ中心ハ西洋ノ代表タル米国ト東洋ノ選手タル日本間ノ争覇戦ニ依リ決定セラルベシ。即チ我国ハ速ニ東洋ノ選手タルベキ資格ヲ取得スルヲ以テ国策ノ根本義トナサザルベカラズ。

　現下ノ不況ヲ打開シ東洋ノ選手権ヲ獲得スル為ニハ速ニ我勢力圏ヲ所要ノ範囲ニ拡張スルヲ要ス。満蒙ハ我人口問題解決地ニ適セズ資源亦大日本ノ為ニハ十分ナラザルモ次ノ諸点ヨリ観テ所謂満蒙問題ノ解決ハ刻下第一ノ急務ト云ワザルベカラズ。

　1　国家ガ世界的雄飛ヲナス為ニハ国防ノ地位ノ良好ナルコト最モ重大ナル要件ナリ。……我国ハ北露国ノ侵入ニ対スルト共ニ南米英ノ海軍力ニ対セザルベカラズ。然ルニ呼倫貝爾興安嶺ノ地帯ハ戦略上特ニ重要ナル価値ヲ有シ我国ニシテ完全ニ北満地方ヲ其勢力下ニ置クニ於テハ露国ノ東進ハ極メテ困難トナリ満蒙ノ力ノミヲ以テ之ヲ拒止スルコト困難ナラズ。即チ我国ハ此拠ニ初メテ北方ニ対スル負担ヨリ免レ其国策ノ命ズル所ニ依リ或ハ支那本部ニ或ハ南洋ニ向イ勇敢ニ其発展ヲ企図スルヲ得ベシ。

　満蒙ハ正シク我国運発展ノ為最モ重要ナル戦略拠点ナリ。……

第二　満蒙問題ノ解決

　……露国ニ対スル東洋ノ保護者トシテ国防ヲ安定セシムル為満蒙問題ノ解決策ハ満蒙ヲ我領土トスル以外絶対ニ途ナキコトヲ肝銘スルヲ要ス。

　而シテ解決策ノ為ニハ次ノ2件ヲ必要トス。

　⑴　満蒙ヲ我領土トナスコトハ正義ナルコト
　⑵　我国ハ之ヲ決行スル実力ヲ有スルコト

　此戦争ハ露国ノ復興及米国海軍力ノ増加前即チ遅クモ1936年以前ニ行ワルルヲ有利トス。而シテ戦争ハ相当長期ニ渉ルベク国家ハ予メ戦争計画ヲ策定スルコト極メテ肝要ナリ。

第三　解決ノ時期

　……若シ政治ノ安定ヲ確信シ得ベク且改造ニ関スル具体的計画確立シ而モ1936年ヲ解決目標トセザルニ於テハ内部改造ヲ先ニスル必ズシモ不可ト称スベカラザルモ我国情ハ寧ロ速ニ国家ヲ駆リテ対外発展ニ突進セシメ途中状況ニヨリ国内ノ改造ヲ断行スルヲ適当トス。……

第四　解決ノ動機

　国家ガ満蒙問題ノ真価ヲ正当ニ判断シ其解決ガ正義ニシテ我国ノ業務ナルコトヲ信ジ且戦争計画確定スルニ於テハ其動機ハ問ウ所ニアラズ。期日定メ彼ノ日韓併合ノ要領ニヨリ満蒙併合ヲ中外ニ宣言スルヲ以テ足レリトス。

　然レ共国家ノ状況之レヲ望ミ難キ場合ニモ若シ軍部ニシテ団結シ戦争計画ノ大綱ヲ樹テ得ルニ於テハ謀略ニヨリ機会ヲ作製シ軍部主動トナリ国家ヲ強引スルコト必ズシモ困難ニ

アラズ。若シ又好機来ルニ於テハ関東軍ノ主動的行動ニ依リ回天ノ偉業ヲナシ得ル望絶無トトハ称シ難シ。
第五　陸軍当面ノ急務
　　1　満蒙問題ノ解決トハ之ヲ我領土トナスコトナリトノ確信ヲ徹底スルコト
　　2　戦争計画ハ政府及軍部協力策定スベキモノナルモ1日ヲ空ウスル能ワザルヲ以テ率先之ニ当リ速ニ成案ヲ得ルコト
　　3　中心力ノ成形
皇族殿下ノ御力ヲ仰ギ奉ルニアラザレバ至難ナリ。

　　　　　　　出所）角田順編『石原莞爾資料――国防論策』原書房，1967，76-79頁．

V・20・b　松岡洋右の国際連盟総会における演説
1933年(昭8)2月24日(抄)

　日本代表は既に19人委員会の作成せる報告案に同意し難く，従って之を受諾し得ざる旨を総会に通告した。報告書全体を通じて感知し得る一つの顕著なる事実は，19人委員会が，極東の実際的情勢と比類なき且つ戦慄すべき情勢の真只中にある日本の困難なる立場と，日本をして従来の行動を執るの已むなきに至らしめた其の最終的目的とを認識しなかったことである。
　極東に於ける紛議の根本原因は，支那の無法律的国情と其の隣国への義務を承認せずして飽くまで自己の意志のみを行わんとする非望之である。支那は今日まで永い間独立国としての国際義務を怠って来て居り，日本は其の最も近い隣国として此の点で最も多大の損害を蒙って来た。
　……満州が完全に支那の主権下に在ったと言う如きは実際的且つ歴史的事実に対する歪曲である。今や此地方は支那より離れ，独立国となった。
　満州をして法律及び秩序の国たらしめ，平和及び豊潤の地たらしめ，以て単に東部アジアのみならず，全世界の幸福たらしむることは日本の希望であり決意である。而して此の目的を達成する為，日本は永年に亙って支那と協力せんとする用意を有し，数年に亙って此の協力を求めて来た。併し乍ら支那は我々の友情と援助を受け容れようとせず，却って常に日本に妨害を与え，間断なき紛争を生ぜしめた。近年殊に国民党及び国民政府による計画的排外思想の助長が行われ，以来此の対日反対は益々烈しくなり，我々が忍耐を示せば示す程此の反対は激化し，遂に我々の堪え得べからざる点に迄達した。……
　……日本は満州に於て2回の戦争をなし，而も其の一つに於ては日本国民の存立を賭したのである。日本は最早戦争を欲しない，国際平和は互譲を基礎としてのみ贏ち得られることは真実である。然し乍ら何れの国もその存立の為め到底譲歩も妥協も不可能な死活問題を持って居る。満州問題は即ちそれである。同問題は日本国民にとって実に生死に関する問題とされているのである。

世界の諸国は永い間仮想の下に支那を取扱って来た，我々は遙か以前に聯盟規約第1条の聯盟国たるべき国，属領及び植民地は「完全な自治国」たるべきを要することを規定して居ることに気が附くべきであった。支那は斯（か）る国ではない，……世界は斯の如き仮想の支那を対象として聯盟に対し条約の文面を維持することを要求した。斯る誤れる主義に危険が存在するのである。

V・20・c 「五族協和」を謳う満州国建国ポスター
(朝日新聞社提供)

日本が過去に於ても又将来に於ても，極東の平和及秩序並に進歩の柱石たることは日本政府の堅き信念である。若し日本が満州国の独立の維持を主張するとすれば，その現在の情勢では満州国の独立のみが極東に於ける平和と秩序への唯一の保障を与えるものであるとの堅い信念によるものである。

現在の日支紛争勃発以後に於てすら日本は和協の政策を持続した，従って若し支那が其時に於て事態の実体を認識し協定に到達せんとする真摯なる希望を以て日本との交渉を受諾したならば，大なる困難なくして協定を締結し得たであろう。然るに支那は此の方法を選ばずして聯盟に訴え，聯盟を構成する列国の干渉によって日本の手足を縛せんとした。而して聯盟は紛争中に含まれたる真実の問題と極東の実際的情勢とを十分諒解せず，更に恐らく支那の真の動機につき何等の疑を挿まずして支那を鼓舞激励した。支那が聯盟に訴えたのは，諸君が聴かされる如く決して平和愛好と国際原則に忠実ならんとする精神を其の動機としているものではない。他国より多くの軍人を有する国は平和の国民でない，国際誓約を慣習的に破った国は国際原則を尊重する国民でない。

リットン報告書の或部分は其の性質に於て皮相的であり，屡問題の根柢を窮めることが出来なかった。満州国の人民の大多数は支那の人民とは明確に相違している。満州人口の大半は正しくは満州人と称すべきものより成る，……。之等人民の大多数は未だ曾て支那に居住したこと無く，支那に対しリットン報告書の記述しているが如き愛着は全然持っていないのである。此の点に関し報告書は明瞭に誤謬に陥っている。

……我々は過去現在を通じ此の未開地域に於ける一大文化的安定的原動力である。若し19人委員会にして我々が如何に満州人に利益を与えたるかを知り，且諒解していたならば，同委員会は其の見解を改め，斯る事業に好意的意見をなしたであろう。〔以下略〕

出所）『日本外交年表竝主要文書』下，264-66頁。

21. ロンドン国際経済会議

　第一次大戦後の最大の経済問題は，敗戦国ドイツなど旧敵国の戦勝国に対する賠償と，米英仏など連合国間の戦債処理にあった。各国は自国産業の保護，関税の引上げ，輸入制限措置などを講じるとともに，1927年(昭2)にジュネーブ会議で打開策を討議した。しかし関係諸国は採択された自由主義的政策を実行しようとしなかった。29年秋にアメリカで大恐慌が発生し，ヨーロッパにも拡大すると，金本位制からの離脱や平価切下げが相次いだ。アメリカ政府がフーバー・モラトリアムを発令して戦債・賠償支払いを猶予すると，イギリスは金本位制離脱，正貨輸出禁止を布告し，「自由貿易主義」から「保護貿易主義」へと転じた。各国もイギリスに追随して自衛策に狂奔していく。

　そこで世界不況脱出と経済戦争を防止する目的で，33年6〜7月に米ソなど国際連盟非加盟国を含む64カ国の首相・蔵相など代表168名がロンドンに参集し，国際経済会議が開かれた。しかし英仏などの対米債務処理と為替安定の二大難題に関して，主要国間の主張が最後まで一致せず，無期休会となった。イギリスからアメリカへと世界経済の覇権が移行しつつあったときに，ルーズベルト米政権が国際的責任よりも自国の大恐慌脱出を優先させたことが，会議失敗の最大の原因とされた。以後，多くの国が国際協力に希望を失い，主要国は自国の勢力範囲を固める「ブロック主義」を採用する。経済ナショナリズムが台頭するなかで，世界貿易は縮小均衡状態となり，世界の景気回復の見通しは立たなくなっていった。

　日本はワシントン体制下，対外経済政策の目標を貿易振興，外資導入，資源確保，人口対策に置き，世界経済に対処してきた。とくに浜口内閣の井上準之助蔵相は，金解禁と財政緊縮政策によって不況を乗り切ろうとしたが，世界恐慌の波と満州事変による軍事費の増大はこれを押しつぶした。代わって犬養・斎藤両内閣で高橋是清蔵相が経済外交を取り仕切った。まず高橋は金本位制を停止させ，英米圏との関係を強化して連盟脱退の負の面を補おうとした。しかし高橋財政は，軍需産業と輸出産業を土台にして日本を恐慌から脱出させたとはいえ，軍部ファシズムの台頭をもたらし，自らその犠牲となった。こうして戦時財政となっていく。

V・21・a　飢える東北

写真左―欠食児童数は全国で約23万人, 東北では約3万5千人。弁当持参の生徒は僅かで昼食ぬきも多く, 空腹に大根をかじる岩手県青笹村の子どもたち。　写真右―娘が売られていく先は, 東北6県のばあい, 芸者2196人, 娼妓4521人, 酌婦5952人, 女給3271人, 女中・子守1万9244人, 女工1万7260人, その他5729人であった。ともに1934年当時（毎日新聞社提供）。

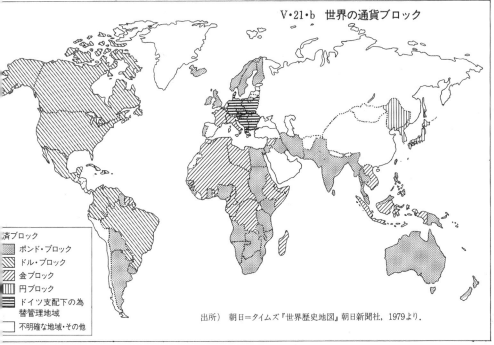

V・21・b　世界の通貨ブロック

済ブロック
- ポンド・ブロック
- ドル・ブロック
- 金ブロック
- 円ブロック
- ドイツ支配下の為替管理地域
- 不明確な地域・その他

出所）朝日＝タイムズ『世界歴史地図』朝日新聞社, 1979より。

21. ロンドン国際経済会議

22. 日中戦争

　連盟脱退後の広田（弘毅）外交は，軍部の関与を排して外務省による外交の一元化をはかり，内田康哉前外相が唱えた"焦土外交"を"和協外交"へと転換し，連盟脱退による国際的孤立化からの脱却をめざした。一方関東軍は，1933年（昭8）2月熱河作戦を実行し，満州国を国民政府の統治から分離する強硬措置をとった。やむなく広田は満州事変と満州国の承認を日中関係改善の前提とし，日本は満州以外の中国本土に野心をもたないが，日本を無視した第三国（英米など）の対中国援助は歓迎しないとの方針を決定した。これを敷衍したのが34年4月の「天羽声明」であり，欧米諸国は日本がアジア・モンロー主義を宣言したと受けとめた。

　他方，中国では国民政府軍が対中共戦で優位に立ち，広田に期待して対日和協政策を進めた。またイギリスも日本に日米英3国の対中国経済援助を提案し，リース・ロス・ミッションを派遣した。ところが日本陸軍は親中政策を不必要と判断し，35年5月「華北分離工作」を断行した。国府側は日本外務省に調停を依頼したものの，広田は拒否し，6月に「梅津・何応欽協定」と「土肥原・秦徳純協定」が調印され，第二の満州国ともいうべき華北自治体が形成された。以降，中国側の反日運動は激化し，中共は「八・一宣言」を発して抗日民族統一戦線を呼びかけた。こうして日中和解の道は断たれたが，11月にイギリス単独による中国の幣制改革が成功し，南京政権の財政基盤が確立された。また36年12月の「西安事件」を契機として第二次国共合作が成立し，反日体制も確立された。

　37年6月，第一次近衛文麿内閣が成立し，広田が外相に復帰した直後の7月，「盧溝橋事件」が発生した。政府は事件の不拡大と局地的解決を決定したが，陸軍の強硬論の前に政府の方針は揺れ動き，大山大尉射殺事件を契機とする「第二次上海事変」により全面戦争へと発展した。言論界も「支那膺懲論」に傾き，軍部の「支那一撃論」を支持した。しかし日本軍は37年末に首都南京を陥落させたものの，中国側は武漢，重慶と順次遷都して徹底抗戦の姿勢を崩さず，「北支事変」は「支那事変」となり，38年以降は泥沼の日中戦争と化したのである。

V・22・a　第三国の対中国援助に関する「天羽声明」
1934年（昭9）4月17日

日本ハ満州事変及満州国問題ニ関シテ昨年3月聯盟脱退ヲ通告スルノ止ムヲ得ザルニ至ッタガ，之ハ東亜ニ於ケル平和維持ノ根本義ニ就キ，日本ト国際聯盟トノ間ニ意見ノ相違ヲ見タ為デアル。

日本ハ諸外国ニ対シテ常ニ友好関係ノ維持増進ニ努メテ居ルノハ云ウ迄モナイガ，東亜ニ関スル問題ニ就テハ，其ノ立場及使命ガ列国ノ夫レト一致シナイモノガアルカモ知レナイ。日本ハ東亜ニ於ケル平和及秩序ノ維持ハ当然東亜ノ諸国ト責ヲ分ツベキデアル。日本ハ東亜ニ於ケル平和及秩序ヲ維持スベキ使命ヲ全ウスル決意ヲ有シテ居ルガ，右使命ヲ遂行スルガ為ニハ，日本ハ先ズ友邦支那ト共ニ平和及秩序ノ維持ニ努メナケレバナラナイ。

従ッテ支那ノ保全，統一乃至秩序ノ恢復ハ，日本ノ最切望スル所デアル。併シ支那ノ保全，統一及秩序ノ恢復ハ，支那自身ノ自覚又ハ努力ニ俟ツ他ナキハ，過去ノ歴史ニ徴シテモ明デアル。故ニ支那ニシテ，若シ他国ヲ利用シテ日本ヲ排斥シ東亜ノ平和ニ反スル如キ措置ニ出デ，或ハ夷ヲ以テ夷ヲ制スルノ排外策ヲ採ルガ如キ事アラバ，日本ハ之ニ反対セザルヲ得ナイ。他方列国側ニ於テモ，満州事変，上海事変カラ生ジタ特殊ノ状態ヲ考慮ニ入レ，支那ニ対シテ共同動作ヲ執ラントスル如キ事アラバ，仮令名目ハ財政的又ハ技術的ノ援助ニアルニセヨ，政治的意味ヲ帯ブル事ハ必然デアッテ，若シ其ノ形勢ガ助長セラルル時ハ，遂ニ支那ニ於ケル勢力範囲ノ設定トナリ，或ハ国際管理又ハ分割ノ端緒ヲ開クコトトナリ，支那ニ取ッテハ非常ナル不幸ヲ来タスノミナラズ，東亜ノ安全惹イテハ日本ニ対シテモ重大ナル結果ヲ及ボス虞ガアルノデアル。従テ日本ハ主義トシテ之ニ反対セザルヲ得ナイ。併シ各国ガ支那ニ対シ個別的ニ経済貿易上ノ交渉ヲナスガ如キハ，東亜ノ平和及秩序維持ニ支障ヲ及ボサザル限リ，之ニ干渉スル必要ヲ認メナイ。併シ右ノ如キ行動ガ東亜ノ平和及秩序ヲ攪乱スル

V・22・b　盧溝橋事件地図

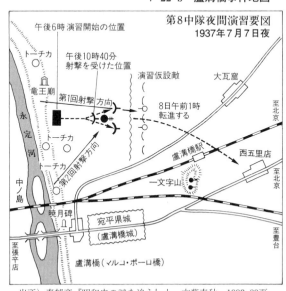

出所）秦郁彦『昭和史の謎を追う』上，文藝春秋，1993, 89頁．

性質ナラバ、之ニ反対セザルヲ得ナイ。例エバ武器、軍用飛行機等ヲ供給シ、軍事教官ヲ派遣シ、政治借款ヲ起スガ如キ事ハ、結局支那ト日本其ノ他諸国トノ関係トヲ離間シ、極東平和及秩序ノ維持ニ反スル結果ヲ生ズル事ハ明デアルカラ、日本トシテハ之ヲ黙過スル事ガ出来ナイ。

叙上ハ日本ノ従来ノ方針カラ当然演繹セラルベキモノデアルガ、最近諸外国ガ支那ニ対シ共同援助等ノ名義デ積極的進出ノ形跡顕著ナルモノアルガ故ニ、此ノ際我日本ノ立場ヲ明ニスルノモ必シモ徒爾ナラズト信ズルモノデアル。

出所)「対中国国際援助問題に関する情報部長の非公式
談話」(『日本外交年表竝主要文書』下, 284頁).

V・22・c 第一次近衛声明「国民政府ヲ対手トセズ」
1938年(昭13) 1月16日

帝国政府ハ南京攻略後尚オ支那国民政府ノ反省ニ最後ノ機会ヲ与ウルタメ今日ニ及ベリ。然ルニ国民政府ハ帝国ノ真意ヲ解セズ漫リニ抗戦ヲ策シ、内民人塗炭ノ苦ミヲ察セズ、外東亜全局ノ和平ヲ顧ミル所ナシ。仍テ帝国政府ハ爾後国民政府ヲ対手トセズ、帝国ト真ニ提携スルニ足ル新興支那政権ノ成立発展ヲ期待シ、是ト両国国交ヲ調整シテ更生新支那ノ建設ニ協力セントス。元ヨリ帝国ガ支那ノ領土及主権並ニ在支列国ノ権益ヲ尊重スルノ方針ニハ毫モカワル所ナシ。今ヤ東亜和平ニ対スル帝国ノ責任愈々重シ。政府ハ国民ガ此ノ重大ナル任務遂行ノタメ一層ノ発奮ヲ冀望シテ止マズ。

　　(参考) 補足的声明 (1938年1月18日)

爾後国民政府ヲ対手トセズト云ウノハ同政府ノ否認ヨリモ強イモノデアル。元来国際法上ヨリ云エバ国民政府ヲ否認スルタメニハ新政権ヲ承認スレバソノ目的ヲ達スルノデアルガ、中華民国臨時政府ハ未ダ正式承認ノ時期ニ達シテイナイカラ、今回ハ国際法上新例ヲ開イテ国民政府ヲ否認スルト共ニ之ヲ抹殺セントスルノデアル。又宣戦布告ト云ウコトガ流布サレテイルガ、帝国ハ無辜ノ支那民衆ヲ敵視スルモノデハナイ。又国民政府ヲ対手トセヌ建前カラ宣戦布告モアリ得ヌワケデアル。

出所)『日本外交年表竝主要文書』下, 386-87頁.

V·22·d 日中戦争経過地図

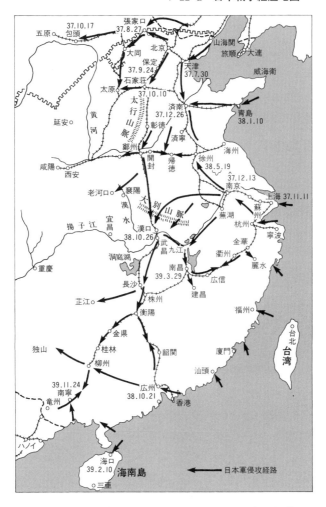

出所）古屋哲夫『日中戦争』岩波新書，1985, 169頁（一部加筆）

23. 日独伊軍事同盟

　第一次世界大戦で敵国同士であった日独両国は，1930年代になると米英仏など「持てる国」に対する「持てない国」として現状打破を主張し，ナチスが政権を掌握した33年（昭8）以降，対外政策面で共同歩調をとりはじめた。その具体的成果が36年11月の「日独防共協定」であった。この協定は国家としてのソ連ではなく，世界革命の拠点としてのコミンテルンを対象としたが，付属秘密条項ではソ連を仮想敵国とする軍事同盟の性格をもっていた。また交渉の主導権をとったのは駐独大使館付陸軍武官大島浩少将とナチス外交部長（のち外相）リッベントロップであり，"薄墨色"程度の日独関係にとどめたい日本外務省との妥協の産物であった。この日独接近は，ソ連の欧米接近と米英両国の結束をもたらした。

　日独協定は1年後に「日独伊防共協定」へと拡大したが，この間ドイツはヒトラー構想により東方進出を決定し，ソ連よりもイギリスとの対立を重視するにいたった。一方日本陸軍は日中戦争開始により，ソ連の介入に対処する日独協定強化（つまり軍事同盟化）を願望した。38年1月以後日独交渉が行なわれると，ドイツ側は同盟の対象をソ連に限定せず，英仏をも対象とするよう提案し，日本陸軍はドイツ案に同調した。英米を対象外としたい日本外務省や海軍はこれに反対したため，五相会議では意見統一ができず，39年1月近衛内閣は総辞職した。代わる平沼騏一郎新内閣は，有田八郎外相の「ソ連を主とするが，状況により第三国（英仏）を対象とすることもある」との妥協案を採択したが，ドイツ側は対日不信を強め，5月に独伊軍事同盟を成立させ，8月には「独ソ不可侵条約」の締結を発表した。ドイツの裏切りに衝撃を受けた平沼内閣は総辞職に追い込まれた。

　以後日独関係は冷却化し，9月に第二次大戦が勃発すると，日本政府は欧州不介入と英米との関係改善を表明した。しかしドイツ軍が快進撃をつづけるや枢軸派が再び台頭し，40年7月第二次近衛内閣が成立した。松岡洋右新外相は，日独伊枢軸強化と日ソ不可侵協定締結による4ヵ国同盟でアメリカを牽制する方針を固め，9月「日独伊軍事同盟条約」がベルリンで調印された。しかし松岡構想に反してアメリカは枢軸側への対抗を強め，日米開戦を不可避とするのである。

V・23・a 日独防共協定（共産「インターナショナル」に対する日独協定）
1936年(昭11)11月25日署名(抄)

大日本帝国政府及独逸国政府ハ，共産「インターナショナル」（所謂「コミンテルン」）ノ目的ガ其ノ執リ得ル有ラユル手段ニ依リ既存国家ノ破壊及暴圧ニ在ルコトヲ認メ，共産「インターナショナル」ノ諸国ノ国内関係ニ対スル干渉ヲ看過スルコトハ其ノ国内ノ安寧及社会ノ福祉ヲ危殆ナラシムルノミナラズ世界平和全般ヲ脅スモノナルコトヲ確信シ，共産主義ノ破壊ニ対スル防衛ノ為協力セントヲ欲シ左ノ通リ協定セリ。

第1条　締約国ハ共産「インターナショナル」ノ活動ニ付相互ニ通報シ，必要ナル防衛措置ニ付協議シ且緊密ナル協力ニ依リ右ノ措置ヲ達成スルコトヲ約ス。

第2条　締約国ハ共産「インターナショナル」ノ破壊工作ニ依リテ国内ノ安寧ヲ脅サルル第三国ニ対シ，本協定ノ趣旨ニ依ル防衛措置ヲ執リ又ハ本協定ニ参加センコトヲ共同ニ勧誘スベシ。〔以下略〕

共産「インターナショナル」に対する協定の附属議定書

本日共産「インターナショナル」ニ対スル協定ニ署名スルニ当リ下名ノ全権委員ハ左ノ通協定セリ。

(イ)　両締約国ノ当該官憲ハ共産「インターナショナル」ノ活動ニ関スル情報ノ交換並ニ共産「インターナショナル」ニ対スル啓発及防衛ノ措置ニ付緊密ニ協力スベシ。

(ロ)　両締約国ノ当該官憲ハ国内又ハ国外ニ於テ直接又ハ間接ニ共産「インターナショナル」ノ勤務ニ服シ又ハ其ノ破壊工作ヲ助長スル者ニ対シ現行法ノ範囲内ニ於テ厳格ナル措置ヲ執ルベシ。

(ハ)　前期(イ)ニ定メラレタル両締約国ノ当該官憲ノ協力ヲ容易ナラシムル為常設委員会設置セラルベシ。共産「インターナショナル」ノ破壊工作防遏ノ為必要ナル爾余ノ防衛措置ハ右委員会ニ於テ考究且協議セラルベシ。

共産「インターナショナル」に対する協定の秘密附属協定

大日本帝国政府及独逸国政府ハ「ソヴィエト」社会主義共和国連邦政府ガ共産「インターナショナル」ノ目的ノ実現ニ努力シ且之ガ為其ノ軍ヲ用イントスルコトヲ認メ右事実ハ締約国ノ存在ノミナラズ世界平和全般ヲ最深刻ニ脅スモノナルコトヲ確認シ共通ノ利益ヲ擁護スル為左ノ通協定セリ。

第1条　締約国ノ一方ガ「ソヴィエト」社会主義共和国連邦ヨリ挑発ニヨラザル攻撃ヲ受ケ又ハ挑発ニ因ラザル攻撃ノ脅威ヲ受クル場合ニハ他ノ締約国ハ「ソヴィエト」社会主義共和国連邦ノ地位ニ付負担ヲ軽カラシムルガ如キ効果ヲ生ズル一切ノ措置ヲ講ゼザルコトヲ約ス。

前項ニ掲グル場合ノ生ジタルトキハ締約国ハ共通ノ利益擁護ノ為執ルベキ措置ニ付直ニ協議スベシ。

第2条　締約国ハ本協定ノ存続中相互ノ同意ナクシテ「ソヴィエト」社会主義共和国連邦トノ間ニ本協定ノ精神ト両立セザル一切ノ政治的条約ヲ締結スルコトナカルベシ。〔以下略〕

出所）『日本外交年表竝主要文書』下，352-54頁．

V・23・b　平沼騏一郎首相の退陣表明

1939年（昭14）8月28日

不肖襄に大命を拝し内閣薫督の重任に当りて以来，日夜聖旨を奉体して閣僚と協力し，一意専心，時艱を克服して東亜の新秩序を建設し，以て聖戦の目的達成に邁進して参ったのであります。而して外交は建国の皇謨に則り，道義を基礎として世界の平和と文化とに寄与するを第一義とし，此の方針の下に対欧政策を考慮し，屢次之を闕下に奏聞し来ったのであります。然るに今回締結せられたる独蘇不可侵条約に依り，欧州の天地は複雑怪奇なる新情勢を生じたので，我が方は之に鑑み従来準備し来った政策は之を打切り，更に別途の政策樹立を必要とするに至りました。是は明かに不肖屢次奏聞したる所を変更し，再び聖慮を煩わし奉ること丶なりましたので，輔弼の重責に顧み，洵に恐懼に堪えませぬ。臣子の分として此の上現職に留りますことは，聖恩に狃るゝの懼があります。猶お国内の体制を整え，外交の機軸を改め，此の非常時局を突破せんとするに当っては局面を転換し，人心を一新するを以て刻下の急務と信ずるものであります。以上の理由により本日闕下に伏し，謹みて骸骨を乞い奉った次第であります。

出所）『東京朝日新聞』1939年8月29日付．

V・23・c　日独伊三国同盟（日本国，独逸国及伊太利国間三国条約）

1940年（昭15）9月27日調印

大日本帝国政府，独逸国政府及伊太利国政府ハ万邦ヲシテ各其ノ所ヲ得シムルヲ以テ恒久平和ノ先決要件ナリト認メタルニ依リ，大東亜及欧州ノ地域ニ於テ各其ノ地域ニ於ケル当該民族ノ共存共栄ノ実ヲ挙ゲルニ足ルベキ新秩序ヲ建設シ且之ヲ維持センコトヲ根本義ト為シ，右地域ニ於テ此ノ趣旨ニ拠ル努力ニ付相互ニ提携シ且協力スルコトニ決意セリ。而シテ3国政府ハ更ニ世界到ル所ニ於テ同様ノ努力ヲ為サントスル諸国ニ対シ協力ヲ吝マザルモノニシテ，斯クシテ世界平和ニ対スル3国終局ノ抱負ヲ実現センコトヲ欲ス。依テ日本国政府独逸国政府及伊太利国政府ハ左ノ通協定セリ。

第1条　日本国ハ独逸国及伊太利国ノ欧州ニ於ケル新秩序建設ニ関シ指導的地位ヲ認メ且之ヲ尊重ス。

第2条　独逸国及伊太利国ハ日本国ノ大東亜ニ於ケル新秩序建設ニ関シ指導的地位ヲ認メ且之ヲ尊重ス。

第3条　日本国,独逸国及伊太利国ハ前記ノ方針ニ基ク努力ニ付相互ニ協力スベキコトヲ約ス。更ニ3締約国中何レカノ1国ガ現ニ欧州戦争又ハ日支紛争ニ参入シ居ラザル1国ニ依テ攻撃セラレタルトキハ3国ハ有ラユル政治的,経済的及軍事的方法ニ依リ相互ニ援助スベキコトヲ約ス。

第4条　本条約実施ノ為各日本国政府,独逸国政府及伊太利国政府ニ依リ任命セラルベキ委員ヨリ成ル混合専門委員会ハ遅滞ナク開催セラルベキモノトス。

第5条　日本国,独逸国及伊太利国ハ前記諸条項ガ3締約国ノ各卜「ソヴィエト」連邦トノ間ニ現存スル政治的ノ状態ニ何等ノ影響ヲモ及ボサザルモノナルコトヲ確認ス。

第6条　本条約ハ署名ト同時ニ実施セラルベク,実施ノ日ヨリ10年間有効トス。
　右期間満了前適当ナル時期ニ於テ締約国中ノ1国ノ要求ニ基キ締約国ハ本条約ノ更新ニ関シ協議スベシ。

來栖　三郎
ヨアヒム・フォン・リッベントロップ ほか1名

出所)『法令全書 昭和15年10月』75-76頁.

V·23·d　1939〜40年のヨーロッパ情勢

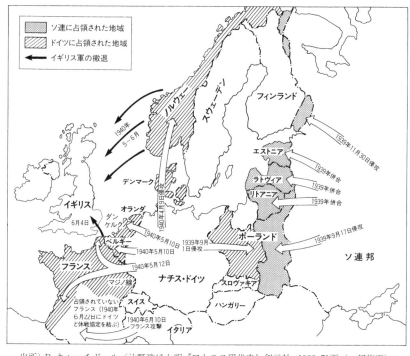

出所) B. キャッチポール／辻野功ほか訳『アトラス現代史』創元社, 1988, 71頁 (一部修正).

24. 日本の南進

「海主陸従」の思想にもとづく日本海軍は伝統的に南進論を主張し,「陸主海従」の思想にもとづく陸軍の北進論と対立したが, 日露戦後の日本の国策は概ね北進を基本とした。それでも1933年（昭8）の連盟脱退の頃から海軍の動きが活発化し, 35年には対米作戦の一環として「比島（フィリピン）作戦」が立案された。また海軍内部に南進派が生まれ, 外務省革新派や陸軍の一部とで「十昭会」がつくられた。36年には海軍の「国策要綱」が南方発展を謳い, 移植民や資源経済（原油やゴム）の必要を唱えた。陸海軍の間でも北守南進策について妥協が成立し, 広田内閣は8月, 平和的に「南方海洋に進出する」との帝国外交方針を明示した。同時に5月の帝国国防方針の改訂で, 米ソを仮想敵国の第1位, 中英両国を第2位とした。37年7月, 日中戦争が勃発して戦線が南方へと拡大すると, 海軍は上海以南を担当し, 39年2月の援蒋ルート遮断のための海南島攻略ではその推進役を果たした。

一方, 日ソ関係は35年にソ満国境をめぐる武力衝突がピークに達し, 36年には日独防共協定の締結により険悪化した。そのためソ連は, 37年の日中戦争以後, 蒋介石への援助を実施した。そして38年7〜8月の「張鼓峰事件」を経て, 39年5〜9月の「ノモンハン事件」で日ソ両軍がついに全面衝突した。予想外にもソ連軍に完敗した日本陸軍は, 北進を断念して南進を支持するにいたった。

欧州戦線ではドイツ軍が快進撃をつづけ, 40年6月のフランス降伏により仏印（インドシナ）に政治的空白が生じた。軍部は"バスに乗り遅れるな"のムードを背景に, 日中戦争長期化の一因である仏印援蒋ルートを遮断し, また蘭印（インドネシア）の石油資源を確保するため準備を開始した。40年7月第二次近衛内閣は「基本国策要綱」で南進を決定し, 9月陸軍は「北部仏印進駐」を開始した。また日本政府は「東亜新秩序」に代わり「大東亜共栄圏構想」をスローガンとして南進を正当化した。海軍も翌年にはジリ貧意識から対英米戦争の準備として南方拠点を確保するよう主張し, 7月陸海軍が共同して「南部仏印進駐」を開始した。これは日米交渉に負の影響を及ぼし, 日米関係を決定的に悪化させた。

V·24·a　広田内閣の「国策の基準」

1936年(昭11) 8月7日, 五相会議(抄)

1．国家経綸ノ基本ハ大義名分ニ即シテ内, 国礎ヲ鞏堅固ニシ外, 国運ノ発展ヲ遂ゲ帝国ガ名実共ニ東亜ノ安定勢力トナリテ東洋ノ平和ヲ確保シ世界人類ノ安寧福祉ニ貢献シテ茲ニ肇国ノ理想ヲ顕現スルニアリ。帝国内外ノ情勢ニ鑑ミ当ニ帝国トシテ確立スベキ根本国策ハ外交国防相俟ッテ東亜大陸ニ於ケル帝国ノ地歩ヲ確保スルト共ニ南方海洋ニ進出発展スルニ在リテ其ノ基準大綱ハ左記ニ拠ル。

(1) 東亜ニ於ケル列強ノ覇道政策ヲ排除シ真個共存共栄主義ニヨリ互ニ慶福ヲ頒タントスルハ即チ皇道精神ノ具現ニシテ, 我対外発展政策上常ニ一貫セシムベキ指導精神ナリ。
(2) 国家ノ安泰ヲ期シ其ノ発展ヲ擁護シ以テ名実共ニ東亜ノ安定勢力タルベキ帝国ノ地位ヲ確保スルニ要スル国防軍備ヲ充実ス。
(3) 満州国ノ健全ナル発達ト日満国防ノ安固ヲ期シ北方蘇国ノ脅威ヲ除去スルト共ニ英米ニ備エ日満支3国ノ緊密ナル提携ヲ具現シテ我ガ経済的発展ヲ策スルヲ以テ大陸ニ対スル政策ノ基調トス。而シテ之ガ遂行ニ方リテハ列国トノ友好関係ニ留意ス。
(4) 南方海洋殊ニ外南洋方面ニ対シ我民族ノ経済的発展ヲ策シ努メテ他国ニ対スル刺戟ヲ避ケツツ漸進的和平ノ手段ニヨリ我勢力ノ進出ヲ計リ以テ満州国ノ完成ト相俟ッテ国力ノ充実強化ヲ期ス。

2．右根本国策ヲ枢軸トシテ内外各般ノ政策ヲ統一調整シ現下ノ情勢ニ照応スル庶政一新ヲ期ス要綱左ノ如シ。

(1) 国防軍備ノ整備ハ
(イ) 陸軍軍備ハ蘇国ノ極東ニ使用シ得ル兵力ニ対抗スルヲ目途トシ特ニ其在極東兵力ニ対シ開戦初頭一撃ヲ加エ得ル如ク在満鮮兵力ヲ充実ス。
(ロ) 海軍軍備ハ米国海軍ニ対シ西太平洋ノ制海権ヲ確保スルニ足ル兵力ヲ整備充実ス。
(ニ) 我外交方策ハ一ニ根本国策ノ円満ナル遂行ヲ本義トシテ之ヲ総合刷新シ, 軍部ハ外交機関ノ活動ヲ有利且円満ニ進捗セシムル為内面的援助ニ勉メ表面ノ工作ヲ避ク。

3．政治行政機構刷新改善及財政経済政策ノ確立其ノ他各般ノ施設運営ヲシテ右根本国策ニ適応セシムルガ為左記事項ニ関シテハ適当ノ措置ヲ講ズ。

(イ) 国内輿論ヲ指導統一シ非常時局打開ニ関スル国民ノ覚悟ヲ鞏固ナラシム。
(ロ) 国策ノ遂行上必要ナル産業並ニ重要ナル貿易ノ振興ヲ期スル為行政機構並ニ経済組織ニ適切ナル改善ヲ加ウ。
(ハ) 国民生活ノ安定, 国民体力ノ増強, 国民思想ノ健全化ニ就キ適切ナル措置ヲ講ズ。
(ニ) 略
(ホ) 国防及産業ニ要スル重要ナル資源並ニ原料ニ対スル自給自足方策ノ確立ヲ促進ス。〔以下略〕

出所）『日本外交年表並主要文書』下, 344-45頁.

V・24・b　近衛内閣の「基本国策要綱」

1940年(昭15) 8月1日(抄)

　世界ハ、今ヤ歴史的一大転機ニ際会シ、数個ノ国家群ノ生成発展ヲ基調トスル新ナル政治経済文化ノ創成ヲ見ントシ、皇国亦有史以来ノ大試練ニ直面ス、コノ秋ニ当リ真ニ肇国ノ大精神ニ基ク皇国ノ国是ヲ完遂セントセバ、右世界史的発展ノ必然的動向ヲ把握シテ庶政百般ニ亙リ速ニ根本ノ刷新ヲ加エ万難ヲ排シテ国防国家体制ノ完成ニ邁進スルコトヲ以テ刻下喫緊ノ要務トス、依ッテ基本国策ノ大綱ヲ策定スルコト左ノ如シ。

1. 根本方針

　皇国ノ国是ハ八紘ヲ一宇トスル肇国ノ大精神ニ基キ世界平和ノ確立ヲ招来スルコトヲ以テ根本トシ、先ズ皇国ヲ核心トシ日満支ノ強固ナル結合ヲ根幹トスル大東亜ノ新秩序ヲ建設スルニ在リ。

　之ガ為皇国自ラ速ニ新事態ニ即応スル不抜ノ国家態勢ヲ確立シ国家ノ総力ヲ挙ゲテ右国是ノ具現ニ邁進ス。

2. 国防及外交

　内外ノ新情勢ニ鑑ミ国家総力発揮ノ国防国家体制ヲ基底トシ国是遂行ニ遺憾ナキ軍備ヲ充実ス。

　現下ノ外交ハ大東亜ノ新秩序建設ヲ根幹トシ、先ズ其ノ重心ヲ支那事変ノ完遂ニ置キ、国際的大変局ヲ達観シ、建設的ニシテ且ツ弾力性ニ富ム施策ヲ講ジ、以テ国運ノ進展ヲ期ス。

3. 国内体制ノ刷新

　内政ノ急務ハ国体ノ本義ニ基キ庶政ヲ一新シ国防国家体制ノ基礎ヲ確立スルニ在リ、之ガ為左記諸件ノ実現ヲ期ス。

① 国体ノ本義ニ透徹スル教学ノ刷新ト相俟チ自我功利ノ思想ヲ排シ国家奉仕ヲ第一義トスル国民道徳ヲ確立ス。

② 強力ナル新政治体制ヲ確立シ国政ノ総合統一ヲ図ル。

　イ．官民協力一致各々其ノ職域ニ応ジ国家ニ奉公スルコトヲ基調トスル新国民組織ノ確立

　ロ．新政治体制ニ即応シ得ベキ議会翼賛体制ノ確立

　ハ．行政ノ運用ニ根本的刷新ヲ加エ其ノ統一ト敏活トヲ目標トスル官界新態勢ノ確立

③ 皇国ヲ中心トスル日満支3国経済ノ自主的建設ヲ基調トシ国防経済ノ根基ヲ確立ス。

　イ．日満支ヲ一環トシ大東亜ヲ包容スル協同経済圏ノ確立

　ロ．官民協力ニヨル計画経済ノ遂行特ニ主要物資ノ生産、配給、消費ヲ貫ク一元的統制機構ノ整備

　ハ．総合経済力ノ発展ヲ目標トスル財政計画並ニ金融統制ノ確立強化

　ニ．世界新情勢ニ対応スル貿易政策ノ刷新

ホ．国民生活必需物資特ニ主要食糧ノ自給方策ノ確立
ヘ．重要産業特ニ重・化学工業及機械工業ノ画期的発展
ト．科学ノ画期的振興並ニ生産ノ合理化〔チおよびリは略〕
④ 国是遂行ノ原動力タル国民ノ資質，体力ノ向上並ニ人口増加ニ関スル恒久的方策特ニ農業及農家ノ安定発展ニ関スル根本方策ヲ樹立ス．
⑤ 国策ノ遂行ニ伴ウ国民犠牲ノ不均衡ヲ是正ヲ断行シ，厚生的諸施策ノ徹底ヲ期スルト共ニ国民生活ヲ刷新シ真ニ忍苦10年時艱克服ニ適応スル質実剛健ナル国民生活ノ水準ヲ確保ス．

出所）『外務省公表集』第19輯（1940年12月），121-23頁．

V・24・c　南進の経緯と背景

25. 太平洋戦争の勃発

アメリカ政府は当初日中戦争について消極的であったが、1938年（昭13）10月門戸開放原則にもとづく抗議を日本に発して以来、有田八郎外相の九カ国条約廃棄表明の拒否、12月2500万ドルの対中国援助実施、39年1月航空機部品の対日道義的禁輸、7月日米通商航海条約の廃棄通告など対日圧力を強め、日本の南進を阻止しようとした。それゆえ40年のフランス降伏、三国同盟成立、日本軍の北部仏印進駐に衝撃を受けたアメリカは、挙国戦時体制を敷き、大々的な兵器生産に着手した。とはいえドイツが主要敵であり、日本との開戦は回避する必要があった。

この間、米人神父が近衛首相側近の井川忠雄に接触したことで、日米交渉が政府間レベルへと発展し、41年4月には日本の三国同盟離脱などを骨子とする「日米諒解案」が合議された。国務長官ハルは同案に懐疑的であり、「ハル四原則」（主権尊重・領土不可侵など）を交渉の基本としたにもかかわらず、野村吉三郎駐米大使は諒解案をアメリカ政府の正式提案として東京に伝えたため、日本政府や軍部はこれを了解した。ところが4月に「日ソ中立条約」を締結して帰国した松岡外相は同意せず、5月諒解案の修正を提起した。また松岡は6月の独ソ開戦にショックを受けて北進を主張したが、三国同盟は失効したと考える近衛との溝が深まり、7月の第三次近衛内閣では外相の地位を追われた。一方アメリカは独ソ開戦後、ソ連を自己の陣営に引き入れたため、もはや対日融和策を不要とした。

近衛内閣は7月「南部仏印進駐」を実施したところ、アメリカは在米日本資産の凍結と対日石油禁輸措置に踏み切り、日米関係は緊迫した。そこで8月近衛はルーズベルトとのハワイ頂上会談に最後の望みを託したが、国務省の反対で失敗した。9月の御前会議は「10月上旬までにわが方の要求が貫徹できなければ英米に開戦する」と決定した。10月東条内閣が成立し、11月に対米交渉最終案である甲案、次いで乙案を提出したが、アメリカ側は日本側の暗号文を解読しており、日本の対米開戦の決意を承知していた。同月26日、ハルは乙案に同意し難い旨回答し「ハル・ノート」を提出した。ついに12月1日の御前会議は開戦を正式決定し、8日、ハワイ真珠湾への奇襲作戦とともに太平洋戦争が開始されたのである。

V·25·a　日ソ中立条約
1941年(昭16) 4月13日調印(抄)

第1条　両締約国ハ両国間ニ平和及友好ノ関係ヲ維持シ且相互ニ他方締約国ノ領土ノ保全及不可侵ヲ尊重スベキコトヲ約ス。

第2条　締約国ノ一方ガ1又ハ2以上ノ第三国ヨリノ軍事行動ノ対象ト為ル場合ニハ他方締約国ハ該紛争ノ全期間中中立ヲ守ルベシ。

第3条　本条約ハ両締約国ニ於テ其ノ批准ヲ了シタル日ヨリ実施セラルベク且5年ノ期間効力ヲ有スベシ。両締約国ノ何レノ一方モ右期間満了ノ1年前ニ本条約ノ廃棄ヲ通告セザルトキハ本条約ノ次ノ5年間自動的ニ延長セラレタルモノト認メラルベシ。

第4条　本条約ハ成ルベク速ニ批准セラルベシ。批准書ノ交換ハ東京ニ於テ成ルベク速ニ行ワルベシ。

松　岡　洋　右　(印)
建　川　美　次　(印)
ヴェー・モロフト　(印)

　声　明　書

「大日本帝国政府及「ソヴィエト」社会主義共和国連邦政府ハ1941年4月13日大日本帝国及「ソヴィエト」社会主義共和国連邦間ニ締結セラレタル中立条約ノ精神ニ基ク両国間ノ平和及友好ノ関係ヲ保障スル為, 大日本帝国ガ蒙古人民共和国ノ領土ノ保全及不可侵ヲ尊重スルコトヲ約スル旨又「ソヴィエト」社会主義共和国連邦ガ満州帝国ノ領土ノ保全及不可侵ヲ尊重スルコトヲ約スル旨厳粛ニ声明ス」

出所)『日本外交年表竝主要文書』下, 491-92頁.

V·25·b　日米両国諒解案
1941年(昭16) 4月16日(抄)

1．日米両国ノ抱懐スル国際観念及国家観念

日米両国政府ハ相互ニ其ノ対等ノ独立国ニシテ相隣接スル太平洋強国タルコトヲ承認ス。

両国政府ハ恒久ノ平和ヲ確立シ両国間ニ相互ノ尊敬ニ基ク信頼ト協力ノ新時代ヲ劃サンコトヲ希望スル事実ニ於テ両国ノ国策ノ一致スルコトヲ闡明セントス。

両国政府ハ各国竝ニ各人種ハективリテ八紘一宇ヲ為シ等シク権利ヲ享有シ相互ノ利益ハ之ヲ平和的方法ニ依リ調節シ精神的竝ニ物質的ノ福祉ヲ追求シ之ヲ自ラ擁護スルト共ニ之ヲ破壊セザルベキ責任ヲ容認スルコトハ両国政府ノ伝統的確信ナルコトヲ声明ス。

両国政府ハ相互ニ両国固有ノ伝統ニ基ク国家観念及社会的秩序竝ニ国家生活ノ基礎タル道義ノ原則ヲ保持スベク之ニ反スル外来思想ノ跳梁ヲ許容セザルノ鞏固ナル決意ヲ有ス

2．欧州戦争ニ対スル両国政府ノ態度

日本国政府ハ枢軸同盟ノ目的ハ防禦的ニシテ現ニ欧州戦争ニ参入シ居ラザル国家ニ軍事的連衡関係ノ拡大スルコトヲ防止スルニ在ルモノナルコトヲ闡明ス。

日本国政府其ノ現在ノ条約上ノ義務ヲ免レントスルガ如キ意思ヲ有セズ。尤モ枢軸同盟ニ基ク軍事上ノ義務ハ該同盟締約国独逸ガ現ニ欧州戦争ニ参入シ居ラザル国ニ依リ積極的ニ攻撃セラレタル場合ニ於テノミ発動スルモノナルコトヲ声明ス。

米国政府ハ其ノ欧州戦争ニ対スル態度ハ現在及将来ニ於テ一方ノ国ヲ援助シテ他方ヲ攻撃セントスルガ如キ攻撃ノ同盟ニ依リ支配セラレザルベキコトヲ闡明ス。米国政府ハ戦争ヲ嫌悪スルコトニ於テ牢固タルモノアリ，従ツテ其ノ欧州戦争ニ対スル態度ハ現在及将来ニ互リ専ラ自国ノ福祉ト安全トヲ防衛スルノ考慮ニ依リテノミ決セラルベキモノナルコトヲ声明ス。

3．支那事変ニ対スル両国政府ノ関係

米国大統領ガ左記条件ヲ容認シ且日本政府ガ之ヲ保障シタルトキハ米国大統領ハ之ニ依リ蒋政権ニ対シ和平ノ勧告ヲ為スベシ。

A．支那ノ独立
B．日支間ニ成立スベキ協定ニ基ク日本国軍隊ノ支那領土撤退
C．支那領土の非併合
D．非賠償
E．門戸開放方針ノ復活，但シ之ガ解釈及適用ニ関シテハ将来適当ノ時期ニ日米両国間ニ於テ協議セラルベキモノトス。
F．蒋政権ト汪政府トノ合流
G．支那領土ヘノ日本ノ大量的又ハ集団ノ移民ノ自制
H．満洲国ノ承認

蒋政権ニテ米国大統領ノ勧告ニ応ジタルトキハ日本国政府ハ新タニ統一樹立セラルベキ支那政府又ハ該政府ヲ構成スベキ分子ヲシテ直ニ直接ニ和平交渉ヲ開始スルモノトス。
日本国政府ハ前記条件ノ範囲内ニ於テ且善隣友好防共共同防衛及経済提携ノ原則ニ基キ具体的和平条件ヲ直接支那側ニ提示スベシ。〔以下4,5,6,7略〕

　　日米会談
(A) 日米両国代表者間ノ会談ハ「ホノルル」ニ於テ開催セラルベク合衆国ヲ代表シテ「ルーズヴェルト」大統領，日本国ヲ代表シテ近衛首相ニ依リ開会セラルベシ。代表者数ハ各国5名以内トス，尤モ専門家書記等ハ之ニ含マズ。
(B) 本会談ニハ第三国「オブザーバー」ヲ入レザルモノトス。
(C) 本会談ハ両国間ニ今次了解成立後成ルベク速カニ開催セラルベキモノトス（本年5月）。
(D) 本会談ニ於テハ今次了解ノ各項ヲ再議セズ。両国政府ニ於テ予メ取極メタル議題ハ両国政府間ニ協定セラルルモノトス。

出所）同上，492-95頁．

V・25・c　日米交渉における日本側最終提案（我甲乙案）
1941年(昭16)11月4日甲案,同乙案(抄)

1．甲　　案（11月4日東郷大臣発野村大使宛電報第726号）
本案ハ9月25日我方提案ヲ既往ノ交渉経過ニヨリ判明セル米側ノ希望ニ出来得ル限リ「ミート」スル趣旨ヲ以テ修正セル最後的譲歩案ニシテ懸案ノ3問題ニ付我方主張ヲ左記ノ通リ緩和セルモノナリ。

(1) 通商無差別問題
　9月25日案ニテ到底妥結ノ見込ナキ際ハ「日本国政府ハ無差別原則ガ全世界ニ適用セラルルモノナルニ於テハ太平洋全地域即支那ニ於テモ本原則ノ行ワルルコトヲ承認ス」ト修正ス。

(2) 三国条約ノ解釈及履行問題
　我方ニ於テ自衛権ノ解釈ヲ濫リニ拡大スル意図ナキコトヲ更ニ明瞭ニスルト共ニ三国条約ノ解釈及履行ニ関シテハ従来屢々説明セル如ク帝国政府ノ自ラ決定スル所ニ依リテ行動スル次第ニシテ此点ハ米国側ノ了承ヲ得タルモノナリト思考スル旨ヲ以テ応酬ス。

(3) 撤兵問題
本件ハ左記ノ通リ緩和ス。
　(A) 支那ニ於ケル駐兵及撤兵
　　支那事変ノ為支那ニ派遣セラレタル日本国軍隊ハ北支及蒙疆ノ一定地域及海南島ニ関シテハ日支間平和成立後所要期間駐屯スベク爾余ノ軍隊ハ平和成立ト同時ニ日支間ニ別ニ定メラルル所ニ従イ撤去ヲ開始シ治安確立ト共ニ2年以内ニ之ヲ完了スベシ。
　　　（注）所要期間ニ付米側ヨリ質問アリタル場合ハ概ネ25年ヲ目途トスルモノナル旨ヲ以テ応酬スルモノトス。
　(B) 仏印ニ於ケル駐兵及撤兵
　　日本国政府ハ仏領印度支那ノ領土主権ヲ尊重ス。現ニ仏領印度支那ニ派遣セラレ居ル日本国軍隊ハ支那事変ニシテ解決スルカ又ハ公正ナル極東平和ノ確立スルニ於テハ直ニ之ヲ撤去スベシ。
　　尚4原則ニ付テハ之ヲ日米間ノ正式妥結事項（了解案タルト又ハ其他ノ声明タルトヲ問ワズ）中ニ包含セシムルコトハ極力回避スルモノトス。

2．右説明
(1) 通商無差別原則ニ付テハ地理的近接ノ事実ニ依ル緊密関係ニ関スル従来ノ主張ハ之ヲ撤回シ無差別原則ノ全世界適用ヲ条件トセルモノナルガ後者ニ付テハ10月2日附米政府覚書中ニ「日米何レカガ特定地域ニ於テ一ノ政策ヲ取ルニ拘ラズ他地域ニ於テ之ト相反スル政策ヲ取ルハ面白カラズ」トノ趣旨ヲ記述アルニ徴スルモ何等反対ナカルベク従ッテ本件ニ付テハ之ニテ合意成立スルモノト信ズ。
(2) 三国条約ノ問題ニ付テハ屢次貴電ニ依レバ米側ハ我方提案ニテ大体満足シ居ルヤノ趣

ナルニ付自衛権ハ解釈ヲ濫ニ拡大スル意図ナキコトヲ一層明確ニスルニ於テハ本件モ妥結ヲ見ルベキモノト信ズ。
(3) 撤兵問題ハ或ハ依然難点トナルヤモ知レザルモ我方ハ米側ガ不確定期間ノ駐兵ニ強ク反対スルニ鑑ミ駐兵地域及期間ヲ示シ以テ其ノ疑惑ヲ解カントスルモノナリ。撤兵ヲ建前トシ駐兵ヲ例外トスル方米側ノ希望ニ副ウベキモ右ハ国内的ニ不可能ナリ。又駐兵所要期間ヲ明示スルニ於テハ却ッテ事態ヲ紛糾セシムル惧アルニ付, 此ノ際ハ飽ク迄所要期間ナル抽象的字句ニヨリ折衝セラレ無期限永久駐兵ニ非ザル旨ヲ印象ヅクル様御努力相成度シ。要之甲案ハ懸案3問題中2問題ニ関シテハ全面的ニ米側主張ヲ受諾セルモノニテ最後ノ1点タル駐兵及撤兵問題ニ付テモ最大限ノ譲歩ヲ為セル次第ナリ。右ハ4年ニ亙ル事変ニ依リ帝国ノ甘受セル甚大ナル犠牲ニ徴シ決シテ過大ノ要求ニアラズ寧口甚ダ小ニ過ギタルモノニシテ此ノ点ハ国内政治上モ我方トシテハ此ノ上ノ譲歩ハ到底不可能ナリ。依テ米側ヲシテ右ヲ諒解セシメ本案ニ依リ速カニ交渉妥結ニ導ク様切望ス。

1. 乙　案（11月4日東郷大臣発野村大使宛電報第727号）
本案ハ甲案ノ代案トモ称スベク若シ米側ニ於テ甲案ニ著ルシキ難色ヲ示ストキハ事態切迫シ遷延ヲ許サザル情勢ナルニ鑑ミ, 何等カノ代案ヲ急速成立セシメ以テ事ノ発スルヲ未然ニ防止スル必要アリトノ見地ヨリ案出セル第二次案ニシテ内容左ノ通リ。
(1) 日米両国政府ハ孰レモ仏印以外ノ東南亜細亜及南太平洋地域ニ武力的進出ヲ行ワザルコトヲ確約ス。
(2) 日米両国政府ハ蘭領印度ニ於テ其必要トスル物資ノ獲得ガ保障セラルル様相互ニ協力スルモノトス。
(3) 日米両国政府ハ相互ニ通商関係ヲ資産凍結前ノ状態ニ復帰スベシ。米国政府ハ所要ノ石油ノ対日供給ヲ約ス。
(4) 米国政府ハ日支両国ノ和平ニ関スル努力ニ支障ヲ与ウルガ如キ行動ニ出デザルベシ。
(備考)(1) 必要ニ応ジ本取極成立セバ日支間和平成立スルカ又ハ太平洋地域ニオケル公正ナル平和確立スル上ハ日本軍隊ヲ撤退スベキ旨ヲ約シ差支ナシ。〔以下略〕

出所）同上, 556-58頁。

V·25·d　日米交渉における米国側最終提案（ハル・ノート）
1941年（昭16）11月26日（抄）

合衆国政府及日本国政府ハ左ノ如キ措置ヲ採ルコトヲ提案ス。
1. 合衆国政府及日本国政府ハ英帝国, 支那, 日本国, 和蘭, 蘇聯邦, 泰国及合衆国間多辺的不可侵条約ノ締結ニ努ムベシ。
2. 当国政府ハ米, 英, 支, 日, 蘭及泰政府間ニ各国政府ガ仏領印度支那ノ領土主権ヲ尊重シ且印度支那ノ領土保全ニ対スル脅威発生スルガ如キ場合, ……即時協議スル旨誓

約スベキ協定ノ締結ニ努ムベシ。斯ル協定ハ又協定締約国タル各国政府ガ印度支那トノ貿易若ハ経済関係ニ於テ特恵ノ待遇ヲ求メ又ハ之ヲ受ケザルベク且各締約国ノ為メ仏領印度支那トノ貿易及通商ニ於ケル平等待遇ヲ確保スルガ為メ尽力スベキ旨規定スベキモノトス。

3．日本国政府ハ支那及印度支那ヨリ一切ノ陸，海，空軍兵力及警察力ヲ撤収スベシ。
4．合衆国政府及日本国政府ハ臨時ニ首都ヲ重慶ニ置ケル中華民国国民政府以外ノ支那ニ於ケル如何ナル政府若クハ政権ヲモ軍事的，経済的ニ支持セザルベシ。
6．合衆国政府及日本国政府ハ互恵ノ最恵国待遇及通商障壁ノ低減並ニ生糸ヲ自由品目トシテ据置カントスル米側企図ニ基キ，合衆国及日本国間ニ通商協定締結ノ為メ協議ヲ開始スベシ。
7．合衆国政府及日本国政府ハ夫々合衆国ニ在ル日本資金及日本国ニアル米国資金ニ対スル凍結措置ヲ撤廃スベシ。
9．両国政府ハ其ノ何レカノ一方ガ第三国ト締結シオル如何ナル協定モ同国ニ依リ本協定根本目的即チ太平洋地域全般ノ平和確立及保持ニ矛盾スルガ如ク解釈セラレザルベキコトヲ同意スベシ。

出所）同上，563-64頁.

V・25・e　対米英宣戦布告

出所）『朝日新聞』1941年12月9日付（朝日新聞社提供）.

VI 冷戦下の再出発

「国敗れて山河あり」。戦後日本は焼け野原からの再出発であり、日本外交は敗戦処理からスタートした。日本のポツダム宣言受諾は、1945年（昭20）8月に広島・長崎に投下された原爆、予想外のソ連の対日参戦、あいまいながらも連合国による日本の「国体」護持への了解といった3条件によって成立した。この「無条件降伏」受諾こそ、近代日本が誕生して以来、富国強兵に邁進し、アジアの盟主を自他ともに認めた「皇国」日本の不敗神話が崩壊した瞬間であった。

連合国側は第一次世界大戦後の反省を踏まえて、ただちに枢軸国側と講和条約を結ぶことなく、敗戦国をしばらく占領し、平和国家へと改造したうえで講和条約を締結するとの手数のかかる方法を選択した。その結果、日本に対しては実質的にアメリカ単独の占領が開始され、それは足掛け7年もの長期に及んだ。1世紀半に及ぶ近代日本の歴史のなかで異民族支配の経験はこのとき以外にない。ただしアメリカ政府・軍部はミッドウェー開戦の頃から対日戦後構想に着手しており、敵国である日本の実情を正確に把握し分析したうえで、有効的な占領政策を検討し、これをもって日本改造に着手した。政治・経済・軍事・社会・教育などあらゆる分野における"非軍事化・民主化"方針を具体化し実施する役割が、太平洋戦争の英雄マッカーサー元帥を頂点とするGHQ／SCAP（連合国最高司令官総司令部）に委ねられた。

主権を喪失した日本政府にとって、マッカーサーとGHQの権威は絶対であり、間接統治という形態は占領前期にあって死文に等しかった。このような上下関係のなかで、一連の占領改革が実行された。陸海軍の解体と復員、軍需産業の解散、公職追放（パージ）、財閥解体、農地改革、教育改革、労働改革など熾烈を極めた。また国家の基本である憲法改正がGHQ内の民政局で検討され、47年5月に施行された日本国憲法では、主権在民、象徴天皇制と戦争放棄が銘記された。ただし「芦田修正」によって、第9条第2項に「前項の目的を達成するため」の文言が挿入されたことで、自衛権を行使する手段としての軍

事力の保持は認められるという解釈をもたらした。またこれまで抑圧されていた女性や共産党，労働組合も解放され，日本社会に新風を巻きおこした。さらに48年11月，極東国際軍事裁判（東京裁判）の最終判決が下り，東條英機をはじめ7名がA級戦犯として絞首刑となり，日本の戦争責任問題がひとまず決着した。

以上のように，戦後日本はアメリカの改革路線を通じて非軍事化・民主化され，戦前日本との連続性よりもむしろ非連続性の濃い社会へと移行していく。ペリー来航以後の大変革に匹敵する歴史的所産として，これが第二の開国ないし近代化とも呼ばれる所以である。しかし国際情勢は大きく変化していった。47年春以降，ヨーロッパを起源とする東西冷戦が次第にアジア，そして日本にも影を落としていく。このような現実に照応するため，アメリカ政府は従来のルーズベルト型の米ソ協調路線から離脱して，トルーマン型の米ソ対決路線へと修正し，翌48年の春から秋にかけて，ロイヤル，ケナン，ドレイパーらの連携により，この路線に沿った対日占領政策の転換に踏みきった。これが日本の「経済的自立化」政策であった。要するに日本をアジアの「反共防波堤」および「アジアの工場」に再構築して，米ソ両陣営の二者択一に迷う新興の東南アジア諸国をしてアメリカ側へと誘導させる灯火の役割を求めたのである。ここから占領後期が始まる。

この占領後期の主役が吉田茂であった。アメリカが対日占領政策を転換した48年10月に，吉田は再び首相の座を片山・芦田の両中道政権から奪い返し，しかも戦後初の安定政権としてワンマン政治を推進する。内政面ではインフレ収束を目的とした「ドッジライン」を余儀なくされたものの，外交面では社会党など野党や総評，進歩的知識人らが唱える「全面講和論」を抑制し，アメリカら西側諸国との平和条約締結を優先する「単独講和」を推進したばかりか，独立後の日本の安全保障を在日米軍に委ねるとの決断を下した。これは戦後の方向性を定める大きな政治的賭けであった。吉田は，占領の長期化による国民の怨嗟の声を重視し，時として占領軍当局への弱者の恐喝をも辞さなかった反面，マッカーサーの権力を内政面に利用したことや，講和後も首相の座に固執して引き際を誤ったことが欠点とされるが，経済優先・軽武装・対米依存といった吉田路線を形成した意義は大きかった。

26. 降伏と占領

　太平洋戦争での日本の軍事戦略は，長期戦思想や国力補給の観念を欠き，外交戦略でも「イギリスの屈伏，ソ連の枢軸側加入，アメリカの継戦意志喪失をめざす」など楽観的で情緒的であった。しかも開戦時のハワイ奇襲攻撃が大戦果を収めたために日本軍は有頂天となり，冷静な判断を失わせ，国力不相応にアジア・太平洋方面に戦線を拡大した。結局快進撃は半年までであり，1942年（昭17）6月ミッドウェー海戦の惨敗，つづく8月ガダルカナル陥落により攻守が逆転し，以降，制空圏を失った日本軍はしだいに後退を余儀なくされた。

　一方，アメリカは開戦直後から対日戦後構想に着手し，戦局が決定的に有利となった43年に国務省内に「極東地域委員会（FEAC）」，44年初頭には「戦後計画委員会（PWC）」が新設され，極東部も極東局へと格上げされた。つづいて同年12月，最高決定機関として「国務・陸軍・海軍三省調整委員会（SWNCC）」が創設され，各省ごとに検討されていた対日占領政策が統一された。対日政策形成過程では，天皇制の処遇，占領統治形態，占領管理形態等が争点となったが，最終的には天皇制の存置，中央政府を利用した間接統治方式，アメリカの単独管理方式を決定した。

　この間の43年11月ルーズベルト，チャーチル，蔣介石はカイロで会談し，対日無条件降伏，朝鮮の独立などを含む「カイロ宣言」を発した。次いで米英首脳はテヘランでスターリンと会談し，ソ連軍が対独戦終了後数カ月以内に参戦することで合意した。45年2月三者は再びヤルタで会見し，ソ連の対日参戦と千島譲渡などを規定した「ヤルタ密約」を結んだ。他方，日本では44年7月の東条内閣退陣以後和平の動きが始まり，小磯国昭内閣はソ連を介した和平と対中国和平を試みたが失敗し，45年4月鈴木貫太郎内閣へと交替した。この時点で米軍は沖縄に上陸，本土決戦は必至となった。しかもソ連は4月「日ソ中立条約」の不延長を日本に通告した。7月鈴木首相が「ポツダム宣言」を黙殺すると，8月広島・長崎への原爆投下，ソ連軍参戦とつづき，昭和天皇の「聖断」により日本は降伏した。8月末マッカーサー元帥が厚木に到着，9月2日ミズーリ号上で連合国側との降伏文書調印式が実施され，連合国による占領が開始されたのである。

VI・26・a　カイロ宣言（日本国に関する英・米・華三国宣言）

1943年（昭18）11月27日署名

「ローズヴェルト」大統領，蒋介石大元帥及「チャーチル」総理大臣ハ，各自ノ軍事及外交顧問ト共ニ北「アフリカ」ニ於テ会議ヲ終了シ左ノ一般的声明ヲ発セラレタリ。

　各軍事使節ハ日本国ニ対スル将来ノ軍事行動ヲ協定セリ。

　三大同盟国ハ海路陸路及空路ニ依リ其ノ野蛮ナル敵国ニ対シ仮借ナキ弾圧ヲ加ウルノ決意ヲ表明セリ。右弾圧ハ既ニ増大シツツアリ。

　三大同盟国ハ日本国ノ侵略ヲ制止シ且之ヲ罰スルヲ為今次ノ戦争ヲ為シツツアルモノナリ。右同盟国ハ自国ノ為ニ何等ノ利得ヲモ欲求スルモノニ非ズ。又領土拡張ノ何等ノ念ヲモ有スルモノニ非ズ。

　右同盟国ノ目的ハ日本国ヨリ1914年ノ第一次世界戦争ノ開始以後ニ於テ日本国ガ奪取シ又ハ占領シタル太平洋ニ於ケル一切ノ島嶼ヲ剥奪スルコト並ニ満州，台湾及澎湖島ノ如キ日本国ガ清国人ヨリ盗取シタル一切ノ地域ヲ中華民国ニ返還スルコトニ在リ。

　日本国ハ又暴力及貪慾ニ依リ日本国ノ略取シタル他ノ一切ノ地域ヨリ駆逐セラルベシ。

　前記三大国ハ朝鮮ノ人民ノ奴隷状態ニ留意シ軈テ朝鮮ヲ自由且独立ノモノタラシムルノ決意ヲ有ス。

　右ノ目的ヲ以テ右3同盟国ハ同盟諸国中日本国ト交戦中ナル諸国ト協調シ日本国ノ無条件降伏ヲ齎スニ必要ナル重大且長期ノ行動ヲ続行スベシ。

出所）『日本外交年表並主要文書』下，594-95頁．

VI・26・b　ヤルタ協定

1945年（昭20）2月11日署名，1946年（昭21）2月11日発表

三大国即チ「ソヴィエト」連邦，「アメリカ」合衆国及英国ノ指揮者ハ「ドイツ」国ガ降伏シ且「ヨーロッパ」ニ於ケル戦争ガ終結シタル後2月又ハ3月ヲ経テ「ソヴィエト」連邦ガ左ノ条件ニ依リ連合国ニ与シテ日本ニ対スル戦争ニ参加スベキコトヲ協定セリ。

1．外蒙古（蒙古人民共和国）ノ現状ハ維持セラルベシ。
2．1904年ノ日本国ノ背信的攻撃ニ依リ侵害セラレタル「ロシア」国ノ旧権利ハ左ノ如ク回復セラルベシ。
　㈠　樺太ノ南部及之ニ隣接スル一切ノ島嶼ハ「ソヴィエト」連邦ニ返還セラルベシ。
　㈡　大連商港ニ於ケル「ソヴィエト」連邦ノ優先的利益ハ之ヲ擁護シ該港ハ国際化セラルベク又「ソヴィエト」社会主義共和国連邦ノ海軍基地トシテノ旅順口ノ租借権ハ回復セラルベシ。
　㈢　東清鉄道及大連ニ出口ヲ供与スル南満州鉄道ハ中「ソ」合弁会社ノ設立ニ依リ共同ニ運営セラルベシ。但シ「ソヴィエト」連邦ノ優先的利益ハ保障セラレ又中華民国ハ満州ニ於ケル完全ナル主権ヲ保有スルモノトス。

3．千島列島ハ「ソヴィエト」連邦ニ引渡サルベシ。
　前記ノ外蒙古並ニ港湾及鉄道ニ関スル協定ハ蒋介石総帥ノ同意ヲ要スルモノトス。大統領ハ「スターリン」元帥ヨリノ通知ニ依リ右同意ヲ得ル為措置ヲ執ルモノトス。
　三大国ノ首班ハ「ソヴィエト」連邦ノ右要求ガ日本国ノ敗北シタル後ニ於テ確実ニ満足セシメラルベキコトヲ協定セリ。
　「ソヴィエト」連邦ハ中華民国ヲ日本国ノ羈絆ヨリ解放スル目的ヲ以テ自己ノ軍隊ニ依リ之ニ援助ヲ与ウル為「ソヴィエト」社会主義共和国連邦中華民国間友好同盟条約ヲ中華民国国民政府ト締結スル用意アルコトヲ表明ス。
　　1945年2月11日
　　　　　　　　　　　　　　　　　　　　　　ジェー・スターリン
　　　　　　　　　　　　　　　　　　フランクリン・ディー・ルーズヴェルト
　　　　　　　　　　　　　　　　　　　ウィンストン・エス・チャーチル
　　　　　　　　　　　　　　　　　　　　　　出所）同上, 607-08頁。

VI・26・c　ポツダム宣言（米・英・支三国宣言）
1945年（昭20）7月26日署名

1．吾等合衆国大統領, 中華民国政府主席及「グレート・ブリテン」国総理大臣ハ吾等ノ数億ノ国民ヲ代表シ協議ノ上日本国ニ対シ今次ノ戦争ヲ終結スルノ機会ヲ与ウルコトニ意見一致セリ。
2．合衆国, 英帝国及中華民国ノ巨大ナル陸, 海, 空軍ハ西方ヨリ自国ノ陸軍及空軍ニ依ル数倍ノ増強ヲ受ケ日本国ニ対シ最後的打撃ヲ加ウルノ態勢ヲ整エタリ。右軍事力ハ日本国ガ抵抗ヲ終止スルニ至ル迄同国ニ対シ戦争ヲ遂行スルノ一切ノ連合国ノ決意ニ依リ支持セラレ且鼓舞セラレ居ルモノナリ。
3．蹶起セル世界ノ自由ナル人民ノ力ニ対スル「ドイツ」国ノ無益且無意義ナル抵抗ノ結果ハ日本国国民ニ対スル先例ヲ極メテ明白ニ示スモノナリ。現在日本国ニ対シ集結シツツアル力ハ抵抗スル「ナチス」ニ対シ適用セラレタル場合ニ於テ全「ドイツ」国人民ノ土地, 産業及生活様式ヲ必然的ニ荒廃ニ帰セシメタル力ニ比シ測リ知レザル程更ニ強大ナルモノナリ。吾等ノ決意ニ支持セラルル吾等ノ軍事力ノ最高度ノ使用ハ日本国軍隊ノ不可避且完全ナル壊滅ヲ意味スベク又同様必然的ニ日本国本土ノ完全ナル破壊ヲ意味スベシ。
4．無分別ナル打算ニ依リ日本帝国ヲ滅亡ノ淵ニ陥レタル我儘ナル軍国主義ノ助言者ニ依リ日本国ガ引続キ統御セラルベキカ又ハ理性ノ経路ヲ日本国カ履ムベキカヲ日本国ガ決定スベキ時期ハ到来セリ。
5．吾等ノ条件ハ左ノ如シ。
　吾等ハ右条件ヨリ離脱スルコトナカルベシ。右ニ代ル条件存在セズ。吾等ハ遅延ヲ認ムルヲ得ズ。

6．吾等ハ無責任ナル軍国主義ガ世界ヨリ駆逐セラルルニ至ル迄ハ平和，安全及正義ノ新秩序ガ生ジ得ザルコトヲ主張スルモノナルヲ以テ日本国国民ヲ欺瞞シ之ヲシテ世界征服ノ挙ニ出ズルノ過誤ヲ犯サシメタル者ノ権力及勢力ハ永久ニ除去セラレザルベカラズ。

7．右ノ如キ新秩序ガ建設セラレ且日本国ノ戦争遂行能力ガ破砕セラレタルコトノ確証アルニ至ルマデハ連合国ノ指定スベキ日本国領域内ノ諸地点ハ吾等ノ茲ニ指示スル基本的目的ヲ達成ヲ確保スルタメ占領セラルベシ。

8．「カイロ」宣言ノ条項ハ履行セラルベク又日本国ノ主権ハ本州，北海道，九州及四国並ニ吾等ノ決定スル諸小島ニ局限セラルベシ。

9．日本国軍隊ハ完全ニ武装ヲ解除セラレタル後各自ノ家庭ニ復帰シ平和的且生産的ノ生活ヲ営ムノ機会ヲ得シメラルベシ。

10．吾等ハ日本人ヲ民族トシテ奴隷化セントシ又ハ国民トシテ滅亡セシメントスルノ意図ヲ有スルモノニ非ザルモ吾等ノ俘虜ヲ虐待セル者ヲ含ム一切ノ戦争犯罪人ニ対シテハ厳重ナル処罰ヲ加エラルベシ。日本国政府ハ日本国国民ノ間ニ於ケル民主主義的傾向ノ復活強化ニ対スル一切ノ障礙ヲ除去スベシ。言論，宗教及思想ノ自由並ニ基本的人権ノ尊重ハ確立セラルベシ。

11．日本国ハ其ノ経済ヲ支持シ且公正ナル実物賠償ノ取立ヲ可能ナラシムルガ如キ産業ヲ維持スルコトヲ許サルベシ。但シ日本国ヲシテ戦争ノ為再軍備ヲ為スコトヲ得シムルガ如キ産業ハ此ノ限ニ在ラズ。右目的ノ為原料ノ入手（其ノ支配トハ之ヲ区別ス）ヲ許可サルベシ。日本国ハ将来世界貿易関係ヘノ参加ヲ許サルベシ。

12．前記諸目的ガ達成セラレ且日本国国民ノ自由ニ表明セル意思ニ従イ平和的傾向ヲ有シ且責任アル政府ガ樹立セラルルニ於テハ連合国ノ占領軍ハ直ニ日本国ヨリ撤収セラルベシ。

13．吾等ハ日本国政府ガ直ニ全日本国軍隊ノ無条件降伏ヲ宣言シ且右行動ニ於ケル同政府ノ誠意ニ付適当且充分ナル保障ヲ提供センコトヲ同政府ニ対シ要求ス。右以外ノ日本国ノ選択ハ迅速且完全ナル壊滅アルノミトス。

出所）同上，626-27頁．

VI・26・d　日本人引揚の地図

出所）前掲『日本外交史 別巻4 地図〈第32図〉』より．

27. 占領政策の転換

　1945年（昭20）10月 GHQ／SCAP（連合国最高司令官総司令部）が東京に設置され，占領行政が本格化した。アメリカの対日占領政策の目標は，「ポツダム宣言」と「降伏後における米国の初期の対日方針（SWNCC150／4）」と「初期の基本的指令（JCS1380／15）」にもとづく日本の非軍事化・民主化にあった。日本改革の先頭に立ったのは，民政局（GS）や経済科学局（ESS）などのニューディーラーであり，彼らは日本軍の武装解除，陸海軍省の解体，軍需工場の閉鎖など非軍事化政策，また選挙法改正，男女平等化，労働組合結成，学校教育の民主化，戦犯逮捕，公職追放，新憲法制定，財閥解体，農地改革，労働改革など民主化政策を精力的に実施した。その際マッカーサーは，彼の高い威望によりワシントンの干渉を退け，FEC（極東委員会），対日理事会（ACJ），またソ連の介入も許さず，平和憲法草案などで独自性を発揮した。

　一方日本の政界では，47年4月の新憲法下初の総選挙で社会党が第一党へと躍進し，日本初の社会主義を標榜する片山哲連立政権が誕生した。しかし片山，つづく芦田均の両中道政権は内部分裂をきたし，労働争議やインフレ終息に対応できず，昭和電工疑獄により自滅した。こうして48年10月，政権は吉田保守党へと戻り，49年1月の総選挙で絶対過半数を獲得した第三次吉田内閣は，安定政権として占領政策を担うこととなった。しかもこの頃には冷戦がアジアにも波及し，日本をアジアにおける共産主義の防波堤とする構想（ロイヤル演説）がワシントンに生まれ，そのため日本の経済的自立化がアメリカ側の緊急課題となった。

　国務省政策企画室長ケナンは，ポツダム精神に依拠した従来の占領政策に代わり，米ソ冷戦体制にもとづく政策を提起し，トルーマン大統領によって承認された。これがNSC13／2である。49年2月来日したドッジは「経済安定九原則」にもとづく超均衡財政（ドッジ・ライン）を吉田茂内閣に指示し，池田勇人蔵相はこれに従いデフレ政策を実施するとともに，国鉄などの大量人員整理を断行した。その結果中小企業が相次いで倒産し，ストが敢行され，社会不安が増したが，朝鮮戦争の勃発に伴う特需景気により日本経済は復興のきっかけを得ることになる。

Ⅵ・27・a　降伏後における米国の初期の対日方針

1945年(昭20)9月20日(抄)

第2部　連合国ノ権限　　2　日本国政府トノ関係

天皇及日本国政府ノ権限ハ降伏条項ヲ実施シ且日本国ノ占領及管理ノ施行ノ為樹立セラレタル政策ヲ実行スル為必要ナル一切ノ権力ヲ有スル最高司令官ニ従属スルモノトス。日本社会ノ現在ノ性格竝ニ最小ノ兵力及資源ニ依リ目的ヲ達成セントスル米国ノ希望ニ鑑ミ最高司令官ハ米国ノ目的達成ヲ満足ニ促進スル限リニ於テハ天皇ヲ含ム日本政府機構及諸機関ヲ通ジテ其権限ヲ行使スベシ。日本国政府ハ最高司令官ノ指示ノ下ニ国内行政事項ニ関シ通常ノ政治機能ヲ行使スルコトヲ許容セラルベシ。但シ右方針ハ天皇又ハ他ノ日本国ノ権力者ガ降伏条項実施上最高司令官ノ要求ヲ満足ニ果サザル場合最高司令官ガ政府機構又ハ人事ノ変更ヲ要求シ又ハ直接行動スル権利及義務ニ依リ制限セラルルモノトス。更ニ又右方針ハ最高司令官ヲシテ米国ノ目的達成ニ指向スル革新的変化ニ抗シテ天皇又ハ他ノ日本国ノ政府機関ヲ支持スル様拘束スルモノニ非ズ、即チ右方針ハ日本国ニ於ケル現存ノ政治形態ヲ利用セントスルモノニシテ之ヲ支持セントスルモノニ非ズ、封建的及権威主義的傾向ヲ修正セントスル政治形態ノ変更ハ日本国政府ニ依ルト日本国国民ニ依ルトヲ問ワズ許容セラレ且支持セラルベシ。斯ル変更ノ実現ノ為日本国国民又ハ日本国政府ガ其ノ反対者抑圧ノ為実力ヲ行使スル場合ニ於テハ最高司令官ハ麾下部隊ノ安全竝ニ占領ノ他ノ一切ノ目的ノ達成ヲ確実ニスルニ必要ナル場合ニ於テノミ之ニ干渉スルモノトス。〔以下略〕

出所）『日本占領及び管理重要文書集　第1巻　基本編』日本図書センター，1989，94-96頁．

Ⅵ・27・b　公職追放指令

連合国総司令部発日本帝国政府宛1946年(昭21)1月4日付覚書(SCAPIN550)(抄)

附属書A号　　罷免及排除すべき種類

A　戦争犯罪人
　戦争犯罪人容疑者として逮捕せられたる者，但し釈放又は無罪放免せられたる者を除く
B　職業陸海軍職員，陸海軍省の特別警察職員及官吏
　時期の如何を問わず左の地位の何れかを占めたることある一切の者
　1　元帥府，軍事参議院，大本営，参謀本部軍令部又は最高戦争指導会議の一員
　2　帝国正規陸海軍将校又は特別志願予備将校
　3　憲兵隊，海軍保安隊，特務機関，海軍特務部又は其の他の特別若は秘密諜報機関又は陸海軍警察機関に於て又は之と共に勤務する武官，兵又は軍属
　4　陸軍省(但し昭和20年9月2日以後任命せられたる者を除く)大臣，次官，政務次官，参与官高級副官，勅任官以上の総ての文官又は通常勅任官以上の者に依り占めらるる地位に在る総ての文官
　5　海軍省(但し昭和20年9月2日以後任命せられたる者を除く)大臣，次官，政務次官，

参与官高級副官，勅任官以上の総ての文官又は通常勅任官以上の者に依り占めらるる地位に在る総ての文官
C 極端なる国家主義的団体，暴力主義的団体又は秘密愛国団体の有力分子
日本政府に対する覚書「或種の政党，協会其の他の団体の廃止に関する件」ＡＧ０９１（昭和21年1月4日附）ＧＳ所掲の団体又は其の支部，補助団体（下記Ｄ項に引用せる団体を除く）の何れかに対し時期の如何を問わず左の関係ありたる者
 1 創立者，役員又は理事たりし者
 2 要職を占めたる者
 3 一切の刊行物又は機関誌紙の編集者
 4 自発的に多額の寄附（寄附したる金額又は財産の価格が絶対的に多額なるか又は本人の財産に比し多額なるもの）を為したる者
D 大政翼賛会，翼賛政治会及大日本政治会の活動に於ける有力分子
時期の如何を問わず
 1 左の団体の創立者，中央役員，中央理事，中央委員会委員長又は都道府県支部の指導的役員たりし者
 2 左の団体の刊行物又は機関誌紙の編集者たりし者
  a 大政翼賛会及一切の関係団体
  b 翼賛政治会及一切の関係団体又は機関
  c 大日本政治会及一切の関係団体又は機関
E 日本の膨張に関係せる金融機関並に開発機関の役員
昭和12年7月7日と昭和20年9月2日との間に於て時期の如何を問わず左の地位を占めたる者
左の機関の何れかの取締役会長，総裁社長，副総裁副社長，取締役理事，顧問相談役若は監査役監事又ハ昭和12年7月7日以後日本軍占領地域内に於て左の機関の支店の支配人
　　南満州鉄道株式会社，満州拓殖株式会社，北支那開発株式会社，中支那振興株式会社，南洋拓殖株式会社，台湾拓殖株式会社，満州重工業株式会社，南洋興発株式会社，東洋拓殖株式会社，戦時金融金庫，資金統合銀行，南方開発金庫，外資金庫，朝鮮殖産銀行，独逸東亜銀行，朝鮮銀行，台湾銀行，満州中央銀行，満州拓殖銀行，朝鮮信託株式会社
　　其の他の一切の銀行，開発会社又は機関にして其の主要目的が植民地若は日本占領地に於ける植民及開発活動に対する金融又は植民地若は日本占領地の財政的資源の動員若は支配に依る軍需生産に対する金融に在りたるもの
F 占領地の行政長官
左の地位に在りたる日本官吏
　　1 朝鮮　　　　総督，政務総監，中枢院参議
　　2 台湾　　　　総督，総務長官

3	関東州	総督，行政長官，警察部長
4	南洋庁	総督，南洋行政事務局長
5	蘭領印度	軍政監，民政長官
6	「マライ」	軍政監，民政長官，「シンガポール」市長
7	仏領印度支那	総督，警視総監，総務局長，財政事務取扱者
8	「ビルマ」	「ビルマ」政府顧問，日本軍政監部政務部長，中央行政部内務部長
9	支那	南京傀儡政府顧問，大使
10	満州国	総務長官，総務庁次長，協和会中央機関役員
11	其の他	蒙疆連合自治政府，フィリッピン傀儡共和国，自由印度仮政府及「タイ」国に於て現地人の対日協力派行政機構の統制に対し責任ある日本官吏

G 其の他の軍国主義者及極端なる国家主義者
　1 軍国主義的政権反対者を攻撃し又は其の逮捕に寄与したる一切の者
　2 軍国主義的政権反対者に対し暴行を使嗾し又は敢行したる一切の者
　3 日本の侵略計画に関し政府に於て活発且重要なる役割を演じたるか又は言論，著作若は行動に依り好戦的国家主義及侵略の活発なる主唱者たることを明かにしたる一切の者〔以下附属書B号省略〕

　　　出所）H．ベアワルド／袖井林二郎訳『指導者追放』付録，勁草書房，1970，181-84頁．

VI・27・c 「日本の非軍事化と経済自立」に関するロイヤル陸軍長官演説

1948年（昭23）1月6日（抄）

　私自身を含め，多くの米国市民にとって，事態の最も驚くべき発展つまりそれは，ドイツと日本に対するわれわれの勝利がもたらした最も失望すべき側面の一つなのだが，占領がわれわれに課した責任と費用である．占領の当初からこの負担の程度を理解していた者は少なかった．しかし今日，わが国のすべての市民は，われわれの占領政策の"本質"と"理由"について質問する権利がある．
　この機会に，私はとくに日本に関して述べてみたい．降伏直後，明らかにされたわれわれの政策の目的は，第一に"日本が再び世界の安全と平和にとって脅威にならないよう保証すること"であり，第二に"国際的な責務を履行し，他国の権利を尊重し，さらに国際連合の目的を支持する民主的で平和的な政府を，できるだけ速やかに樹立すること"であった．……
　これらの基本政策は，速やかに実行に移された．戦争行為終了後2，3カ月で，日本の戦術部隊が解散させられ，さらにすべての戦争手段が破壊ないしは，隔離された．悪名高い秘密結社とテロ集団と同様，日本軍の卜部機構も廃棄された．征服と侵略をめざす日本の政策を決定した人々も，重要な政治・経済上の地位から排除された．……
　しかし，占領に関する政策上の責任を負っている陸軍省・国務省の両省とも，将来安定

した自由な政府の存続を可能とするような政治的安定をもたらすためには，健全な自立した経済が不可欠であり，かつ占領の総指揮にあたるマッカーサー元帥がこれらの政策を実施するために信頼し得る人物であるということを理解している。

米国はまた，全占領地域に対して年額数億ドルにもおよぶ救済資金を永久に注入し続けることはできないし，このような援助は，被占領国が自国の生産と輸出によってみずからの必需品に対する支払いができるようになった時にはじめて，混乱なしに，打ち切れるのだということも，われわれは理解している。

これらの要因は，多くの分野で日本経済の改善のための努力をもたらした。さらに経済面の問題を解決してゆくにつれて，当初の広範囲にわたる非軍事化方針と，日本をして自立国家たらしめようとする新方針との間に，不可避的に矛盾する分野が生じてきた。……

これが，われわれのジレンマである。日本はもはや純然たる農業国として存在できない以上に，他の小売商人や技芸家や職人の国家として存続できないのは明白である。少なくともある程度大量の工業生産がない限り，経済上の赤字の継続が予想される。

非軍事化と経済復興の板ばさみになっているもう一つの問題は人の問題である。軍事的・工業的両面において日本の戦争機構の樹立と運用に最も積極的であった人々は，しばしばこの国の最も有能で最も成功した財界の指導者たちであった。したがって，彼らの働きは，多くの場合日本の経済復興に貢献することであろう。……

現在，国務省と陸軍省が非軍事化と経済復興との間に正当なバランスをとろうとしている。それをするについて両省は，占領の当初以来生じた政治・軍事・経済上考慮すべき事項の変化を十分に重要視しており，今後も重要視するであろう。……

……われわれは，現実的に，かつ，いかなる他国に対しても，再びいわれなき，侵略的で，残酷な戦争を日本に始めさせないようにあらゆる措置を講ずるという確固たる決意をもって，決定を下すことを断言する。同時にわれわれは，将来日本や極東地域に発生するおそれのある他の全体主義者たちによる戦争の脅威に対応するための防壁として有効な，十分強力でしかも十分安定し，自立した，民主主義国家をつくりあげるという明確な目的を固守するものである。

出所）末川博・家永三郎監修『日米安保条約体制史2 1948～1960 日米安保体制の成立』三省堂，1970，647-49頁。

VI・27・d　NSC13／2（アメリカの対日政策に関する国家安全保障会議の勧告）

1948年（昭23）10月7日（抄）

　　　講和条約

1　時機と手続　　対日講和条約の手順と内容に関しての関係諸国間の意見の相違の拡大にかんがみ，またソ連の侵略的な共産主義拡大政策によって生じた容易ならぬ国際情勢にかんがみて，政府は現時点において講和条約を急ぐべきではない。政府は，連合

国間で何らかの一般的受容性をもつ投票手続について合意をみた場合には，その手続のもとに交渉を進行させられるよう，準備して待機すべきである。講和会議を実際に開催するに先立って，条約に盛り込むべき内容の要点について，外交ルートで参加国の多数の同意を得ておくようにすべきである。この間，日本人に将来の対日管理廃止への準備をさせることに注意を集中すべきである。
2 　条約の性格　　最終的交渉の結果，できる限り簡潔で，普遍的で，非懲罰的な条約を結ぶことを目的とすべきである。この目的のため，解決しておかないと講和条約に盛り込まれると予想される事案を，それまでの期間中にできる限り解決しておくべきである。講和条約で処理される問題の件数をできる限り減らすことを目的とすべきである。このことはとりわけ財産，財産回復等の事案について妥当する。次期に向けての政策は，とくにこのことを念頭に置いて立案すべきである。
　　　　　安全保障
3 　講和以前の措置　　本文書において定める占領任務の適正な遂行及び軍の安全と士気を保障できる限りにおいて，占領軍の存在が日本人大衆に与える心理的圧迫を最小ならしめるようあらゆる努力を払うべきである。作戦軍，とりわけ非作戦軍の数は最小とすべきである。講和前における占領軍の配置，その雇用，日本経済からの補給については，上述のことに十分配慮すべきである。
4 　講和後の措置　　講和条約の発効に至るまで日本におけるアメリカ作戦軍は保持すべきである。講和後の日本の軍事的安全保障の措置についてのアメリカの最終的な立場は，講和交渉に当面するまでは決定されるべきではない。国際情勢及び日本の国内安定達成度にかんがみて決定すべきである。
6 　海軍基地　　アメリカ海軍は横須賀基地を，現在享受する便益を講和後は代償を支払ってもできる限り多く保持できるよう拡充することにつき政策を立案すべきである。他方，海軍は，アメリカが沖縄を長期的に支配し続けるとの想定のもとに，沖縄の海軍基地としての可能性の追求を続けるべきである。
　この政策は，講和前のアメリカの日本の安全保障政策最終決定の段階で，国際情勢にかんがみて，横須賀等を海軍基地として保持することが望ましく，かつアメリカの政治目的に一致するならば，これを妨げるものではない。
8 　連合国最高司令官　　政府は現時点においては，管理制度のいかなる大幅な改変についても提起しまたは同意すべきではない。それ故，ＳＣＡＰは公式には現有の全権利と全権限とを保持せしめられるべきである。しかしながら，着実により多くの行政責任を日本政府に移行すべきである。この目的のため，以下のアメリカ政府の見解をＳＣＡＰに伝達すべきである。すなわち，ＳＣＡＰの機能範囲を，できる限り早期に縮小し，それに対応する人員をも減少し，その任務は主として日本政府の諸活動の概括的監察及び大きな政策問題についての日本政府とのハイレベルでの接触に限るべきである。
13 　公職追放　　公職追放の目的は大部分達成されたので，アメリカ政府はＳＣＡＰに対し，日本政府に以下のことを非公式に通知するよう指導すべきである。公職追放をさら

に拡大する企画はなく，追放を以下の方向に修正すべきこと．すなわち，(1)比較的責任の軽い地位に在職していたが追放され，または追放されるべき者のカテゴリーについては，政府，企業，公共機関の職に対しての適格を回復すべきである，(2)公的生活から追放され，または追放されるべき者のうちのある者は，在職していた地位の基準によってではなく，個人の行動を基準としてのみ再審査できるようすべきである，(3)年齢の最低限を定め，それ以下については公職適格審査を要求すべきでない．

14 占領費　日本政府の負担となる占領費は，本文書で検討する講和前の政策目的に一致する限りで，最大限の減額を続けるべきである．

15 経済復興　アメリカの安全保障の利益に次いで，経済復興を，次期におけるアメリカの対日政策の主要目的となすべきである．経済復興は，アメリカの長期的援助計画を，物資・資金の双方または一方の援助によって，それを数年にわたって次第に減少させつつ行なうことと，日本への商船供与を含む日本の対外貿易復活に対する現存の障害の除去と日本の輸出の回復と促進のために，アメリカ政府の全関係省庁が強力に，かつ協調して尽力することとの結合により，推進されるべきである．日本の国内的及び対外的交易・産業の発展のためには民間企業を育成すべきである．上掲の諸点の実行に関する勧告は，日本経済の極東諸国との関係を考慮しつつ，政府の関係省庁との協議ののち国務省と陸軍省が共同して案出すべきである．次のことを日本政府に対して明示すべきである．復興計画の成功は主として，はげしい勤労によって生産を向上させ，高い輸出水準を維持し，争議による作業停止を最小にし，インフレーションの傾向に対して国内的なきびしい手段をとって激しい戦をいどみ，かつできる限り速かに均衡予算を達成することにかかっている．〔以下略〕

出所）大蔵省財政史室編『昭和財政史　終戦から講和まで』
第17巻資料1，東洋経済新報社，1981，79-81頁．

VI・27・e　経済安定9原則
1948年(昭23)12月18日

1．支出をできるだけ引締めることによって，できる限り近い将来に総合予算の真の均衡をはかり，必要かつ適切な新歳入を含めて，政府の全歳入を最大限に拡大する．
2．税収計画を促進強化し，脱税者に対し速かにかつ広範囲にわたり，徹底的な刑事訴追措置をとる．
3．真に経済復興に貢献する事業に限り融資を受け得るよう限定せよ．
4．賃銀安定を実現するための効果的計画を作成する．
5．現行の価格統制計画を強化し，必要あれば範囲を拡張する．
6．外国貿易管理の操作を改善し，かつ現行外国為替管理を強化すること，これらの措置を適切に日本側機関に移譲できる程度まで行うこと．
7．現行の割当ならびに配給措置，特に輸出貿易を最大限に振興することを目的として改

善する。
8. すべての重要国産原料ならびに工業製品の生産増大をはかる。
9. 食料供出計画の能率を向上する。
10. 以上の計画を早期単一為替レート設定のため発展，強化する。

出所）鮎川国彦編『マッカーサー書簡集』日本弘報社，1950，186-87頁．

VI・27・f　ドッジ声明「竹馬政策は自滅への道」

1949年（昭24）3月7日（抄）

……私は最後に日本国民一人一人が次の単純な事実を理解し銘記することを要請する。
1. 日本が毎年アメリカから受けている数億ドルの援助はアメリカの市民や企業に課せられた税金から出たものである，ためにその税金はアメリカ労働者の賃金およびアメリカ企業の生産と利潤から支払われたものである。
2. 日本が受取っているこれらドル資金や物資は日本の経済復興に必要欠くべからざるものではあるが，もともと日本が自力で行わねばならず，生産や輸出を一時的に代行しまたは補足するものに過ぎない，日本は他国に依存せず，自立してゆくためには安い生産費でより多く生産し貯蓄と節約によって資本を蓄積し，限られた国内の資源を補うための他国からの原料資材の輸入は輸出の振興で賄わなければならない，一言にしていえば生産増強に伴う国家の赤字の増大は許されないのだ。
3. 生産指数の上昇や輸出の増加を誇ることは愚の骨頂だ，生産費や純収には一切おかまいなく総生産高や総輸出額の増加にばかり注意を奪われているのが現状である，純生産高を最大限度に増強しまた輸入原料を活用して最大限度の純輸出を確保する必要性にはほとんど注意が払われていない。

日本が必要とし同時にアメリカが希望するものは終局においてアメリカの対日援助の廃止をもたらす日本自立のための建設的措置である，日本の今日の経済は脚がシッカリ地についていない，これは合理的でなく，現実的でない，それはちょうど竹馬に乗って歩いているようなものだ，その竹馬の一方の脚はアメリカの援助，他の一方の脚は国内の補助金でできている，竹馬の脚が長くなればなるほど降りるときに大怪我をする，いまこそその竹馬の脚を短くするときである，外国の援助と国内の補助金それに物価，賃金の値上げという政策はインフレの原因であるばかりでなく自滅への道である。

出所）『読売新聞』1949年3月8日付．

28. 朝鮮戦争

　1950年（昭25）6月，金日成首相指導下の北朝鮮軍は北緯38度線を越境し，朝鮮戦争が勃発した。ただちに国連安全保障理事会は北朝鮮の武力攻撃を非難する決議を採択し，「国連軍」の派遣を決定した。この間不意を突かれた韓国軍は敗走をつづけ，半島南東部の釜山一角へと追い詰められたが，9月，マッカーサーの指揮する国連軍が半島中央西部の仁川上陸を敢行した結果，形勢は逆転し，今度は米英韓3国主力の国連軍が越境して北進した。ところが翌10月に中国人民義勇軍が介入したため国連軍は敗走し，以降，38度線付近で膠着状態に陥った。53年7月，休戦協定が板門店で調印され，ここに南北朝鮮が固定化される。

　朝鮮戦争は日本に多大な影響を及ぼした。第一に「特需景気」をもたらした。米軍側は日本から軍需物資（トラック，衣服，弾薬等）数億ドルを調達したため，ドッジラインのもとで不景気のどん底にあった日本経済が，この特別需要により息を吹き返したのである。日本経済にとってこの戦争は天佑であった。第二に日本の再軍備が開始された。マッカーサーは吉田首相宛書簡で，朝鮮半島に緊急出動した占領軍の空白を埋めるため，警察予備隊の創設と海上保安庁の増員を許可した。これが今日の自衛隊の起源となる。第三に「レッドパージ」が開始された。当初パージは軍国主義者や超国家主義者ら右翼を対象としたが，冷戦後には左翼へと変化していき，日本共産党がモスクワの指令に従って過激な路線に転じると，日本政府とGHQは共産党員や社会主義者のパージを開始した。こうして6月に共産党は非合法化され，徳田球一書記長ら指導者は中国などに亡命する。

　一方アメリカは，米中国交正常化や中国の国連加盟の方針を放棄し，逆に韓国および台湾防衛の堅固な姿勢を鮮明にした。53年に米韓相互防衛条約，54年には米華相互防衛条約を相次いで締結し，日米安保条約とともに西太平洋の防衛ラインを固める。この結果，中国による台湾解放は困難となった。さらに中国は，戦後にソ連から得たさまざまな有償援助を返済することを余儀なくされたばかりか，国内の革命運動の停滞，国際的孤立など，致命的な打撃を被った。ここに60年代における中ソ対立の怨念が芽生えるのである。

VI·28·a 朝鮮戦争に関する国連安保理決議

安保理決議82（1950年6月25日）

安全保障理事会は，

大韓民国政府は，「国際連合臨時朝鮮委員会が観察し，かつ協議することができたところの，朝鮮人民の大多数が居住している朝鮮の部分に，有効な支配と管轄権を及ぼしている」合法的に確立された政府であること，および「この政府が，朝鮮の前記の部分の選挙民の自由意思の有効な表明であり，かつ，臨時委員会により観察された選挙に基づくものであること，ならびにこの政府が朝鮮における唯一のこの種の政府であること」を，総会がその1949年10月21日の決議293（IV）において認定したことを想起し，

朝鮮の完全な独立と統一とをもたらすために国際連合が達成しようとしている成果に反する行為を加盟国が慎まない限り生ずる恐れのある結果について，総会がその1948年12月12日および1949年10月21日の決議において示した関心に留意し，また，国際連合朝鮮委員会がその報告において記述した事態が，大韓民国および朝鮮人民の安全と福祉とを脅かし，かつ同地域における公然の軍事的紛争を導くものであるという懸念に注意し，

北朝鮮からの軍隊による大韓民国への武力攻撃を，重大な懸念をもって注目し，

この行動が平和の破壊を構成するものであると決定し，また

1　敵対行為の即時停止を要求し，かつ，北朝鮮当局に対し，その軍隊を38度線まで直ちに撤退させるよう要請する。

2　国際連合朝鮮委員会に対し，次のことを要請する。

　(a)　この事態に関する充分に考慮した勧告を，できる限りすみやかに通報すること。

　(b)　北朝鮮軍の38度線への撤退を監視すること。

　(c)　この決議の実施に関して，安全保障理事会に常時通報すること。

3　すべての加盟国に対し，この決議の実施について，国際連合にあらゆる援助を与え，かつ北朝鮮当局への援助の供与を慎むよう要請する。

安保理決議83（1950年6月27日）

安全保障理事会は，

大韓民国に対する北朝鮮からの軍隊による武力攻撃が，平和の破壊を構成することを決定しており，

敵対行動の即時停止を要請しており，

北朝鮮当局に対し，その兵力を直ちに38度線へ撤退することを要請しており，また，

国際連合朝鮮委員会の報告により，北朝鮮当局が敵対行動を停止せず，またその兵力を38度線に撤退しなかったこと，ならびに国際の平和および安全を回復するため緊急な軍事措置が必要であることに留意し，

平和および安全を確保する即時の，かつ実効的措置を求める大韓民国の国際連合に対する訴えに留意して，

国際連合加盟国が，武力攻撃を撃退し，かつ，この地域における国際の平和および安全を回復するために必要と思われる援助を大韓民国に提供するよう勧告する。

　　　安保理決議84（1950年7月7日）
　北朝鮮からの軍隊による大韓民国に対する武力攻撃が，平和の破壊を構成すると決定しているので，
　国際連合加盟国に対し，武力攻撃を撃退し，かつこの地域における国際の平和および安全を回復するために必要と思われる援助を大韓民国に提供することを勧告しているので，
　1　大韓民国が武力攻撃に対しみずからを防衛することを援助し，かつこのようにしてこの地域における国際の平和および安全を回復するため，1950年6月25日の決議82および27日の決議83に対して，国際連合の加盟国政府および国民が与えた急速かつ強力な支持を歓迎し，
　2　国際連合加盟国が，大韓民国に対する援助の申し出を国際連合に通報したことに注目し，
　3　前記の安全保障理事会の決議に従って兵力その他の援助を提供するすべての加盟国が，これらの兵力その他の援助を合衆国の下にある統一司令部に提供することを勧告し，
　4　合衆国に対し，このような軍隊の司令官を任命するよう要請し，
　5　統一司令部が，その裁量によって，参加する諸国の旗と並べて国際連合旗を北朝鮮軍に対する作戦中使用することを許可し，
　6　合衆国に対し，統一司令部の下にとられた行動の経過について適当な報告を安全保障理事会に提出するよう要請する。

　　　　　　　　　　　　　　　　出所）神谷不二編『朝鮮問題戦後資料』第1巻，
　　　　　　　　　　　　　　　　　　日本国際問題研究所，1976，471，474-76頁．

VI・28・b　朝鮮休戦協定（朝鮮における軍事休戦に関する一方国際連合軍司令部総司令官と他方朝鮮人民軍最高司令官および中国人民志願軍司令との間の協定）

1953年（昭28）7月27日（抄）

　　　　　前　　文
　国際連合軍司令部総司令官を一方とし，朝鮮人民軍最高司令官および中国人民志願軍司令を他方とする下記署名者は，双方に多大な苦痛と流血をもたらした朝鮮の紛争を停止するため，また，朝鮮における敵対行為および軍隊のすべての行動の完全な停止を確保する休戦を確立するため，最終の平和的解決を達成するまでの間，個別的に，集団的に，また，相互に次の条項に掲げる休戦の条件を受諾し，かつ，その拘束と支配を受けることに同意

する。これらの条件は，純然たる軍事的性質のものおよび単に朝鮮における交戦に関するものを目的とする。
　　　第1条　軍事境界線および非武装地帯
1　軍事境界線を確立し，対抗する軍隊の間に非武装地帯を設定するため，双方の軍隊は，この線から2キロメートル後退するものとする。非武装地帯は，敵対行為の再開を招くような事件の発生を防止するための緩衝地帯として設定するものとする。
2　軍事境界線は附属地図に示すように設定する。
3　非武装地帯は附属地図に示すように，北部および南部の境界によって定める。〔以下略〕
　　　　　　　　　　　　　　　　　　　　　　　　　出所）同上，508頁.

VI・28・c　朝鮮特需の経済的効果

	1949	1950	1951	1952	1953	1954	1955	1956
輸　　　　　出（百万ドル）	510	820	1,355	1,273	1,275	1,629	2,011	2,501
特　需　収　入（　〃　）	—	592		824	809	597	557	595
輸　　　　　入（　〃　）	905	975	1,955	2,028	2,410	2,399	2,471	3,230
鉱工業生産指数（1960年 = 100)	18.2	22.3	30.8	33.0	40.3	43.7	47.0	57.5
使用総資本収益率（上期 - 下期,%)		2.8-5.1	10.6-6.7	4.8-4.2	4.2-4.6	3.2-2.4	3.0-3.6	4.1-4.5
製造業常用雇用指数（1960年 = 100)	50.7	48.3	51.9	53.1	55.6	58.7	60.4	66.2
卸　売　物　価　指　数（　〃　）	59.3	70.1	97.3	99.2	99.9	99.2	97.4	101.7
消費者物価指数（　〃　）	72.6	67.6	78.7	82.6	88.0	93.7	92.7	93.0
製造業名目賃金指数（　〃　）	33.1	40.2	51.6	60.7	68.1	71.7	74.5	86.4
製造業実質賃金指数（　〃　）	45.6	59.5	65.6	73.5	77.4	76.5	80.5	87.5

注）輸出入は大蔵省通関統計，特需は日本銀行，生産指数は通産省，収益率は三菱経済研究所，消費者物価指数は総理府統計局，雇用指数・賃金指数は労働省の公表数字．

出所）中村隆英『日本経済——その成長と構造』第42表「朝鮮戦争前後の経済指標」東京大学出版会，（第3版）1993，157頁.

29. 日本の再軍備

　米ソ冷戦は，1947年（昭22）秋以降，ヨーロッパにとどまらずアジアにも拡大していく。中国での国共内戦は共産党軍が国民政府軍に対して優位に立ち，朝鮮半島では南北に分断国家が成立しつつあった。緊迫するアジア情勢に直面して，翌48年１月，米陸軍長官ロイヤルは対日占領政策の転換を示唆する演説を行なった。これまでの日本の「非軍事化・民主化」から「経済的自立化」へと占領目標をシフトさせ，日本をアジアの「反共防波堤」にすべきであるとの提言であった。

　以後，３月にケナン国務省政策企画室長とドレイパー陸軍次官がマッカーサーと協議するために来日した。その際両者は，日本経済復興のために経済人や政治家などのパージ解除とともに，日本再軍備の必要性を説いた。しかしマッカーサーはパージの終了は認めたものの，日本の再軍備には断固反対した。日本再軍備は当初の基本方針に反する，日本を再軍備しても五流の軍事大国にしかならない，日本の経済復興に負の影響を与える，などの理由をあげた。したがって，アメリカ政府が10月にNSC13／２文書のなかで「警察力強化に基づく限定的な再軍備」方針を公認しても，マッカーサーは①交戦権を否認する憲法９条の改正を強いることになる，②日本に防衛分担させて米軍の負担を軽減させるとの見解は，ポツダム協定を破棄することになる，③警察隊と防衛隊は区別されねばならず，警察組織をのちに陸上兵力の中核とすることはできない，と反論した。

　しかし50年６月に朝鮮戦争が勃発すると，在日米軍は急遽朝鮮半島への出動を余儀なくされた。そこで７月，マッカーサーは吉田首相に対して書簡を発し，そのなかで警察予備隊の創設（７万５千）と海上保安庁の増員（８千）を許可することを伝えた。ワシントンの日本再軍備方針に抵抗してきたマッカーサーも，アジアの熱戦を前にして譲歩せざるをえなかったのである。ただし平和憲法の制約によって，警察予備隊は「軍隊以下，警察以上」という曖昧な存在となった。52年７月に保安庁が創設された際，吉田が保安隊を「戦力無き軍隊」と呼んで物議を醸したのは，そのような矛盾を端的に表わしていた。そして54年７月，保安庁は陸海空３自衛隊を擁する防衛庁となったが，2007年１月に防衛省へと昇格した。

VI・29・a　警察予備隊設置に関する吉田茂首相宛のマッカーサー書簡

1950年(昭25)7月8日

吉田首相殿

　事情の許す限り速やかに，日本政府に対して自主的な権限を再び授与するという，私のこれまでの政策に従い，私は，国内の安全と秩序とを維持し，日本の海岸線を不法入国と密輸とから守るに足る法律実施機関を漸次拡大するという考えを練ってきた。

　1947年9月16日の書簡で，私は，新たに3万名の国家地方警察隊を設けることによって，日本の警察隊を総数12万5千名に増強するという日本政府の勧告を承認した。当時私が完全に同意を与えた日本政府の見解によれば，勧告されかつ承認された数は，将来の警察力の必要に関する恣意的な決定ではなく，むしろ地方自治に関する憲法上の原則に沿って警察の責任を効果的に分権化することを目指す，近代的で民主的な警察制度を樹立するに際して，中心となるべき十分な部隊を設けることを目的としたものであった。

　それに伴い許可された警察隊の徴募と装備および訓練における活動は，立派な成果をあげて進められた。自主的責任の観念は忠実に順守され，また必要な調整も細心に進められた。さらに警官と一般市民の正しい関係も次第に築きあげられた。その結果，日本国民は今日，中央，地方を通じて法の執行にあたるこの機関を当然の誇りとしてよい。事実，日本においては，他の多くの民主主義国よりも人口に比して警察力が弱小であり，また戦後一般的に困窮化しており，さらにその他に不法行為を導きがちな不利な条件があるにもかかわらず，日本は平穏さにおいてきわだっており，近隣諸国に見られる暴力・混乱・無秩序と対照をなしているが，これは，組織された警察の能率と法を守る日本の国民の性格の賜物である。

　この順調な状態が，無法な少数派によって変えられずに続くのを確保するため，法の正当な手続きをじゅうりんし平和と公共の福祉に対する破壊に脅かされている他の諸国と同様，日本の警察制度も，その組織と訓練においてすでに相当程度能率的になっており，したがって経験によって示された範囲内で民主社会における公共の福祉を守るに不可欠な程度の勢力に増強されてよいと信ずるものである。

　日本の沿岸および諸港の海上保安に関する限り，海上保安庁は，極めて満足すべき成果をあげた。しかし，不法入国密航や密貿易に対し日本の長い沿岸線を防備するには，現在法律で規定されている人員よりさらに多くの人員が必要とされることがいくつかの事件から明らかである。

　私は日本政府に対し，7万5千人の国家警察予備隊の創設と海上保安庁定員の8千名増加に必要な措置をとることを許可する。既存の機関がこの増員に要する今年の経費として，さきに国の予算の一般会計中において公債の償還に割り当てられた資金を流用することができる。これらの措置の技術面については，従来通り，総司令部の各部課が勧告と援助を行なうであろう。

出所）大嶽秀夫編『戦後日本防衛問題資料集』第1巻，三一書房，1992，426-27頁．

VI・29・b　旧海軍関係者による日本再軍備構想案

1951年(昭26)1月25日(抄)

第一　情勢

一　1　世界二大陣営の対立抗争は日に急迫化を告げ，両者の全面衝突は既に時期の問題となった観がある。／2　日共幹部の追放後と雖も共産党は殆ど衰退を見ざるのみか，現下の朝鮮戦局の様相にも関連却って結束と潜行を強化して隙を見れば日本を赤化動乱すべく準備中の兆がある。／3　北京政府亦この趨勢に乗じ今年中期以後随時日本の一部又は全部の解放に着手すべき旨豪語しつつある。／4　斯くて日本は今や常時赤色暴力革命の恐怖に直面しつつあるのみならず，今後の蘇連及び中共からの侵略に対し重大な脅威を受けるに至ったものと判断する。

二　斯の如き国家的危機に直面した日本としての生存の道は米蘇戦（第三次世界大戦）の勃発すると否とに関せず終始民主陣営就中米国と直結して反共の最前衛たるの施策を進めることにあらねばならぬ。

三　此の至大目標達成上米国は実に日本の救世主であることを深刻に認識する。即ち米国は日本防衛に関し当分の間全責任を負担すると共に，日本自身亦一日も速に最低限度の自衛兵力の再建を図り以て国民の安全感を昂揚すると共に米国の負担軽減に益すべきである。

四　之が為には／1　米国は当分の間可成多数の兵力を日本に駐屯し全面的に対共防衛に任ずべき必要がある。勿論日本としては使用基地の提供，輸送補給の援助，労力の調達其の他各般の施策に於て充全に対米協力に尽すであらう。／2　日本の最低限自衛軍備の標準は米国軍の戦時対極東作戦展開を了する迄は絶対にソ中侵寇軍を阻止し得るを目標とするが状況已むを得ない場合に於ても充分抗戦持久を続行し日本の自壊を防止し得るものでなければならぬ。而も之が再建発足は刻下の緊急事である。／3　日本の標準兵力完成後は米軍は日本から逐次撤兵し爾後は日米平等独立の趣旨に基き両国間の相互援助の軍事協定のLineに則り忠実に之を履行するものとする。〔以下略〕

第二　必要な兵力量

陸上常備兵力	約96,000人 （戦時動員約192,000人）	
空軍兵力	約39,000人	1,789機
海上兵力	約40,000人	329余隻／260,000トン
その他	約30,000人	
総軍人の要員	計　約205,000人（通称20万人計画）	

出所）防衛省所蔵.

VI・29・c 吉田首相の保安庁長官としての訓示

『毎日新聞』1952年（昭27）8月5日付（訓示要旨）

政府としては再軍備はしない方針である。これは国力が許さぬからである。軍艦一隻も造れぬ薄弱な国力で軍隊が創れるわけがない。だが独立国として国を守ることは当然である。このために日米安全保障条約を結び自衛についての方途を講じたのであるが，しかし独立国として国を守る抱負を持つことは当然であり，もし国力が許すならば直ちにでも軍隊を持ちたいと思う。

日本では開戦の責任を軍人に負わせているが，軍人もまたその家族らも国のためにつくしたのである。これら軍人，家族に対しても国として尽くさねばならぬこと，なさねばならぬことがある。もし再軍備が行われるとしても国としての保障がこれらの人々にあり将来もまた物心両面よりなされねばならぬと断ずる。

戦争の責任も軍人のみではなく国として負うべきで，これらの総てが満足される時期の来るまでは軍備もできない。もし新軍備を持つならば，それは近代的な，新しい精神によって建設されねばならない。日本の国と国民を守る私心のない軍隊が必要である。この新軍備へのため旧来の軍人と違った幹部の養成が必要である。兵隊を造り幹部を教育するのでは時間の上でも間に合わぬので警察予備隊から保安庁になった理由がある。この保安庁こそ新軍備の基礎であり，新国軍建設の土台である。米国を初め世界各国は極東の平和，世界の平和のため日本を信頼している。この尊敬と信頼を裏切らぬよう努力してもらいたい。

出所）大嶽秀夫編『戦後日本防衛問題資料集』第2巻，三一書房，1992，449頁．

VI・29・d 保安隊に対する吉田首相の訓示

『朝日新聞』1952年（昭27）10月15日付（訓示要旨）

保安隊は軍隊ではないが，わが国の治安維持のための平和な実力を有する部隊であり，これはあくまでも国民の世論によって決められた政治目的に奉仕する忠実な公共機関でなければならない。すなわち正しく国民のために，国民による保安隊として国民から信頼され，敬愛される保安隊でなければならない。私は諸君に対し特に愛国心について述べたい。およそ国民としてたれがその祖国を愛さないものがあろうか。2000年の歴史につちかわれた民族の結集と文化と，これを育くむ美しい国土，風土に対する愛情はすべて日本人が有する祖国に対するソボクな愛国心である。この自然的，本能的愛国心を広く世界的視野に立って錬鍛し，健全に育て上げることは，われわれの今後に課せられた問題である。私はわが国のみが優れた国家であり，わが国民のみが選ばれた民族であるとする偏狭な愛国心を排するとともに，敗戦とともに，過去の日本の一さいを捨て祖国を他国に求めて自己の国家と民族を忘れるが如き態度は変えなければならぬ。この愛国心を国民の間に育成することが現在わが国の政治の主な一大目標である。

出所）同上，453-54頁．

30. 対日講和条約

　占領の長期化は，占領側と被占領側の双方に多くの困難な問題をもたらした。日本政府と国民にとって他民族支配は政治的かつ精神的重圧であり，他方，多数の駐留軍を擁するアメリカ側にとっては経費や人材面で重負担となっていた。1947年（昭22）3月のマッカーサーによる対日「早期講和」の提言から，FECでは講和条約の締結方法を審議したが，多数決方式を主張するアメリカと，拒否権保持を求めるソ連との間で妥協が成立せず，翌48年夏には挫折する。

　49年秋，国務省は再び対日講和問題に着手した。翌50年4月にダレス（のちの国務長官）が大統領特使に任命され，6月に協議のため初来日した。この間，国内では講和論争が発生していた。社会党，総評，進歩的知識人などは「全面講和」を唱えたのに対して，政府や自由党などは「片面（単独，多数）講和」を主張した。前者はソ連を含む全戦争当事国の講和の実現を希求したが，後者はアメリカ陣営との講和を急いで独立回復を優先し，次いでソ連陣営との講和を行なうべきだと反論した。吉田首相は，全面講和論の思想的中心人物である南原繁東大総長を「曲学阿世の徒」と非難すると，南原が応酬するなど講和論争は頂点に達した。

　このような折にダレスが来日したのであるが，朝鮮戦争の勃発によって急遽帰国する。日本国内では講和への悲観論が広がったが，ダレスはアジアで熱戦が発生したことでむしろ日本を早期に独立させ，有力な同盟国化する必要性を軍部に説き，9月にトルーマン大統領の承認を得た。そこでダレスは多数講和と日米安保条約を前提とする「対日講和7原則」を掲げて，日本領土の確定，日本との政治経済的取決め，賠償権の放棄などの枠組みを定めた。翌51年1月に再来日したダレスは，吉田との交渉で安保条約問題を協議したほか，琉球への日本の「潜在的主権」を認める措置をとった。また中国代表権問題については，米英協議の結果，北京・台北いずれの政権代表も講和会議に招かない方針を決定した。

　こうして9月にサンフランシスコで52カ国を集めた講和会議が開催された。結局ソ連ら3カ国が講和条約の調印を拒否し，日本と48カ国との間で調印が行なわれた。そして翌52年4月28日に同条約の発効によって日本は念願の独立を達成する。

VI・30・a 吉田首相の「曲学阿世の徒」発言をめぐって

吉田首相「"全面講和"は空論」

一，民主，社会などの野党連合は永世中立について声明を出したが，永世中立は他国と永世中立の条約を結んで初めて得られるものであり，果して現在これが可能であるかどうか自明の理である，また中立を維持するということは他国が交戦しているとき考えられるもので，米ソが戦争しているわけではないのに中立を云々するのはおかしい。

一，南原東大総長がアメリカで全面講和を叫んだが，これは国際問題を知らぬ曲学阿世の徒で学者の空論にすぎない，全面講和を望むことはわれわれとしては当然であるが，現在は逐次事実上の講和を結んでゆく以外にない。

一，軍事基地化についてはわが国は占領軍の占領下にあり軍事基地化することは占領軍の考えている所で，われわれの関与すべき問題ではない。

一，わが国の産業を復興するため外資導入を大いにはからなければならない，経済の安定を求めることが必要だ。

出所）『毎日新聞』1950年5月4日付．

政治漫画「曲学阿世」
　　　画・那須良輔（『吉田から岸へ——政治漫画十年』より）．

南原東大総長「学問への権力的強圧」

吉田総理が自由党議員秘密総会で語ったとして諸新聞紙につたえられる言葉は，一国の首相としてあり得べからざることゝ思うが，もし事実とすれば，社会に対する影響の重大なるを考え，一言所信を述べる。

　全面講和を論ずるは「曲学阿世の徒」であるというが，かかる極印は満州事変以来，美濃部博士を初めわれわれ学者に対し，軍部とその一派によって押しつけられ来たものである。それは学問のぼうとく，学者に対する権力的強圧以外のものではない。全面講和は国民の何人もが欲するところであって，それを理論づけ，国民の覚悟を論ずるは，ことに私には政治学者としての責務である。

またそれは現実を知らぬ学者の「空論」であるというが，国際の現実は政府関係者だけが知っているとなすは，官僚的独善といわなければならぬ。私が先般のワシントン教育会議

の内外で会った人々や，また私の知れるカナダやイギリスの関係者で，われわれの意見に賛同する人も少なからずいる。現に英連邦の対日講和運営委員会でアジア代表者達は単独講和に反対していると伝えられ，また中ソ側からも具体的提案があるかも知れず，米国においては日本の講和問題と国際的保障について，さらに最善の努力が払わるべく，それをめぐって今後幾変転あることであろう。

これらの複雑変移する国際情勢の中において，現実を理想に近接融合せしめるために，英知と努力を傾けることにこそ，政治と政治家の任務があるのである。それを初めから曲学阿世の徒の空論として，全面講和や永世中立論を封じ去ろうとするところに，日本の民主政治の危機の問題があるといえよう。

出所)『朝日新聞』1950年5月7日付．

VI・30・b　対日講和条約

1951年(昭26) 9 月 8 日調印, 1952年(昭27) 4 月28日発効(抄)

　連合国及び日本国は，両者の関係が，今後，共通の福祉を増進し且つ国際の平和及び安全を維持するために主権を有する対等のものとして友好的な連携の下に協力する国家の間の関係でなければならないことを決意し，よって，両者の間の戦争状態の存在の結果として今なお未決である問題を解決する平和条約を締結することを希望する……

第2条　(a)　日本国は，朝鮮の独立を承認して，済州島，巨文島及び鬱陵島を含む朝鮮に対するすべての権利，権原及び請求権を放棄する。

(b)　日本国は，台湾及び澎湖諸島に対するすべての権利，権原及び請求権を放棄する。

(c)　日本国は，千島列島並びに日本国が1905年 9 月 5 日のポーツマス条約の結果として主権を獲得した樺太の一部及びこれに近接する諸島に対するすべての権利，権原及び請求権を放棄する。

第3条　日本国は，北緯29度以南の南西諸島（琉球諸島及び大東諸島を含む。），孀婦岩の南の南方諸島（小笠原群島，西之島及び火山列島を含む。）並びに沖の鳥島及び南鳥島を合衆国を唯一の施政権者とする信託統治制度の下におくこととする国際連合に対する合衆国のいかなる提案にも同意する。……

第5条　(c)　連合国としては，日本国が主権国として国際連合憲章第51条に掲げる個別的又は集団的自衛の固有の権利を有すること及び日本国が集団的安全保障取極を自発的に締結することができることを承認する。

第6条　(a)　連合国のすべての占領軍は，この条約の効力発生の後なるべくすみやかに，且つ，いかなる場合にもその後90日以内に，日本国から撤退しなければならない。但し，この規定は，1又は2以上の連合国を一方とし，日本国を他方として双方の間に締結された若しくは締結される2国間若しくは多数国間の協定に基く，又はその結果としての外国軍隊の日本国の領域における駐とん又は駐留を妨げるものではない。〔以下略〕

出所)『法令全書』昭和27年4月，157-58頁．

VI・30・c 対日講和条約についての世論調査

(1) 講和条約の内容で特に満足していることは何ですか　1951（昭26）年9月20日付

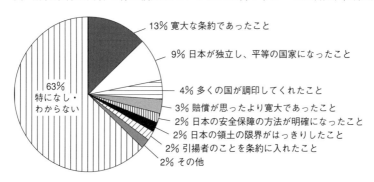

(2) 講和条約によって日本は独立国になったと思うか
1952（昭27）年5月17日付

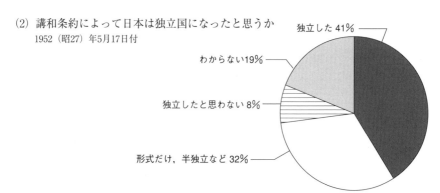

(3) 米軍が日本に残ることを希望するか
1952（昭27）年5月17日付

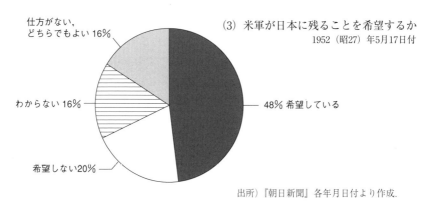

出所）『朝日新聞』各年月日付より作成．

31. 日米安保条約

　主権を喪失した日本にとって，独立回復は国民全体の悲願であった。早くも幣原内閣の吉田外相は，1945年（昭20）11月に省内に「平和問題研究幹事会」を設置し，講和研究を開始させた。また片山内閣の芦田外相は，47年9月，アメリカ側に「日本の安全保障に関する文書」を提出し，日米間に特別協定を結び，日本の独立が脅かされる場合には米軍がいつでも日本に進駐して基地を利用できる「有事駐留方式」を提示したが，早期講和が流れたことで実現にはいたらなかった。

　アメリカ側が対日講和を再開した49年秋，外務省内では日本の安全保障問題が講和実現の前提となるとの理解が深まり，日本の安全保障をアメリカに委ねて，米軍の日本駐留を求めるか，日本周辺に非武装地帯を設けて，国連主要国によってその安全保障を得るか，の2案に収斂する。結局吉田首相は，前者の立場から腹心の池田勇人蔵相を渡米させ，①日本としては多数講和を希望する，②在日米軍の継続駐留によって日本の安全保障を確保したい，これを日本側から要請してもよい，③独立後の米軍駐留は憲法に違反しない，等をアメリカ側に伝達させた。

　ダレス特使は吉田の見解を評価して50年6月に初来日するが，吉田から明確な約束を得られず，朝鮮戦争勃発により帰国する。その後ダレスは，講和延期を主張する軍部を説得して「対日講和7原則」を固め，51年1月に再来日した。ところが吉田はダレスの要求した兵力30万の再軍備構想に対して，①財政的負担，②憲法9条，③国民の反戦感情，④アジア諸国の反対を理由に抵抗した。結局11万の陸上兵力をもつとの「漸増主義」をアメリカ側は承認するが，反面，「バンデンバーグ決議」を論拠として日本防衛義務を拒否し，事前協議，条約期限，合同委員会設置など日本側の要望も退けた。さらに6月の交渉では「極東条項」の挿入が決まり，在日米軍が自己の判断で出動できることを容認する結果となった。

　こうして安保条約に関する日米交渉が終わり，9月8日，サンフランシスコで対日講和条約と日米安保条約が調印された。なお基地細目協定として「日米行政協定」は，日本の独立回復直前の52年2月に東京で締結されたが，当初日本側がめざしたNATO（北大西洋条約機構）並みから米比協定並みの不利な内容となった。

VI・31・a　日米安保条約（日本国とアメリカ合衆国との間の安全保障条約）
1951年（昭26）9月8日調印，1952年（昭27）4月28日発効，1960年（昭35）6月23日効力終了

　日本国は，本日連合国との平和条約に署名した。日本国は，武装を解除されているので，平和条約の効力発生の時において固有の自衛権を行使する有効な手段をもたない。

　無責任な軍国主義がまだ世界から駆逐されていないので，前記の状態にある日本国には危険がある。よって，日本国は，平和条約が日本国とアメリカ合衆国の間に効力を生ずるのと同時に効力を生ずべきアメリカ合衆国との安全保障条約を希望する。

　平和条約は，日本国が主権国として集団的安全保障取極を締結する権利を有することを承認し，さらに，国際連合憲章は，すべての国が個別的及び集団的自衛の固有の権利を有することを承認している。

　これらの権利の行使として，日本国は，その防衛のための暫定措置として，日本国に対する武力攻撃を阻止するため日本国内及びその附近にアメリカ合衆国がその軍隊を維持することを希望する。

　アメリカ合衆国は，平和と安全のために，現在，若干の自国軍隊を日本国内及びその附近に維持する意思がある。但し，アメリカ合衆国は，日本国が，攻撃的な脅威となり又は国際連合憲章の目的及び原則に従って平和と安全を増進すること以外に用いられるべき軍備をもつことを常に避けつつ，直接及び間接の侵略に対する自国の防衛のため漸増的に自ら責任を負うことを期待する。

　よって，両国は，次のとおり協定した。

第1条　平和条約及びこの条約の効力発生と同時に，アメリカ合衆国の陸軍，空軍及び海軍を日本国内及びその附近に配備する権利を，日本国は，許与し，アメリカ合衆国は，これを受諾する。この軍隊は，極東における国際の平和と安全の維持に寄与し，並びに，1又は2以上の外部の国による教唆又は干渉によって引き起された日本国における大規模の内乱及び騒じょうを鎮圧するため日本国政府の明示の要請に応じて与えられる援助を含めて，外部からの武力攻撃に対する日本国の安全に寄与するために使用することができる。

第2条　第1条に掲げる権利が行使される間は，日本国は，アメリカ合衆国の事前の同意なくして，基地，基地における若しくは基地に関する権利，権力若しくは権能，駐兵若しくは演習の権利又は陸軍，空軍若しくは海軍の通過の権利を第三国に許与しない。

第3条　アメリカ合衆国の軍隊の日本国内及びその附近における配備を規律する条件は，両政府間の行政協定で決定する。

第4条　この条約は，国際連合又はその他による日本区域における国際の平和と安全の維持のため充分な定をする国際連合の措置又はこれに代る個別的若しくは集団的の安全保障措置が効力を生じたと日本国及びアメリカ合衆国の政府が認めた時はいつでも効力を失うものとする。

第5条　この条約は，日本国及びアメリカ合衆国によって批准されなければならない。こ

の条約は，批准書が両国によってワシントンで交換された時に効力を生ずる。
以上の証拠として，下名の全権委員は，この条約に署名した。
　　日本国のために　　　　　　　　　　　　　　　　　　　　　吉田茂
　　アメリカ合衆国のために　　　　　　　　　　　　　ディーン・アチソン
　　　　　　　　　　　　　　　　　　　　　ジョン・フォスター・ダレスほか2名
　　　　　　　　　　　　　　　　　　出所）『法令全書 昭和27年4月』168-69頁．

VI・31・b　日米安保条約第3条に基づく行政協定
1952年(昭27) 2月28日調印(抄)

第2条　1　日本国は，合衆国に対し，安全保障条約第1条に掲げる目的の遂行に必要な施設及び区域の使用を許すことに同意する。……「施設及び区域」には，当該施設及び区域の運営に必要な現存の設備，備品及び定着物を含む。

第3条　1　合衆国は，施設及び区域内において，それらの設定，使用，運営，防衛又は管理のため必要な又は適当な権利，権力及び権能を有する。……

第17条　1　1951年6月19日ロンドンで署名された「軍隊の地位に関する北大西洋条約当事国間の協定」が合衆国について効力を生じたときは，合衆国は，直ちに，日本国の選択により，日本国との間に前記の協定の相当規定と同様の刑事裁判権に関する協定を締結するものとする。

2　1に掲げる北大西洋条約協定が合衆国について効力を生ずるまでの間，合衆国の軍事裁判所及び当局は，合衆国軍隊の構成員及び軍属並びにそれらの家族（日本の国籍のみを有するそれらの家族を除く。）が日本国内で犯すすべての罪について，専属的裁判権を日本国内で行使する権利を有する。この裁判権は，いつでも合衆国が放棄することができる。

第24条　日本区域において敵対行為又は敵対行為の急迫した脅威が生じた場合には，日本国政府及び合衆国政府は，日本区域の防衛のため必要な共同措置を執り，且つ，安全保障条約第1条の目的を遂行するため，直ちに協議しなければならない。

第25条　1　日本国に合衆国軍隊を維持することに伴うすべての経費は，2に規定するところにより日本国が負担すべきものを除く外，この協定の存続期間中日本国に負担をかけないで合衆国が負担することが合意される。

2　日本国は，次のことを行うことが合意される。
　(a)　第2条及び第3条に定めるすべての施設，区域及び路線権（飛行場及び港における施設及び区域のように共同に使用される施設及び区域を含む。）をこの協定の存続期間中合衆国に負担をかけないで提供し，且つ，相当の場合には，施設，区域及び路線権の所有者及び提供者に補償を行うこと。〔以下略〕

　　　　　　　　　　　　　　　　　　　　　　　　出所）同上，171-79頁．

VI・31・c　MSA協定（日米相互防衛援助協定）

1954年(昭29) 3月8日調印,同年5月1日発効(抄)

　　日本国政府及びアメリカ合衆国政府は，
　　国際連合憲章の体制内おいて，同憲章の目的及び原則を信奉する諸国がその目的及び原則を支持して個別的及び集団的自衛のための効果ある方策を推進する能力を高めるべき自発的措置によって，国際の平和及び安全保障を育成することを希望し，
　　1951年9月8日にサン・フランシスコ市で署名された日本国との平和条約に述べられている日本国が主権国として国際連合憲章第51条に掲げる個別的又は集団的自衛の固有の権利を有するとの確信を再確認し，
　　1951年9月8日にサン・フランシスコ市で署名された日本国とアメリカ合衆国との間の安全保障条約の前文において，日本国が，攻撃的な脅威となり又は国際連合憲章の目的及び原則に従って平和及び安全保障を増進すること以外に用いられるべき軍備をもつことを常に避けつつ，直接及び間接の侵略に対する自国の防衛のため漸増的に自ら責任を負うことを，アメリカ合衆国が期待して，平和及び安全保障のために暫定措置として若干の自国軍隊を日本国内及びその附近に維持するとある趣旨を想起し，
　　日本国のための防衛援助計画の策定に当っては経済の安定が日本国の防衛能力の発展のために欠くことができない要素であり，また，日本国の寄与がその経済の一般的な条件及び能力の許す範囲においてのみ行うことができることを承認し，
　　アメリカ合衆国政府が，前記の目的とするところを達成するためアメリカ合衆国による防衛援助の供与を規定する改正後の1949年の相互防衛援助法及び改正後の1951年の相互安全保障法を制定したことによりこれらの原則を支持したことを考慮し，
　　その援助の供与を規律する条件を定めることを希望して，
　　次のとおり協定した。
第1条　1　各政府は，経済の安定が国際の平和及び安全保障に欠くことができないという原則と矛盾しない限り，他方の政府に対し，及びこの協定の両署名政府が各場合に合意するその他の政府に対し，援助を供与する政府が承認することがある装備，資材，役務その他の援助を，両署名政府の間で行うべき細目取極に従って，使用に供するものとする。いずれか一方の政府が承認することがあるいかなる援助の供与及び使用も，国際連合憲章と矛盾するものであってはならない。アメリカ合衆国政府がこの協定に従って使用に供する援助は，1949年の相互防衛援助法，1951年の相互安全保障法，この2法律を修正し又は補足する法律及びこれらの法律に基く歳出予算法の当該援助に関する規定並びに当該援助の条件及び終了に関する規定に従って供与するものとする。
〔以下略〕

出所）『法令全書 昭和29年5月』257頁.

VII 国際社会への復帰

　平和条約締結によって日本の悲願であった独立回復を達成したのち，日本外交は国際社会への早期復帰を最大の目標とした。主権国家として日本が国際社会から広く認知されるためには，次のような三つの課題があった。

　第一の課題は，アジア近隣諸国との関係改善を実現することであった。まず東南アジア諸国との国交樹立が意図されたが，戦時中に日本軍がこれら当事国を侵略・占領し，現地では多大な犠牲者を出したことが最大の障害となった。そのため，国交正常化の前提として人道的かつ経済支援のための賠償交渉が行なわれた。なかでも人的被害の大きかったフィリピン，インドネシア，ビルマ（現ミャンマー）との外交交渉が難航したが，最終的には1950年代には決着し，各々2国間の賠償協定が締結されて国交が樹立された。これらの賠償協定は，その後の60年代を通じて日本の東南アジア経済進出のきっかけとなり，関係諸国の経済発展にいかに協力するかが問われることとなった。

　なお韓国（大韓民国）とは戦争状態にはなかったため，上記の東南アジア諸国と事情を異にしたが，35年間に及ぶ植民地支配をめぐって日本と韓国との間で対立がつづいていた。そこでアメリカの強い要請のもとに，漁業・人権・竹島・賠償等に関する日韓交渉が開始されたが，50年代には決着せず，国交正常化は60年代半ばまでずれ込むのである。

　第二の課題は，分断国家の中国やソ連との国交正常化を達成することであった。共産圏諸国は対日平和条約を締結しておらず，法的にはまだ日本とは戦争状態にあったからである。しかしこの外交課題に対しては米ソ冷戦が大きく立ちはだかった。当時の吉田政権は，大陸中国との貿易経済関係を重視する観点から北京政権を平和条約の対象と考えていたが，反共主義を掲げるダレスは，平和条約および安保条約批准問題を盾にして吉田首相に台北政権の選択を強要した。やむなく吉田はダレス宛書簡を出してこれを承諾し，52年4月に「日華平和条約」の調印によって，台湾政府を中国の唯一の正統国家として承認す

る。この結果，中国との関係改善は停滞し，石橋湛山内閣のときに日中国交正常化の気運が盛り上がったものの，石橋首相が退陣して岸政権に代わると，日中関係は悪化して長崎国旗事件を契機に断絶状態に陥った。

　一方，日ソ交渉は，日本側よりもむしろソ連側の積極姿勢により開始された。反吉田路線を鮮明にした鳩山内閣が誕生するとソ連側は日ソ国交正常化を求める書簡を送り，日本政府はこれに同意した。酷寒の地シベリアには依然数十万にも及ぶ強制抑留者が残っており，また日本が国連加盟を実現するためには，ソ連との国交正常化が不可欠であったからである。しかし北方領土返還交渉は難航し，結局56年10月に調印された「日ソ共同宣言」では領土問題を棚上げする代償として，抑留者の帰還と北方漁業の安全操業，日本の国連加盟をもたらした。

　第三の課題は，第二次大戦後に確立された国際政治経済システムに参入すること，つまり国連（国際連合），IMF（国際通貨基金），GATT（関税と貿易に関する一般協定）等の国際機構の一員となることであった。しかし国際経済システムへの参入に対しては，英国など欧州諸国から反対の声があがった。戦前期のような日本のアジアに対する経済攻勢の再現が警戒されたからである。これに対してアメリカは日本をアジアの有力な同盟国とみなす立場からその加盟を後押しし，50年代半ばまでにIMFやGATT加盟が実現した。他面，国連加盟に関しては，既述のとおりソ連の反対で阻止される経緯があったものの，日ソ国交回復によって56年末に加盟が実現し，国際的機構への参加という目標が概ね達成された。

　以上のとおり，冷戦という厳しい国際環境のなかで日本の国際社会復帰への努力がなされたが，アメリカは占領期を通じて日本の戦後復興を援助したばかりでなく，日本の独立以後も庇護者として政治・経済・軍事・文化などあらゆる面で日本の発展を見守った。米軍基地問題が反米感情の温床となっている点にも留意し，岸内閣の日米安保条約の改定要求にも応じて，60年代初頭には日本への防衛義務を明記した新安保条約が締結されることとなる。

32. 日華平和条約

中国大陸では日中戦争終結後に国共内戦が始まったが、1948年（昭23）秋には共産党軍が国民政府軍に対して優位に立ち、翌49年10月、中華人民共和国の建国を内外に宣言した。そして最高指導者の毛沢東主席は「向ソ一辺倒」路線を敷き、50年2月に「中ソ友好同盟相互援助条約」を締結した。一方、敗退した蒋介石ら国民党軍は台湾に逃れたが、米国務省は腐敗した国民政府に冷淡な姿勢を示した。ともかくここに冷戦による分断国家がまた一つ誕生することとなった。

ところがその直後の朝鮮戦争は状況を一変させた。アメリカ政府は米中国交正常化を放棄したばかりか、台湾海峡を封鎖し、中国による台湾の武力統一を不可能にした。さらに米中衝突によって米軍15万の死傷者を出すと、アメリカ内の中国敵視感情が高まった。その結果、アメリカ政府は台湾の蒋介石政権を全中国を代表する唯一の政権とみなし、中国の封じ込め政策に全力をあげるにいたった。

ダレスは51年12月に3度目の来日の際、吉田首相に対して「アメリカ上院は国民政府側を日本が選択しない限り、対日平和条約と日米安保条約の批准は困難である」と告げた。6月の米英交渉で「二つの中国の選択は独立回復後の日本に委ねる」との決定を覆したわけである。やむなく吉田首相はダレス宛に書簡を送った。日本は究極的には中国との全面的な政治関係を希望するが、現実には台湾の国民政府と正常な関係を再開させる条約を結ぶ用意がある、という内容であった。

そこで翌52年2月、河田烈ら代表団が訪台し、葉公超外交部長と交渉したが、賠償と条約の適用範囲をめぐって対立した。しかし3月に米上院が圧倒的多数で対日平和条約と日米安保条約を批准すると、日本側は攻勢に転じ、台湾側が主張する対日賠償を放棄させたばかりでなく、台湾本島から中国大陸までも条約に適用させることを退けた。結局条約の適用範囲は、吉田書簡の文言通りに、「国民政府の支配下に現にあり、又は今後入るすべての領域に適用」することとなった。

日華平和条約は4月に台北で調印され、①日本と中華民国との戦争状態の終了、②日本の台湾放棄への承認、③双方の財産および請求権の放棄などを取り決めたが、この条約がその後20年間にわたり日中関係を拘束することになる。

VII・32・a 中ソ友好同盟相互援助条約
1950年(昭25) 2月14日調印,同年4月11日発効

　ソヴィエト社会主義共和国連邦最高会議幹部会及び中華人民共和国中央人民政府は，ソヴィエト社会主義共和国連邦と中華人民共和国間の友好及び協力を強化し，日本帝国主義の復活及び日本国の侵略又は侵略行為についてなんらかの形で日本国と連合する国の侵略の繰り返しを共同で防止することを決意し，

　国際連合の目的及び原則に従って極東及び世界の長期にわたる平和及び全般的安全を強化することを希望し，

　ソヴィエト社会主義共和国連邦と中華人民共和国との間の善隣及び友好の関係を強化することが，ソヴィエト連邦及び中国の人民の基本的利益に合致することを深く確信して，

　この目的のためにこの条約を締結することに決定し，次のとおりその全権委員を任命した。〔全権委員氏名省略〕

　両全権委員は，その全権委任状を交換しそれが良好妥当であると認めた後，次のとおり協定した。

第1条　両締約国は，日本国又は直接に若しくは間接に侵略行為について日本国と連合する他の国の侵略の繰り返し及び平和の破壊を防止するため，両国のなしうるすべての必要な措置を共同して執ることを約束する。

　締約国の一方が日本国又はこれと同盟している他の国から攻撃を受け，戦争状態に陥った場合には，他方の締約国は，直ちに執ることができるすべての手段をもって軍事的及び他の援助を与える。

　また，締約国は，世界の平和及び安全を確保することを目的とするあらゆる国際的行動に誠実な協力の精神をもって参加する用意があることを宣言し，かつ，これらの目的の最もすみやかな実現のために全力を尽す。

第2条　両締約国は，相互の合意の下に，第二次世界大戦の間同盟していた他の国とともに日本国との平和条約をできる限り短期間内に締結するために，努力することを約束する。

第3条　両締約国は，他の締約国に反対するいかなる同盟をも締結せず，また，他の締約国に反対するいかなる連合及びいかなる行動若しくは措置にも参加しない。

第4条　両締約国は，平和の強化及び全般的安全のためにソヴィエト連邦と中国との共通の利害に関するすべての重要な国際問題については，相互に協議する。

第5条　両締約国は，友好と協力との精神をもって，また，平等，互恵，国家主権及び領土保全に対する相互尊重の原則，並びに他方の締約国の国内事項に対する不干渉の原則に従い，ソヴィエト連邦と中国との間の経済的及び文化的連携を発展強化し，互いにあらゆる可能な経済的援助を与え，かつ，必要な経済的協力を行なうことを約束する。

第6条　この条約は，その批准の日から直ちに効力を生ずる。批准書の交換は，北京において行う。

この条約は，30年間効力を有する。締約国の一方が条約を破棄する希望をこの期間満了の1年前に通告しないときは，条約はさらに5年間引き続き効力を有し，この規定に従い順次延長される。
1950年2月14日にモスクワにおいて，ひとしく正文であるロシア語及び中国語により本書2通を作成した。
　　　ソヴィエト社会主義共和国連邦　最高ソヴィエト幹部会の委任により
　　　　　　　　　　　　　　　　　　　　　　　　　　　　　ア・ビシンスキー
　　　中華人民共和国中央人民政府の委任により　　　　　　　　周　恩　来
　　　　　　　　　　出所）外務省条約局編『多数国間条約集』上巻，1962，641-45頁。

VII・32・b　国民政府との講和に関する吉田首相のダレス特使宛書簡
1951年（昭26）12月24日

過般の国会衆，参両院における日本国との平和条約及び日米安全保障条約の審議に際し，日本の将来の対中国政策に関して多くの質問がなされ言明が行われた。その言明のあるものが前後の関係や背景から切り離されて引用され誤解を生じたので，これを解きたいと思う。日本政府は，究極において，日本の隣邦である中国との間に全面的な政治的平和および通商関係を樹立することを希望するものである。
国際連合において中国の議席，発言権及び投票権をもち，若干の領域に対して現実に施政の権能を行使し，及び国際連合加盟国の大部分と外交関係を維持している中華民国国民政府とこの種の関係を発展させて行くことが現在可能であると考える。この目的のため，わが政府は，1951年11月17日，中国国民政府の同意をえて日本政府在外事務所を台湾に設置した。これは，かの多数国間平和条約が効力を生ずるまでの間，現在日本に許されている外国との関係の最高の形態である。在台湾日本政府在外事務所に重要な人員を置いているのも，わが政府が中華民国国民政府との関係を重視していることを示すものである。
わが政府は，法律的に可能となり次第，中国国民政府が希望するならば，これとの間に，かの多数国間平和条約に示された諸原則に従って両政府の間に正常な関係を再開する条約を締結する用意がある。この2国間条約の条項は，中華民国に関しては，中華民国国民政府の支配下に現にありまたは今後入るべきすべての領域に適用されるものである。われわれは，中国国民政府とこの問題をすみやかに探究する所存である。
中国の共産政権に関しては，この政権は，国際連合により侵略者なりとして現に非難されており，その結果，国際連合は，この政権に対するある種の措置を勧告した。日本は，現在これに同調しつつあり，また，多数国間平和条約の効力発生後も，その第5条（A）③の規定に従ってこれを継続するつもりである。この規定により日本は，「国際連合が憲章に従ってとるいかなる行動についても国際連合にあらゆる援助を与え，かつ，国際連合が防止行動または強制行動をとるいかなる国に対しても援助の供与を慎しむこと」を約している次第である。

なお，1950年モスクワにおいて締結された中ソ友好同盟及び相互援助条約は，実際上日本に向けられた軍事同盟である。事実，中国の共産政権は，日本の憲法制度及び現在の政府を，強力をもって転覆せんとの日本共産党の企図を支援しつつあると信ずべき埋由が多分にある。これらの考慮から，わたくしは日本政府が中国の共産政権と2国間条約を締結する意図を有しないことを確信することができる。

1951年12月24日　　　　　　　　　　　　　　　　　　　　　　　吉　田　　茂
　在ワシントン国務省　ジョン・フォスター・ダレス殿

出所）『朝日新聞』1952年1月16日付.

VII・32・c　日華平和条約

1952年(昭27)4月28日調印，同年8月5日発効(抄)

第1条　日本国と中華民国との間の戦争状態は，この条約が効力を生ずる日に終了する。

第2条　日本国は，1951年9月8日にアメリカ合衆国のサン・フランシスコ市で署名された日本国との平和条約（以下「サン・フランシスコ条約」という。）第2条に基づき，台湾及び澎湖諸島並びに新南群島及び西沙群島に対するすべての権利，権原及び請求権を放棄したことが承認される。

第3条　日本国及びその国民の財産で台湾及び澎湖諸島にあるもの並びに日本国及びその国民の請求権（債権を含む。）で台湾及び澎湖諸島における中華民国の当局及びそこの住民に対するものの処理並びに日本国におけるこれらの当局及び住民の財産並びに日本国及びその国民に対するこれらの当局及び住民の請求権（債権を含む。）の処理は，日本国政府と中華民国政府との間の特別取極の主題とする。〔以下略〕

　　　　　　　　　　　　　　　日本国のために　　河　田　　烈
　　　　　　　　　　　　　　　中華民国のために　　葉　公　超

　　　適用地域に関する交換公文

書簡をもって啓上いたします。本日署名された日本国と中華民国との間の平和条約に関して，本全権委員は，本国政府に代って，この条約の条項が，中華民国に関しては，中華民国政府の支配下に現にあり，又は今後入るすべての領域に適用がある旨のわれわれの間で達した了解に言及する光栄を有します。〔以下略〕

　　　　　　　　　　　　　　　　　　　　　　　　　　　河　田　　烈

　　中華民国全権委員　　葉　公　超殿

出所）『法令全書 昭和27年8月』319-21頁.

33. 日ソ国交正常化

　太平洋戦争末期、ソ連は「日ソ中立条約」が依然有効であるにもかかわらず対日参戦し、60万もの旧軍人や民間人をシベリアなどに連行したあげく、不法にも捕虜として強制労働に従事させた。またソ連は1951年（昭26）9月の対日平和条約の調印を拒否したため、日ソ両国間では法的に戦争状態がつづいていた。

　しかし54年12月、吉田自由党政権に代わって鳩山一郎を首班とする民主党政権が誕生すると、ソ連側は対日姿勢を変化させた。翌55年1月、ソ連代表部の臨時代表ドムニツキーが鳩山の私邸を密かに訪問し、両国の関係正常化を希求するソ連政府の親書を手渡したのである。吉田時代の親米反ソ路線とは異なる外交政策を模索していた鳩山周辺はこれを好機として認め、ソ連側の提案に応じることとなった。こうして日ソ交渉が開始された。

　第一次交渉は同年6〜8月、ロンドンで松本俊一元駐英大使（当時衆院議員）とマリク駐英大使との間で行なわれたが、シベリア抑留問題と千島・樺太をめぐる領土問題によって決裂した。その結果ソ連は日本の国連加盟を拒否し、日本側に衝撃を与えた。また来日中のダレス国務長官は重光葵外相に対して、もし日本が国後・択捉をソ連に帰属せしめたならば沖縄をアメリカ領土とすると主張し、日本政府を戸惑わせた。翌56年1〜3月に第二次ロンドン交渉が行なわれると、ソ連は領土問題を棚上げした「アデナウアー方式」を提案したが、日本は拒否した。するとソ連は、北太平洋やベーリング海での日本漁船の漁獲制限に乗り出して、水産業界を慌てさせた。そこで河野一郎農相が訪ソし、5月に日ソ漁業協定を調印した。しかし交渉再開を条件としていたことが反鳩山勢力から反発を招いた。

　そこで今度は重光外相がモスクワで7〜8月に交渉したが、元来4島一括返還論者の重光が、ソ連の提起した歯舞・色丹両島の分離返還に応じる姿勢を表明したため、東京側を驚かせた。ポスト鳩山が絡んだ内部対立の様相を呈したため、引退を条件に鳩山自身が10月に訪ソし、「日ソ共同宣言」に調印した。ここに2年に及ぶ交渉は幕を閉じ、ソ連政府は日本との国交を正常化して戦争状態に終止符を打つと同時に、ソ連抑留者を送還し、日本の国連加盟を承認したのである。

VII・33・a　日ソ国交正常化に関するドムニツキー書簡
1955年(昭30)1月25日,鳩山総理大臣に手交

　ソ連邦は,対日関係正常化の熱望に促され,周知のごとく,終始一貫して両国関係の調整を唱えてきた。日・ソ関係正常化の用意ある旨の意思表示は,なかんずく周知の1954年10月12日付の中ソ共同宣言及び12月16日のソ連邦外務大臣ヴィ・エム・モロトフ氏の声明中に行われている。

　鳩山総理大臣が最近の声明中において,日・ソ関係の解決に賛意を表していることも世間に知られている。日・ソ関係正常化の希望は,また重光外務大臣によって,1954年12月11日の声明及びその後の諸声明において表明されている。

　このような情勢を考慮に入れて,ソヴィエト側は,日・ソ関係の正常化のため執りうべき措置について,意見の交換を行うことが事宜に適するものと信ずる次第である。

　ソヴィエト側は,モスクワ又は東京のいずれかにおいて行われうべき交渉のため代表者を任命する用意あり,この点についての日本側の意向を承知したいと考えるものである。

出所)外務省情報局第1課編
『外務省発表文集』第1号,1955,
35-36頁。

VII・33・b　日露(ソ)間における国境の変遷

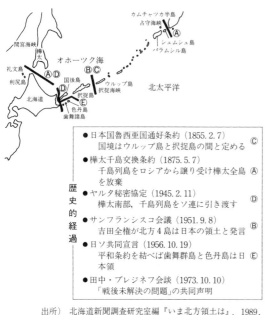

出所)北海道新聞調査研究室編『いま北方領土は』,1989。

VII・33・c　日ソ交渉におけるダレスの横やり

　8月19日〔1956年〕に重光外相は米国大使館にダレス国務長官を訪問して,日ソ交渉の経過を説明した。その際,領土問題に関するソ連案を示して説明を加えた。ところが,ダレス長官は,千島列島をソ連に帰属せしめるということは,サン・フランシスコ条約でも決っていない。したがって日本側がソ連案を受諾する場合は,日本はソ連に対しサン・フランシスコ条約以上のことを認めることとなる次第である。かかる場合は同条約第26条が作用して,米国も沖縄の併合を主張しうる地位にたつわけである。ソ連のいい分は全く理不尽であると思考する。……領土に関する事項は,平和条約をまって初めて決定されるものである。ヤルタ協定を決定とみなし,これ

を基礎として論議すべき筋合いのものではない。必要とあればこの点に関し，さらに米国政府の見解を明示することとしてもさしつかえないという趣旨のことを述べた。
　重光外相はその日ホテルに帰ってくると，さっそく私を外相の寝室に呼び入れて，やや青ざめた顔をして，「ダレスは全くひどいことをいう。もし日本が今後，択捉をソ連に帰属せしめたなら，沖縄をアメリカの領土とするということをいった」といって，すこぶる興奮した顔つきで，私にダレスの主張を話してくれた。
　このことについては，かねてワシントンの日本大使館に対して，アメリカの国務省からダレス長官が重光外相に述べた趣旨の申し入れがあったのである。しかしモスクワで交渉が妥結しなかったのであるから，まさかダレス長官自身が重光外相にこのようなことをいうことは，重光氏としても予想しなかったところであったらしい。重光氏もダレスが何故にこの段階において日本の態度を牽制するようなことをいい，ことに米国も琉球諸島の併合を主張しうる地位に立つというがごとき，まことに，おどしともとれるようなことをいったのか，重光外相のみならず，私自身も非常に了解に苦しんだ。
　そこで，24日に重光外相は，さらにダレス国務長官に会って日本側の立場を縷々説明した。その日は，ダレス長官がアメリカの駐ソ大使ボーレン氏も同席させて，19日の会談とは余程違った態度で，むしろアメリカ側の領土問題に対する強硬な態度は，日本のソ連に対する立場を強めるためのものであるということを説明したそうである。
　……9月7日に至ってダレス長官が，谷駐米大使（正之）に対して，領土問題に関する米国政府の見解を述べた覚書を手交した後の会談で，「この際明らかにしておきたいが，米国の考え方がなんとかして日本の助けになりたいと思っていることにあることを了解して欲しい云々」と述べて，ダレス長官の真意が日本側を支援するにあったことが明確になってきたので，世論も国会の論議も平静をとり戻した。
　　　　出所）松本俊一『モスクワにかける虹——日ソ国交回復秘録』朝日新聞社，1966，116-18頁。

VII・33・d　　日ソ共同宣言
1956年（昭31）10月19日署名（抄）

1　日本国とソヴィエト社会主義共和国連邦との間の戦争状態は，この宣言が効力を生ずる日に終了し，両国の間に平和及び友好善隣関係が回復される。
3　日本国及びソヴィエト社会主義共和国連邦は，相互の関係において，国際連合憲章の諸原則，なかんずく同憲章第2条に掲げる次の原則を指針とすべきことを確認する。
　(a)　その国際紛争を，平和的手段によって，国際の平和及び安全並びに正義を危くしないように，解決すること。
　(b)　その国際関係において，武力による威嚇又は武力の行使は，いかなる国の領土保全又は政治的独立に対するものも，また，国際連合の目的と両立しない他のいかなる方法によるものも慎むこと。
　日本国及びソヴィエト社会主義共和国連邦は，それぞれ他方の国が国際連合憲章第51

条に掲げる個別的又は集団的自衛の固有の権利を有することを確認する。

　日本国及びソヴィエト社会主義共和国連邦は，経済的，政治的又は思想的のいかなる理由であるとを問わず，直接間接に一方の国が他方の国の国内事項に干渉しないことを，相互に，約束する。

4　ソヴィエト社会主義共和国連邦は，国際連合への加入に関する日本国の申請を支持するものとする。

5　ソヴィエト社会主義共和国連邦において有罪の判決を受けたすべての日本人は，この共同宣言の効力発生とともに釈放され，日本国へ送還されるものとする。

　また，ソヴィエト社会主義共和国連邦は，日本国の要請に基いて，消息不明の日本人について引き続き調査を行うものとする。

6　ソヴィエト社会主義共和国連邦は，日本国に対し一切の賠償請求権を放棄する。

　日本国及びソヴィエト社会主義共和国連邦は，1945年8月9日以来の戦争の結果として生じたそれぞれの国，その団体及び国民のそれぞれ他方の国，その団体及び国民に対するすべての請求権を，相互に，放棄する。

8　1956年5月14日にモスクワで署名された北西太平洋の公海における漁業に関する日本国とソヴィエト社会主義共和国連邦との間の条約及び海上において遭難した人の救助のための協力に関する日本国とソヴィエト社会主義共和国連邦との間の協定は，この宣言の効力発生と同時に効力を生ずる。……

9　日本国及びソヴィエト社会主義共和国連邦は，両国間に正常な外交関係が回復された後，平和条約の締結に関する交渉を継続することに同意する。

　ソヴィエト社会主義共和国連邦は，日本国の要望にこたえかつ日本国の利益を考慮して，歯舞群島及び色丹島を日本国に引き渡すことに同意する。ただし，これらの諸島は，日本国とソヴィエト社会主義共和国連邦との間の平和条約が締結された後に現実に引き渡されるものとする。

日本国政府の委任により

　　　　　　　　　　　鳩山一郎ほか2名

ソヴィエト社会主義共和国連邦最高会議幹部会の委任により

　　　　　　　　N. ブルガーニンほか1名

出所）『法令全書 昭和31年12月』27-28頁．

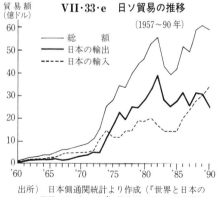

VII・33・e　日ソ貿易の推移
（1957〜90年）

出所）　日本側通関統計より作成（『世界と日本の貿易 ジェトロ白書 貿易編』1991, 354頁）．

34. 日本の国連加盟

　国際連合は，連合国代表を集めたダンバートン・オークス会議により，1945年（昭20）10月にニューヨークを本部として誕生した。51カ国が参加した国連は，第一次大戦後に創設された国際連盟の精神を継承し，平和と安全の維持，各国間の友好促進，経済・社会・文化・人道上の問題に関する国際協力の達成を目標としているが，国際連盟が第二次大戦を防止できなかった反省を踏まえ，「安全保障理事会」を設置し，常任理事国5カ国（米英仏ソ中）に拒否権を与えるなど，国際平和安全に重きを置くなどの工夫が施された。

　敗戦から立ち直った日本は，平和を希求する観点から，国際平和機関としての国連に多大な理想を見いだし，加盟する以前から国際平和の理念を謳った「国連憲章」を高く評価した。実際49年の時点での外務省内の安保条約構想でも，「駐留米軍によって日本の安全保障を確保するか」，それとも「日本周辺に非武装地帯を設けて国連の主要国によって日本の安全保障を確保するか」の2案に割れていたが，吉田首相によって前者が選択される経緯があった。東西冷戦が拡大していくと，国連の場にもしだいに冷戦の影響が現れ，米ソ両超大国は相互に拒否権をもって応酬するなど国連の機能が失われつつあったからである。

　とはいえサンフランシスコ講和条約の前文でも，「国連憲章の遵守と将来の国連加盟」を謳うなど，政府内や国民世論の間で国連は依然高い人気を誇っていた。独立を回復したとはいえ，この時期の日本は国際社会への復帰を果たしておらず，なかでも国連加盟は政府および国民の悲願でもあった。まず日本は国際経済分野で，52年8月に IMF と IBRD（国際復興開発銀行，世界銀行），55年9月には GATT への加盟を果たしたが，同年12月にソ連の拒否権行使によって国連加盟が阻止された。しかし翌56年10月の日ソ共同宣言の調印によって日ソ国交回復が達成されると，12月ついに国連加盟を実現する。日本は80番目の加盟国となり，その後国連安保理の非常任理事国に合計11回選ばれているばかりでなく，国連分担金でもアメリカを除く常任理事国4カ国の合計を上回る負担を担っている。

VII・34・a　国連加盟時における重光葵外相の演説
1956年(昭31)12月18日(抄)

一，……日本が最初に加盟を申請してからやがて5年にもなりますが，わが国の加盟が今日まで実現しなかったのはわれわれの如何ともすべからざる外的理由に基くものであることをわが国民は充分に理解していたのであります。

四，日本が置かれているアジア地域においても，世界の情勢を反映して，未だに緊張が除かれておりません。中東に発生したような情勢〔が〕アジアにおいても起らぬとは，何人も断言し得ないのであります。国際連合は宜しくその憲章の趣旨に従って，平和を害する恐れある情勢を警戒し，単に事後において行動を起すことをもって足れりとせず，未然に平和を救済する手段を考案する必要があることを，痛感するものであります。特に未だ平和の完全に回復せられておらぬ東亜地域においては多くの危険が伏在しておるのであります。これに対処するためには，まず思想問題を離れて，現実的に実際問題に直面して考察することが必要であると信ずる次第であります。かかる見地から，日本はソヴィエト連邦と外交関係を回復し，11年余に亘る日ソ両国間の不自然な法律的戦争状態を終結せしめたのであります。われわれはこのような措置が東亜の平和及び安全に貢献すると信じたからであります。東亜地域における永続的な平和及び安定の基礎を見出すことは，素より東亜諸国自身の義務であることは言うまでもありません。

　アジアにおける平和と発展の基礎は，アジア各国の経済的発展にこれを見出し得るのであります。アジア諸国は現に，各々自国の経済的向上に向って全力を尽しております。この努力を効果あらしめるため，さらに国際連合及びその加盟国諸国の一層の援助を必要とするものが少な〔くな〕いのであります。日本はアジア諸国とは，政治上はもちろん経済上においても唇歯輔車の関係にあり，かつ不可分の運命の下にあって，これら諸国の向上発展に大なる期待をかけているのであります。……

五，日本は世界の通商貿易に特に深い関心を持つ国でありますが，同時にアジアの一国として固有の歴史と伝統とを持っている国であります。日本が昨年バンドンにおけるアジア・アフリカ会議に参加したゆえんも，ここにあるのであります。同会議において採択せられた平和10原則なるものは，日本の熱心に支持するところのものであって，国際連合憲章の精神に完全に符合するものであります。しかし，平和は分割を許されないのであって，日本は国際連合が，世界における平和政策の中心的推進力をなすべきものであると信ずるのであります。

　わが国の今日の政治，経済，文化の実質は，過去1世紀にわたる欧米及びアジア両文明の融合の産物であって，日本はある意味において東西のかけ橋となり得るのであります。このような地位にある日本は，その大きな責任を充分自覚しておるのであります。私は本総会において，日本が国際連合の崇高な目的に対し誠実に奉仕する決意を有することを再び表明して，私の演説を終ります。

出所）外務省国際協力局第一課編『国際連合第十一回総会の事業』1957，408-11頁。

35. 東南アジア諸国との賠償外交

独立回復後の日本にとって，東南アジア諸国との関係正常化はきわめて困難な課題であった。戦争時の侵攻で数百万の犠牲者を出したこと，タイ以外は欧米から独立した新興国家であり，近代化の遅れや民族部族間紛争，宗教文化摩擦など不安定要因を抱えていたこと，東西冷戦の影響を受けて，東南アジア諸国がアメリカ側（フィリピン，タイ，南ベトナム），ソ連側（北ベトナム，ラオス），中立側（インドネシア，ビルマ）に三分裂する状況にあったからである。

しかし国際社会への復帰を目標とする日本は，地理的にも近い東南アジア諸国との国交回復を最優先する必要があった。その際の前提条件となったのが賠償である。賠償問題の解決は，戦争中に日本軍が実施した占領等による被害などへの道義的問題として，また新興国家を経済面で支援するためにも必要不可欠とされた。さらには反共主義のダレス外交が日本の中国市場への接近を許さず，代替地としての東南アジアへの経済進出を促したことも背景にあった。

賠償をめぐる外交交渉はほとんど難航したが，1954年（昭29）にビルマとの間で賠償金2億ドルでほぼ決着したことを皮切りに，同年にカンボジア，56年にフィリピン，ラオス，58年にインドネシア，59年に南ベトナム，63年にマレーシアと相次いで協定が結ばれた。最大の難関は当初80億ドルを要求したフィリピンであったが，最終的には賠償金5億5千万ドル，経済開発借款2億5千万ドル，合計8億ドルで合意した。そして76年7月，日本はフィリピンに最後の賠償を支払い，すべてを完了した。21年間に賠償金10億1208万ドル，無償経済協力約5億ドル，総額15億ドル余（当時の国民1人当り5千円強）を負担したことになる。なお台湾（1952）と中国（1972）は対日賠償請求権を放棄した（後述）。また韓国（1965）は賠償金に替わる経済援助を受け入れる形で決着した。

この賠償をきっかけとして，50年代後半から日本経済の現地進出は活発化し，国内の神武景気も加わって経済外交の基礎が固まっていく。同時に55年4月にバンドンで開催された第1回アジア・アフリカ会議に日本も参加するなど，アジア外交も軌道に乗りはじめるのである。

VII·35·a　日比賠償協定
1956年(昭31)5月9日調印(抄)

第1条　日本国は，現在において1980億円に換算される5億5千万合衆国ドルに等しい円の価値を有する日本人の役務及び資本財たる日本国の生産物を，以下に定める期間内に，及び以下に定める方法により，賠償としてフィリピン共和国に供与するものとする。

第3条　1　賠償として供与される役務及び生産物は，フィリピン共和国政府が要請し，かつ，両政府が合意するものでなければならない。……

2　賠償として供与される生産物は，資本財とする。ただし，フィリピン共和国政府の要請があったときは，両政府間の合意により，資本財以外の生産物を日本国から供与することができる。〔以下略〕

出所）『法令全書 昭和31年7月』59頁．

VII·35·b　日本の賠償額 (単位：100万米ドル)

受け取り国	フィリピン	ビルマ	インドネシア	南ベトナム
賠償額	550	200	223.08	39
準賠償額	—	140	—	—
計	550	340	223.08	39

出所）渡辺昭夫編『戦後日本の対外政策』有斐閣，1985，139頁．

VII·35·c　日本の賠償・準賠償負担の推移

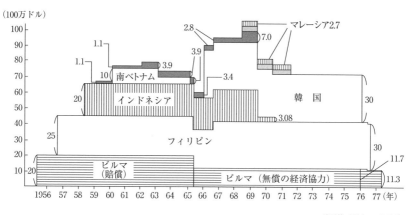

出所）同上，138頁．

36. 日中国交正常化の挫折

　日本国内では1949年 (昭24) に中国貿易再開への動きが政財界で表面化した。戦前対外貿易の約3分の1を占めた中国貿易は，ドッジラインでどん底に陥った日本経済にとって起死回生のテコになると期待されたのである。当時GHQやアメリカ政府も，日本の経済的自立のために対中貿易は重要であると認め，翌50年春，大豆等の輸入が開始された。ところが朝鮮戦争で事態は一変する。アメリカが対中国輸出全面禁止方針を決定したため，吉田政権は日中貿易禁止へと転じる。

　政財界ではこれに反発し，52年に石橋湛山や村田省蔵らは国際経済懇話会を結成し，「モスクワ国際経済会議」に帆足計，宮腰喜助，高良とみを派遣した。彼らはビザ無しで訪ソしたのち北京に入り，6月，「第一次日中民間貿易協定」を調印して日本政府を驚かせた。協定は，双方の輸出入金額各3千万ポンド，物々交換取引とした。中国側は日中間の経済・文化交流を深めて国交正常化を目指す「積み上げ方式」を取ったが，日本政府は政経分離を基本原則としたほか，吉田・鳩山抗争の影響も受けて日中貿易関係は進展せず，53年10月，第一次協定を踏襲した第二次協定が調印されるにとどまった。

　しかし54年末の吉田政権崩壊後，日中・日ソ関係の改善をめざす鳩山政権のもとで変化が生じた。9月「日本国際貿易促進協会」が創設され，財界の対中貿易促進ムードが高まったほか，超党派議員団の訪中や李徳全紅十字会長らの来日も日中関係改善に作用した。翌55年，雷任民率いる貿易代表団が初来日し，第三次民間貿易協定交渉が開始された。貿易通商代表部員への外交特権付与問題で対立したが，早期実現を期すとの妥協に達し，5月に第三次貿易協定が調印された。

　その後石橋内閣の誕生も日中国交正常化への期待を集めたが，その早期退陣後に登場した岸政権は，むしろ日華関係を重視する方向へと転じたため，日中関係は急速に冷却していく。難航の末に懸案の第四次貿易協定が58年3月に調印されたものの，米台両国の圧力から，岸首相は中国の国旗掲揚に反対を表明，愛知官房長官談話でこれを再確認した。5月「長崎国旗事件」が発生すると，陳毅外相は日本政府を厳しく批判する声明を発表し，これをもって日中関係は断絶する。

VII・36・a　日本国際貿易促進協会設立趣旨(1954年9月22日)

　朝鮮やインドシナにおける休戦を契機に国際関係の緊張がいちじるしく緩和され，これにともないことなった政治体制や経済制度の平和的共存が現実に可能となってきた。この情勢のなかで，中国，ソ連，東欧等の諸国との貿易を促進することは，わが国の国民経済に大きな利益をもたらすものである。
　前記諸国との貿易を拡大することは，かねてから国民が要望してきたものであるが，本会はこの要望の上に，従来続けられてきた民間の努力の成果を総括し，さらにこれを発展せしめ，障害となっている諸般の問題を解決し，平等互利の原則をもって，中国，ソ連，東欧等の諸国との貿易を促進し，国際貿易の発展をはからんとするものである。

　　　出所）石川忠雄・中嶋嶺雄・池井優編『戦後資料　日中関係』日本評論社，1970，70頁。

VII・36・b　第四次日中民間貿易協定
1958年(昭33) 3月5日(抄)

第1条　本協定有効期間内におけるおのおのの側の輸出総額と輸入総額は，それぞれ3500万英ポンドとする。

第9条　双方は，両国間の技術交流と技術協力の促進強化に努力することに同意する。

第11条　双方はつぎのことに同意する。
　互に相手国に常駐の民間通商代表部をおくこと。
　双方の通商代表部は，本協定の調印者双方により派遣され，東京と北京にそれぞれ設ける。／双方は，相手側の通表代表部およびその所属人員にたいし安全保障と任務遂行上の便宜をあたえることについて，それぞれ本国政府の同意を得ることとする。
　双方の通商代表部の任務はつぎの通り規定する。
　一，協定実行中において発生した各種の事項について連絡と処理にあたること。
　二，おのおの自国の市場状況を紹介すること。
　三，駐在国における貿易と市場に関する状況を調査し資料を収集すること。
　四，両国の商工業者の取引活動と貿易上の往来に協力すること。
　五，両国間の技術交流について連絡と促進にあたること。
　六，各自の派遣機関より委託されたその他の貿易関係の事項を取扱うこと。

第12条　双方は，互に商品展覧会を相手国において単独に開催することに同意する。日本側の商品展覧会は，1958年内に武漢と広州において開催し，中国側の商品展覧会は，1958年内に名古屋と福岡において開催する。双方は相手側の展覧要員にたいし，安全を保障し順調に仕事を遂行する条件をあたえることについて，それぞれ本国政府の同意を得ることとする。

第13条　双方は，それぞれの本国政府に要請して，速かに日中貿易問題について両国政府間で交渉を行い協定を締結させるように努力する。〔以下略〕

　　　出所）『日中関係基本資料集1949年-1997年』霞山会，1998，129-31頁。

VII・36・c　第四次日中民間貿易協定に関する愛知揆一内閣官房長官談話
1958年(昭33) 4月9日

　政府としては，わが方民間貿易三団体の代表者と中共側の民間貿易団体の代表者との間に3月5日作成された第四次の民間貿易取極は日中双方がそれぞれ相手側の内政に干渉せず，それぞれの国内諸法令を遵守することを旨として，日中双方の経済的要請にもとづき，もっぱらその貿易を拡大せんとの趣旨に出たものと了解する。
　この取極は，双方の民間団体間のものであり，政府間のものではないが，政府としては彼我の貿易拡大を期する精神は尊重したい。
　政府としては，現在中共を承認する意向なきこと言を俟たぬところであり，この民間取極により設置される民間通商代表部に対し特権的な公的地位を認める所存はないが，この取極の民間団体による取扱に関しては，わが国と中華民国との関係その他国際関係を尊重し，通商代表部の設置が事実上の承認ではないかとの誤解を起さしめないよう配慮するとともに，国内諸法令の定める範囲内において，支持と協力を与える所存である。
　なお，日本政府としては中共を承認していないから，中共のいわゆる国旗を民間通商代表部に掲げることを権利として認めることができないことは当然である。

出所）同上，134-35頁。

VII・36・d　「日中貿易協定問題に関する日本・国府間の会談経過」
についての国府外交部発表(1958年4月9日)(抄)

　われわれは，中国大陸の共匪との貿易が個人の商業行為を越え，何らかの政治的意義をふくんでいるとすれば，われわれは強く反対せざるを得ない。
1．このたび日本の若干の個人と共匪側が調印した第四次民間貿易協定は，政治的性質をもった条項をつけ，日本政府が駐日通商機関とその人員に，その旗を掲げることをふくめて，種々の権利や特権を与えるよう要求している。中華民国政府はこの種の条項は明らかに私的な貿易範囲を越えると考え，再三日本政府に対し，反対の立場を表明し，問題の重要性を指摘した。〔以下略〕

出所）石川忠雄・中嶋嶺雄・池井優編『戦後資料　日中関係』日本評論社，1970，265頁。

VII・36・e　長崎国旗事件(1958年5月2日)

　第四次日中貿易協定が国旗掲揚問題でこじれ，中共の拒否声明でタナ上げの形になっているおりから，去月30日から2日まで長崎市浜屋デパートで開催された「中国切手，切紙，錦織展示即売会」で中国旗を引降ろすという不祥事が起こった。同展は日中友好協会長崎支部＝支部長丸亀秀雄氏（53）＝主催で開催されたものだが，2日午後4時20分ごろ会場にいた長崎市Aと佐世保市Bの2人のうちAがいきなり会場に飾ってあった中共国旗を引降ろした。驚いた係員の日中友好協会支部員中川竜蔵さん（33）がAから国旗を奪い返し

て直ちに近くの長崎署浜町派出所に突出した。これに先立ち中共国旗を会場に掲げていることに対し常家鎧中国長崎駐在領事は長崎市役所を訪れ抗議していたが、Aはこの抗議を知って、同会場に乗込んだといっている。〔実行者名はA・Bと表記した——編者〕

出所）『毎日新聞』1958年5月3日付.

VII・36・f 長崎国旗事件等に関する陳毅外交部長の談話
1958年5月9日（抄）

　中国の陳毅副総理兼外交部長は9日新華社記者と会見し、当面の日中関係について談話を発表した。

　最近、日本の岸首相は米国および蒋介石グループにおもねるため、中日貿易協定を公然と破壊するとともに、中国に悪意のある侮辱的な攻撃を行っているが、中国人民はこうした挑発的行為に対してきわめて大きな怒りを感じないわけにはいかない。岸内閣は暴徒が長崎で中国国旗を侮辱した事件を容認しているのは、中国を敵視する岸内閣の態度がすでにがまんできないところまで来ていることをものがたっている。……

　かつて日本政府は帝国主義的態度で中国とつきあい、中国人民の重大な打撃に出あい、ついに徹底的な破産を喫した。

　今日、中国人民はすでに立上っており、岸内閣が帝国主義的な態度で再び中国に向うということはいっそう通用しないばかりか、必ず自ら損害を招くであろう。

　岸氏の一派は口ぐちに、かれらの立場は「貿易と政治を切離すものである」といっているが、中日貿易問題についてのべるときはいつもいそいで、自分らは「中国を承認しない」とつけたし、中日貿易を蒋介石グループとの関係その他の国際関係（実際は米国との関係をさす）に結びつけて考慮しなければならないともいう。これによってわかるように、かれらが反対なのは中日貿易が中日両国人民の友情を結びつけることであり、かれらの必要なのは米国におもねり、蒋介石グループと結託し、中国を敵視するかれらの政策に中日貿易を奉仕させることである。これこそ貿易と政治を切りはなすべきであるとわめいているかれらの人にいえない目的なのである。かれらのこのような立場は、中国人民の断固として反対するところである。

　岸信介氏の中華人民共和国を独立国として認めず、中国国旗を個人の財産であるとするいい方はでたらめきわまる。中国の国旗を侮辱した長崎事件は、岸内閣が直接容認し、その保護のもとにつくりだされたものである。これらの言動は中華人民共和国に対する侮辱であり、6億中国人民に対する故意の挑発であり、岸内閣は、これによって生ずる一切の結果に対し完全に責任を負わなければならない。〔以下略〕

出所）『日中関係基本資料1949年-1997年』霞山会、1998、140-42頁.

37. 日米安保条約の改定

　対日講和条約とともに調印された日米安保条約には重大な問題点があった。最大の問題は，アメリカ側の日本防衛義務が明文化されておらず，在日米軍基地の自由使用を認める日本側からすれば，この不均等な状態（片務性）が大きな不満であった。また在日米軍の行動範囲とされる「極東」への明確な定義がなく，在日米軍の目的も，極東における国際平和と安全の維持，さらには日本の安全のためとされ，アメリカ側の一方的見解により拡大解釈される恐れがあった。そのほか条約の有効期限の不明記，国内紛争事態への米軍介入を認める内乱条項，アメリカ側の同意を得なければ第三国への特権を付与しないとの条項も，独立国家にふさわしくない規定であった。これらの不平等性に加えて，1954年（昭29）の「ビキニ水爆実験」（第五福竜丸事件），55～57年の砂川事件や「ジラード事件」など，相次ぐ米軍基地問題が日本国民の反米感情を高めた。鳩山内閣の重光葵外相は55年に訪米し，ダレス国務長官に対して安保条約と行政協定の改定を提起したが，自衛隊が海外派兵できないとの理由によって拒否された。

　安保条約改定の動きは岸政権となって本格化した。岸信介首相は，鳩山・石橋両内閣時に冷えこんだ日米関係を改善させる方針を固め，日本の防衛計画を策定したうえで，57年6月に訪米し，アイゼンハワー大統領と首脳会談を行なった結果，安保条約の暫定性にもとづいて日米合同委員会で協議するとの確約を得た。日本政府は「日米新時代」を背景に対米攻勢を強め，またマッカーサー駐日米大使の進言もあり，翌58年9月，藤山愛一郎外相の訪米時にダレスは安保改定に応じる旨を表明した。以降，東京とワシントンで同時併行して交渉が行なわれて，60年1月にワシントンで新安保条約と行政協定に代わる地位協定が調印された。

　旧条約との相違点は，①国連憲章との関係を明確化した，②日本の施政下の領域における共同防衛の義務を明示した，③事前協議を制度化した，④10年間の条約期間を明記した，⑤経済協力条項を設けた，⑥内乱条項，第三国条項を削除した，⑦沖縄，小笠原との関係を明示した点などである。岸首相の安保改定に反対する大規模な騒乱が発生したが，6月の国会の自然承認を経て，新条約は成立した。

VII・37・a 岸・アイゼンハワー共同声明「日米新時代」
1957年(昭32)6月21日(抄)

　大統領および総理大臣は、日米関係が共通の利益と信頼に確固たる基礎を置く新しい時代に入りつつあることを確信している。両者は、日米両国間の緊密な関係から得られる多くの相互的利益について討議した。……

　日米両国間の安全保障に関する現行の諸取極について討議が行われた。合衆国によるその軍隊の日本における配備および使用について実行可能なときはいつでも協議することを含めて、安全保障条約に関して生ずる問題を検討するために政府間の委員会を設置することに意見が一致した。同委員会は、また、安全保障条約に基いて執られるすべての措置が国際連合憲章の原則に合致することを確保するため協議を行う。大統領および総理大臣は、1951年の安全保障条約が本質的に暫定的なものとして作成されたものであり、そのままの形で永久に存続することを意図したものではないという了解を確認した。同委員会は、また、これらの分野における日米両国の関係を両国の国民の必要および願望に適合するように今後調整することを考慮する。　〔以下略〕

出所)『わが外交の近況』特集2，1957年9月，43-45頁．

VII・37・b　安保反対デモ

出所)『朝日新聞』1959年11月28日付（朝日新聞社提供）．

VII・37・c　新日米安保条約（日米相互協力及び安全保障条約）
1960年(昭35) 1月19日署名,同年6月23日発効

　　日本国及びアメリカ合衆国は，／両国の間に伝統的に存在する平和及び友好の関係を強化し，並びに民主主義の諸原則，個人の自由及び法の支配を擁護することを希望し，／また，両国の間の一層緊密な経済的協力を促進し，並びにそれぞれの国における経済的安定及び福祉の条件を助長することを希望し，／国際連合憲章の目的及び原則に対する信念並びにすべての国民及びすべての政府とともに平和のうちに生きようとする願望を再確認し，／両国が国際連合憲章に定める個別的又は集団的自衛の固有の権利を有していることを確認し，／両国が極東における国際の平和及び安全の維持に共通の関心を有することを考慮し，相互協力及び安全保障条約を締結することを決意する，／よって，次のとおり協定する。

第1条　締約国は，国際連合憲章に定めるところに従い，それぞれが関係することのある国際紛争を平和的手段によって国際の平和及び安全並びに正義を危うくしないように解決し，並びにそれぞれの国際関係において，武力による威嚇又は武力の行使を，いかなる国の領土保全又は政治的独立に対するものも，また，国際連合の目的と両立しない他のいかなる方法によるものも慎むことを約束する。
　　締約国は，他の平和愛好国と協同して，国際の平和及び安全を維持する国際連合の任務が一層効果的に遂行されるように国際連合を強化することに努力する。

第2条　締約国は，その自由な諸制度を強化することにより，これらの制度の基礎をなす原則の理解を促進することにより，並びに安定及び福祉の条件を助長することによって，平和的かつ友好的な国際関係の一層の発展に貢献する。締約国は，その国際経済政策におけるくい違いを除くことに努め，また，両国の間の経済的協力を促進する。

第3条　締約国は，個別的に及び相互に協力して，継続的かつ効果的な自助及び相互援助により，武力攻撃に抵抗するそれぞれの能力を，憲法上の規定に従うことを条件として，維持し発展させる。

第4条　締約国は，この条約の実施に関して随時協議し，また，日本国の安全又は極東における国際の平和及び安全に対する脅威が生じたときはいつでも，いずれか一方の締約国の要請により協議する。

第5条　各締約国は，日本国の施政の下にある領域における，いずれか一方に対する武力攻撃が，自国の平和及び安全を危うくするものであることを認め，自国の憲法上の規定及び手続に従って共通の危険に対処するように行動することを宣言する。
　　前記の武力攻撃及びその結果として執ったすべての措置は，国際連合憲章第51条の規定に従って直ちに国際連合安全保障理事会に報告しなければならない。その措置は，安全保障理事会が国際の平和及び安全を回復し及び維持するために必要な措置を執ったときは，終止しなければならない。

第6条　日本国の安全に寄与し，並びに極東における国際の平和及び安全の維持に寄与するため，アメリカ合衆国は，その陸軍，空軍及び海軍が日本国において施設及び区域

を使用することを許される。
　前記の施設及び区域の使用並びに日本国における合衆国軍隊の地位は，1952年2月28日に東京で署名された日本国とアメリカ合衆国との間の安全保障条約第3条に基く行政協定（改正を含む。）に代わる別個の協定及び合意される他の取極により規律される。
第7条　この条約は，国際連合憲章に基づく締約国の権利及び義務又は国際の平和及び安全を維持する国際連合の責任に対しては，どのような影響も及ぼすものではなく，また，及ぼすものと解釈してはならない。
第8条　この条約は，日本国及びアメリカ合衆国により各自の憲法上の手続に従って批准されなければならない。この条約は，両国が東京で批准書を交換した日に効力を生ずる。
第9条　1951年9月8日にサン・フランシスコ市で署名された日本国とアメリカ合衆国との間の安全保障条約は，この条約の効力発生の時に効力を失う。
第10条　この条約は，日本区域における国際の平和及び安全の維持のため十分な定めをする国際連合の措置が効力を生じたと日本国政府及びアメリカ合衆国政府が認める時まで効力を有する。
　もっとも，この条約が10年間効力を存続した後は，いずれの締約国も，他方の締約国に対しこの条約を終了させる意思を通告することができ，その場合には，この条約は，そのような通告が行われた後1年で終了する。
出所）外務省条約局編『条約集』第38集第9巻，1960年6月．

VII・37・d　事前協議制に関する日米間の交換公文（日本国とアメリカ合衆国との間の相互協力及び安全保障条約第6条の実施に関する交換公文）（抄）

　書簡をもって啓上いたします。本大臣は，本日署名された日本国とアメリカ合衆国との間の相互協力及び安全保障条約に言及し，次のことが同条約第6条の実施に関する日本国政府の了解であることを閣下に通報する光栄を有します。
　合衆国軍隊の日本国への配置における重要な変更，同軍隊の装備における重要な変更並びに日本国から行なわれる戦闘作戦行動（前記の条約第5条の規定に基づいて行なわれるものを除く。）のための基地としての日本国内の施設及び区域の使用は，日本国政府との事前の協議の主題とする。
　本大臣は，閣下が，前記のことがアメリカ合衆国の了解でもあることを貴国政府に代わって確認されれば幸いであります。
　本大臣は，以上を申し進めるに際し，ここに重ねて閣下に向かって敬意を表します。
　　　1960年1月19日にワシントンで　　　　　　　　　　　　　岸　　信　　介〔以下略〕
出所）『外交青書』1960-61年版，241頁．

VIII 経済大国への歩み

1960年代の日本外交は、高度経済成長を背景とする経済外交に等しかった。50年代末以降、年率10％に及ぶ経済成長は、60年時点で鉄鋼生産が対米比25％、自動車生産が3％であったが、10年後の70年時点では各78％、49％にまで上昇した。GNP 規模でも仏・英・西独などを抜き、日本は西側第2位へと躍進した。フランスのド・ゴール大統領が63年に訪欧した池田勇人首相を"トランジスタのセールスマン"と皮肉ったことは、日本の経済的飛躍を物語っている。

日本政府は、第一に、このような経済成長の優位性をテコとして経済外交を推進した。具体的には、①欧米先進諸国への同質化とその仲間入りをめざす、②日本経済の成長を制約する外的要因を除去する、③経済面でのアジアにおける指導的役割を果たす、ことであった。結果として日本は、IMF 8 条国、GATT11条国、OECD（経済協力開発機構）加盟国になることに成功し、晴れて先進国の仲間入りを果たした。また OECF（海外協力開発基金）や JICA（国際協力事業団）を通じてアジア諸国への経済技術協力を積極的に展開し、資本金の半分を供出して創設した ADB（アジア開発銀行）や日本輸出入銀行による借款供与を実施して、アジアにおける指導的地位を築くことにも成功した。

折しも67年には ASEAN（東南アジア諸国連合）が成立し、フィリピン、インドネシア、マレーシア、シンガポール、タイが経済的かつ社会的な連帯を広げていき、地域的な安定を確保していくにつれて、徐々に日本の経済的役割の受け皿となっていく。反面、この時期における日本の洪水的な経済進出が、70年代前半には現地から"イエローヤンキー"とか"エコノミックアニマル"といった反発を招くこととなる。

第二に、日本政府は戦後未解決の難問である日韓関係の正常化に取り組んだ。日韓交渉が50年代初頭から延々と長引いたのは、在日朝鮮人の法的地位や処遇、漁業権、植民地統治時代の賠償ないし財産権といった複雑な諸問題が存在したことや韓国内部の政情不安にも原因があった。しかしアメリカは、北東アジア地域の有力な西側同盟国で

ある日韓両国の離反を嫌い，日韓間の交渉進捗に全力をあげた。ときには反日感情の強い韓国政府に対して圧力を加えることも辞さなかった。韓国が李承晩(イスンマン)政権崩壊後，ようやく朴正熙(パクチョンヒ)政権のもとで安定し，また歴史的問題よりも経済復興問題を優先するようになると，60年代の池田内閣は日韓政府間交渉に全力をあげた。結局竹島問題は棚上げされたものの，日本が韓国に賠償に代えて経済援助を行なうことで決着した。こうして交渉は急速に進展し，ついに佐藤政権時に「日韓基本条約」が締結された。

日本政府が第三の外交課題に掲げたのが，沖縄の施政権返還であった。沖縄では太平洋戦争末期の地上戦で，島民20万人が犠牲を強いられた。そればかりか，沖縄は戦後日本の独立後もアメリカ統治下に置かれつづけ，朝鮮戦争以降，沖縄の米軍基地は冷戦の戦略拠点として強化されていった。沖縄の返還問題に対しては，岸内閣が安全保障の観点，池田内閣が経済の観点，佐藤内閣が政治の観点から取り組み，最終的にその施政権を取り戻すのである。

しかし国際情勢は決して日本に有利ではなかった。当時アメリカは50万もの大兵力を投入してベトナム戦争を行使しており，沖縄基地のB52爆撃機が北爆の重要な役割を果たしていた。ベトナム戦争の兵站部門を沖縄が担っていたため，米軍部が沖縄返還に強硬に反対した。しかし佐藤首相の決意は固く，「核抜き・本土並み・72年返還」という沖縄3原則を掲げ，ジョンソン，ニクソン両政権に繰り返し返還を迫った。結局69年11月，佐藤・ニクソン会談で"糸と縄の交換"という政治取引を行ない，緊急時に核再持込を認めるとの譲歩によって，3原則を貫徹したのである。戦争ではなく，外交交渉で領土の一部が無事返還された事例は，世界の歴史でもきわめて稀であろう。しかしこの際の裏取引が機能せず，日本はまもなくダブル・ニクソンショックというしっぺ返しを受ける。

そのほか日本は，64年にアジア初の東京オリンピックを成功させたばかりか，同年に世界の最高スピードを塗り替える新幹線を開通させ，社会面や技術面での国際水準をリードするなど，経済成長の追求とともに国際的地位の上昇を実現する第一歩を踏み出した輝かしい時代でもあった。

38. 経済外交の始動

　経済外交とは，貿易・通商・為替・金融・投資などの経済的利益の拡大をめざして遂行する外交である。戦後日本外交の基礎を形成した吉田外交は，経済復興を最優先し，政治的かつ軍事的問題に関与することを極力避ける姿勢を特徴とした。これは戦前の軍事外交に対する反省の念とともに，戦後の新しい国際経済秩序に対応するための積極的な国益重視の外交理念でもあった。

　1960年（昭35）7月に成立した池田内閣は，高度経済成長路線のもとでこの経済外交を軌道に乗せた。岸前内閣が安保騒動で退陣したため，池田政権は政治・軍事から経済へ，高姿勢から低姿勢へと方向を転じ，野党との融和をはかり，国民世論には所得倍増のスローガンを押し出した。すでに50年代後期には神武景気によって投資ブームが起き，56年度の経済白書は「もはや戦後ではない」と指摘していた。この好景気を背景に，日本政府は主として欧米先進諸国とアジアの開発途上国を対象とする経済外交を推進していった。

　その結果，60年代に日本の輸出入は急速に増大し，65年には戦後初めて貿易赤字が黒字に転じ，対米貿易も黒字幅が増大する。こうした状況のなかで日本は貿易と資本の自由化が強く求められた。そこで日本は64年に輸入品を93％まで自由化する一方，IMF8条国になり，先進国クラブともよばれるOECDに加盟した。またGATTに関しても，長らく西欧諸国などから35条を援用されてきたが，62～64年に撤廃され，63年に国際収支上の理由による貿易制限を設けない11条国に認定された。こうして日本はアメリカを中心とする自由で多角的な国際経済体制の一極としての地位を占めるにいたった。

　一方，日本の対アジア経済外交も本格化した。60年代前半にOECF，JICA，青年海外協力隊などアジア諸国との経済協力を目的とする機構が創設され，技術協力や円借款も促進された。とくに66年には東京で東南アジア開発閣僚会議や農業会議が開催され，ADBとともに日本は東南アジア諸国の経済開発のために積極的な役割を発揮した。経済界も日米経済会議や日欧経済会議を開催したり，中国やソ連など共産圏へ調査団を派遣するなど，民間経済外交を展開していった。

VIII・38・a 日本外交の「三原則」と「当面の重要課題」（抄）

外交活動の三原則

わが国の国是が自由と正義に基く平和の確立と維持にあり、これがまたわが国外交の根本目標であることは今さら言うをまたない。

この根本目標にしたがい、今や世界の列国に伍するわが国は、その新らたな発言権をもって、世界平和確保のため積極的な努力を傾けようとするものであるが、このような外交活動の基調をなすものは、「国際連合中心」、「自由主義諸国との協調」および「アジアの一員としての立場の堅持」の三大原則である。……

しかし、国際連合がその崇高な目標にもかかわらず、その所期の目的を十分に果すに至っていないことは、国際政治の現実として遺憾ながらこれを認めざるを得ない。このような際に、わが国としては、一方において国際連合の理想を追求しつつも、他方において、わが国の安全を確保し、ひいては世界平和の維持に貢献するための現実的な措置として、自由民主諸国との協調を強化してきた。

すでに述べた通り、現下の国際情勢が不安定ながら一応長期的な平和の時期を迎えているのは、自由民主諸国が共産諸国に対してよく結束を保っている結果であって、この結束が乱れるようなことがあれば、世界戦争の危険もないとはいえない。世界の自由民主諸国はよくこの事態を認識して、着々と団結を固めつつあり、等しく自由民主主義を国是とするわが国としては、その団結の一翼を担う責務を有するものである。

さらにわが国は、その外交活動を進めるに当って、アジアの一員として、アジアと共に進む立場を取っている。わが国にとり、世界平和の確立に最も重要な条件は、アジア地域における平和を確保することである。……

当面の重要課題

このような基調に立つわが国外交が現在当面する重要課題として、アジア諸国との善隣友好、経済外交、対米関係調整の3問題が挙げられる。

アジア諸国との関係については、わが国が地理的に同じ地域に属するというだけではなく、人種的、文化的親近感につながる強い心理的紐帯があるのであって、前述の「アジアの一員」との原則もここに出ずるものでありわが国としてこれら諸国との善隣友好関係を進めることが当面の第一の重要課題である。

次に平和主義を信奉するわが国にとって、四つの小島に満ちる9千万国民の生活を向上し、経済を発展し、国力を培う唯一の方法は、その経済力の平和的対外進出にあり、したがって、国民経済の要請に適合した対外経済発展を目的とする経済外交は、わが国外交に課せられた第二の重要課題である。……

最後に米国との関係については、同国はわが国が一翼を担う自由民主主義国家群の中心的地位にあり、さらにはわが国の防衛に直接的貢献をなしており、両国間には当然密接な相互協力関係が保たれなければならない。しかしながら、国情を異にする国際間の相互協力、いうは易くして行うは難し。相互協力はその底に相互信頼があって始めて可能であ

り，相互信頼はまた相互理解から生れるものである。岸首相の訪米により日米首脳間の相互理解が遂げられ，信頼と協力との礎が築かれたのであるが，今後さらにこの方向を押し進め，一方これが障害となる懸案を一歩一歩解決しつつ，平等の立場に立つ真の相互協力関係を打樹てて行くことが，わが国外交第三の課題である。〔以下略〕

出所）『わが外交の近況』1957年9月，7-10頁．

VIII·38·b　日米両国の経済力の推移

	1960年		1970年		1980年	
	日本	米国	日本	米国	日本	米国
GDP(億ドル)	425	5,037	1,972	9,741	10,474	26,261
第1次産業	12.8%	4.0%	5.9%	2.7%	3.6%	2.6%
第2次産業 （内製造業）	40.8% (33.8%)	35.6% (28.6%)	43.1% (34.9%)	31.8% (25.1%)	37.8% (28.2%)	30.4% (21.4%)
第3次産業	46.4%	60.4%	50.9%	65.6%	58.7%	67.0%

出所）渡辺昭夫『大国日本の揺らぎ　1972～』中央公論新社，2000，83頁（一部加筆）．

VIII·38·c　LT貿易覚書（日中総合貿易に関する覚書）

1962年(昭37)11月9日(抄)

一，廖承志氏と高碕達之助氏は本年9月周恩来総理と松村謙三氏との間に行なわれた中日貿易拡大に関する会談の主旨にもとづき平等互恵の基礎の上に漸進的積み重ね方式をとり，両国間の民間貿易をより一層発展させるために次のような覚え書を交換した。
一，双方は長期総合貿易を発展させることに同意した。すなわち1963年から1967年までを第一次5ヵ年貿易の期間として振り当て，年間平均の輸出入取り引き総額を約3600万英ポンドとするよう要望した。
一，双方の主要輸出品次の通り。
　(イ)　中国側＝石炭，鉄鉱石，大豆，とうもろこし，豆類，塩，スズ，その他。
　(ロ)　日本側＝鋼材（特殊鋼材を含む），化学肥料，農薬，農業機械，農具，プラント，その他。
一，本覚え書に基づいて行なわれる諸取り引きについては，その取り引きに関係ある日本側の当事者と中国対外貿易輸出入公司との間で個々の契約を結ぶ。　〔以下略〕

出所）外務省アジア局中国課監修『日中関係基本資料集　1949-69』霞山会，1970，215頁．

VIII・38・d　日本の貿易に占める東南アジア・中国・米国の割合

（棒グラフは輸出入総額，折れ線グラフは割合を示す）

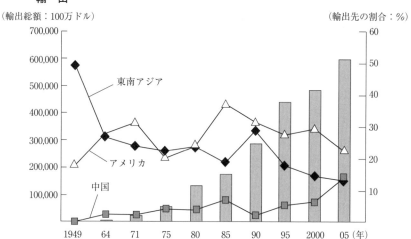

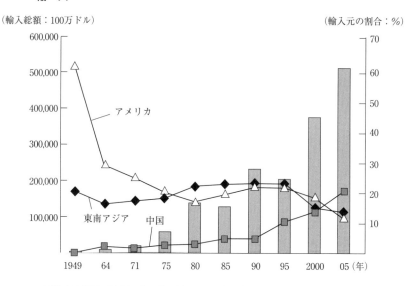

出所）渡辺昭夫『大国日本の揺らぎ　1972～』中央公論新社，2000，112頁（一部加筆）．

39. 日韓国交正常化

　日本の敗戦により35年に及ぶ朝鮮半島支配が終わると，北緯38度以南をアメリカ，以北をソ連が管轄したが，冷戦の影響によって1948年（昭23）に韓国（大韓民国），北朝鮮（朝鮮民主主義人民共和国）が誕生した。そして対日講和条約は，朝鮮の独立承認と日本の朝鮮に対する権利などの放棄を規定した。しかし戦後本国に引揚げずに残った在日朝鮮人約60万の国籍と処遇が大きな問題となった。
　この間断絶状態にあった日韓両国は，朝鮮戦争さなかの51年10月，GHQの斡旋により関係正常化のための予備会談を開始した。そして翌52年2月から本会談となり，基本関係，在日韓国人の国籍処遇，船舶，財産請求権，漁業の各問題を討議したが，植民地被害の賠償を求める韓国側と，韓国併合を正当化する日本側との間には大きな隔たりがあり，交渉は難航した。とりわけ李承晩大統領は徹底した反日政策をとり，朝鮮半島周辺の公海上に韓国の主権を唱えて，その海域への日本漁船の立入りを禁止する「李承晩ライン」を設定し，日本の感情を逆なでした。また53年10月，日本代表の久保田貫一郎が日本の朝鮮統治を再評価する発言をすると，韓国側は反発を強め，以後交渉は4年半も中断した。この間に日本漁船が多数拿捕され，2千名以上の漁船員が韓国に抑留された。
　日韓交渉が再開されるのは，61年5月の軍事クーデターにより朴正熙政権が誕生してからである。韓国の経済復興に大きな役割を果たしていたアメリカの経済援助の減少を埋めるため，朴政権は日本からの援助に期待した。翌62年10月，大平正芳外相，金鐘泌（キムジョンピル）中央情報部長会談での「大平・金メモ」を土台とし，韓国の対日請求権については無償・有償援助合わせて5億ドルの経済協力を日本が行なうことで決着した。また63年には漁業問題に関して，韓国側の漁業専管水域12カイリ（約22.2km）の外に日韓共同の規制水域を設けることや，日本側から漁業協力を行なうことで妥協に達した。しかし韓国内では日韓会談に反対する学生デモが起こったため，またも会談は中断した。65年2月，椎名悦三郎外相があえて訪韓に踏み切り，基本関係条約案の仮調印を行なった。そして6月に東京で「日韓基本条約」が正式に調印され，ようやく両国は国交正常化を実現したのである。

VIII・39・a　久保田発言
1953年(昭28)10月15日,財産請求権委員会席上

　久保田　韓国側で国会の意見があるからと,そのような請求権を出すというならば,日本としても朝鮮の鉄道や港を造ったり,農地を造成したりしたし,大蔵省は,当時,多い年で2000万円も持出していた。これらを返せと主張して韓国側の政治的請求権と相殺しようということになるではないか（韓国側各委員に興奮の表情があらわれ,各自バラバラに発言する）。

　洪　あなたは,日本人が来なければ,韓人は眠っていたという前提で話をしているのか。日本人が来なければ,われわれはもっとよくやっていたかも知れない。

　久保田　よくなっていたかもしれないが,まずくなっていたかもしれない。これから先いうことは,記録をとらないでほしいが……私見としていうが,自分が外交史の研究をしたところによれば,当時日本が行かなかったら中国かロシアが入っていたかも知れないと考えている。

　張　1000万円とか2000万円とかの補助は韓人のために出したのではなく,日本人のために出したので,その金で警察や刑務所をつくったではないか。

　柳　久保田さん,そういうことをいえばお話にならない。日本側で昔のことは水に流して,すまなかった,という気持で話をしようというなら別だ。

　久保田　お互いに将来のことを考えてやりたい。法律的な請求権の問題で話をしてゆきたい。

　洪　法律的なものといっても,当時の日本人の私有財産が,韓人と同等の立場で蓄積されたと考えるのか。

　久保田　こまかいことをいえばキリがなくなる。ただ,36年間というものは資本主義経済機構の下で平等に扱われたものである。時代を考えてほしい。

　洪　なぜカイロ宣言に「朝鮮人民の奴隷状態」という言葉が使われているのか。

　久保田　私見であるが,それは戦争中の興奮した心理状態で書かれたもので,私は奴隷とは考えない。

　張　日本が財産をふやしたのは,投資や経営能力が良かったためだと考えるのか。日本人が土地を買ったのは,東拓などが総督府の政策で買ったもので,機会均等ではなかった。

　久保田　日本のためのみではない。朝鮮の経済のためにも役立っているはずだ。

　洪　久保田さんは互譲の精神とか歩み寄りとかいっているが,当方は歩み寄りの余地はない。

出所)『法律時報』第37巻第10号,1965年9月,48-49頁.

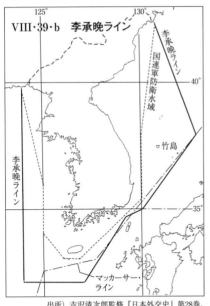

VIII・39・b　李承晩ライン

出所）吉沢清次郎監修『日本外交史』第28巻，鹿島研究所出版会，57頁。

VIII・39・c　日韓基本条約
1965年（昭40）6月22日署名，同年12月18日発効

　日本国及び大韓民国は，

　両国民間の関係の歴史的背景と，善隣関係及び主権の相互尊重の原則に基づく両国間の関係の正常化に対する相互の希望とを考慮し，

　両国の相互の福祉及び共通の利益の増進のため並びに国際の平和及び安全の維持のために，両国が国際連合憲章の原則に適合して緊密に協力することが重要であることを認め，

　1951年9月8日にサン・フランシスコ市で署名された日本国との平和条約の関係規定及び1948年12月12日に国際連合総会で採択された決議第195号（Ⅲ）を想起し，

　この基本関係に関する条約を締結することに決定し，よって，その全権委員として次のとおり任命した。　〔全権委員氏名省略〕

　これらの全権委員は，互いにその全権委任状を示し，それが良好妥当であると認められた後，次の諸条を協定した。

第1条　両締約国間に外交及び領事関係が開設される。両締約国は，大使の資格を有する外交使節を遅滞なく交換するものとする。また，両締約国は，両国政府により合意される場所に領事館を設置する。

第2条　1910年8月22日以前に大日本帝国と大韓帝国との間で締結されたすべての条約及び協定は，もはや無効であることが確認される。

第3条　大韓民国政府は，国際連合総会決議第195号（Ⅲ）に明らかに示されているとおりの朝鮮にある唯一の合法的な政府であることが確認される。

第4条　(a)　両締約国は，相互の関係において，国際連合憲章の原則を指針とするものとする。

(b)　両締約国は，その相互の福祉及び共通の利益を増進するに当たって，国際連合憲章の原則に適合して協力するものとする。

第5条　両締約国は，その貿易，海運その他の通商の関係を安定した，かつ，友好的な基礎の上に置くために，条約又は協定を締結するための交渉を実行可能な限りすみやかに開始するものとする。

第6条　両締約国は，民間航空運送に関する協定を締結するための交渉を実行可能な限りすみやかに開始するものとする。

第7条　この条約は，批准されなければならない。批准書は，できる限りすみやかにソウルで交換されるものとする。この条約は，批准書の交換の日に効力を生ずる。

以上の証拠として，それぞれの全権委員は，この条約に署名調印した。

　　日本国のために　　　　　　　　　　　　　　椎名悦三郎　　高杉晋一
　　大韓民国のために　　　　　　　　　　　　　　　李東元　　金東祥

出所）『条約集 昭和40年2国間条約』，237-40頁．

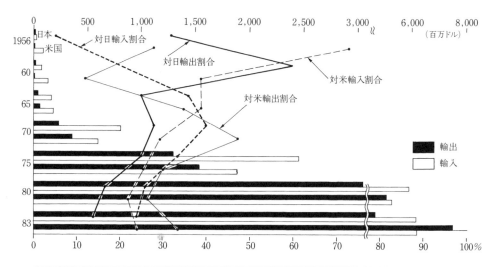

VIII・39・d　日米韓経済交流の急進展

対韓投資累計		66	71	76	77	78	79	80	81	82	83
金額 (10万ドル)	米国	160	487	1,362	1,480	1,618	1,917	2,520	3,142	3,742	4,097
	日本	47	420	4,375	4,903	5,353	5,903	6,201	6,517	6,730	7,118
	合計*	212	1,176	6,747	7,769	8,774	10,044	11,006	12,065	13,706	14,085
比率 (％)	米国	75.3	41.4	20.2	19.1	18.4	19.1	22.9	25.6	28.6	29.1
	日本	22.0	35.7	64.8	63.1	61.0	58.8	56.3	54.4	51.5	50.5

資料）　韓国経済企画院『外国人投資白書』(1981)，韓国財務部『財政金融統計』(1983〜1984)．
　＊合計の数字は日米およびその他すべての国の投資を含む．

出所）　李庭植著／小此木政夫・古田博司訳『戦後日韓関係史』中央公論社，1989，121-23頁より作成．

40. ベトナム戦争

　インドシナ戦争は1954年（昭29）7月の「ジュネーブ協定」によって終結し，ベトナムは北緯17度線で南北に分割された。すでにアメリカは同戦争中からフランスに代わって戦費を負担してきたが，戦後はドミノ理論にもとづくダレス外交によって，南ベトナムのゴ・ジン・ジェム政権を全面的に支援するとともに，SEATO（東南アジア条約機構）を創設し，反共防衛体制を確立した。60年代に入ると，ケネディ政権は軍事顧問団を派遣するなど南ベトナムへの介入をさらに強化した。

　64年8月「トンキン湾事件」が発生すると，ジョンソン大統領は翌65年2月，北ベトナム爆撃（北爆）を命じると同時に，米海兵隊を南部に上陸させた。こうしてベトナム戦争が始まり，米・南ベトナム連合軍と北ベトナム・解放戦線（ベトコン）連合軍との間で大規模な戦闘が繰り広げられた。当初は世界最強の米軍が楽勝すると予想されたが，ゲリラ戦を展開する北側によって苦戦を強いられ，最大時55万もの兵力を投入したものの決定的勝利を得られなかった。68年初頭，北側はテト攻勢に転じた。他方，アメリカ国内では反戦運動が高まった。やむなくジョンソン大統領は北爆停止と大統領選挙不出馬を声明し，パリ和平会談を提案した。こうして69年1月から4者会談が始まり，4年後の73年1月に「パリ和平協定」が調印されて，戦争はひとまず終結した。

　この間，日本政府はアメリカ側から同盟国として対米協力を求められた。佐藤政権は沖縄の施政権返還をめざしていたため，対米支援を重視せざるをえなかったが，国内の反戦運動やマスコミなどの批判にも配慮する必要があった。佐藤首相は67年6月と9月に韓国や南ベトナムを訪問し，対米協力を表明したものの，一般的には68年の『外交青書』のとおり，憲法上の理由により，ベトナム戦争への軍事的支援には否定的であった。しかし経済面ではアメリカに代わって，南ベトナムやインドネシアなど反共国家へのインフラ整備など経済援助を積極的に行なった。これに対して野党はアメリカ批判を強め，沖縄から米爆撃機B52が北爆に参加している事実や，米原子力空母エンタープライズの佐世保入港について反対運動を展開したが，安保騒動のような盛り上がりにはいたらなかった。

Ⅷ・40・a　ジョンソン米大統領「北爆に関する声明」

1965年(昭40)4月7日(抄)

米の求めるのは「南」の独立

ベトナムにおけるわれわれの目的

一，われわれの目的は南ベトナムの独立と，南ベトナムが攻撃から免れることである。われわれは自己のためには何も求めない。ただ南ベトナムの国民が自らの方法で祖国を導くことを許されるようにと求めるのみである。この目的を達成するためわれわれはいっさいの必要なことをするだろう。

一，最近数カ月，南ベトナムへの攻撃は激化してきた。このためわれわれの報復を増大し，空からの攻撃を行なうことが必要となった。これは目的を変えたことではなく，その目的が要求するとわれわれが信ずる手段を変えたことである。われわれは侵略を緩和するためにこれを行なっている。われわれは多年にわたり多くの犠牲を出しながらこの残酷な戦いに勇敢に耐えてきた南ベトナムの勇敢な国民の自信を増すためにこれを行なっている。またわれわれは北ベトナムの指導者ならびに彼らとともに征服に加わりたいものすべてに単純な事実を納得させるためこれを行なっている。

空襲は平和に至る確実な道

一，われわれは敗れぬ，われわれは疲れぬ，われわれは退かぬ——公けにであれ無意味な侵略の下にであれ。われわれは空襲だけではこれらの目的すべてが達成されないことをわきまえている。空襲が平和への最も確実な道の必要な一部であるというのはわれわれの最善の，祈りに似た判断なのである。〔以下略〕

出所)『毎日新聞』1965年4月8日付．

Ⅷ・40・b　「北爆」支持に関する佐藤栄作首相発言

1965年(昭40)5月7日(抄)

一，佐藤内閣は発足以来，自由を守り平和に徹することを外交の基本的態度としてとっている。平和憲法を守りぬき，戦争にはまき込まれないし，自ら侵略戦争などをやらないという態度は，今後もつらぬいていく。ベトナム紛争が続くと日米安保条約が使われ，外国が日本の基地を攻撃し，日本が避けようとしても日本が戦争にまき込まれるおそれがあると不安をもつ人がある。しかし，平和に徹するという基本的態度をとる以上，そういう心配はないことをはっきりと断言する。

一，日米安保条約は，ベトナム問題とは無関係である。さきに来日したロッジ米特使も私に対し，日本を戦争にまき込むようなことはしないし，ハノイを爆撃したり北ベトナムの一部を占領するようなことは絶対しないと約束した。米国の北爆はベトコンに対する補給を食いとめるための活動であり，補給路だけを爆撃しており，このためベトコンも活動範囲をせばめられてきている。

一．相互に独立を尊重し，内政不干渉が確立すれば，平和は守られる。北爆だけをやめて，北に対しては何も要求しないというのではおさまらない。さきにフランスのフォール元首相と会談したとき，日本は米国に，フランスは中共などに働きかけることを話合ったのも，一方だけに対する働きかけでは十分ではないからだ。
一．それなのに学者グループは，米国の北爆ばかり非難している。「一文銭は鳴らない」（一枚だけでは鳴らないという意味）といわれているが米国の北爆には，それなりの理由があり，爆撃される方にも責任がある。北は，米国を帝国主義ときめつけているが，米国は，北からの浸透がなくなれば爆撃をやめるといっているではないか。
一．われわれが最も恐るべきものは赤色帝国主義である。それは，全世界を赤化しなければやまないものだからだ。中共が日本の工業力と結べば，世界支配も可能であり，すでに日本の3割5分，つまり共産党と社会党左派は赤化している，との見方をしている中共の首脳さえあると聞く。赤色帝国主義とは，あくまでも対決していかねばならない。それには自由主義，民主主義の下で，住みよい社会を実現し，自由主義が共産主義よりも優れているのを実証することだ。

出所）『朝日新聞』1965年5月8日付．

Ⅷ・40・c　日本のベトナム報道に関するライシャワー米大使発言
1965年（昭40）10月5日（抄）

……日本の方々は，われわれアメリカ人がどういうことをしようと考えているかを，もっともっと研究される必要があるのではないかと思います。日本では，アメリカ人がベトナムにいるのは，ベトナムを支配することに何か利益があるからだろうという仮定が多分にあります。われわれアメリカ人には，ベトナムにいることで何の利益も絶対にありません。あるいは権力欲からベトナムにいるのだろうという憶測がありますが，そういう権力欲を持つ必要はわれわれにはありません。現にわれわれは世界で一番強力な国ですから……私が指摘したいことは，アメリカにとってベトナムにいることは実際には国力を弱めていることになるのでありまして，強めることになっておりません。むしろああいうところにいないほうがもっと強い国になれるのでありまして，アメリカとしては国力を若干犠牲にしているのであります。われわれがベトナムにいるのは，それが平和に貢献することになり，平和を達成する道だと真に考えるからであります。それはきょう私が述べたとおりであります。ところが，われわれのやっていることを善意に解釈してくれる人が日本には少ないのであります。……

率直に言って日本の報道機関はベトナム情勢について均衡のとれた報道をしていないと私は思うのであります。具体的に私の言おうとしている点を指摘しましょう。

まず第一に，皆さんは以前サイゴンから報道されました。ところが，いまはハノイからも報道している方もあります。私は，大森実さんとか秦正流さんのことを言っているのでありますが，サイゴンとハノイでの報道の仕方の違いはどうでしょう。日本の新聞記者はサイゴンに行かれる場合は，かなりの先入観を持っていて，南ベトナム政府が実情を述べ

ようとしても，これに耳をかさないで，自分の先入観の裏づけになるものを見つけよう，物事の裏を見ようとして歩きまわる。すなわち，サイゴンでは裏から物を見ようとする。ところがハノイにまいりますと，言うまでもなくこれは警察国家ですから，そんなことはできない。裏から見るわけにはいかない。そういう警察国家の宣伝文句を受け取って，それをそのまま呑みにし，ニュースとして日本に流す。これでは公平ではありません。何という報道でしょう。これでは全く公平を欠いています。

　もう一つ言っておきたいことがあります。私は南ベトナム政府の指導者が述べた声明が大きく報道された例を見たことがありません。引用されたことさえないと思います。2，3週間前に南ベトナム前首相が来日されたときも，誰も注目しませんでしたし，新聞は一言も書きませんでした。南ベトナムからいくつかの代表団が来たときも報道されませんでした。もっとひどい例は，それほど前ではない，この春だったか，タイの外務大臣が来日されました。実に立派なすぐれた人で，立派な演説をされました。アジアにおける卓越した人物の1人です。どの新聞とは申しませんが，1紙だけがちょっと報道して，それっきりでした。その発言についてなんにも引用はありませんでした。また，フィリピン人とかタイやマレーシア人が考えていることを日本の新聞が1行として書いたのを見たことがありません。ほんとにありません。ところが，アメリカの大学教授の誰かがアメリカの政策を批判しますと，なんとそれは大々的に日本中に報道されるのであります。それと反対のことをアメリカで述べる人があっても，それには注意を払わない。自分好みである種の意見を選択して，それだけを報道するのでしたら，世界の世論について非常に間違った印象を植えつけることになり，これでは均衡のとれた報道ではありません。〔以下略〕

出所）斎藤真・永井陽之助・山本満編『戦後資料 日米関係』日本評論社，1970, 389頁.

Ⅷ・40・d　日本の対アジア直接投資

（単位：100万米ドル）

	65	66	67	68	69	70	71	72	73	74	75	76	77	78	79	80	51〜80の累計	85〜04の累計
マレーシア	5	6	4	2	5	14	12	13	126	48	52	52	69	48	33	146	648	9,454
シンガポール	2	1	1	1	4	9	15	42	81	51	55	27	66	174	255	140	939	18,815
タ　　　イ	6	2	8	10	19	13	9	30	34	31	14	19	49	32	55	33	397	17,358
インドネシア	16	6	52	42	43	49	112	119	341	375	585	931	425	610	150	529	4,420	20,109
フィリピン	0	2	9	5	4	29	5	10	43	59	149	15	27	53	102	78	614	6,994
ベトナム	0	0	0	0	0	2	0	0	1	1	0	0	0	0	0	0	4	1,549
香　　　港	2	2	1	1	5	9	41	29	123	51	105	69	109	158	225	156	1,095	18,567
台　　　湾	1	3	13	14	21	25	12	10	34	33	24	28	18	40	39	47	371	7,127

出所）『大蔵省国際金融局年報』各年版およびジェトロHP http://www.jetro.go.jp/ext_images/world/japan/stats/fdi/data/country1_14cy.xls から作成.

41. 沖縄返還交渉

　太平洋戦争末期に20万もの犠牲を出した沖縄は，戦後も米軍の軍政下に置かれた。米軍部は沖縄の長期保有を当然視したが，国務省は沖縄を日本に返還するべきであると考えていた。対日講和問題が浮上すると，米軍部は沖縄への戦略的な信託統治を，国務省は通常の信託統治を主張するなど見解が割れた。朝鮮戦争の勃発により沖縄の軍事的役割が強まると，対日講和責任者のダレスは，軍部の講和反対論を抑える代わりに国務省にも譲歩を迫り，結局1951年（昭26）9月の対日講和条約第3条は「アメリカを唯一の施政権者とする信託統治のもとに置く」，「アメリカは琉球に対する行政，立法，司法の全権限を行使する権利を有する」と規定する一方，吉田首相の要請も容れて，日本側が沖縄に対して「潜在主権」をもつとの解釈を示した。ここに沖縄は日本本土と切り離されたのである。

　57年6月，岸首相はアイゼンハワー大統領に対して，初めて公式に沖縄返還を要求したが拒否された。61年6月，池田首相がケネディ大統領に改めて返還を要請すると，ケーセン調査団を現地に派遣させ，沖縄の復帰を前提とした沖縄新政策を定めた。しかし実際に沖縄行政を握る米軍部は，国務省や日本政府の介入を嫌い，とくにキャラウェイ高等弁務官は極端な日本・沖縄隔離政策をとった。

　佐藤首相はジョンソン大統領との首脳会談後，65年8月に戦後の首相として初めて沖縄を訪問し，「沖縄の本土復帰なくして戦後は終わらない」と表明した。以降，ベトナム戦争開始による不利な状況にもかかわらず，佐藤首相は67年11月の第二次佐藤・ジョンソン会談で「両3年中」に沖縄返還のメドを立てるとの言質を引き出し，69年3月には沖縄問題等懇談会の最終報告を踏まえて「核抜き・本土並み・72年返還」という3原則を掲げ，11月のニクソン大統領との会談に臨んだ。この間日米繊維問題が発生しており，日本側に譲歩を迫るアメリカ政府に対して，佐藤首相は「善処」を約束した結果，上記の3原則を全面的に獲得できた。71年6月「沖縄返還協定」が調印され，72年5月に沖縄は晴れて本土に復帰したのである。ただし前後して"糸と縄の交換"との批判が起こると同時に，緊急時における核兵器再持ち込みと事前協議制の弾力的運用を密約したことも問題視された。

VIII・41・a　沖縄返還に関する佐藤・ニクソン共同声明
1969年(昭44)11月21日(抄)

6. 総理大臣は，日米友好関係の基礎に立って沖縄の施政権を日本に返還し，沖縄を正常な姿に復するようにとの日本本土及び沖縄の日本国民の強い願望にこたえるべき時期が到来したとの見解を説いた。大統領は，総理大臣の見解に対する理解を示した。総理大臣と大統領は，また，現在のような極東情勢の下において，沖縄にある米軍が重要な役割を果たしていることを認めた。討議の結果，両者は，日米両国共通の安全保障上の利益は，沖縄の施政権を日本に返還するための取決めにおいて満たしうることに意見が一致した。よって，両者は，日本を含む極東の安全をそこなうことなく沖縄の日本への早期復帰を達成するための具体的な取決めに関し，両国政府が直ちに協議に入ることに合意した。さらに，両者は，立法府の必要な支持をえて前記の具体的取決めが締結されることを条件に1972年中に沖縄の復帰を達成するよう，この協議を促進すべきことに合意した。これに関連して，総理大臣は，復帰後は沖縄の局地防衛の責務は日本自体の防衛のための努力の一環として徐々にこれを負うとの日本政府の意図を明らかにした。また，総理大臣と大統領は，米国が，沖縄において両国共通の安全保障上必要な軍事上の施設及び区域を日米安保条約に基づいて保持することにつき意見が一致した。

7. 総理大臣と大統領は，施政権返還にあたっては，日米安保条約及びこれに関連する諸取決めが変更なしに沖縄に適用されることに意見の一致をみた。これに関連して，総理大臣は，日本の安全は極東における国際の平和と安全なくしては十分に維持することができないものであり，したがって極東の諸国の安全は日本の重大な関心事であるとの日本政府の認識を明らかにした。総理大臣は，日本政府のかかる認識に照らせば，前記のような態様による沖縄の施政権返還は，日本を含む極東の諸国の防衛のために米国が負っている国際義務の効果的遂行の妨げとなるようなものではないとの見解を表明した。大統領は，総理大臣の見解と同意見である旨を述べた。　〔以下略〕

出所）鹿島平和研究所編『日本外交主要文書・年表』第2巻，原書房，1984, 881-83頁。

VIII・41・b　沖縄返還協定
1971年(昭46) 6月17日署名, 1972年(昭47) 5月15日発効(抄)

日本国及びアメリカ合衆国は，

日本国総理大臣及びアメリカ合衆国大統領が，1969年11月19日，20日及び21日に琉球諸島及び大東諸島(同年11月21日に発表された総理大臣と大統領との間の共同声明にいう「沖縄」)の地位について検討し，これらの諸島の日本国への早期復帰を達成するための具体的な取極に関して日本国政府及びアメリカ合衆国政府が直ちに協議に入ることに合意したことに留意し，

両政府がこの協議を行ない，これらの諸島の日本国への復帰が前記の共同声明の基礎の上に行なわれることを再確認したことに留意し，

アメリカ合衆国が，琉球諸島及び大東諸島に関し1951年9月8日にサン・フランシスコ市で署名された日本国との平和条約第3条の規定に基づくすべての権利及び利益を日本国のために放棄し，これによって同条に規定するすべての領域におけるアメリカ合衆国のすべての権利及び利益の放棄を完了することを希望することを考慮し，また，

日本国が琉球諸島及び大東諸島の領域及び住民に対する行政，立法及び司法上のすべての権力を行使するための完全な権能及び責任を引き受けることを望むことを考慮し，

よって，次のとおり協定した。

第1条 1 アメリカ合衆国は，2に定義する琉球諸島及び大東諸島に関し，1951年9月8日にサン・フランシスコ市で署名された日本国との平和条約第3条の規定に基づくすべての権利及び利益を，この協定の効力発生の日から日本国のために放棄する。日本国は，同日に，これらの諸島の領域及び住民に対する行政，立法及び司法上のすべての権力を行使するための完全な権能及び責任を引き受ける。

2 この協定の適用上，「琉球諸島及び大東諸島」とは，行政，立法及び司法上のすべての権力を行使する権利が日本国との平和条約第3条の規定に基づいてアメリカ合衆国に与えられたすべての領土及び領水のうち，そのような権利が1953年12月24日及び1968年4月5日に日本国とアメリカ合衆国との間に署名された奄美群島に関する協定並びに南方諸島及びその他の諸島に関する協定に従ってすでに日本国に返還された部分を除いた部分をいう。

第2条 日本国とアメリカ合衆国との間に締結された条約及びその他の協定（1960年1月19日にワシントンで署名された日本国とアメリカ合衆国との間の相互協力及び安全保障条約及びこれに関連する取極並びに1963年4月2日に東京で署名された日本国とアメリカ合衆国との間の友好通商航海条約を含むが，これらに限られない。）は，この協定の効力発生の日から琉球諸島及び大東諸島に適用されることが確認される。

第3条 1 日本国は，1960年1月19日にワシントンで署名された日本国とアメリカ合衆国との間の相互協力及び安全保障条約及びこれに関連する取極に従い，この協定の効力発生の日に，アメリカ合衆国に対し琉球諸島及び大東諸島における施設及び区域の使用を許す。〔以下略〕　　　　　　　出所）『条約集 昭和47年・2国間条約』787-89頁。

VIII・41・c　屋良 朝苗 琉球政府主席の談話

1971年（昭46）6月17日（抄）

私は，沖縄返還協定の調印式を県民の皆さんとともにテレビを通し厳粛な気持で見守りました。私は苦難にみちた戦後20数年の歩みを省み，さらに郷土沖縄の歴史に思いをはせ，まことに感深いものがあります。終戦以来祖国に帰る日のあることを固く信じ，あらゆる困難を乗りこえひたすらに祖国復帰を要求し続けてきた100万県民の悲願並びに1億国民

の民族的宿願が遂に達成されるのであります。……しかしながら，県民の立場からみた場合，私は協定の内容には満足するものではありません。平和条約第3条に基づき施政権が米国に委ねられたことにより，沖縄には米国の恣意のままに膨大，かつ，特殊な軍事基地が建設され，県民はたえずその不安にさらされてきました。私は沖縄が復帰するに当たっては，この基地にまつわる不安が解消されることを念願し，直ちにそれが全面的にはかなえられないにしても，基地の態ようが変って県民の不安を大幅に軽減することを強く求めて参りました。ところがこの協定は「沖縄にある米軍が重要な役割を果していることを認めた」1969年11月21日の日米共同声明を基礎に返還を実施することをうたっております。「本土並み」といっても，那覇航空基地，与儀ガソリン貯蔵地，フォールエリア，モトブ飛行場，その他一部が帰されるだけで，嘉手納空軍基地，海兵隊基地，ズケラン陸軍施設第二兵站部，那覇軍港，宜野湾・読谷飛行場等をはじめ主要基地はほとんどそのまま残り，さらにＳＲ71や第七心理作戦部隊等本土にはない特殊部隊も撤去されず，暫定とはいえＶＯＡも存在するなど県民の切実な要望が反映されておりません。私は基地の形式的な本土並みには不満を表明せざるを得ません。私は今後とも県民世論を背景にして基地の整理縮小を要求し続けます。核抜きについてはかなり明らかにはなったものの間接的表現に止まり明確な保障はなく，不安を残しております。対米請求権についても，復元補償につき米国が恩恵的支払いをする等の他はあらかた放棄されてしまいました。これについては国が責任をもって補償する旨明確にすることを要請します。資産引継ぎも有償となり，それらはもともと県民に帰属すべきもので無償であるべきものとする県民の要求には沿っておりません。復帰の日が未確定のまま残されたことも県民の心を不安定にし準備に支障をきたすものであり，早急に確定するよう要望します。〔以下略〕

出所）『わが外交の近況』16，1972年版，502-03頁．

Ⅷ・41・d　沖縄復帰直後の米軍基地
出所）『沖縄の米軍基地関係資料』沖縄県庁総務部，1972，巻末付録より．

IX 西側先進国の一員として

　1950年代を通じて国際社会に復帰した日本は、次の60年代では経済成長を主要目標とし、政治・安全保障に比重を置かない「吉田ドクトリン」を基本とする経済外交を推進した。その結果、奇跡といわれる高度経済成長を果たし、EEC（欧州経済共同体）とともに国際経済面で世界の一極を形成するにいたる。また国際政治面では、中ソ両国がイデオロギー論争から国家対立へと進む一方、米仏関係に亀裂が生じるなど、50年代の米ソ「二極化構造」が「多極化構造」へと変容していく。このような国際情勢の新要因は、70年代を迎えるとさらに新たな事態を引き起こした。日本外交は国際社会の激変に直面し、重大な試練にさらされる。ではどのような激変が生じ、また日本は世界が混乱するなかでいかにこれら試練を克服していったのか。

　第一の激変は、「米中接近」であった。71年(昭46) 7月、キッシンジャー大統領特別補佐官は極秘の訪中を行ない、周恩来首相との間で米大統領の訪中について合意に達した。これを受けてニクソン米大統領は、「米中2国間問題を話し合うために来春までに北京を訪問する」と声明し、世界を驚かせた。ニクソン・ショックである。20年間にわたり敵対してきた両国が突如握手したことは、第二次大戦直前における「独ソ不可侵条約」にも匹敵する衝撃的な事態であった。

　アメリカの対中接近の背景には、ベトナム戦争の長期化・泥沼化があった。ニクソンは、アメリカ国民の誇りを傷つけることなくベトナム撤退を完遂するには、北ベトナムに強い影響力をもつ中国との直接対話が必要と考えたのである。他方、珍宝島（ダマンスキー島）事件以来、ソ連からの軍事的圧迫に直面してきた中国は、この圧迫から逃れるため、対米接近をはかってソ連からの軍事的圧力を相殺する必要があった。このような両国の利害関係の一致こそ、アジアにおける冷戦構造を事実上崩壊へと導く米中接近をもたらしたのである。

　しかし米中接近は、アメリカの忠実な同盟国である日本、韓国、台湾にとって裏切り行為であり、衝撃を受けざるをえなかった。とりわ

け佐藤政権は沖縄の施政権返還交渉を有利に進めつつあったが，この米中頭越し接近は早期退陣を決定化した。結局ポスト佐藤の座を射止めた田中角栄新首相は，一気呵成に72年9月に日中国交正常化を達成し，日華平和条約を一方的に打切るのである。

　第二はドル・ショックであった。戦後アメリカは，ドル不足時代からドル防衛時代まで，終始卓越した国際経済力を保持してきた。ところがベトナム戦争は予想外の戦費を増加させ，国内ではインフレと失業と社会不安をもたらした。71年には財政収支の大幅赤字に加えて，貿易収支も赤字に転ずるドル危機の状態に陥り，もはやアメリカ政府はなりふり構わぬ新政策を決意する。71年8月，ニクソン大統領は「金とドルとの交換停止」など新経済政策を発表し，IMF体制を動揺させた。このドル・ショックは，休日などで対応に余裕のあった欧州諸国に比較して，日本では株式市場が開かれた直後のニュースであったために衝撃の度合いが大きく，結局「円の切り上げ」に追いこまれた。

　第三がオイル・ショックであった。73年秋，アラブ諸国はイスラエルとの第四次中東戦争で初めて優位に立つと，親イスラエル政策を取る日米欧の先進工業諸国に対し，石油供給の停止を決定するとの"恫喝外交"を展開した。アメリカは終始これに抵抗したが，EC（欧州共同体）と日本はアラブ側の要求を受け入れ，外交上，親アラブ政策へと転換した。とりわけアラブ諸国の石油に依存する日本は，アラブ側への緊急援助を行なうなど，資源小国としての脆弱性を露呈した。しかし欧米諸国がオイル・ショックから立ち直るのに苦慮したのと比較すると，日本は北側先進諸国のなかではいち早く経済的不振から脱却した。

　以上のように70年代前半期は，東西関係と南北関係で構造的変容が生じたばかりでなく，政治と経済が密接不離となり，経済問題が政治化し，安全保障問題が経済化するなど，きわめて流動性の激しい時代となった。日本外交は従来の政経分離，経軍分離といった固定化された枠組みでは対応が困難となりつつあった。このような新環境のなかで，日本政府は日米関係重視を基軸としながらも，ASEANやオセアニアや太平洋諸国との新たな関係を模索していき，「サミット」など国際会議を通じて先進国としての国際的役割を担っていくのである。

42. ニクソン・ショック

　1971年（昭46）7月，ニクソン米大統領は近い将来に訪中するとの声明を発表して世界を驚かせた。朝鮮戦争以来，敵対関係を続けてきた米中両国が突如和解へと方向転換したことはショッキングな事件であった。アメリカが対中接近をはかった理由は，ベトナム戦争の泥沼化により国内で反戦論が強まっており，アメリカ人のプライドを傷つけることなく名誉ある撤退を実施するために，北ベトナムに多大な影響力をもつ中国を利用することが効果的であると考えたからであった。他方，ソ連軍からの軍事的圧力を受けていた中国側は，対米接近をはかることでソ連からの圧力を相殺するとの利点があった。こうした双方の利害が一致した結果，キッシンジャー大統領補佐官が密かにパキスタンから北京入りし，周恩来首相との会談によって，前記の大統領訪中を決定したのである。

　電撃的な米中接近は，アメリカ側の意向に従って台湾の蒋介石政権を支持してきた佐藤政権に打撃を与えた。まさしくニクソン・ショックであった。沖縄の施政権返還に成功を収め，自民党総裁選で圧勝した佐藤首相は，結局この「米中頭越し接近」により早期退陣を余儀なくされた。戦後の日米関係に初めて亀裂が生じたのである。台湾および韓国もアメリカの対中接近によって衝撃を受けた。またソ連も，米ソ中の三角関係では孤立の道をたどることになった。他方，北ベトナムや北朝鮮も中国のパワー・ポリティクスによる裏切りを感じた。したがって，米中両国ともに同盟諸国との関係改善に配慮せざるをえなくなった。

　反面，アメリカ・日本がめざした台湾の国連追放阻止は失敗した。71年10月，アルバニア決議案が大勝し，台湾の国民政府は国連を脱退した。こうして中国は台湾に代わって国連に加盟すると同時に，国連安保理の常任理事国の地位を占め，国際社会に復帰した。この点でも日本はアメリカとともに最後まで台湾の国連追放阻止に尽力したものの，挫折する結果となった。

　72年2月，世界が注視するなかでニクソン大統領は北京に到着し，毛沢東主席や周恩来首相ら中国要人と会談し，「上海コミュニケ」を公表した。実質的に台湾の現状を双方が認める内容であった。ここにアジアの冷戦構造は変容したのである。

IX・42・a　ニクソン・ドクトリン（ニクソン米大統領の外交教書）

1970年（昭45）2月18日（抄）

　69年夏の私のアジア訪問の始めに，私はわれわれの共通の利益である防衛に対する協力政策の基本原則をグアムにおいて発表した。同年11月3日の私の演説において，私はこの政策の鍵となる要素を次のように要約した。
① 　米国は条約による約束のすべてを遵守するであろう。
② 　われわれは，ある核保有国が米国の同盟国の自由を脅かしたり，その国の生存が米国の安全保障と，その地域全体の安全保障に致命的であると考えられる国の自由を脅かした場合には，米国は"楯"を提供するであろう。
③ 　他のタイプの侵略に巻き込まれた場合には，われわれは要請を受け，適当とみられたときには，軍事的，経済的援助を提供するであろう。しかし，われわれは直接脅威を受けた国がその防衛のための兵力を供給する第一義的責任を負うことを期待することになろう。〔以下略〕

出所）鹿島平和研究所編『現代国際政治の基本文書』原書房，1987，289頁．

IX・42・b　ニクソン米大統領訪中声明(1971年〔昭46〕7月15日）

　わたしは世界の恒久平和を築くうえでの重要な進展を発表するために，今夜このテレビ時間を要求した。わたしは就任以来3年間にわたり，人口7億5千万人を有する中華人民共和国の参加なしに世界の安定は築き得ないと，あらゆる機会を通じて指摘してきた。それゆえに，わたしは数多くの分野において中国への門戸を開放し，米中関係の正常化をはかるためのイニシアチブを取ってきた。この目標を達成するため，わたしはキッシンジャー補佐官を，世界旅行中に周恩来中国総理と話し合わせるよう北京に派遣した。わたしが今から読みあげる声明は，北京でも同時発表される。

　周総理とキッシンジャー補佐官はさる7月9日から11日まで北京で会談した。ニクソン大統領の中国訪問に対する希望を理解し，周総理は中華人民共和国を代表して72年5月前の適当な時期にニクソン大統領を招待する意向を表明した。ニクソン大統領は喜んでこの招待を受諾した。米中指導者の会談は，米中間の正常化を模索し，両国の直面する共通の問題について意見を交換することにある。

　この声明によって起こりうる推測を防ぐために，わたしはできるだけ正確に米国の政策を述べたい。中国との新しい関係を模索しようとする米国の措置は，古い友人を犠牲にして行なわれるものではない。これは，他のいかなる国に対しても敵意を示したものではない。米国はすべての国との友好関係を保つことを求めている。いかなる国も他国の敵になることなく，米国の友人たりうる。今回の措置に踏み切ったのは，すべての国が米中間の緊張を緩和し，友好関係を持つことで利益をうるという確固たる信念に基づくものである。こうした精神から，わたしは此の措置が平和のための旅路となることを望み，踏み切った。

平和とは、ただ単にわれわれの世代のための平和ではなく、われわれ全人類が地球上でわかちうる将来の平和である。ありがとう、おやすみなさい。

出所）『読売新聞』1971年7月16日付．

IX・42・c　米中接近工作に関するニクソン米大統領の回顧録（抄）

われわれは、キッシンジャーがまず7月初め、協議のためベトナムに飛び、その帰途、パキスタンに立ち寄る手順を決めた。パキスタンで彼は胃痛を起こし、ベッドで静養する必要があるとして、報道陣の目を避ける手はずになっていた。そうしておいて、ヤヒア・カーン大統領の協力で、飛行場に行き、パキスタンのジェット機で、国境の山を越え、中国入りすることにした。……

完全な秘密保持の必要に加え、北京とワシントン間には、直接の通信手段が一切なかったことから、キッシンジャーは北京滞在中、何も連絡してこないことになっていた。彼がパキスタンに戻った後でさえ、秘密を保持することはなお重要だった。そこでキッシンジャーが出発する前、われわれはたった一語の暗号を決めておいた。「ユリーカ（みつけた）」というのがそれで、彼の訪問が成功し、大統領訪中が取り決められた場合、使うことになっていた。

私は、中国側も私の訪問を受け入れられる態勢にあると確信していたが、台湾とベトナムがアメリカと同じく、中国に対しても提起している非常にやっかいな問題を過小評価してはいなかった。私は過大な期待を抱くのを防ぐため、なにも期待しないよう自らを律することに努めた。

7月11日、われわれの暗号を知っていたアル・ヘイグ〔キッシンジャーの補佐官〕から電話があり、キッシンジャーから電報が届いたと伝えてきた。／私は聞いた。「どんなメッセージだ？」／「ユリーカです」とヘイグは答えた。〔以下略〕

出所）R．ニクソン『ニクソン回顧録』第1部，小学館，1978，318-19頁．

IX・42・d　ニクソン・ショックに対する佐藤首相の反応
1971年（昭46）7月16日（抄）

……今日のビッグ・ニュースは何と云ってもワシントンと北京とで同時に発表された、米ニクソン大統領が来年の5月までに北京を訪問すると発表された事だ。キッシンジャーが国務省をぬいてカラチから北京入りしたものだが、発表までよく秘密が保たれた事だ。牛場大使に対しては、発表前僅か2時間ばかり前にロジャーズ長官から通報をうけ、日本や国府との干係にはかわりないとの事。中身はわからぬが、ベトナム戦を早くやめ度い、それが主眼か。それにしても北京が条件をつけないで訪支を許した事は意外で、いろいろ噂話も出る事と思ふ。而して発表が正午前だったので、夕刊は一斉に大々的に報導する。何れにしても中共の態度も柔軟になって来た証拠か。すなほに慶賀すべき事だが、これか

ら台湾の処遇が問題で，一層むつかしくなる。

出所）佐藤栄作『佐藤栄作日記』第4巻，朝日新聞社，1997，376-78頁．

IX・42・e 米中上海コミュニケ (1972年〔昭47〕2月27日調印)（抄）

　中国と米国の社会制度と対外政策には本質的な相違が存在している。しかしながら，双方は，各国が，社会制度のいかんを問わず，すべての国の主権と領土保全の尊重，他国に対する不可侵，他国の国内問題に対する不干渉，平等互恵，及び平和共存の原則に基づき国と国との関係を処理すべきである旨合意した。国際紛争は，この基礎に基づき，武力の使用または威嚇に訴えることなく解決されるべきである。
　米国と中国は，相互の関係においてこれらの原則を適用する用意がある。
　国際関係におけるこれらの原則に留意しつつ双方は次のように述べた。
—中国と米国の関係正常化への前進は，全ての国々の利益にかなっている。
—双方共，国際的軍事衝突の危険を減少させることを願望する。
—いずれの側も，アジア・太平洋地域において覇権を求めるべきではなく，このような覇権を確立しようとする他のいかなる国あるいは国の集団による試みにも反対する。
—いずれの側も，いかなる第三者に代って交渉し，あるいは，第三国についての合意や了解を相互に取り決める用意もない。
　双方は，いずれかのある大国が別の大国と結託してその他の国家に対抗したり，あるいは大国が世界中を勢力圏に分割することは，世界各国国民の利益に反するものであるとの見解に立っている。
　双方は，米中両国間に長期にわたって存在してきた重大な紛争を検討した。中国側は，台湾問題は中国と米国との間の関係正常化を阻害しているかなめの問題であり，中華人民共和国政府は中国の唯一の合法政府であり，台湾は中国の一省であり，夙に祖国に返還されており，台湾解放は，他のいかなる国も干渉の権利を有しない中国の国内問題であり，米国の全ての軍隊および軍事施設は台湾から撤退させられなければならないという立場を再確認した。中国政府は，「一つの中国，一つの台湾」，「一つの中国，二つの政府」，「二つの中国」および「台湾独立」を作り上げることを目的とし，あるいは「台湾の地位は未確定である」と唱えるいかなる活動にも断固として反対する。
　米国側は次のように表明した。米国は，台湾海峡の両側のすべての中国人が，中国はただ一つであり，台湾は中国の一部分であると主張していることを認識する。米国政府は，この立場に異議を有しない。米国政府は，中国人自らによる台湾問題の平和的解決についての米国政府の関心を再確認する。かかる展望を念頭におき，米国政府は，台湾から全ての米国軍隊と軍事施設を撤退させるという最終目標を確認する。当面，米国政府は，この地域の緊張が緩和するに従い，台湾の米国軍隊と軍事施設を漸進的に減少させるであろう。
〔以下略〕

出所）鹿島平和研究所編『現代国際政治の基本文書』原書房，1987，301-03頁．

43. ドル・ショック

　米中接近声明から1カ月後の1971年（昭46）8月，ニクソン米大統領は「新経済政策」を発表した。新政策は国内インフレ対策など6項目のほかに，金とドルとの交換停止，一律10％の輸入課徴金課税といった国際社会向けの2項目があった。とくに金と基軸通貨であるドルとの交換を一方的に停止するとの強硬措置は，戦後のIMF体制を根本から揺るがすものであり，ドル・ショック，第二のニクソン・ショックであった。

　このようなショック療法の背景には，国際経済面におけるアメリカの地盤低下があった。ベトナム戦争の長期化による財政収支の赤字幅が膨張する一方，貿易収支も赤字に転じつつあった。これまで貿易収支の黒字に支えられてきたアメリカ経済であるが，頼みの貿易面で19世紀以来の赤字となることが判明した結果，ドル防衛のために基軸通貨の役割放棄に踏み切ったのである。

　このドル・ショックで最大の被害を受けたのが日本であった。すでにアメリカ内部では，日本政府と産業界との緊密な連携を批判した「日本株式会社論」とか，貿易・資本の自由化への遅れに対する苛立ちが起こっていた。しかも日本は対米輸出面での洪水的進出や「円切り上げ」要求への抵抗など，ニクソン政権には対日強硬姿勢が強まっていた。これに対して日本政府は，繊維品や鉄鋼の対米輸出自主規制などを盛り込んだ「円対策8項目」をまとめたものの，手遅れとなった。日本では週明け後の株式市場開始直後にこの大統領声明が発せられたため，ドル売りが殺到し，日銀は4日間で21億ドルを投入して買い支えを余儀なくされた。

　結局9月にロンドンで「10カ国蔵相会議」が開かれ，日本は円切り上げを表明した。そして12月のスミソニアン会議で「16.88％切り上げ」と決定し，1ドルが308円となった。47年以来の1ドル360円の時代に終止符を打ったのである。またドイツ・マルクは13.57％切り上げ，金価格は1オンス35ドルから38ドルへと8.57％上げ，ドル切り下げ率は7.89％となった。こうして金とドルとの関係は回復すると同時に，輸入課徴金は撤廃された。しかしこのスミソニアン体制はまもなく「完全変動相場制」へと変化し，今日にいたっている。

IX・43・a　ニクソン米大統領「金・ドル交換停止声明」

1971年（昭46）8月15日

一，米国は国際投機筋に対抗する大たんなドル防衛措置を考慮している。また，"戦争なき繁栄"をめざし，雇用増大とインフレ防止を軸とする景気刺激策をとるつもりである。

一，私は海外援助の10％削減を求め，また物価と賃金をきょうから90日間凍結するよう命じる。この物価，賃金の凍結は一時的なものだがインフレーションの"背骨"を折るため，すべての米国人の協力を求める。

　各企業には配当率を凍結するよう要請する。

一，われわれは米ドルに対して全面戦争を行なっている国際的投機筋の手から米ドルを防衛しなければならない。私はドルと金の交換の一時停止という措置を決め，コナリー財務長官にこの緊急対策をとるよう命じた。米国経済は堅固であると私は確信しているからこそ，この厳しい対策を講じたのである。米国は国際通貨制度の改革を求めるだろう。

一，課税をうけるすべての輸入品に対し，一時的に10％の輸入課徴金をかける。

一，米国は，ドルとその他の通貨との為替レート変更のため，各国と協議を開始する。

一，15日から向う1年間，企業に対し，10％の投資税控除の特典を与え，さらに1年後以降も5％の継続的な控除を行うよう議会に要請する。また，1972会計年度における連邦支出を47億ドル削減し，政府職員も5％減員することを計画している。

一，1973年に予定されている個人所得税の減税を1年繰上げ，また自動車消費税を減らすよう議会に要請する。メーカーがこの減税を価格を下げることによって，消費者に還元するように求める。

一，私は，米国民に対し競争精神を高揚し，世界的な競争に立向うため強固な自信を持つことを求めたい。米国が世界第1位の国家としてとどまり得るかどうかは，米国民にかかっている。われわれは競争を歓迎する。なぜなら米国は競争を求められたときこそ，もっとも偉大さを発揮するからである。

出所）『朝日新聞』1971年8月16日付.

IX・43・b　ドル・ショックに対する佐藤首相の反応

1971年（昭46）8月16日（抄）

　突然米国大統領からの電話との事で，何事かと思って電話に出ると，ロジャーズ長官が大統領の代理として小生への電話。只今は大統領はTVに出ており，首相に伝へてくれとの大統領の命で電話すると前おきして，米国の弗の金交換をとめる事と，輸入に対し10％の課徴金を課する事，第三は物価と賃金をとりあへず3カ月間凍結するとのドラスチックな政策の発表で，驚くと同時に為替相場のあり方について注意する事を水田君に連絡する。やりもやったりの感。……

　休憩中に米国のとって〔た〕影響をきく。勿論米国は日曜の事で，相場は立たぬ。まづ

日本から影響が現れ弗うりが甚しく，日銀として買はす。まづ一日で五億弗一寸がうられる。明日になれば欧州から米国そのものの影響がどんな風に現れるか気にかかる。〔以下略〕

出所）佐藤栄作『佐藤栄作日記』第4巻，朝日新聞社，1997，398-99頁．

IX・43・c　スミソニアン合意の概要
1971年（昭46）12月20日（抄）

　ワシントンのスミソニアン博物館本部で開かれていた10カ国蔵相会議は18日午後5時すぎ（日本時間19日午前7時すぎ）① 金価格を1オンス＝35ドルから38ドルに8.57％引上げる（ドルの切下げ率はIMF方式で7.89％）② 円の対ドル・レートを16.88％切上げ，1ドル＝308円にする ③ マルクの対ドル・レートを13.57％，ポンドとフランス・フランを8.57％（これは金価格の引上げ率と同じで，対金平価は不変），イタリア・リラを7.48％（対金平価は切下げになる）切上げる ④ カナダ・ドルは変動相場制を続ける ⑤ 変動幅を上下各2.25％に広げる ⑥ 輸入課徴金は来週（日本時間今週）にも撤廃する，などの諸点について合意した。この結果，各国通貨のドルに対する平均切上げ率は12％になる。この合意を受けてニクソン米大統領は同日午後5時50分すぎ同本部隣にある記者会見室で合意達成を発表した。

　これによって戦後四半世紀にわたって続き，さる8月15日の米国による金・ドル交換停止によって"崩壊"したブレトンウッズ体制に代る新しい通貨制度への手がかりができた。

　各国通貨の対ドル・レートは20日から実施されるが，それぞれの金平価は，来月中旬に始る米議会で金価格引上げが正式に承認されたあと，新しいレートに基づいた変更がなされることになる。

　2日間の白熱化した交渉の末合意された新しいレートは，17日に示された米国案に近いものだが，円の対ドル切上げ率については，米国が当初の18.5％切上げ提案から，結局約17％切上げへと，かなりの譲歩を示した。〔以下略〕

出所）『朝日新聞』1971年12月20日付．

IX・43・d スミソニアン合意を伝える新聞

出所）同上（朝日新聞社提供）．

44. 日中国交正常化

　長崎国旗事件以来、日中関係は断絶状態に陥っていたが、1960年代には和解の動きが生じ、62年(昭37)11月、北京で高碕達之助・廖承志間に「日中総合貿易に関する覚書(LT貿易協定)」が締結された。以後、政経分離のもとに両国間の貿易は増大したが、ベトナム戦争や文化大革命が発生すると政治面が悪化し、67年からは1年毎の覚書貿易(MT貿易)となった。しかも中国側は佐藤・ニクソン共同声明の「韓国・台湾条項」に反発を強め、日本軍国主義批判を展開した。

　70年代を迎えると、カナダ・イタリアの中国承認を契機として世界的に中国承認国が増え、第25回国連総会で初めてアルバニア決議案(中国招請・台湾追放)が過半数に達した。この決議案は日米らの重要事項指定決議案が可決されたために不成立となったが、国際社会における中国の立場は俄然強まった。そして翌71年7月、ニクソン・ショックが決め手となって、10月、再度のアルバニア決議案が日米らの逆重要事項指定決議案(中国招請賛成・台湾追放反対)を破り、中国の国連加盟と安保理常任理事国入りが実現し、台湾が国連を脱退して決着した。

　このような国際情勢に日本の経済界や言論界は敏感に対応した。70年秋以降、トヨタ・旭化成・三菱製鋼など大手企業が「周4原則」(台湾・韓国・南ベトナムに関与する企業を中国貿易から排除するなど)を受諾し、日華協力委員会を欠席するにいたった。マスコミも「バスに乗り遅れるな」と日中国交正常化促進論を展開した。71年8月、松村謙三の葬儀のために王国権が来日すると"王旋風"が政財界に吹き荒れ、10月、中国の国連復帰以降は政界になだれ現象が生じ、ポスト佐藤をめぐる後継者問題は日中国交正常化をめざすか否かが焦点となった。

　日中交渉の裏面では、翌72年7月、公明党の竹入義勝委員長が中国側の「日中国交回復5原則」を日本政府に伝達するなど重要な役割を演じた。そして田中角栄が台湾重視派の福田赳夫を破ると、中国側は国交正常化の機が熟したと判断し、田中訪中を求めた。田中は9月に北京を訪問し、賠償や戦争終結問題を処理したほか、中国側の原則をほぼ認めて日華平和条約を失効させるなど決断を下した。こうして両国は「日中共同声明」に調印し、国交正常化を実現したのである。

IX・44・a 竹入メモ（周恩来との会見記録）

1972年（昭47）7月29日（抄）

中国原案
1. 中華人民共和国と日本国との間の戦争状態は，この声明が公表される日に終了する。
2. 日本政府は，中華人民共和国政府が提出した中日国交回復の3原則を十分に理解し，中華人民共和国政府が，中国を代表する唯一の合法政府であることを承認する。これに基づき両国政府は，外交関係を樹立し，大使を交換する。
3. 双方は，中日両国の国交の樹立が，両国人民の長期にわたる願望にも合致し，世界各国人民の利益にも合致することを声明する。
4. 双方は，主権と領土保全の相互尊重，相互不可侵，内政の相互不干渉，平等・互恵，平和共存の5原則に基づいて，中日両国の関係を処理することに同意する。……
5. 双方は，中日両国のどちらの側もアジア太平洋地域で覇権を求めず，いずれの側も他のいかなる国，あるいは，国家集団が，こうした覇権をうちたてようとすることに反対する，ということを声明する。
6. 双方は，両国の外交関係が樹立された後，平和共存の5原則に基づいて，平和友好条約を締結することに同意する。
7. 中日両国人民の友誼のため，中華人民共和国政府は，日本国に対する戦争賠償の請求権を放棄する。
8. 中華人民共和国政府と日本国政府は，両国間の経済と文化関係を一層発展させ，人的往来を拡大するため，平和友好条約が締結される前に必要と既存の取極に基づいて，通商，航海，気象，漁業，郵便，科学技術などの協定をそれぞれ締結する。

黙約事項
1. 台湾は，中華人民共和国の領土であって，台湾を解放することは，中国の内政問題である。
2. 共同声明が，発表された後，日本政府が，台湾から，その大使館，領事館を撤去し，また，効果的な措置を講じて蔣介石集団の大使館，領事館を日本から撤去させる。
3. 戦後，台湾における日本の団体と個人の投資および企業は，台湾が解放される際に，適当な配慮が払われるものである。〔以下略〕

出所）永野信利『天皇と鄧小平の握手――実録・日中交渉秘史』行政問題研究所，1983, 29-31頁．

IX・44・b 日中共同声明

1972年（昭47）9月29日

日中両国は，一衣帯水の間にある隣国であり，長い伝統的友好の歴史を有する。両国国民は，両国間にこれまで存在していた不正常な状態に終止符を打つことを切望している。戦争状態の終結と日中国交の正常化という両国国民の願望の実現は，両国関係の歴史に新

たな一頁を開くこととなろう。

　日本側は，過去において日本国が戦争を通じて中国国民に重大な損害を与えたことについての責任を痛感し，深く反省する。また，日本側は，中華人民共和国政府が提起した「復交三原則」を十分理解する立場に立って国交正常化の実現をはかるという見解を再確認する。中国側は，これを歓迎するものである。

　日中両国間には社会制度の相違があるにもかかわらず，両国は，平和友好関係を樹立すべきであり，また，樹立することが可能である。両国間の国交を正常化し，相互に善隣友好関係を発展させる事は，両国国民の利益に合致するところであり，また，アジアにおける緊張緩和と世界の平和に貢献するものである。

1　日本国と中華人民共和国との間のこれまでの不正常な状態は，この共同声明が発出される日に終了する。
2　日本国政府は，中華人民共和国政府が中国の唯一の合法政府であることを承認する。
3　中華人民共和国政府は，台湾が中華人民共和国の領土の不可分の一部であることを重ねて表明する。日本国政府は，この中華人民共和国政府の立場を十分理解し，尊重し，ポツダム宣言第8項に基づく立場を堅持する。
4　日本国政府及び中華人民共和国政府は，1972年9月29日から外交関係を樹立することを決定した。両政府は，国際法及び国際慣行に従い，それぞれの首都における他方の大使館の設置及びその任務遂行のために必要なすべての措置をとり，また，できるだけすみやかに大使を交換することを決定した。
5　中華人民共和国政府は，中日両国国民の友好のために，日本国に対する戦争賠償の請求を放棄することを宣言する。
6　日本国政府及び中華人民共和国政府は，主権及び領土保全の相互尊重，相互不可侵，内政に対する相互不干渉，平等及び互恵並びに平和共存の諸原則の基礎の上に両国間の恒久的な平和友好関係を確立することに合意する。
　　両政府は，右の諸原則及び国際連合憲章の原則に基づき，日本国及び中国が，相互の関係において，すべての紛争を平和的手段により解決し，武力又は武力による威嚇に訴えないことを確認する。
7　日中両国の国交正常化は，第三国に対するものではない。両国のいずれも，アジア・太平洋地域において覇権を求めるべきではなく，このような覇権を確立しようとする他のいかなる国あるいは国の集団による試みにも反対する。
8　日本国政府及び中華人民共和国政府は，両国間の平和友好関係を強固にし，発展させるため，平和友好条約の締結を目的として，交渉を行うことに合意した。
9　日本国政府及び中華人民共和国政府は，両国間の関係を一層発展させ，人的往来を拡大するため，必要に応じ，また，既存の民間取決めも考慮しつつ，貿易，海運，航空，漁業等の事項に関する協定の締結を目的として，交渉を行なうことに合意した。

出所）『朝日新聞』1972年9月29日付．

IX・44・c 大平正芳外相の台湾問題に関する声明
1972年（昭47）9月29日、日中国交正常化の際の記者会見（抄）

……台湾問題に対する日本政府の立場は、第3項に明らかにされておる通りであります。カイロ宣言において、台湾は中国に返還されることがうたわれ、これを受けたポツダム宣言、この宣言の第8項には、カイロ宣言の条項は履行されるべしとうたわれておりますが、このポツダム宣言を我が国が承諾した経緯に照らせば、政府がポツダム宣言に基づく立場を堅持するということは当然のことであります。……

なお、最後に、共同声明の中には触れられておりませんが、日中関係正常化の結果として、日華平和条約は、存続の意義を失い、終了したものと認められる、というのが日本政府の見解でございます。……

日中国交正常化の結果といたしまして、台湾と日本との間の外交関係は維持できなくなります。したがいまして所要の残務整理期間を終えますと、在台日本大使館は閉鎖せざるを得ないと思います。その具体的な時期はそう遠くない将来であると御理解いただきたいと思います。〔以下略〕

出所）外務省アジア局中国課監修『日中関係基本資料集 1970-1992年』霞山会，101頁。

IX・44・d 台湾・外交部による対日断交声明
1972年（昭47）9月29日（抄）

日本総理田中角栄と中共偽政権頭目周恩来は、共同声明を発表し、双方は本年9月29日から外交関係を樹立したと表明し、同時に日本外務大臣大平正芳は、中日平和条約および中日外交関係はこれによりすでに終了した旨言明した。中華民国政府は、日本政府のこれら条約義務を無視した背信忘義の行為に鑑み、ここに日本政府との外交関係の断絶を宣布するとともに、この事態にたいしては日本政府が完全に責任を負うべきものであることを指摘する。蔣総統の指導する中華民国政府は、日本の敗戦後における降伏を受理した政府であるとともに、1952年サンフランシスコ条約に基づき、日本と平和条約を締結し、戦争状態を終結させ、両国の外交関係を回復している。かつ中華民国政府は一貫して本国領土上で、憲法に基づき主権を行使しており、中日平和条約締結の時から現在まで、両国間の情勢は何らの変化も発生していない。よって田中政府が一方的に中日平和条約を破棄し、中共偽政権と結託したことによって引き起こされるあらゆる行為で、中華民国の合法地位、領土主権およびすべての合法権益に損害を及ぼすものはすべて不法無効であり、これによって惹起する重大な結果もまた、いずれも当然日本政府が完全にその責任を負うべきものである。〔以下略〕

出所）同上，104頁。

45. 第四次中東戦争とオイル・ショック

　中東・パレスチナの歴史はアラブ人対ユダヤ人の流血の歴史でもある。ユダヤ人によるイスラエル建国以後，エジプトを盟主とするアラブ側はイスラエルに3度開戦（1948～49, 1956, 1967）したが，すべて敗退した。「第三次中東戦争（六月戦争）」以後，イスラエルの地域的拡大のほか，サダト・エジプト大統領による反ソ親米路線への転換，パレスチナ解放運動の台頭，サウジアラビアの石油大国化，「OAPEC（アラブ石油輸出国機構）」の結成と石油問題の政治化などをもたらした。

　1973年（昭48）10月「第四次中東戦争（十月戦争）」が勃発すると，今回はアラブ側が緒戦に勝利して優位に立ち，その後も団結を強めてイスラエルに重圧を加えた。開戦直後に国連安保理が開催されたものの結論が得られず，ソ連のコスイギン首相やキッシンジャー米国務長官が仲介に乗り出した。この結果，即時停戦・和平交渉の開始を求める米ソ共同提案を国連が採択し，当事国が受諾して17日間で停戦となった。そして翌74年1月には兵力引離協定が調印された。

　この間アラブ側は10月にクウェートでOAPEC石油相会議を開き，イスラエル寄りの欧米日ら工業先進国に対して石油を政治的武器として圧力を加える方針を固め，毎月の原油生産を5％削減することを決定した。この結果，石油価格が一気に4倍に上昇するなど国際社会にオイル・ショックをもたらした。

　これに対してEC諸国は，イスラエルの占領統治を批判して撤退を要求すると同時にパレスチナ人の正当な権利を認めたため，アラブからの評価を得，オランダを除いて石油供給停止が取り下げられた。日本は三木武夫特使を中東に派遣し，4億ドルの援助と従来のイスラエル支持を修正した結果，OAPEC諸国から友好国と認められ，石油の供給削減が撤廃された。しかしイスラエル支持を変えないアメリカは，日本・EC諸国に共闘を提唱したが，仏との対立で失敗した。

　このオイル・ショックは，西側先進諸国にインフレ昂進・国際収支悪化・経済成長停滞という国際経済上の三重苦をもたらした。そして南北問題における南側の開発途上国の発言力強化に脅威を感じた北側諸国は，75年11月のサミット以降，国際経済協力やインフレ防止，代替エネルギー開発などを協議するにいたる。

IX・45・a　OAPEC10カ国石油相緊急会議特別決議
1973年(昭48)10月17日採択

　アラブ石油輸出国機構加盟国石油相は，1973年10月17日クウェートにおいて会談し，イスラエルとの戦いに石油を利用することを検討した。この問題の検討に引続いて，石油相は，
　現在の戦いの直接目標が1967年の戦争で占領されたアラブ領土の解放と国際連合決議に従ったパレスチナ人民の合法的権利の回復であることを想起し，
　米国が現在のイスラエルの尊大をもたらし，イスラエルをしてわれわれの領土の占領を可能ならしめているイスラエルの力の根源であることを想起し，
　巨大工業国が国際連合決議を履行する共通の責任を負っているにもかかわらず，これら諸国がいろいろな方法で現状を永続させるよう助けていることを想起し，
　多くのアラブ産油国は，われわれの領土の解放のために，われわれと協力することを約束する巨大な消費工業国の要求に見合うように生産を増大させる用意があるにもかかわらず，多くのアラブ産油国の経済情勢は石油生産の増大を正当化しないことを想起し，
　各アラブ石油輸出国はただちに，毎月，9月の実際の生産量の5パーセント以上その石油生産を削減し，国際社会が占領地域の放棄をイスラエルに強いるまで，あるいは各国の生産がその経済をしてアラブの民族的義務に関する決意なくしてこれ以上の削減を許さないところまで，削減を続けることを決定した。
　しかしながら，アラブを実際的かつ効果的に支援する，あるいはその撤退をイスラエルに強いるための重大な措置をとる国は，この生産削減によって侵害されることなく，それら諸国が削減に先立つ以前に受けていたと同じだけの石油供給を引続いて受けるものとする。削減率は，各石油輸出国について一定のものではあるが，各消費国に提供される供給の減少は，敵イスラエルに対する協力ないし支援に応じて増加される。
　参加国は，また，米国がアラブ各国から輸入している原油，石油製品，炭化水素についての最も厳しい削減対象国となるべきことを，本決議参加国に勧告した。
　参加国は，また，この漸進的削減が本決議参加国からの米国に対する石油供給の全面的禁止をもたらすものであると勧告した。

　　　　出所）浦野起央編『中東国際関係資料集』3，東通社出版部，1975，364頁．

IX・45・b　二階堂進内閣官房長官談「中東問題について」
1973年(昭48)11月22日

1．わが国政府は，安保理決議242の早急，かつ，全面的実施による中東における公正，かつ，永続的平和の確立を常に希求し，関係各国及び当事者の努力を要請し続け，また，いち早くパレスチナ人の自決権に関する国連総会決議を支持してきた。
2．わが国政府は，中東紛争解決のために下記の諸原則が守られなければならないと考え

る。
(1) 武力による領土の獲得及び占領の許されざること。
(2) 1967年戦争の全占領地からのイスラエル兵力の撤退が行なわれること。
(3) 域内のすべての国の領土の保全と安全が尊重されねばならず，このための保障措置がとられるべきこと。
(4) 中東における公正，かつ，永続的平和実現に当ってパレスチナ人の国連憲章に基づく正当な権利が承認され，尊重されること。
3. わが国政府は，上記の諸原則にしたがって，公正，かつ，永続的和平達成のためにあらゆる可能な努力が傾けられるよう要望する。我が国政府としても，もとよりできる限りの寄与を行なう所存である。

わが国政府はイスラエルによるアラブ領土の占領継続を遺憾とし，イスラエルが上記諸原則にしたがうことを強く要望する。わが国政府としては，引続き中東情勢を重大な関心をもって見守るとともに，今後の諸情勢の推移如何によってはイスラエルに対する政策を再検討せざるを得ないであろう。

出所）外務省情報文化局『外務省公表集』1973, 102頁。

IX·45·c　オイル・ショックの影響
1973年(昭48)11月15日
(朝日新聞社提供).

IX・45・d　世界の石油の流れ（1979年）

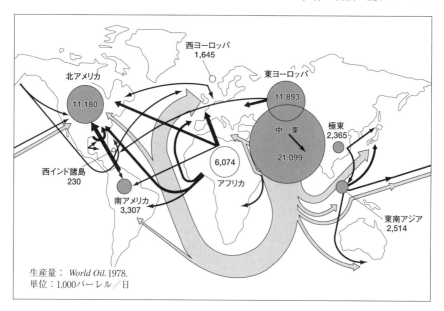

出所）外務省情報文化局国内広報課編『中東紛争』世界の動き社，1981，108頁．

IX・45・e　日本の石油依存度および中東依存度の推移

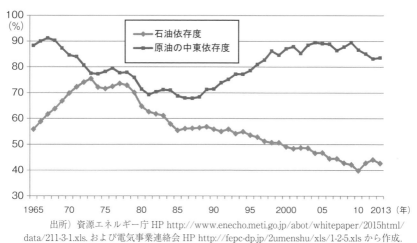

出所）資源エネルギー庁 HP http://www.enecho.meti.go.jp/abot/whitepaper/2015html/data/211-3-1.xls．および電気事業連絡会 HP http://fepc-dp.jp/2umenshu/xls/1-2-5.xls から作成．

X 経済大国の政治的役割

　1970年代前半はニクソン・ショック，ドル・ショック，第一次オイル・ショックといった国際政治経済両面での激変が相次ぎ，主要先進諸国はこれら危機の対応に苦慮せざるをえなかった。日本自身，そのような逆境のなかで，米中接近をむしろバネにして日中国交正常化を達成し，固定相場制から変動相場制への変化にもスムーズに対応した。そして従来の親イスラエル政策を親アラブ政策へと切り替えて，中東諸国からの信頼を繋ぎ止めたばかりか，70年代末の第二次オイル・ショックも巧みに乗り越えるなど，当面の危機克服に成功した。

　さらに80年代の日本は，アメリカや EC 諸国がスタグフレーション（景気の後退とインフレの同時進行）による経済的低迷をつづけたのに対して，経済・貿易・金融各面で好調な伸びを示し，同年代半ば，ついに世界一の債権国へと躍進した。逆にアメリカが世界一の債務国に転落したことは，日本人に多大な自信と誇りをもたらす結果となった。とくに「プラザ合意」は，もはや70年代初頭のようなアメリカ側の一方的で高圧的措置を他の先進諸国が受容しないことを明確にした。

　とはいえ，日本には大国としての準備も覚悟も乏しかった。その弱点を示したのが「サミット（先進国首脳会議）」であった。75年のランブイエ・サミットに際して，日本は六大国の1国として招待されたものの，日本政府は会議議題では政治問題を排除して経済問題に限定するよう要求するなど消極的であった。そのため，三木武夫首相は他の首脳との会談の輪に加わることができず，孤独を味わう結果となった。これは二国間外交に比べて多国間外交に弱い日本外交の短所を露呈したばかりでなく，「日本は世界のために何をなすべきか」という地球規模でのビジョンを欠いていることを明らかにしたのである。

　反面，対アジア外交，とくに対 ASEAN 外交は ODA（政府開発援助）絡みで成果をあげはじめた。かつて田中角栄首相は東南アジア訪問中エコノミック・アニマル等の非難を浴び，従来のひも付き援助に対する反省を求められたが，福田赳夫首相は初めて ASEAN 首脳会議に招待さ

れ,「福田ドクトリン」が高く評価されたことで,この地域における日本の政治的役割を発揮するきっかけを得た。ただし対中国外交は一進一退をつづけた。とくに「日中平和友好条約」交渉では,中国側が反ソ包囲網を築こうとして"反覇権主義"の受容を日本に迫ったため,三木・福田両内閣で難航した。福田内閣は"全方位外交"を掲げて,対ソ関係の悪化を回避することに努めたが,米中国交正常化方針を固めたカーター米大統領の強い要請もあり,同条約は78年に政治決着する。

　ところが70年代末にソ連軍がアフガニスタンに侵攻し,これを契機として米ソ関係が悪化した。この「新冷戦」のなかで,レーガン米大統領はソ連を"悪の帝国"と呼んで対ソ強硬路線を打ち出し,モスクワ・オリンピックをボイコットした。一方,同時期に登場した中曽根康弘首相は,レーガンとの間で"ロン・ヤス関係"を築き,新冷戦に対処した「日米同盟強化」に乗り出した。"不沈空母"発言,防衛費のGNP比1％枠の突破,対米軍事技術供与などレーガンを喜ばせた。また中曽根は83年のウィリアムズバーグ・サミットで,西側が対ソ軍事強硬姿勢で共同歩調をとるよう主張した。さらに大韓航空機 (KAL) 撃墜事件では,自衛隊が傍受したソ連機の交信記録を日米共同で公開することに踏み切った。

　このような中曽根外交は,明らかに吉田外交路線の修正を意図していた。つまり,経済第一主義を掲げて政治軍事的役割の抑制を本旨とした"二等辺三角形"の吉田路線に対して,中曽根路線は経済大国に相応する政治軍事的役割の増大を当然視し,経・政・軍の"正三角形"型外交をめざしたのである。「戦後政治の総決算」というスローガンは国内政治面にとどまらず,中曽根のナショナリズムは国際社会面における日本の地位上昇を志向していた。こうして日本外交はしだいに「政経分離・経軍分離」から「政経不可分・経軍不可分」へとシフトしていった。

　たとえば,国連での日本提出決議案やポスト獲得への支持を得るために,ODAが外交戦略上の道具として利用されるようになった。国際経済運営面でも日本の役割は増大した。世界経済の不況脱出のために「日米独機関車論」を受け入れて高成長目標を掲げ,「プラザ合意」ではアメリカの経常収支赤字解消のためにドル切下げと円・マルク切上げに努め,変動相場制下の国際協調に腐心した。このように日本は経済大国として応分の責任を果たすようになったのである。

46. 対アジア援助外交

　1960年代にいたる日本のODAは，戦後処理としての賠償や経済協力を引き継いで実施されたため，その地理的配分がアジア地域に偏る傾向にあった。また同年代後半からはベトナム戦争の影響を受けて，南ベトナム，インドネシア，タイといった親米的な反共諸国への援助額が増加していった。つまり，軍事面で対米協力できない日本がアメリカに代替して経済援助を行なったわけであるが，同時にアジア地域における日本の経済的復権をも模索していた。

　70年代後半になると日本は政治的役割の増大を企図する。1977年（昭52）にマニラのASEAN首脳会議に招待された福田赳夫首相は，①日本は軍事大国にはならない，②アジアの真摯な友人として東南アジア諸国を支援する，③共産化したインドシナ3国とASEAN諸国間の橋渡しをするとの「福田ドクトリン」を発表し，高い評価を得た。この声明は，日本が東南アジアで経済面ばかりでなく，政治面でも一定の役割を果たすとの意思表示であった。つづく大平正芳首相も「環太平洋連帯構想」を提起し，日本のリーダーシップ発揮を試みるとともに，77〜80年に援助総額を14億ドルから33億ドルへと倍増すると宣言した。さらに鈴木善幸首相は，バンコクで東南アジアのための「人作り構想」を発表し，日本の先進技術や文化を現地のエリート達が習得できるような「国際センター」を日本各地に設置するとともに，今後5年間でODAを倍増させる計画をも提示した。

　80年代には，中曽根康弘首相がクアランプールで「21世紀のための友情計画」を発表し，大規模な青年交流をもたらした。次いで竹下登首相は，「88〜92年の5年間にODAを総額500億ドルにする」と声明し，89年のASEAN訪問時に「日本はODA全体の30%をASEAN諸国に振り向けており，この地域における最大の援助供与国である」と演説した。プラザ合意以降，日本の民間企業は東南アジアへ積極的に進出し，日本のASEANに対する投資は世界第1位となり，ASEANの最大の貿易相手国となった。83年に日本はODA総額で世界第3位，89年からは米国を抜いて世界第1位へと躍進した。しかしその後財政難から01年に米国に抜かれ，さらに英独仏にも抜かれ，世界第5位となっている。

X・46・a マンガ「田中角栄首相のジャカルタ訪問」
（1974年1月14日）

出所）G.M.スゲルタ／村井吉敬訳『パシコムおじさん』新宿書房，1985．

X・46・b 福田赳夫首相「わが国の東南アジア政策」
1977年（昭52）8月18日
マニラにおけるスピーチ（抄）

　私は，今回のASEAN諸国およびビルマの政府首脳との実り多い会談において，以上のような東南アジアに対するわが国の姿勢を明らかにして参りました。このわが国の姿勢が，各国首脳の十分な理解と賛同をえたことは，今回の歴訪の大きな収穫でありました。その要点は，次のとおりであります。

　第一に，わが国は，平和に徹し軍事大国にはならないことを決意しており，そのような立場から，東南アジアひいては世界の平和と繁栄に貢献する。

　第二に，わが国は，東南アジアの国々との間に，政治，経済のみならず社会，文化等，広範な分野において，真の友人として心と心のふれ合う相互信頼関係を築きあげる。

　第三に，わが国は，「対等な協力者」の立場に立って，ASEAN及びその加盟国の連帯と強靭性強化の自主的努力に対し，志を同じくする他の域外諸国とともに積極的に協力し，また，インドシナ諸国との間には相互理解に基づく関係の醸成をはかり，もって東南アジア全域にわたる平和と繁栄の構築に寄与する。

　私は，今後以上の3項目を，東南アジアに対するわが国の政策の柱に据え，これを力強く実行してゆく所存であります。そして，東南アジア全域に相互理解と信頼に基づく新しい協力の枠組が定着するよう努め，この地域の諸国とともに平和と繁栄を頒ち合いながら，相携えて，世界人類の幸福に貢献して行きたいと念願するものであります。〔以下略〕

出所）外務省情報文化局編『外務省公表集』1977，104-05，107-08頁．

X・46・c 大平正芳首相の「環太平洋連帯構想」
1980年（昭55）1月17日，メルボルンにおける演説（抄）

　……私は，ここで，日豪両国関係の未来にとって，本質的なかかわりを有するアジア太平洋地域における多角的な協力関係の展望について申し述べたく思います。一昨年，私は総理就任の際に政治理念の一つとして"環太平洋連帯構想"を提唱致しました。

　まず，私は，現代の国際社会を特徴づける最も主要な傾向を"相互依存の深まり"として捉えたいと思います。今日，われわれが住む地球は，共同体としていよいよその相互依

存の度を高め，ますます敏感に反応し合うようになってまいりました。この地球上に生起するどのような事件や問題も，またたく間に地球全体に波及し，地球全体を前提に考えなければ，その有効な対応が期待できなくなってきました。この傾向は，政治，経済，社会の分野に止まらず，文化や国民心理の次元にまで深く浸透しております。

このような相互依存の深まりの中で，近年，環太平洋諸国間における友好と協力の関係は著しく前進しました。今日これらの地域には最もダイナミックな経済が営まれ，多彩な文化が華咲きつつあります。

しかも，これらの国々をへだててきた太平洋は，様々な交通通信手段の発達によって，安全で，自由で，効率的な交通路と変わったのであります。かくして広大かつ多様な太平洋地域は歴史上はじめて，一つの地域社会となり得る条件を持ちました。

しかしながら，過去の地域的な協力の多くが，共通の言語，共通の文化，共通の伝統等の同質性を軸として，その絆を強めてきたことを想起するとき，多種多様な文化的，歴史的背景を持ち，経済発展の段階も異なるこれら太平洋諸国の間に，果たして，新しい協力関係，それに基づく新しい文明が創造され得るかと問われるかもしれません。

私は，このような困難な課題を解決しうる手がかりは，……各国の文化的独自性と政治的自主性を理解し，信頼しつつ行われる地域協力であり，かつ地球社会時代にふさわしい開かれた地域協力であると考えます。また，環太平洋諸国の連帯は，そのような意味から言っても，決して排他的なブロックの形成を目指すものではありません。太平洋諸国のためばかりでなく，人類社会全体の福祉と繁栄を最大限に引き出すことこそ，その最終的な願いなのであります。〔以下略〕

出所）『わが外交の近況』1981年版，384-85頁．

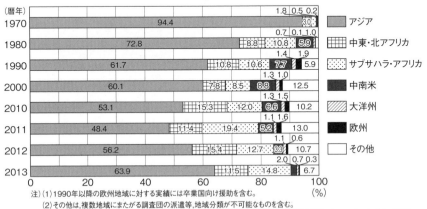

X・46・d　日本による2国間ODAの地域別配分の推移

注) (1) 1990年以降の欧州地域に対する実績には卒業国向け援助を含む．
(2) その他は，複数地域にまたがる調査団の派遣等，地域分類が不可能なものを含む．

出所）外務省『2014年版政府開発援助（ODA）白書』28頁．

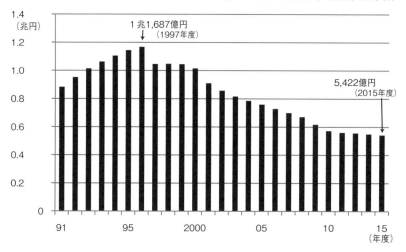

Ⅹ·46·e　日本のＯＤＡ予算（一般会計当初予算）

出所）外務省 HP http://www.mofa.go.jp/mofaj/gaiko/oda/shiryo/yosan.html から作成.

Ⅹ·46·f　ODAに関する新旧大綱の比較

	旧大綱（2003年策定）	新大綱
名称	ODA大綱	開発協力大綱
理念	我が国の安全と繁栄の確保に資する	国益の確保に貢献する
軍への支援	軍事的用途の除外	軍事的用途は除外しつつ，軍関係でも非軍事分野は個別に検討する
対象	国際基準に基づく対象国だけに支援する	経済成長した「ODA卒業国」も支援対象とする
実施体制	政府・実施機関の連携強化を重視する	民間との連携を強化

出所）『読売新聞』2015年2月11日.

Ⅹ·46·g　日本のODA支出総額の上位10ヵ国（2013年）

ミャンマー	53.32 億ドル
ベトナム	16.80
インド	14.00
インドネシア	9.68
アフガニスタン	8.31
イラク	7.12
タイ	6.07
バングラディシュ	4.35
タンザニア	3.38
ケニア	3.38

出所）外務省 HP http://www.mofa.go.jp/mofaj/gaiko/oda/shiryo/hakusyo/14_hakusho_pdf/pdfs/14_hakusho_0302.pdf

47. サミット（先進国首脳会議）

「サミット」は，1975年（昭50）11月，パリ郊外のランブイエで西側先進6カ国（米，英，仏，西独，伊，日）首脳を集めて開催された。サミット開催はジスカールデスタン仏大統領とシュミット西独首相の提唱によるが，その背景には，①70年代初頭にブレトンウッズ体制が崩壊して国際金融システムが変動相場制へと移行した，②第一次オイル・ショックによって世界経済がスタグフレーション（インフレと景気後退の同時進行）に追い込まれた，③南側のOAPEC諸国による石油"恫喝"外交に対して，北側の米・欧・日間の対応に亀裂が生じたことなど，総じて北側の先進諸国に強い危機意識があった。

こうして6カ国首脳（ECがオブザーバー参加，翌年からカナダが参加して7カ国）が合宿形式で，通貨・金融・経済成長・景気浮揚・資源エネルギーなど国際経済問題を中心に意見を交換し，政策協調を行なうとの方向が定められた。日本は三木武夫以下の歴代首相が参加したが，当初は国際社会へのビジョンに乏しく，明確な主張を展開できないまま守勢に立たされる傾向にあった。それでも78年のボン会議では福田赳夫首相が不況脱出のために，日・米・西独3国が高めの経済成長率を維持するとの「機関車論」を進んで受け入れ，年率7％を約束した。

ところが80年代に入ると，ソ連のアフガニスタン侵攻による「新冷戦」の発生でサミットは政治化する。80年のベネチア会議では，ソ連の侵攻を非難する声明を採択した。83年のウィリアムズバーグ会議では，中曽根首相がソ連のINF（中距離核戦力）配備に対して，ヨーロッパだけでなくアジアでも西側諸国は結束しなければならないと発言し，彼の努力により「サミット参加国の安全は不可分一体であり，グローバルな観点から取り組まなければならない」との宣言が採択された。日本はこの中曽根時代にサミットでの発言力を増した。一方でサミットは80年代も国際経済問題への共同対処という姿勢は継続され，84年のロンドン会議で途上国累積債務問題，86年の東京会議でG7（7カ国財務相・中央銀行総裁会議）創設の合意，88年のトロント会議ではGATTのウルグアイ・ラウンド（1986～93）推進で合意をみた。その後サミットにはロシアも参加してG8となり，今日にいたっている。

X・47・a　ウィリアムズバーグ・サミット（第9回先進国首脳会議）

1983年（昭58）5月29日　中曽根首相発言（抄），30日サミット政治声明（抄）

　　　中曽根内閣総理大臣冒頭発言
　我々は，サミットにおいて，世界経済の先行きについて明るい，しかも信頼できる展望を世界に示さなければならない。かくしてこそ自由民主主義体制と市場経済の優位に対する信認を不動のものとなしうることになろう。また，それは南側に対して将来への希望を強めることとなろう。
　さらに今次サミットの機会の政治協議において政治，経済，安全保障分野における我々の共通の基本的立場が確認されれば，我々の世界への呼びかけはさらに有効なものとなろう。我々は西側の固い団結の下に西側の安全を図りつつ，緊張緩和への道を開かなければならない。
　これから討議を進めるに当っては私は次の諸項目を共同行動の指針として臨めば先行き不透明感を払拭し，世界の期待に積極的に応え得ると信ずる。
(1)　第一に我々西側先進諸国が連帯と協調による一枚岩の結束を世界に示すことである。
(2)　第二に世界経済インフレなき持続的成長のため，各国は，①内外にバランスのとれた経済運営を図り，②幅広い構造調整を推進し，③自由貿易体制を堅持し，保護貿易措置の撤廃を進め，ガットの強化を図るということである。
(3)　第三に南北問題については，「南の繁栄なくして，北の繁栄なし」という認識の下に，南北間の対話を促進し，南側の自助努力に対する支援政策を推進するということである。この関連で我々は第6回 UNCTAD 総会についても，建設的な南北関係の構築に向けて努力しなければならない。
(4)　なお東西経済関係については OECD，IEA での成果を踏まえ，協調的行動をとるため今後とも各種の協議を更に進めることが適当と考える。

　　　　　　ウィリアムズバーグにおけるステートメント（政治声明）
5．サミット参加国は，均衡のとれた INF 合意が近く達成されるよう強い希望を表明する。これが実現される場合には，配備の水準は交渉によって決められることになろう。もしこれが実現されない場合には，良く知られている通り関係諸国は当該米国兵器体系の欧州配備を計画通り1983年末には実施するであろう。〔以下略〕

　　　　　　　　　　　　　　　　　　出所）『外交青書』1984年版，451-53頁。

X・47・b　ウィリアムズバーグ・サミットに関する中曽根康弘首相回顧録（抄）

　……サミット前の1月に訪米したとき，レーガン大統領に「今度のサミットでは，私がキャッチャーをやりますからあなたはピッチャーになりなさい。ただ，ピッチャーもたまにはキャッチャーのいうことをきかないといけませんよ」といったら，「ピッチャーはキャッチャーのサイン通りにボールを投げるものだ。たくさんサインを出してほしい」と

いっていました。かれがウィリアムズバーグ・サミットの議長として成功することは，アメリカの利益であるとともに，日本の利益，世界の利益でもあると確信していました。だから，会議中にレーガン大統領が困ったら，最大限助けてやろうと思っていました。

結果として，ソ連との間でINF削減交渉が合意に達しない場合は83年末までに西ヨーロッパにパーシングIIを配備する，また，そのためにサミット構成国，ECに不退転の決意があることを示す政治声明と，インフレなき成長のための10項目からなる共同行動指針を示した経済宣言をまとめました。

あの会議は歴史的に大成功をおさめたと思いますよ。もちろん，消極的意見や駆け引きもありました。しかし，レーガン大統領は，西側チームのキャプテンとしての風格があり，ジョークをうまく盛り込みながらじつに巧みにまとめましたね。このウィリアムズ・バーグでの西側の乱れなき団結と対決意思が，その後の，東欧衛星国の完全独立への行動に励ましを与え，ソ連を崩壊させるスタートになったと思います。会議の翌日，シュルツ国務長官が私の宿舎にやってきて，私がレーガン支持と会議のまとめ役に徹したことをレーガンが感謝していると礼をいいましたよ。これで日米関係はますます強固になると思いましたね。〔以下略〕

出所）中曽根康弘『天地有情』文藝春秋，1996，430-31頁。

X・47・c　サミット（先進国首脳会議）一覧

回	年月	開催地	日本の参加首脳	討議内容
1	75.11	ランブイエ（仏）	三木武夫	第1次石油危機後の世界経済再建
2	76.6	サンフアン（プエルトリコ）	三木武夫	インフレ懸念下の経済成長
3	77.5	ロンドン（英）	福田赳夫	世界経済の回復と失業問題
4	78.7	ボン（西独）	福田赳夫	世界経済発展のための役割分担
5	79.6	東京（日）	大平正芳	深刻化するエネルギー情勢
6	80.6	ベネチア（伊）	大来外相	インフレ抑制，アフガニスタン問題
7	81.7	オタワ（加）	鈴木善幸	西側経済の活性化
8	82.6	ベルサイユ（仏）	鈴木善幸	科学技術の振興と雇用
9	83.5	ウィリアムズバーグ（米）	中曽根康弘	INF（中距離核戦力）交渉に向けた西側の結束，インフレなき持続的成長と通貨安定
10	84.6	ロンドン（英）	中曽根康弘	自由貿易体制と途上国問題
11	85.5	ボン（西独）	中曽根康弘	インフレなき持続的成長と雇用の拡大
12	86.5	東京（日）	中曽根康弘	構造的性格を有する世界経済の諸問題
13	87.6	ベネチア（伊）	中曽根康弘	多角的監視の強化と構造調整の推進
14	88.6	トロント（加）	竹下登	政策調整の継続と構造調整の重要性
15	89.7	アルシュ（仏）	宇野宗佑	インフレ・保護主義圧力の高まりへの対応
16	90.7	ヒューストン（米）	海部俊樹	冷戦構造下における国際新秩序構築
17	91.7	ロンドン（英）	海部俊樹	世界的パートナーシップ構築と新秩序強化

18	92.7	ミュンヘン（独）	宮沢喜一	冷戦後の新パートナーシップの形成
19	93.7	東京（日）	宮沢喜一	変革期にある国際社会の協調的努力
20	94.7	ナポリ（伊）	村山富市	雇用と成長
21	95.6	ハリファクス（加）	村山富市	為替市場における緊密な協力の維持
22	96.6	リヨン（仏）	橋本龍太郎	経済の国際化（グローバリゼーション）
23	97.7	デンバー（米）	橋本龍太郎	世界経済・経済課題への取り組み
24	98.5	バーミンガム（英）	橋本龍太郎	アジア経済危機に対する取り組み
25	99.6	ケルン（独）	小渕恵三	重債務貧困国救済のための債務削減イニシアティヴ
26	00.7	九州・沖縄（日）	森喜朗	世界経済維持への取り組み
27	01.7	ジェノバ（伊）	小泉純一郎	貧困削減のための戦略的アプローチと将来への遺産
28	02.6	カナナスキス（加）	小泉純一郎	大量破壊兵器及び物質の拡散に対するＧ８グローバル・パートナーシップ
29	03.6	エビアン（仏）	小泉純一郎	途上国との拡大対話による経済のグローバル化，南北格差是正への協力
30	04.6	シーアイランド（米）	小泉純一郎	拡大中東・北アフリカ構想への着手，WTOの新ラウンド完結を支持
31	05.7	グレンイーグルズ（英）	小泉純一郎	ロンドンにおけるテロを非難，気候変動防止に向けた取り組み，アフリカの開発・民主化促進
32	06.7	サンクトペテルブルグ（露）	小泉純一郎	世界的なエネルギー安全保障の強化，イラン・北朝鮮の核問題，感染症拡大防止
33	07.6	ハイリゲンダム（独）	安倍晋三	気候変動問題，アフリカ開発
34	08.7	北海道洞爺湖	福田康夫	気候変動問題，石油・食糧価格高騰問題
35	09.7	ラクイラ（伊）	麻生太郎	世界金融危機，地球規模問題
36	10.6	ムスコカ（加）	菅直人	財政健全化，ミレニアム目標達成
37	11.5	ドーヴィル（仏）	菅直人	アラブの春，インターネット
38	12.5	キャンプ・デーヴィッド（米）	野田佳彦	シリア問題，ギリシャ問題
39	13.6	ロック・アーン（英）	安倍晋三	租税問題，自由貿易協定
40	14.6	ブリュッセル（ベルギー）	安倍晋三	ウクライナ問題，シリア問題
41	15.6	エルマウ（独）	安倍晋三	G7の価値観，海洋の安全保障

出所）『ニュース解説室へようこそ！』2006年版，清水書院，34頁（一部加筆）．

48. 日中平和友好条約と日米ガイドライン

　日中両国は国交正常化以後，実務協定交渉へと進み，貿易，海運，漁業等の協定を調印したが，航空協定交渉だけは難航した。日本側はドル箱といわれる日台航空路線の現状維持に楽観的であったが，中国側は，日台断交以後も人的・物的交流に変化のない日台関係にくさびを打ち込もうとしたからである。1年7カ月の交渉後，1974年 (昭49) 4月，田中政権は台湾擁護派の反対を押し切り，日本航空 (JAL) は「日台路線に就航しない，中国民航は成田を，中華航空は羽田を使用する」など，中国側の要求を認めた協定に調印した。

　残る課題となった日中平和友好条約は，中国側が「覇権条項」に固執したため4年もの歳月を要した。ソ連との亀裂を深める中国は，覇権反対を根拠にして反ソ包囲網に日米両国を引き入れようとしたからである。日本政府は中ソ対立に巻き込まれることなく，"等距離外交" ないし "全方位外交" を展開したが，78年5月に福田赳夫首相がカーター米大統領から日中条約の締結を促され，また中国側が「この条約は第三国との関係に影響を及ぼさない」との日本案に譲歩したことで，ようやく同年8月に調印された。そして10月，批准書交換のために鄧小平副首相一行が来日し，天皇と会見したほか，日米安保条約と自衛隊に理解を示した。

　この間，日本の安全保障面に多くの変化が生じた。日本政府は防衛力整備第一次計画 (一次防1958～60) に続き二次防 (62～68)，三次防 (67～71) を行なうなど，在日米軍の撤退・縮小に応じて，自衛隊の防衛力向上に努めた。ただし四次防 (72～76) はニクソン・ショックやオイル・ショックに見舞われたばかりでなく，4兆円に及ぶ巨額な軍事費への批判がアジア諸国から起こったため，中断を余儀なくされた。またベトナム戦争がはじまり，アメリカ側から日米防衛協力強化を求められたため，76年に防衛協力小委員会を設置し，軍人を含む日米専門家で協力のあり方が検討された。その結果，78年11月，「日米防衛協力のための指針 (日米ガイドライン)」が決定され，安保条約第5条にもとづく有事に際して，日米の共同作戦が初めて具体化された。そのほか三木内閣は76年にNPT (核拡散防止条約) の批准を決意し，日本が原則的に武器輸出を慎むとの姿勢も鮮明にした。

X・48・a 日中交渉における日台航空路線の取扱い

日本側外務・運輸両省案（6項目要旨）	日中交渉後の最終運用方針（交渉結果）
日台路線は民間取り決めで維持する。	交流協会と亜東関係協会との間で交渉する。
日本航空は日台路線に就航しない。	日航のダミー会社か，日航以外の会社が運航。
中華航空の社名と旗の性格に関する日本政府の認識を別途明らかにする。また日本側当局が言及する際には「中華航空（台湾）」とする。	認識表明は中国向けのもので，第三国に対するものではないことを確認した。「中華航空（台湾）」は民間には強制しない。
中国民航は成田国際空港，中華航空は羽田空港を使用する。	羽田はこれまでの国際空港から主として国内線用の空港に変更する。
大阪空港を使う中華航空の便は，日台間で合意する他の空港に移転する。	中国機が大阪空港にのりいれる。
中華航空の日本での営業所，その他地上サービスは代理店や別の事業主体に委託。運航，従業員の生活の安定については配慮する。	機体整備など安全要員を中心に，数人は中華航空社員のままで残留する。

出所）『朝日新聞』1974年4月20日付.

X・46・b 日中平和友好条約

1978年（昭53）8月12日署名，同年10月23日発効(抄)

第1条　1　両締約国は，主権及び領土保全の相互尊重，相互不可侵，内政に対する相互不干渉，平等及び互恵並びに平和共存の諸原則の基礎の上に，両国間の恒久的な平和友好関係を発展させるものとする。

2　両締約国は，前記の諸原則及び国際連合憲章の原則に基づき，相互の関係において，すべての紛争を平和的手段により解決し及び武力又は武力による威嚇に訴えないことを確認する。

第2条　両締約国は，そのいずれも，アジア・太平洋地域においても又は他のいずれの地域においても覇権を求めるべきではなく，また，このような覇権を確立しようとする他のいかなる国又は国の集団による試みにも反対することを表明する。

第3条　両締約国は，善隣友好の精神に基づき，かつ，平等及び互恵並びに内政に対する相互不干渉の原則に従い，両国間の経済関係及び文化関係の一層の発展並びに両国民の交流の促進のために努力する。

第4条　この条約は，第三国との関係に関する各締約国の立場に影響を及ぼすものではない。

第5条　1　この条約は，批准されるものとし，東京で行われる批准書の交換の日に効力を生ずる。この条約は，10年間効力を有するものとし，その後は，2の規定に定めるところによって終了するまで効力を存続する。

2　いずれの一方の締約国も，1年前に他方の締約国に対して文書による予告を与えるこ

とにより，最初の10年の期間の満了の際又はその後いつでもこの条約を終了させることができる．

　　　　　　　　　　　日本国のために　　　　　　　園田　直
　　　　　　　　　　　中華人民共和国のために　　　黄　　華
　　　　　　　　　　　出所）『条約集 昭和53年・2国間条約』326-29頁．

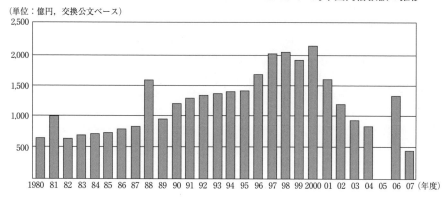

X・48・c　対中国円借款額の推移

出所）外務省 HPhttp://www.mafa.go.jp/mofaj/gaiko/oda/shiryo/kuni/08_databook/pdfs/01-04.pdf，51頁．

X・48・d　日米ガイドライン（日米防衛協力のための指針）
1978年（昭53）11月27日（抄）

II　日本に対する武力攻撃に際しての対処行動等
1　日本に対する武力攻撃がなされるおそれのある場合

　日米両国は，連絡を一層密にして，それぞれ所要の措置をとるとともに，情勢の変化に応じて必要と認めるときは，自衛隊と米軍との間の調整機関の開設を含め，整合のとれた共同対処行動を確保するために必要な準備を行う．

　自衛隊及び米軍は，それぞれが実施する作戦準備に関し，日米両国が整合のとれた共通の準備段階を選択し自衛隊及び米軍がそれぞれ効果的な作戦準備を協力して行うことを確保することができるよう，共通の基準をあらかじめ定めておく．

　この共通の基準は，情報活動，部隊の行動準備，移動，後方支援その他の作戦準備に係る事項に関し，部隊の警戒監視のための態勢の強化から部隊の戦闘準備の態勢の最大限の強化にいたるまでの準備段階を区分して示す．

　自衛隊及び米軍は，それぞれ，日米両国政府の合意によって選択された準備段階に従い必要と認める作戦準備を実施する．

2　日本に対する武力攻撃がなされた場合

(1) 日本は，原則として，限定的かつ小規模な侵略を独力で排除する。侵略の規模，態様等により独力で排除することが困難な場合には，米国の協力をまって，これを排除する。
(2) 自衛隊及び米軍が日本防衛のための作戦を共同して実施する場合には，双方は，相互に緊密な調整を図り，それぞれの防衛力を適時かつ効果的に運用する。
　(i) 作戦構想　自衛隊は主として日本の領域及びその周辺海空域において防勢作戦を行い，米軍は自衛隊の行う作戦を支援する。米軍は，また，自衛隊の能力の及ばない機能を補完するための作戦を実施する。
　　自衛隊及び米軍は，陸上作戦，海上作戦および航空作戦を次のとおり共同して実施する。
　　(a) 陸上作戦　陸上自衛隊及び米陸上部隊は，日本防衛のための陸上作戦を共同して実施する。／陸上自衛隊は，阻止，持久及び反撃のための作戦を実施する。／米陸上部隊は，必要に応じ来援し，反撃のための作戦を中心に陸上自衛隊と共同して作戦を実施する。
　　(b) 海上作戦　海上自衛隊及び米海軍は，周辺海域の防衛のための海上作戦及び海上交通の保護のための海上作戦を共同して実施する。／海上自衛隊は，日本の重要な港湾及び海峡の防備のための作戦並びに周辺海域における対潜作戦，船舶の保護のための作戦その他の作戦を主体となって実施する。／米海軍部隊は，海上自衛隊の行う作戦を支援し，及び機動打撃力を有する任務部隊の使用を伴うような作戦を含め，侵攻兵力を撃退するための作戦を実施する。
　　(c) 航空作戦　航空自衛隊及び米空軍は，日本防衛のための航空作戦を共同して実施する。／航空自衛隊は，防空，着上陸侵攻阻止，対地支援，航空偵察，航空輸送等の航空作戦を実施する。／米空軍部隊は，航空自衛隊の行う作戦を支援し，及び航空打撃力を有する航空部隊の使用を伴うような作戦を含め，侵攻兵力を撃退するための作戦を実施する。
　　(d) 陸上作戦，海上作戦及び航空作戦を実施するに当たり，自衛隊及び米軍は，情報，後方支援等の作戦に係る諸活動について必要な支援を相互に与える。
　(ii) 指揮及び調整　自衛隊及び米軍は，緊密な協力の下に，それぞれの指揮系統に従って行動する。自衛隊及び米軍は，整合のとれた作戦を共同して効果的に実施することができるよう，あらかじめ調整された作戦運用上の手続に従って行動する。……
　(v) 後方支援活動　自衛隊及び米軍は，日米両国間の関係取極に従い，効率的かつ適切な後方支援活動を緊密に協力して実施する。／このため，日本及び米国は，後方支援の各機能の効率性を向上し及びそれぞれの能力不足を軽減するよう，相互支援活動を次のとおり実施する。……
　　(d) 施設　米軍は，必要なときは，日米安保条約及びその関連取極に従って新たな施設・区域を提供される。また，効果的かつ経済的な使用を向上するため自衛隊の基地及び米軍の施設・区域の共同使用を考慮することが必要な場合には，自衛隊及び米軍は，同条約及び取極に従って，共同使用を実施する。〔以下略〕

出所）『防衛白書』1987年版，295-300頁．

49. 日米経済摩擦とジャパン・バッシング

　日本は1970年代に生じたドル・ショックやオイル・ショックをいち早く克服し，経済的躍進をつづけた。80年（昭55）にいたる20年間に日本の対米輸出は約30倍に拡張し，対米貿易黒字も100億ドルに達した。他方アメリカは，貿易赤字が増加の一途をたどり，ベトナム戦争によるインフレ拡大と２度のオイル・ショックを経て，国際経済力が低下していった。対日赤字幅が全体の３割に達した70年代初頭以降，アメリカは繊維，カラーテレビ，半導体，鉄鋼，自動車など日本の洪水的な対米輸出に対して強く反発した。とくに鉄鋼業界や自動車業界は，工場の閉鎖やレイオフに追い込まれると，議会を動かして日本製品のダンピング提訴や日本側へ対米輸出の自主規制を求めた。またアメリカは，牛肉・オレンジ・コメなどの農産物，電話資材などの高度技術工業製品の対日輸出に関して，日本の輸入障壁を批判し，貿易の自由化を要求した。

　これに対して日本側は，経済摩擦の政治化を防ぐため，通産省の指導下で輸出自主規制と輸入自由化に踏み切った。76年トリガー価格による鉄鋼規制，80年自動車輸出割当，77～78年農産物の輸入自由化などである。しかし日本の経済的躍進は続き，80年代半ばには生産面，貿易面，金融面でいずれも日本がアメリカを上回る逆転現象が起きた。85年に日本は世界最大の債権国，アメリカは最大の債務国となり，ロックフェラーセンターや映画会社などが日本企業によって買収された。９月，ニューヨークのプラザホテルで開かれたG5（５カ国財務相・中央銀行総裁会議）はドル高を是正する「プラザ合意」に達し，円は１ドル240円から120円となった。

　しかしアメリカは不公正な貿易慣行に対し，「通商法301条の発動も辞さない」との強硬姿勢を示した。ジョンソン，ウォルフレン，プレストウィッツ，ファーローズら修正主義者による「日本異質論」も高まった。日本では市場メカニズムが機能せず，政府は無責任であり，欧米的な資本主義・自由市場国家ではないとの批判論であった。この"ジャパン・バッシング"に対して日本側は，86年に「前川レポート」，89～90年には「日米構造協議（SII）」を通じて内需拡大，内外の不均衡是正，構造調整を表明し，日米経済戦争の沈静化に努力した。

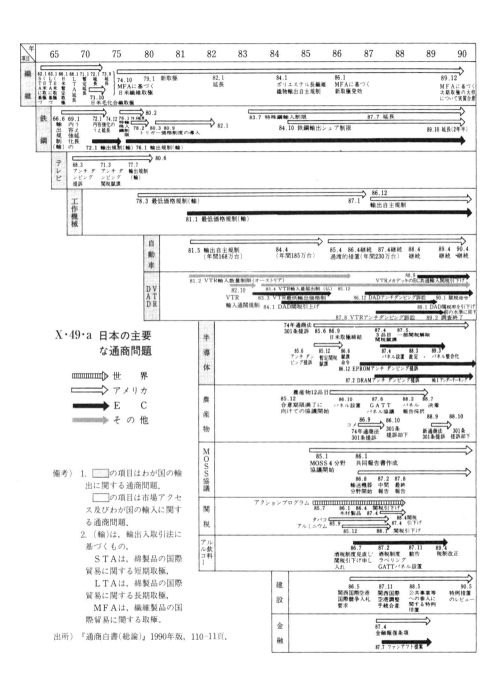

X・49・b　プラザ合意（5カ国財務相・中央銀行総裁会議声明）

1985年(昭60) 9月22日(抄)

最近の経済発展と政策変化

1. 参加5カ国がインフレを軽減したマクロ経済政策，節度ある財政政策，市場機能の重視及び慎重な金融政策を実施してきた結果，5カ国全体の実質成長は引き続き強く，インフレは再燃する兆しはなく，また金利が近年著しく低下していることは発展途上国の債務負担を軽減する上で特に有意義であった。
2. しかしながら，こういった経済発展にもかかわらず，各国の対外ポジションには大きなインバランスがあり，米国は大幅な経常収支赤字を，また日本と西独は大幅な経常収支黒字を有している。米国の経常収支赤字は保護主義圧力を生み出しておりこれに抵抗しないと相互破壊的報復を招く恐れがある。

結　論

1. 5カ国は最近の経済動向，政策変化が各国の政策協力と相まって，インフレなき，均衡のとれた景気拡大への健全な基盤を提供するとの点で合意。また，拡大する貿易不均衡を是正し，保護主義に抗するためには，一層の市場開放措置が重要であると確認した。

各国の政策意図表明

1. 日　本
(1)行動計画の着実な実施　(2)強力な規制緩和による民間活力の十分な活用　(3)為替レートに注意した金融政策の弾力的な運営　(4)金融・資本市場の自由化，及び円の国際化の強力な実施　(5)財政赤字削減，民間活力発揮に焦点を合わせた財政政策　(6)民間消費，投資増大に焦点を合わせた内需刺激努力

2. 米　国
(1)財政赤字の削減と政府支出のGNP比削減　(2)86会計年度の赤字削減の総合策を十分に実施　(3)貯蓄，雇用を促進し，経済の効率性を高め，歳入の中立的な税制改革の実施　(4)物価安定を継続的に進める金融政策　(5)保護主義的措置に対する抵抗　〔以下略〕

出所）『外交青書』1986年版，445-47頁。

X・49・c　日米経済指標の推移

出所）OECD経済統計局編『OECD経済統計1960-1990』原書房, 1992, 48-123頁より作成．

項　目	年　次	日　本	アメリカ
国民総生産	1960	19.7	46.0
（価格指数）	1970	53.3	66.8
1985=100	1980	82.9	88.1
	1985	100.0	100.0
	1990	125.8	114.9
工業生産指数	1960	15.3	38.4
（製造業）	1970	55.9	61.6
1985=100	1980	83.9	86.0
	1985	100.0	100.0
	1990	125.6	120.0
粗鋼生産量	1970	9,332	11,930
（万トン）	1975	10,231	10,595
	1980	11,140	10,076
	1985	10,524	7,926
	1990	11,034	8,869
乗用車生産量	1970	3,179	6,552
（千台）	1975	4,568	6,708
	1980	7,038	6,396
	1985	7,646	8,004
	1990	9,948	6,048
失業率	1970	1.2	4.8
（％）	1975	1.9	8.3
	1980	2.0	7.0
	1985	2.6	7.1
	1990	2.1	5.4

X·49·d　ウォルフレンのジャパン・バッシング（抄）

責任ある中央政府というフィクション

　第一の虚構（フィクション）は、日本が、他国と同様の主権国家、つまり国策としてなにが最善かの判断ができ、しかも決めた国策の責任を究極的に負える国政の中枢を持つ国家だとされていることである。このフィクションは払いのけるのがきわめて難しい幻想である。外交は責任ある決定のできる政府の存在を前提とする。……

　だが、相対的にいうと日本では政府は諸外国の政府ほど大きな責任を負うものではない——これがお互いのフラストレーションの根本的原因である——ということを認識しないかぎり、これから先、日本との関係はさらに悪化してしまう。……

"自由市場"経済国日本というフィクション

　第二の虚構（フィクション）は、第二次世界大戦後まもなく欧米諸国が日本に対する態度を決めるもとになったもので、日本経済が、いわゆる"資本主義的・自由市場"経済の類型に属するというフィクションである。……

　……戦略的に重要だと考えられる産業は大切に保護育成され、てごわい外国の競争から守られる。問題をかかえた産業は一時的に保護されて、企業に体質改善や合理化・多角化などの機会が与えられる一方、先が見えたと判断された産業はあっさり切り捨てられ、強制的に再編成を促す政策がとられる。いいかえれば、これは産業政策と通商戦略とがしっかり結びついた共同態勢なのである。〔以下略〕

　　　　出所）K.V. ウォルフレン『日本／権力構造の謎』上、早川書房、1990、36-40頁。

X·49·e　日本の対米貿易額の推移

（単位：100万ドル）

年	輸出	輸入	対米貿易収支	黒字率（％）	円の対ドルレート
1981	38,609	25,297	13,312	20.8	221
1982	36,330	24,179	12,151	20.0	249
1983	42,829	24,647	18,181	26.9	238
1984	59,937	26,862	33,075	38.1	238
1985	65,278	25,793	39,485	43.4	239
1986	80,456	29,054	51,401	46.9	169
1987	83,580	31,490	52,089	45.3	145
1988	89,634	42,037	47,597	36.1	128
1989	93,188	48,246	44,942	31.8	143
1990	90,322	52,369	37,963	26.7	135

　　　出所）渡辺昭夫『大国日本の揺らぎ　1972～』中央公論新社、2000、345頁（一部加筆）。

XI 冷戦終焉後の国際安全保障

　1990年代初頭，東西冷戦は終焉した。さらにソ連・東欧社会主義体制の崩壊によって，アメリカ率いる自由主義体制の勝利が決定化した。冷戦終焉後における国際社会の態様に関しては，アメリカ一国覇権論とか，国連の復権による国際秩序論など，概して平和構築に向けた楽観的予見が大勢を占めた。ところが予期しない周辺地域（中東，バルカン，北東アジアなど）での危機・紛争が相次いで発生し，日本を含む国際社会はその対応に追われ，翻弄されることとなった。

　1990年（平2）夏，イラク軍がクウェートに侵攻し，湾岸危機が発生した。国連は直ちにこの侵略行為を非難し，クウェートからの即時撤退とイラクへの経済制裁措置を決議した。アラブ諸国の大半も国連に同調し，アラブ合同軍の派遣を決定した。一方アメリカは，イラン・イラク戦争を通じてイラク側を支援してきたため，フセイン大統領が国際社会の対応を見誤ったことは自明としても，アメリカもまたフセインの動向を誤診していた。ただしブッシュ米大統領はサッチャー英首相の説得に応じ，米軍のサウジ派遣を決断した。こうして28カ国から成る多国籍軍が翌91年1～2月に「砂漠の嵐」作戦を実施し，イラク軍に圧倒的勝利を収めて「湾岸戦争」は終結する。

　つづいて旧ユーゴスラビアで民族・宗教紛争が噴出した。"世界の火薬庫"バルカン半島の典型的なモザイク国家であるユーゴスラビアは，91年にスロベニアとクロアチアの独立をめぐって内戦が生じ，翌92年にはボスニア・ヘルツェゴビナ紛争の発生によって，同年4月，ユーゴスラビアは解体を余儀なくされた。さらに98年にはセルビア共和国内のコソボで紛争が再発した。この内戦過程で国連緊急対応部隊が派遣され，NATO軍によるセルビア空爆が実施された。こうして旧ユーゴスラビアは，クロアチア，スロベニア，ボスニア・ヘルツェゴビナ，マケドニア，セルビア・モンテネグロに分裂するのである。

　一方，北東アジアでは北朝鮮危機が起こった。北朝鮮は「IAEA（国際原子力機関）」からの核査察要求を拒み，93年に「NPT」からの脱退を

通告，翌94年にはIAEAからの即時脱退も宣言した。ここでアメリカは北朝鮮核施設への攻撃を準備したが，カーター元大統領と金日成（キムイルソン）主席との緊急会談によって同国の核開発凍結が合意され，危機は回避された。そして95年には日米韓3カ国の「KEDO（朝鮮半島エネルギー開発機構）」が設立されたのである。他方，翌96年には台湾海峡危機が生じた。中国が台湾初の総統選挙を牽制するため，台湾北部水域にミサイルを発射したのである。この威嚇に対して米第七艦隊が台湾海峡に入って中国側の軍事行動を牽制し，米中対立が際立った。改めて北東アジアには，北朝鮮と台湾という二大不安定要因が存在することを印象づけた。

以上のようなポスト冷戦期における周辺地域での危機・紛争が，日本外交に大きな教訓と試練をもたらした。まず湾岸戦争では，国際社会から「対応が遅い・自主性が無い・実行力が無い」との批判を浴びたばかりでなく，「カネだけ出して汗をかかない」などと国際貢献へのあり方が酷評された。依然日本人は占領期以来の「世界は日本のために何をしてくれるのか」といった"他力本願"意識から脱却できず，経済大国として「日本は世界のために何をすべきか」といった"自力本願"意識に乏しいことを糾弾されたわけである。政府も国民も日本の国際化を再定義する必要に迫られた。その結論が「PKO（平和維持活動）」の積極的参画であった。宮沢内閣は92年に「PKO協力法」を成立させ，紛争当事者間の停戦合意など「PKO五原則」を定めた上で，翌93年に和平成ったカンボジアに自衛隊を含むPKO部隊を派遣し，選挙の実施と新政権樹立のために貢献した。以降，日本のPKOは自衛隊を抜きにして論じることはできなくなった。

さて冷戦の終焉とソ連の崩壊は，対ソ共同防衛を前提とする日米安保体制を揺るがすこととなった。安保不要論さえ登場した。ところが北朝鮮の核問題が発生し，台湾問題もあわせて，北東アジアには冷戦期にも劣らない軍事的脅威が存在することを日米両国に再認識させた。これを期に双方の当局者は「日米安保再定義」を行ない，日米安保条約を「21世紀に向けた同盟」へと変更し，アジアに駐留する米軍10万を基盤とした「日米防衛協力のための指針（新ガイドライン）」を定め，さらに日本政府は「周辺事態法」を成立させたのである。このように冷戦終焉後の日米同盟関係はむしろ強化され，東アジアの第二の米英同盟となりつつある。

50. 米ソ冷戦の終焉

　1979年(昭54)末,ソ連軍のアフガニスタン侵攻によって米ソ「新冷戦」が始まった。この結果,ソ連は国際世論を敵に回したばかりでなく,軍事費の増大による国家財政の悪化やソ連圏内のイスラム社会の反発を招いた。ブレジネフ死去後の混乱を経て,85年にゴルバチョフが書記長に就任すると,ソ連に大きな転機が訪れた。内政面では「ペレストロイカ（再建）」と「グラスノスチ（情報公開）」をスローガンに掲げて政治社会的な民主化をはかり,国民選挙の実施や書記長制に代わる大統領制を導入したことで,共産党独裁体制が緩みはじめた。

　外交面では従来の「ブレジネフ・ドクトリン」を放棄して"新思考外交"を掲げ,デタント（緊張緩和）を推進した。長年対立する中国とは国境交渉を行ない,珍宝島（ダマンスキー島）問題を解決し,89年5月のゴルバチョフ訪中と91年5月の江沢民総書記の訪ソによって両国は国交正常化した。また韓国とも90年9月に国交を樹立した。そしてゴルバチョフは91年4月に訪日し,北方領土問題への解決を言明した。米ソ関係は核軍縮交渉から緊張緩和しはじめ,87年12月のレーガン・ゴルバチョフ会談で「INF（中距離核戦力）全廃条約」に調印したほか,88年12月にゴルバチョフが訪米し,国連総会でソ連軍兵力を2年間で50万人削減すると表明した。また翌89年2月にはソ連軍のアフガン撤退を完了して,西側の対ソ警戒を後退させ,さらに「START（戦略兵器削減交渉）」も進展し,91年7月にSTART Iはブッシュ米大統領とゴルバチョフ間で調印された。

　この間の89年12月,米ソ両首脳はマルタ島で会談し,東西冷戦の終結を宣言した。この前後,ベルリンの壁が崩され東西ドイツが統一し,バルト三国がソ連邦から独立を宣言し,ルーマニアではチャウシェスク体制が倒されるなど,東欧共産主義体制が崩壊していく。ソ連自体,米ソ核軍拡競争やアフガン占領による軍事費増大,中央指令経済の非効率などで経済的に破綻し,91年12月にソ連は崩壊する。他面,EC（欧州共同体）12カ国は翌92年2月,「マーストリヒト条約」に調印して政治・国防・経済・社会の広範な統合をめざした。翌93年11月には同条約の発効により「EU（欧州連合）」となり,2013年7月に28カ国体制へ発展した。

XI・50・a　ベルリンの壁を乗り越える東独市民
1989年11月10日（AP/WWP 提供）．

XI・50・b　マルタ会談終了後の米ソ両首脳の声明
1989年（昭64）12月3日

ブッシュ大統領

　私は7月の欧州訪問後，非公式な会談をゴルバチョフ議長に提案した。ポーランドやハンガリーなどで望ましい変化が起こり，私たちが顔をつき合わせ，関係を改善する好機が訪れた。ゴルバチョフ議長も会談に賛成した。米国もソ連も将来の欧州について判断する立場にない。しかし，米ソ間の協力が強まれば，それだけ将来が明るくなる。西欧は40年間にわたって自由のために戦ってきた。今，我々は米ソ新時代の入り口に立っている。欧州の分断と軍事的対立が克服され，世界の紛争が解決されることを願っている。世界各地の暴力と苦しみをなくし，我々は，未来に対する共通の脅威を取り除くために多くの仕事をしなければならない。環境悪化，核兵器・化学兵器，大陸間弾道ミサイルの技術の拡散，麻薬取引などの分野で我々の議論はより進展するだろう。ソ連はいま国際市場経済に広く参入しようとしているが，米国はこれを，すべての可能な方法で支援する。私は北大西洋条約機構（NATO）同盟国との会議のため，マルタを離れブリュッセルに向かうが，私は西側諸国がソ連と協力を深めていくことに，楽観的だ。我々は，恒久的な平和を実現し，東西関係を永続的な協力関係に変えることができる。それは，米国国民にとってもゴルバチョフ議長にとっても価値ある将来であり，私たちは，マルタでまさにそれを始めた。

ゴルバチョフ議長

米ソ両国が共同で会見するのは史上初めてではないか。これは象徴的な,非常に重要な出来事である。今回の会議では,ブッシュ大統領がアイデアを出し,イニシアチブをとり,私も大統領に賛成した。事前にテーマを決めずに自由に意見を交換した。時代は我々双方に非常に大きな課題を残しており,両国の責任は大きくなっている。会談は合計8時間に及んだが,この重大な責任を感じつつ進めた。会談では重要な意見が交わされた。内容すべてをお話しできないが,一言でいえば,すべての重要な問題に対して,我々は誠実に,率直に,それぞれの意見を述べ合った。東欧,西欧など世界の現状分析,軍縮,現在までの交渉の経緯にかんがみた化学兵器禁止条約に関して真剣な話し合いがもたれた。ワシントンやモスクワから見た場合,地球上で熱い戦争が行われている地域についても建設的意見を交わした。我々はそれぞれの立場を主張した。これらの地域紛争は政治的に解決しなければならないことで合意した。戦略核兵器の削減交渉では,今回の会談の内容が現実のものとなれば,非常に大きな進展をみることができる。また来年にはウィーンの通常戦力交渉が解決する見通しがついた。来年は最高首脳が調印できるところまで希望している。この会談で,我々がこれまで積み重ねた努力の基礎を築いた。両国,さらに世界の利益にかなうよう接触を保って行きたい。友好的に率直に話をして,良い仕事ができたと思う。米ソは重要な時にチャレンジを受けて立ち,世界の消防隊の役割だけでなく,ほかの役割も果たしていくべきだ。我々は満足すべき状況にある。

出所)『朝日新聞』1989年12月4日付.

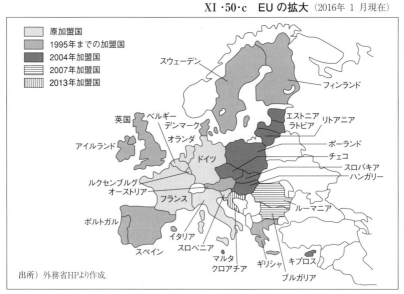

XI・50・c　EUの拡大 (2016年1月現在)

出所) 外務省HPより作成.

XI・50・d　NATO の東方拡大 (2016年1月現在)

- 1949〜1982 年加盟
- 1999 年加盟
  チェコ，ハンガリー，ポーランド
- 2004 年加盟
  エストニア，ラトビア，リトアニア，スロバキア，スロベニア，ブルガリア，ルーマニア
- 2009 年加盟
  アルバニア，クロアチア
- 2015 年加盟
  モンテネグロ

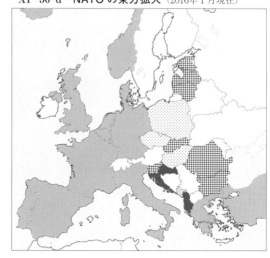

XI・50・e　各国の国防費推移

国名		1990	1995	2000	2005	2010	2014
米国	金額	306,170	278,856	301,697	503,353	698,180	609,914
	対 GDP 比	5.3	3.6	2.9	3.8	4.7	3.5
	政府予算比率	−	−	−	11.3	11.6	9.5
中国	金額	10,244	12,525	22,190	46,288	123,333	216,371
	対 GDP 比	2.5	1.7	1.9	2.0	2.1	2.1
	政府予算比率	14.2	15.4	11.3	11.1	7.9	7.3
日本	金額	24,973	48,889	45,976	44,689	53,796	45,776
	対 GDP 比	0.8	0.9	1.0	1.0	1.0	1.0
	政府予算比率	2.7	2.7	2.6	2.9	2.5	2.5
インド	金額	10,537	9,754	14,288	23,072	46,090	49,968
	対 GDP 比	3.2	2.7	3.1	2.8	2.7	2.4
	政府予算比率	13.4	11.3	12.0	10.7	10.1	9.1
フランス	金額	42,590	47,768	33,814	52,909	61,782	62,289
	対 GDP 比	3.4	3.0	2.5	2.5	2.4	2.2
	政府予算比率	6.7	5.5	4.8	4.5	4.1	3.8
ドイツ	金額	42,319	41,159	28,150	38,054	46,256	46,455
	対 GDP 比	2.7	1.6	1.5	1.4	1.4	1.2
	政府予算比率	−	3.0	3.3	2.9	2.9	2.8
ロシア	金額	219,114	12,742	9,228	27,337	58,720	84,462
	対 GDP 比	−	4.1	3.6	3.6	3.8	4.5
	政府予算比率	−	−	10.8	10.9	10.1	11.7
英国	金額	38,944	34,248	35,255	55,152	58,083	60,482
	対 GDP 比	3.8	2.9	2.4	2.4	2.5	2.2
	政府予算比率	9.9	6.9	7.0	6.0	5.5	5.1

金額は，2014年12月時点の対米ドル換算．金額単位は100万ドル，比率単位は％．
出所）SIPRI Military Expenditure Database© SIPRI 2015より作成．
http://www.sipri.org/research/armaments/milex/milex_database/milex-data-1988-2014

51. 湾岸戦争とPKO

1990年（平2）8月、イラク軍が突如クウェートに侵攻し、湾岸危機が発生した。「クウェートは歴史上イラク領である」、「クウェートはOPECで定められた石油生産枠を守らなかった」などイラクのサダム・フセイン大統領の一方的主張に対して、国連安保理はイラク軍の即時撤退、経済制裁を決議し、またブッシュ米大統領はサウジアラビア防衛のために米軍派遣を決定した。これに対して日本の海部政権は対イラク経済制裁措置を発表し、ブッシュから掃海艇派遣など国際貢献を求められると、国連平和協力法案の提出や多国籍軍の後方支援用の10億ドル（のち20億ドル追加）供出を決めた。ところが同法案は内閣法制局から「自衛隊の国連軍参加は憲法上疑義がある」との指摘を受けて、11月に廃案となった。加えて人質となった500名弱のイラク在留邦人救出のための自衛隊機派遣や、イラク側がペルシャ湾に敷設した機雷除去のための掃海艇派遣も宙に浮く状態となった。

翌91年1月、米英ら28カ国の多国籍軍による「砂漠の嵐」作戦が開始され、湾岸戦争の勃発となった。多国籍軍は最高度の軍事力と精緻な情報によってイラク軍を壊滅させ、結局空爆開始から43日間で圧勝し、クウェートを解放した。しかも多国籍軍側は、国連決議による国際世論やアラブ世界の支持、アメリカの強力な指導力、イスラエルの参戦阻止など政治外交面でもイラク側に優っていた。

他方、日本は90億ドルの財政支援と戦後6隻の掃海艇を派遣しただけであった。「日本はカネだけ出して汗をかかない」との国際的批判を浴びて、日本政府は「PKO協力法案」を国会に提出し、宮沢喜一内閣時の92年6月に成立させた。この結果、自衛隊の海外におけるPKO業務への参加が可能になった。ただし①紛争当事者間の停戦合意、②PKO実施と日本の参加に対する受入国の合意、③中立の堅持、④上記3原則のいずれかが破られた場合の撤収、⑤自衛範囲での武器使用、という5原則を設けた。10月、日本の努力でカンボジア和平が合意されて「UNTAC（国連カンボジア暫定統治機構）」が成立すると、92年9月から1年間、カンボジアの秩序回復のためのPKOに自衛隊員が初参加した。以降、自衛隊はルワンダ、ゴラン高原、東チモール、南スーダンなどのPKOに従事するにいたった。

XI・51・a 対中東貢献策に関する坂本三十次内閣官房長官発言

1990年（平2）9月14日

　去る8月29日，政府は，「中東における平和回復活動に係る我が国の貢献策」を発表したが，本日，更に以下の通り決定した。

1．先般の貢献策のうち，「中東関係国に対する支援」については，今次事態により，深刻な経済的損失を被ったエジプト，トルコ，ジョルダンといった周辺諸国に対し，総額20億ドル程度の額の経済協力を実施する。
　(1) このうち，エジプト，トルコ，ジョルダンに対して，先ず，6億ドルの，今次非常事態に対応する例外措置として超低利（金利1％，返済期間30年）の緊急商品借款を供与することとする。
　(2) 上記(1)に続く支援策については，今後，情勢の推移を見極めつつ，関係各国及び国際機関とも協議しつつ，その具体的内容を決定していくこととするが，我が国としては，関係国際機関を含む国際的な支援体制が作られるよう，積極的に働きかけていくこととする。
2．また，貢献策のうち，「湾岸における平和回復活動に対する協力」については，先般，厳しい財政事情等も総合的に勘案の上，10億ドルの協力を行うことを決定したところである。

　今般，その後の中東情勢等にも鑑み，湾岸地域における平和と安定の回復のための各国の国際的努力に対し，我が国としても，更に積極的に貢献していく必要があるとの見地から，先の10億ドルに加え，今後の中東情勢等の推移等を見守りつつ，新たに10億ドルを上限として追加的に協力を行う用意がある旨，表明することとする。

出所）『外交青書』1991年版，471頁．

XI・51・b クウェートの「感謝広告」（1991年〔平3〕3月11日）をめぐって

　「ありがとうアメリカ。そして地球家族の国々」。イラクからの解放を国際社会に感謝するため，クウェート政府が11日付のワシントン・ポスト紙に掲載した全面広告の国名リストに，湾岸の当事国を除けば多国籍軍への世界最大の財政貢献国である「日本」がなかった。日本と同様，兵力の直接提供を拒んだドイツは載っている。

　この広告は，ワシントンのクウェート大使館の提供によるもので，タイム，ニューズウィークなど米有力紙誌の最新号にも一斉に掲載された。米，英，仏をはじめ，貢献規模としては大きくないチェコスロバキアやアフリカ諸国まで，「砂漠の平和」に貢献した「国連に基づく国際協調」への参加30の国名が列挙されているが，財政貢献だけの日本，それに韓国も除かれている。

　……「なぜ国際協調から日本を除いたのか，理由を調べてみるが，意図的な誤りではない」というのが，クウェート大使館当局者の説明だ。

出所)『朝日新聞』1991年3月12日付.
　この記事によってひきおこされた日本の世論に対して，クウェートは1992年2月25日付で日本への感謝広告を『読売新聞』関東版に掲載した(写真下)。また鳩に各国の国旗をデザインした感謝の記念切手を発行し，援助国へ配布した(同下)。

(駐日クウェート大使館提供)

XI・51・c　PKO協力法（国際連合平和維持活動等に対する協力に関する法律）

1992年(平4)6月19日(抄)

第1条（目的）　この法律は，国際連合平和維持活動及び人道的な国際救援活動に対し適切かつ迅速な協力を行うため，国際平和協力業務実施計画及び国際平和協力業務実施要領の策定手続，国際平和協力隊の設置等について定めることにより，国際平和協力業務の実施体制を整備するとともに，これらの活動に対する物資協力のための措置等を講じ，もって我が国が国際連合を中心とした国際平和のための努力に積極的に寄与することを目的とする。

第2条（国際連合平和維持活動及び人道的な国際救援活動に対する協力の基本原則）　政府は，この法律に基づく国際平和協力業務の実施，物資協力，これらについての国以外の者の協力等（以下「国際平和協力業務の実施等」という。）を適切に組み合わせる

とともに，国際平和協力業務の実施等に携わる者の創意と知見を活用することにより，国際連合平和維持活動及び人道的な国際救援活動に効果的に協力するものとする。
2　国際平和協力業務の実施等は，武力による威嚇又は武力の行使に当たるものであってはならない。

第3条（定義）　この法律において，次の各号の掲げる用語の意義は，それぞれ当該各号に定めるところによる。

一　国際連合平和維持活動　国際連合の総会又は安全保障理事会が行う決議に基づき，武力紛争の当事者（以下「紛争当事者」という。）間の武力紛争の再発の防止に関する合意の遵守の確保，武力紛争の終了後に行われる民主的な手段による統治組織の設立の援助その他紛争に対処して国際の平和及び安全を維持するために国際連合の統括の下に行われる活動であって，武力紛争の停止及びこれを維持するとの紛争当事者間の合意があり，かつ，当該活動が行われる地域の属する国及び紛争当事者の当該活動が行われることについての同意がある場合（武力紛争が発生していない場合においては，当該活動が行われる地域の属する国の当該同意がある場合）に，国際連合事務総長（以下「事務総長」という。）の要請に基づき参加する2以上の国及び国際連合によって，いずれの紛争当事者にも偏ることなく実施されるものをいう。

第6条（実施計画）　内閣総理大臣は，我が国として国際平和協力業務を実施することが適当であると認める場合であって，次に掲げる同意があるときは，国際平和協力業務を実施すること及び実施計画の案につき閣議の決定を求めなければならない。

一　国際連合平和維持活動のために実施する国際平和協力業務については，紛争当事者及び当該活動が行われる地域の属する国の当該業務の実施についての同意。……

7　自衛隊の部隊等が行う国際平和協力業務であって第3条第3号イからへまでに掲げるもの又はこれらの業務に類するものとして同号レの政令で定めるものについては，内閣総理大臣は，当該国際平和協力業務に従事する自衛隊の部隊等の海外への派遣の開始前に，我が国として国際連合平和維持隊に参加するに際しての基本的な五つの原則（……）及びこの法律の目的に照らし，当該国際平和協力業務を実施することにつき国会の承認を得なければならない。……

第9条　……

4　防衛庁長官は，実施計画に定められた第6条第6項の国際平和協力業務について本部長から要請があった場合には，実施計画及び実施要領に従い，自衛隊の部隊等に国際平和協力業務を行わせることができる。〔以下略〕

出所）『法令全書 平成 4 年 6 月』92-94頁.

52. 北朝鮮問題

　1989年（平元）以後の東西冷戦終結と東欧革命，91年のソ連崩壊は北朝鮮に大きな打撃を与えた。しかもライバルの韓国が盧泰愚(ノテウ)大統領のもとで"北方外交"を実行し，89～90年に東欧やソ連と国交樹立したばかりでなく，92年には中国と国交正常化したことも衝撃であった。ここから北朝鮮外交の反転が開始された。
　まず中断していた南北対話を再開し，90年に両国首相が会談を重ね，翌91年12月「南北基本合意」に調印した。そして両国は国連に同時加盟を果たした。また日本にも接近した。金日成主席は，90年に金丸信自民党副総裁と田辺誠社会党副委員長率いる訪朝団と平壌で会見し，国交正常化に向けた共同宣言を出すとともに，第十八富士山丸船長らの帰国に応じた。こうして北京で日朝予備交渉が同年11月から始まったが，「李恩恵(リウネ)」拉致問題が発覚し，92年11月に交渉は決裂した。
　一方，北朝鮮は「NPT」加盟国であったが，「IAEA」の査察を拒否し，93年3月にNPT脱退を声明した。また北朝鮮は翌94年4月にIAEAが制裁を決議すると，IAEA脱退を宣言した。これに対してアメリカは北朝鮮の核施設への攻撃を準備したが，6月にカーター元大統領が訪朝して金日成との間で核開発凍結に合意し，危機は去った。この米朝枠組合意を受けて，翌95年3月「KEDO」が日米韓により設立された。これにより北朝鮮は核開発を放棄するはずであった。
　ところが94年7月の金日成死去後に実権を掌握した金正日(キムジョンイル)は，公約を無視し，98年8月，中距離ミサイルのテポドン発射実験を行ない，世界に衝撃を与えた。しかも前年には"横田めぐみ拉致疑惑"が表面化した。それでも日本側は北朝鮮の飢餓に対してコメ支援を行なったばかりでなく，99年末の村山富市前首相らの訪朝により，翌2000年4月から日朝交渉が再開された。6月には平壌で金大中(キムデジュン)大統領と金正日の初の南北首脳会談が行なわれ，南北間の緊張が大幅に緩和された。一方，02年9月小泉純一郎首相が訪朝し，金正日との「日朝平壌宣言」に署名した結果，拉致家族5名が帰国した。しかしブッシュ（子）米大統領は，偽札・麻薬など国家犯罪に関与する北朝鮮を激しく非難し，対決姿勢を強めた。2011年末に金正日が死去後，三男の金正恩(キムジョンウン)が後継者となり，独裁体制を固めている。

XI・52・a　日朝平壌宣言　(2002年〔平14〕9月17日署名)（抄)

1. 双方は，この宣言に示された精神及び基本原則に従い，国交正常化を早期に実現させるため，あらゆる努力を傾注することとし，そのために2002年10月中に日朝国交正常化交渉を再開することとした。／双方は，相互の信頼関係に基づき，国交正常化の実現に至る過程においても，日朝間に存在する諸問題に誠意をもって取り組む強い決意を表明した。
2. 日本側は，過去の植民地支配によって，朝鮮の人々に多大の損害と苦痛を与えたという歴史の事実を謙虚に受け止め，痛切な反省と心からのお詫びの気持ちを表明した。／双方は，日本側が朝鮮民主主義人民共和国側に対して，国交正常化の後，双方が適切と考える期間にわたり，無償資金協力，低金利の長期借款供与及び国際機関を通じた人道主義的支援等の経済協力を実施し，また，民間経済活動を支援する見地から国際協力銀行等による融資，信用供与等が実施されることが，この宣言の精神に合致するとの基本認識の下，国交正常化交渉において，経済協力の具体的な規模と内容を誠実に協議することとした。……
3. 双方は，国際法を遵守し，互いの安全を脅かす行動をとらないことを確認した。また，日本国民の生命と安全にかかわる懸案問題については，朝鮮民主主義人民共和国側は，日朝が不正常な関係にある中で生じたこのような遺憾な問題が今後再び生じることがないよう適切な措置をとることを確認した。
4. ……双方は，朝鮮半島の核問題の包括的な解決のため，関連するすべての国際的合意を遵守することを確認した。また，双方は，核問題及びミサイル問題を含む安全保障上の諸問題に関し，関係諸国間の対話を促進し，問題解決を図ることの必要性を確認した。／朝鮮民主主義人民共和国側は，この宣言の精神に従い，ミサイル発射のモラトリアムを2003年以降も更に延長していく意向を表明した。〔以下略〕

出所）大沼保昭編『国際条約集』2005年版，有斐閣，769頁．

XI・52・b　世界の核兵器保有状況　(2013年現在)

イギリス　225
フランス　300
イスラエル　80
パキスタン　100〜120
インド　90〜110
ロシア　8,000
中国　250
北朝鮮　6〜8
アメリカ　7,300

出所）ストックホルム国際平和研究所推計，2014年．

53. 日米新ガイドラインと周辺事態法

　1990年代中期には，北朝鮮核危機，台湾海峡危機，ペルー人質事件が発生する一方，国内では阪神・淡路大地震やオウム真理教テロ事件，沖縄での米兵による少女暴行事件なども起こり，改めて日本の安全保障や危機管理のあり方が問われた。この間政界では自民党一党支配の55年体制が崩壊し，1994年（平6）6月に首相に就任した村山富市社会党委員長は，自衛隊を合憲と認め，日米安保条約を堅持すると宣言した。社会党の路線転換は，外交面でも55年体制の終焉を意味した。

　自民党は96年1月の橋本龍太郎首相のもとで復権すると，この安全保障と危機管理問題に取り組んだ。とりわけ北朝鮮と台湾海峡危機は，対外的な日米安保の取り扱いを緊急課題とし，沖縄県民の反米・反基地感情の高揚は，対内的な安保体制の改善を要した。そこで日米両国政府は「日米安保再定義」を行ない，同年4月の東京における橋本・クリントン首脳会談で，同条約を「21世紀に向けた同盟」として存続させ実効化する共同宣言を発するとともに，沖縄基地縮小の一環として「普天間基地」の返還と移転を決めた。そしてアジア・太平洋地域の平和と安定のために米軍10万を維持し，日米新ガイドラインを策定することを明らかにした。

　翌97年9月，「日米防衛協力のための指針（日米新ガイドライン）」が発表された。この新ガイドラインでは，平時における日米協力と日本有事における日米協力，とくに弾道ミサイル攻撃や周辺事態発生時での日米協力が謳われた。この決定を受けて日本側は，98年の"テポドン事件"を経た翌99年5月に「周辺事態安全確保法（周辺事態法）」を成立させた。この結果，周辺事態に際して米軍の諸活動に対する後方支援（輸送・補給・通信など）ばかりでなく，民間を含む施設・港湾の使用も可能となった。ただし武器・弾薬の供給や輸送は除外された。なお臨検など船舶検査は，2000年に成立した「船舶検査活動法」で可能となった。

　しかし北朝鮮の核開発や中国の海洋進出が東アジア情勢に緊張をもたらす中で，2015年に日本政府は上記の「日米ガイドライン改定」を行い，朝鮮半島有事など日本周辺から地理的制約のないグローバルかつ宇宙・サイバー空間へと対象を拡大し，平時から緊急事態まで幅広い対応を可能とする方向へと転じている。

XI・53・a 日米安全保障共同宣言-21世紀に向けての同盟-（仮訳）

1996年（平8）4月17日（抄）

4. 総理大臣と大統領は，この地域の安定を促進し，日米両国が直面する安全保障上の課題に対処していくことの重要性を強調した。

これに関連して総理大臣と大統領は，日本と米国との間の同盟関係が持つ重要な価値を再確認した。両者は，「日本国とアメリカ合衆国との間の相互協力及び安全保障条約」（以下，日米安保条約）を基盤とする両国間の安全保障面の関係が，共通の安全保障上の目標を達成するとともに，21世紀に向けてアジア太平洋地域において安定的で繁栄した情勢を維持するための基礎であり続けることを再確認した。

(a) 総理大臣は，冷戦後の安全保障情勢の下で日本の防衛力が適切な役割を果たすべきことを強調する1995年11月策定の新防衛大綱において明記された日本の基本的な防衛政策を確認した。総理大臣と大統領は，日本の防衛のための最も効果的な枠組みは，日米両国間の緊密な防衛協力であるとの点で意見が一致した。この協力は，自衛隊の適切な防衛能力と日米安保体制の組み合わせに基づくものである。両首脳は，日米安保条約に基づく米国の抑止力は引き続き日本の安全保障の拠り所であることを改めて確認した。

(b) 総理大臣と大統領は，米国が引き続き軍事的プレゼンスを維持することは，アジア太平洋地域の平和と安定の維持のためにも不可欠であることで意見が一致した。両首脳は，日米間の安全保障面の関係は，この地域における米国の肯定的な関与を支える極めて重要な柱の一つとなっているとの認識を共有した。

大統領は，日本の防衛及びアジア太平洋地域の平和と安定に対する米国のコミットメントを強調した。大統領は，冷戦の終結以来，アジア太平洋地域における米軍戦力について一定の調整が行われたことに言及した。米国は，周到な評価に基づき，現在の安全保障情勢の下で米国のコミットメントを守るためには，日本におけるほぼ現在の水準を含め，この地域において，約10万人の前方展開軍事要員からなる現在の兵力構成を維持することが必要であることを再確認した。

(c) 総理大臣は，この地域において安定的かつ揺るぎない存在であり続けるとの米国の決意を歓迎した。総理大臣は，日本における米軍の維持のために，日本が，日米安保条約に基づく施設及び区域の提供並びに接受国支援等を通じ適切な寄与を継続することを再確認した。大統領は，米国は日本の寄与を評価することを表明し，日本に駐留する米軍に対し財政的支援を提供する新特別協定が締結されたことを歓迎した。〔以下略〕

出所）『外交青書』1997年版，237-38頁。

XI・53・b　日米新ガイドライン（日米防衛協力のための指針）

1997年（平9）9月23日（抄）

Ⅳ　日本に対する武力攻撃に際しての対処行動等

　日本に対する武力攻撃に際しての共同対処行動等は，引き続き日米防衛協力の中核的要素である。

　日本に対する武力攻撃が差し迫っている場合には，日米両国政府は，事態の拡大を抑制するための措置をとるとともに，日本の防衛のために必要な準備を行う。日本に対する武力攻撃がなされた場合には，日米両国政府は，適切に共同して対処し，極力早期にこれを排除する。……

2　日本に対する武力攻撃がなされた場合

(1)　整合のとれた共同対処行動のための基本的な考え方／(イ)日本は，日本に対する武力攻撃に即応して主体的に行動し，極力早期にこれを排除する。その際，米国は，日本に対して適切に協力する。このような日米協力の在り方は，武力攻撃の規模，態様，事態の推移その他の要素により異なるが，これには，整合のとれた共同の作戦の実施及びそのための準備，事態の拡大を抑制するための措置，警戒監視並びに情報交換についての協力が含まれ得る。／(ロ)自衛隊及び米軍が作戦を共同して実施する場合には，双方は，整合性を確保しつつ，適時かつ適切な形で，各々の防衛力を運用する。その際，双方は，各々の陸・海・空部隊の効果的な統合運用を行う。自衛隊は，主として日本の領域及びその周辺海空域において防勢作戦を行い，米軍は，自衛隊の行う作戦を支援する。米軍は，また，自衛隊の能力を補完するための作戦を実施する。／(ハ)米国は，兵力を適時に来援させ，日本は，これを促進するための基盤を構築し，維持する。

(2)　作戦構想／(イ)日本に対する航空侵攻に対処するための作戦　自衛隊及び米軍は，日本に対する航空侵攻に対処するための作戦を共同して実施する。自衛隊は，防空のための作戦を主体的に実施する。米軍は，自衛隊の行う作戦を支援するとともに，打撃力の使用を伴うような作戦を含め，自衛隊の能力を補完するための作戦を実施する。／(ロ)日本周辺海域の防衛及び海上交通の保護のための作戦　自衛隊及び米軍は，日本周辺海域の防衛のための作戦及び海上交通の保護のための作戦を共同して実施する。自衛隊は，日本の重要な港湾及び海峡の防備，日本周辺海域における船舶の保護並びにその他の作戦を主体的に実施する。米軍は，自衛隊の行う作戦を支援するとともに，機動打撃力の使用を伴うような作戦を含め，自衛隊の能力を補完するための作戦を実施する。／(ハ)日本に対する着上陸侵攻に対処するための作戦　自衛隊及び米軍は，日本に対する着上陸侵攻に対処するための作戦を共同して実施する。自衛隊は，日本に対する着上陸侵攻を阻止し排除するための作戦を主体的に実施する。米軍は，主として自衛隊の能力を補完するための作戦を実施する。その際，米国は，侵攻の規模，態様その他の要素に応じ，極力早期に兵力を来援させ，自衛

隊の行う作戦を支援する。／㈡その他の脅威への対応 (i) 自衛隊は，ゲリラ・コマンドウ攻撃等日本領域に軍事力を潜入させて行う不正規型の攻撃を極力早期に阻止し排除するための作戦を主体的に実施する。その際，関係機関と密接に協力し調整するとともに，事態に応じて米軍の適切な支援を得る。(ii) 自衛隊及び米軍は，弾道ミサイル攻撃に対応するために密接に協力し調整する。米軍は，日本に対し必要な情報を提供するとともに，必要に応じ，打撃力を有する部隊の使用を考慮する。

(3) 作戦に係る諸活動及びそれに必要な事項㈥後方支援活動 自衛隊及び米軍は，日米間の適切な取決めに従い，効率的かつ適切に後方支援活動を実施する。／日米両国政府は，後方支援の効率性を向上させ，かつ，各々の能力不足を軽減するよう，中央政府及び地方公共団体が有する権限及び能力並びに民間が有する能力を適切に活用しつつ，相互支援活動を実施する。その際，特に次の事項に配慮する。／（i) 補給 米国は，米国製の装備品等の補給品の取得を支援し，日本は，日本国内における補給品の取得を支援する (ii) 輸送 日米両国政府は，米国から日本への補給品の航空輸送及び海上輸送を含む輸送活動について，緊密に協力する。(iii) 整備 日本は，日本国内において米軍の装備品の整備を支援し，米国は，米国製の品目の整備であって日本の整備能力が及ばないものについて支援を行う。整備の支援には，必要に応じ，整備要員の技術指導を含む。また，日本は，サルベージ及び回収に関する米軍の需要についても支援を行う。(iv) 施設 日本は，必要に応じ，日米安全保障条約及びその関連取極に従って新たな施設・区域を提供する。また，作戦を効果的かつ効率的に実施するために必要な場合には，自衛隊及び米軍は，同条約及びその関連取極に従って，自衛隊の施設及び米軍の施設・区域の共同使用を実施する。(v) 衛生 日米両国政府は，衛生の分野において，傷病者の治療及び後送等の相互支援を行う。〔以下略〕

出所）大沼保昭編『国際条約集』2005 年版，有斐閣，599-604頁．

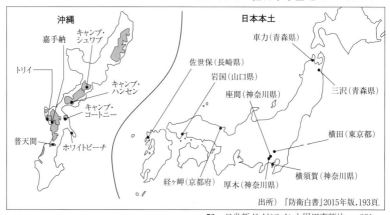

XI・53・c　在日米軍基地（2014年現在）

出所）『防衛白書』2015年版，193頁．

53. 日米新ガイドラインと周辺事態法　　231

XII 21世紀の新国際秩序形成に向けて

　20世紀末から21世紀にかけて、世界は大量破壊兵器の拡散と国際テロリズムの多発化という新しい脅威に直面した。すでに国際社会は「NPT」(1967)により当時の核五大国（米・ソ・英・仏・中）に核兵器の保有を許したが、その他の国には核開発を禁じ、しかもIAEAの査察を義務化した。この差別措置に対してインド、パキスタンは反発し、イスラエルともどもNPTに加盟せず、核保有国の仲間入りをした。北朝鮮はNPTに加盟しつつ核開発を進行させたため、1994年(平6)にはアメリカが先制攻撃を検討するほど緊迫化したが、米朝直接対話によって危機は回避された。しかし現在進行中の北朝鮮核凍結のための「6カ国協議」は成果をあげていない。さらにイランの核開発も国際的争点となっている。逆に南アフリカ、ウクライナ、リビアのように自主的に核開発計画を中止あるいは既存の核兵器を放棄した諸国もあるが、大量破壊兵器の国際的管理がきわめて困難となっている。

　次に2001年の「9・11テロ事件」は、国際テロ戦争の幕開けとなった。国際テロリズムの背後には、民族・宗教対立や貧富の格差など複雑な問題があり、とりわけイスラエル、パレスチナ、アフガニスタン、イラクなど中東地域で紛争が多発している。イスラエルとパレスチナは93年の「暫定自治合意（オスロ合意）」で相互の承認、ガザとエリコでの先行自治、イスラエル軍撤退が決定されたが、パレスチナの独立達成には程遠く、アラブ諸国間では親イスラエル的なアメリカへの反発が強まっている。またソ連の侵攻以後内戦が続いたアフガニスタンでは、アメリカとパキスタンから支援されたイスラム原理主義の「タリバン」が94年に国土をほぼ制圧した。このタリバン政権に関与したのがオサマ・ビンラディンである。彼は湾岸危機以降、サウジアラビア等に駐留する米軍に反発して国際テロリスト組織「アルカイーダ」を結成し、9・11テロを引き起こしたのである。

　一方イラクは、79年のイラン政変（ホメイニ師によるイスラム革命）に脅威を抱くアメリカから軍事支援を受け、対イラン戦争を通じて軍

事強国化すると,90年にクウェートに侵攻した。この湾岸戦争では米軍ら多国籍軍がイラク軍に圧勝したものの,フセイン政権を打倒せずに終結した。ブッシュ(父)米大統領が第二のベトナム化を恐れ,深入りを避けたためである。しかし9・11テロ以降,ブッシュ(子)米大統領はイラク,イラン,北朝鮮を"悪の枢軸"と非難し,テロ事件とフセイン政権とを一体とみなした。国連ではイラクの大量破壊兵器に対する査察が行なわれたものの,アメリカはイラクの対応を不服とし,03年にイギリスやスペインとともに対イラク戦争を開始した。結局3カ月で米軍側の一方的勝利となり,フセイン政権崩壊後,米軍統治が継続中である。

　総じて日本政府はテロ行為を全面的に否定する立場から,アフガン戦争からイラク戦争まで一貫してアメリカを支持し,「テロ対策特別措置法」や「イラク復興支援特別措置法」を成立させ,物品・役務などの後方支援を開始した。湾岸戦争時の消極的対応を反省し,インド洋とペルシャ湾へ海上自衛艦を派遣するとともに,イラクのサマワに陸上自衛隊部隊を駐留させるなど積極的行動をとった。

　90年代には「地球温暖化」など環境破壊の影響は甚大であり,南極の氷や北極圏の永久凍土を溶解させ,太平洋の小諸島を水没させつつある。さらにアジアや南米での森林伐採やアフリカに広がる干ばつなどが農林水産業にも被害を与え,世界の食糧事情を悪化させている。環境問題は国境を越えて影響を及ぼすグローバルな問題であるため,その対応もまた国際的な協力をベースにする必要がある。しかし先進国間の対立,先進国と途上国との対立などが共通の目標実現を阻む傾向にある。とくに二酸化炭素（CO_2）の大量排出国である中国とアメリカが排出規制に消極的であり,それが世界的問題となっている。

　かつて公害問題を体験した日本は,温暖化防止策をまとめた「京都議定書」の採択に貢献するなど,"環境外交"を推進している。同時に,経済分野でも97年のアジア金融危機を救済するために「宮沢基金」を創設するなど,アジアにおける経済大国としての役割を強めている。とりわけ「APEC（アジア太平洋経済協力会議）」は21の国と地域を擁する巨大組織となっており,日本はアジア諸国と北米地域間の橋渡し役を果たしている。さらに国連の機構改革にも関与し,国連安保理の常任理事国入りや分担金問題の解決を意図し,多国間外交を展開しつつある。

54. APEC（アジア太平洋経済協力会議）

　APECは「PECC（太平洋経済協力会議）」を前身とする。PECCは1980年（昭55）の大平構想（環太平洋連帯構想）にもとづく日豪間の財・官・学界代表者による経済協力会議であったが，89年1月ホーク豪首相がより広くアジア・太平洋の経済協力について制度的な協議体の創設を提案した結果，同年11月にキャンベラで第1回APEC閣僚会議が開催された。参加国は日・豪のほか，米・カナダ・韓国・ASEAN6カ国・ニュージーランドの計12カ国であり，EC型ではない「開放的な地域協力」を意図し，人材育成などの協力プロジェクトを通じて地域発展をめざすことで合意した。

　以降，年1回の定期的会議を実施している。とくに91年の第3回ソウル会議は中国・台湾・香港の加盟により15の国と地域へと拡大し，常設事務局の設置を決定した（のちシンガポール）。また中国の銭其琛外相と韓国の盧泰愚大統領が国交正常化について会談するなど政治色を深めたこと，ベーカー米国務長官が排米的な「マハティール構想」を批判して亀裂が生じた。93年の第5回シアトル会議では，クリントン米大統領の提唱により初めて非公式の首脳会談が開かれ，細川護熙(もりひろ)首相ら各国首脳が出席して会談が行なわれた。そして翌94年の第6回ジャカルタ会議では，自由で開かれた貿易・投資の目標を発展途上国は2020年（先進国は2010年）までに達成するとの「ボゴール宣言」を採択した。この時点でAPEC参加国は18の国と地域となり，総人口22億人，GNP12兆ドル（世界の各40%と50%）の巨大な存在となった。なお98年以降21カ国体制へと拡大している。

　しかし90年代後半以降，APECの方向性に陰りが見えはじめた。「緩やかな地域共同体」か「強固な地域共同体」を志向するのかという問題が生じた。そのようななかで日本は，第7回大阪会議で米中経済対立の仲介，第8回マニラ会議でボゴール宣言の行動指針の主導，第9回バンクーバー会議で中国・台湾のWTO（世界貿易機関）加盟支援の表明，第10回クアラルンプール会議では「アジア金融危機」への300億ドル支援（宮沢構想）を発表するなど一定の役割を努めつつあるが，反面，アメリカとアジアの仲裁という政治的役割を十分に果たせない状況にある。

XII・54・a　ボゴール宣言（APEC 経済首脳の共通の決意の宣言）

1994年（平6）11月15日（抄）

3. 我々は，先進経済，新興工業経済及び開発途上経済を含む，経済的に多様な我々の地域の相互依存性が増大しているとの認識に基づき，アジア太平洋経済の地域社会のためのヴィジョンを定める。アジア太平洋の先進工業経済は，開発途上経済に対し，経済成長と開発の水準を一層高める機会を提供する。同時に，開発途上経済は，現在新興工業経済が享受している繁栄の水準を達成することを目標として，高い成長率を維持するために尽力する。そのアプローチは，持続可能な成長，衡平な開発及び国家の安定という3つの柱を含む一貫した包括的なものとなる。アジア太平洋の経済の間の発展段階の格差縮小は，すべてのメンバーに利益をもたらし，アジア太平洋全体としての経済発展の達成を促進する。
4. 21世紀を控え，APEC は，平等なパートナーシップ，責任の共有，相互の尊敬，共通の関心及び共通の利益に基づき，以下の点につき APEC が主導していくことを目的として，アジア太平洋地域における経済協力を強化する必要がある。
　　－開放的な多角的貿易体制の強化。
　　－アジア太平洋における貿易及び投資の自由化の促進。
　　－アジア太平洋における開発協力の強化。……
6. ……さらに，我々は，アジア太平洋における自由で開かれた貿易及び投資という目標の達成を遅くとも2020年までに完了するとのコミットメントを発表することに意見の一致を見た。実施の速度については，APEC 経済間の経済発展段階の違いを考慮に入れ，先進工業経済は遅くとも2010年までに，また，開発途上経済は遅くとも2020年までに自由で開かれた貿易及び投資という目標を達成する。

　　我々は，世界的な自由貿易を追求することから逸脱するような内向きの貿易ブロックの創設に対する我々の強い反対を強調したい。我々は，世界全体における貿易及び投資の自由化を奨励かつ強化するような方法で，アジア太平洋における自由で開かれた貿易及び投資を追求していく決意である。かくして，アジア太平洋における貿易及び投資の自由化の成果は，APEC 経済間のみならず，APEC 経済と非 APEC 経済との間における障壁をも実際に削減することとなる。この点に関し，我々は，GATT／WTO の諸規定に従い，非 APEC の開発途上国も我々の貿易及び投資の自由化から裨益することを確保するため，これら諸国との貿易に対し特別の注意を払う。
7. この実質的な自由化プロセスを補完し，支援するために，我々は，APEC における貿易及び投資円滑化プログラムを拡充し，促進することを決定する。これにより，貿易及び投資に対する行政上・その他の障害が除去され，APEC 経済間の財，サービス及び資本の流れが更に促進されることとなろう。

　〔以下略〕

出所）『外交青書』1995 年版，222-25頁．

XII・54・b　APECの主要経済指標 (2014年・抜粋)

メンバー名		人口 (百万人) 2014年	名目GDP(10億ドル)2014 年対米ドルレート換算 1989年		1人当たり名 目GDP(ドル) 2014年	輸出額 (10億ドル) 2013年	輸入額 (10億ドル) 2013年
				2014年			
アジア	日本	127	3,017	4,601	36,194	719	839
	中国	1,364	346	10,360	7,594	2,210	1,949
	香港	7	69	291	40,170	536	622
	台湾	23	153	530	22,632	287	269
	韓国	50	249	1,410	27,970	560	516
	シンガポール	5	31	308	56,287	410	373
	インドネシア	254	101	889	3,492	183	187
	マレーシア	30	39	327	10,934	228	206
	タイ	68	72	374	5,519	225	248
	フィリピン	99	43	285	2,871	54	62
	ブルネイ	0.4	3	17	41,344	12	6
	ベトナム	91	6	186	2,052	132	132
北米	アメリカ	319	5,658	17,419	54,630	1,580	2,268
	カナダ	36	564	1,787	50,271	458	462
中南米	メキシコ	125	223	1,283	10,232	380	381
	チリ	18	28	258	14,528	76	72
	ペルー	31	22	203	6,551	42	44
大洋州	オーストラリア	23	300	1,454	61,887	253	233
	ニュージーランド*	4	44	188	42,409	39	38
	パプア・ニューギニア*	7	4	15	2,109	6	10
	ロシア	144	507	1,861	12,736	290	287

*2013年のデータ.
出所）APEC (http://statistics.apec.org/index.php/key_indicator/index), ジェトロ (https://www.jetro.go.jp/ext_images/world/gtir/2014/pdf/2014-5.pdf), WTO (https://www.wto.org/english/res_e/statis_e/its2015_e/its15_toc_e.htm) から作成.

XII・54・c　小泉純一郎首相の東南アジア訪問時の演説

2002年（平14）1月14日（抄）

三．「福田スピーチ」から四半世紀がたち，世界情勢は大きく変化しました。東南アジアでは，インドシナにおける紛争の解決により地域の和平が進展し，ASEANが10カ国に拡大しました。アジアでも民主化・市場経済化が進んでいます。中国と台湾のWTO加入も実現しました。更に，米国での同時多発テロは，安全保障の考え方を大きく転換させるとともに，平和と安定のために一致して取り組むことの重要性を一層明確にしました。……

日本は，これまでASEAN諸国の強化に貢献してきたと考えています。「まさかの時の友は真の友」という格言がありますが，金融危機に際しても，日本は，危機の回避に役割を果たせたと考えています。日本は，あの状況をASEANにとっての挑戦としてだけではなく，日本にとっての挑戦として受け止めたのです。今や日本とASEANの関係は，成熟と理解の新たな段階に至りました。21世紀において日本とASEANは「率直なパートナー」として，「共に歩み共に進む」との基本理念の下で協力を強化すべきと考えます。……

六．ASEAN諸国との協力における第三の分野は，未来への協力です。私は5つの構想を提案したいと考えます。

　第一に，重視されなければならないのは国の発展の基礎となる教育，人材育成です。私は，大学間交流・協力を進めるため，ASEAN諸国に政府調査団を派遣したいと思います。既に日本の一部の大学は，ASEAN諸国においてインターネットを活用した英語での講義及び日本語学習講座を開設しています。このような努力を通じて，大学間交流が発展することを期待しています。また，日本及びASEANにおけるIT技術者の積極的な育成とこの地域での活躍の機会増大のための協力を今後とも進めます。さらに，制度づくりや行政能力の向上，裾野産業の育成に重点を置いていきたいと考えます。……

　第三に，「日・ASEAN包括的経済連携構想」を提案します。私達はもちろん，WTO新ラウンドでの協力を進めます。同時に，貿易，投資のみならず，科学技術，人材育成，観光なども含め幅広い分野での経済連携を強化しなければなりません。昨日署名されたシンガポールとの経済連携協定はそのような経済連携の一例です。今後，具体的提案をまとめ，日・ASEAN首脳会議で合意することを目指します。〔以下略〕

　　出所）http://www.mofa.go.jp/mofaj/press/enzetsu/14/ekoi_0114.html（2006.11.16）．

XII・54・d　各地域機構の参加国

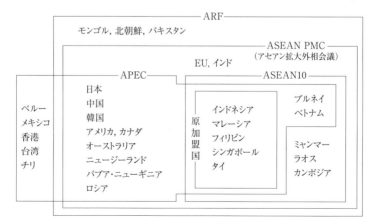

55. 環境外交

　現在の地球環境は，温暖化や砂漠化などに象徴されるとおり，深刻な状況にある。国連では1987年 (昭62) に「環境と開発に関する世界委員会」が「持続可能な開発」を提唱し，環境破壊に対する警告を発した。日本は，高度経済成長期に様々な公害問題を経験していたため，地球温暖化問題に熱心であり，97年12月の第3回気候変動枠組み条約締約国会議（COP3）では「京都議定書」の採択に貢献した。同議定書は，92年にリオデジャネイロで採択された枠組み条約の具体的内容を定め，二酸化炭素（CO_2）やメタンなど6種類の温室効果ガスの排出量削減を先進国に義務付けた (05年2月発効)。この結果，先進国は2008〜12年の5年間平均での排出量を90年比で，EU8％，米国7％，日本6％の削減目標を決定した。

　ところが排出量世界第1位の米国が議定書から離脱し，第2位の中国も議定書は批准したものの，発展途上国に分類されて削減義務は課せられなかった。そこで05年12月，モントリオールで京都議定書第1回締約国会議（COP／MOP1）が開催され，議定書に規定されていない「2013年以降の温暖化対策」に関する対話の場を設けることで合意した。議論を拒否していた米国も，最終的に「削減義務としない」ことを条件として，この「マラケシュ合意」を受諾した。

　注目すべきは中国であり，高度経済成長期からすさまじい勢いで環境を破壊してきた。黄河など大河の汚染が進み，大気汚染も止まらず，日本の酸性雨や黄砂の原因にもなっている。日本は公害脱却過程で環境保護や省エネルギーのための技術を開発し，その技術はODAなどを通じて中国や途上国に移転されてきた。中国には1996〜2004年度の環境対策費として7500億円の円借款を行なった。

　2015年のCOP21では，京都議定書と異なり，途上国を含む160カ国余の締約国が提出した自主的削減目標を積み上げ，達成状況を検証する仕組みへと変更した。排出量第1位の中国と3位のインドがGDP当たり2005年比で各60〜65％，33〜35％を削減すると表明し，画期的会議となった。日本は「先進国が重い責任を担う」とともに，新興国も応分を負担すべきとの立場での合意に努力している。

XII・55・a 環境に関する国際的取り組み年表

年	国際会議・委員会・条約等	採択事項等
1971	ラムサール条約（1975年発効）	
	（日本国内）	環境庁発足
1972	国連人間環境会議（ストックホルム会議）	スローガン：Only One Earth（かけがえのない地球），"人間環境宣言"，"国連国際行動計画"の採択
1973	国連環境計画（UNEP）設立	UNEP事務局：ナイロビ
1985	ウィーン条約	オゾン層の保護
	国際連合食糧農業機関（FAO）	熱帯林行動計画
	ヘルシンキ議定書（1987年発効）	越境大気汚染条約に基づくSOx排出量の30％削減
1987	ブルントラント委員会"われら共通の未来"を発表	"Sustainable Development"〔持続可能な開発（発展）〕の考え方を展開
	モントリオール議定書	
1988	（日本国内）	オゾン層保護法制定
1989	バーゼル条約（1992年発効）	
1992	環境と開発に関する国連会議（地球サミット）	①"環境と開発に関するリオデジャネイロ宣言"，"アジェンダ21"，"森林原則声明"の採択 ②"気候変動枠組条約"，"生物多様性条約"の署名 ③"砂漠化防止条約交渉開始"の合意
1993	（日本国内）	環境基本法制定
1996	砂漠化防止条約	
1997	気候変動枠組条約第3回締約国会議（COP3）	①京都議定書の採択 ②排出権取引，共同実施，クリーン開発メカニズム制度の具体化
1998	東アジア酸性雨モニタリングネットワーク（EANET）第1回政府間会合	東アジア地域の酸性雨の状況に関する共通理解の形成
	（日本国内）	地球温暖化対策推進法制定
2001	（日本国内）	環境省発足
2005	京都議定書発効	

出所）茅陽一監修『環境ハンドブック』産業環境管理協会，2002，1109-12頁より作成，一部加筆．

XII・55・b 二酸化炭素の国・地域別排出量と1人当たり排出量

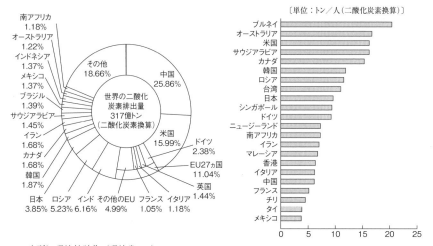

出所）環境統計集（環境省HP）http://www.env.go.jp/doc/toukei/contents/pdfdata/H27_2.pdf，70,71頁．

56. 国連改革

　1945年（昭20）年10月に51カ国の原加盟国で発足した国連は，現在192カ国（2006年末現在）へと増大している。地球上の未加盟国はスイスなど少数にすぎない。これまで70年余にわたり国連が国際社会で重きをなしたのは，「国連憲章」を通じて，大規模戦争の抑止ばかりでなく，隣国同士の紛争や内戦の沈静化に貢献してきたからである。つまり20世紀後半の比較的安定した世界秩序は，国連という先導役によってもたらされたともいえる。その中核が国連事務局であり，国連事務総長には初代のリー以降，ハマーショルド，ウ・タント，ワルトハイム，デクエヤル，ガリ，アナン，そして2006年に選出された潘基文（パンギムン）まで8人が就任している。

　ただし国連は今大きな改革の波に直面している。国連改革の諸課題とは，①事務局改革，②人権理事会設立，③平和構築委員会設立，④安全保障理事会改革であり，総じてアメリカが組織の効率化のために国連の抜本的改革を主張するのに対して，既得権を維持したい発展途上国側が抵抗している。国連では小国も大国と同様に1票の投票権をもち，意見表明も対等であり，予算も人事も総会の承認を必要とするため，途上国グループ「G77」の約130カ国が主導権を握る傾向にある。アメリカはこの点に苛立ちを隠さず，目下，議論は平行線である。

　さて56年末に第80番目の国連加盟国となった日本は，近年，上記④に関連して安保理の常任理事国入りをめざしている。その根拠として財政問題がある。2005年度の国連分担金総額18億2800万ドルのうち，日本はアメリカ（22.0%）に次ぐ第2位（19.47%）の約3億4600万ドルを負担しており，この額は英・仏・ロ・中の4常任理事国の合計15.3%よりも大きい。日本はこの財政的貢献に見合う程度の発言力が与えられるべきであり，また日本など多様な国が加わることが国連安保理の強化につながると主張し，05年にはドイツ・インド・ブラジルとともに「安保理常任理事国拡大案」を提起した。しかし中国が日本の参加に強く反対し，アメリカも理事国の大幅増加に同意せず，結局同案は挫折した。とはいえ安保理は第二次大戦の遺物にすぎず，将来，加盟国から選ばれた「常任執行理事会」など新しい機関構成へと移譲せざるをえない可能性がある。

XII・56・a 第59回国連総会における小泉首相の演説（仮訳）

2004年（平16）9月21日（抄）

「新しい時代に向けた新しい国連（国連新時代）」

……今年，我が国は安保理非常任理事国選挙に立候補しています。我が国が当選した暁には，グローバルな貢献を基にして，安保理において，建設的かつ創造的な役割を果たすべく努力を倍加します。……

平和と安全並びに経済的，社会的問題は，ますます連関を深めています。国連は調整され，かつ包括的に対応すべきであります。国連の諸機関は，効果的かつ効率的でなくてはなりません。国連システム全体にわたる変革が必要です。

こうした変革の中で，核となるのは安保理改革です。近年，安保理の役割は，その対象範囲と性質において，劇的とも言える拡大を遂げています。安保理は，このように拡大した役割を，国際社会の最大限の協力と参加を得て果たしていくべきであります。

そのためには今日の世界をよりよく反映するように，安保理の代表性を向上させなければなりません。加えて，安保理は，課題に効果的に対処するため，十分な能力を有すべきであります。国際の平和と安全において主要な役割を果たす意思と能力を有する国々は，常に，安保理の意思決定過程に参加しなければなりません。そのためには，途上国・先進国の双方を新たなメンバーに含め，常任・非常任の双方において安保理を拡大する必要があります。

国連の普遍的な目標，すなわち我々の共通の目標は，国際の平和と安全の維持です。その目標に向けて，加盟国は，各々の能力に見合った役割を果たすべきです。

平和は武力のみを通じて達成することはできないというのが我々の信念です。こうした信念に基づき，我が国は積極的かつ独自の役割を果たしています。〔以下略〕

出所）http://www.mofa.go.jp/mofaj/press/enzetsu/16/ekoi_0921.html（2007.2.14）.

XII・56・b 主要国の国連分担金拠出率（2016年）

出所）http://www.mofa.go.jp/mofaj/gaiko/jp_un/yosan.html（2016.1.15）より作成．

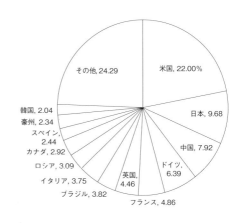

57. 国際テロとアフガニスタン戦争

　2001年（平13）の「9・11同時多発テロ」は，ニューヨーク，ワシントンの中枢部を襲い，約3千名もの犠牲者を出したため，アメリカ政府と国民に多大な衝撃を与えた。ハンチントン教授が著作『文明の衝突』で予見した西欧・イスラム衝突が現実化したといえる。ブッシュ米大統領は「非常事態対応計画」を発動し，10月にはテロの実行犯とされたオサマ・ビンラディン率いるアルカイーダと，これを保護するアフガニスタンのタリバン政権への空爆を開始した。これに対してEU，アラブ，中ロなど国際社会は，相次いでテロ事件を非難し，アメリカを支持した。アフガニスタン戦争は12月に首都カブールのタリバン政権が駆逐され，カルザイを議長（のち首相）とする暫定政権が発足してひとまず終結した。

　一方，日本の小泉純一郎首相はテロ発生直後に安全保障会議を開き，邦人の安否確認，国際緊急援助隊の対米派遣，国内の米軍基地への警備強化，国際テロに対する関係諸国との協力など6項目の対処方針を決定した。この迅速な対米支援策の表明は，湾岸戦争での苦い経験に依拠していた。そして翌10月には「テロ対策特別措置法」を成立させたのである。同法はテロの脅威の除去を目的とし，米軍などへの協力が規定された。具体的には，物品・役務（補給・輸送・基地業務ほか）の提供に限定され，武力行使や武器・弾薬の補給や戦闘作戦行動に向かう航空機への補給等は実施しないこととされた。またその活動範囲は非戦闘地域に限定された。この結果，海上自衛隊の艦艇がインド洋とペルシャ湾へ派遣され，洋上で米軍などに給油する後方支援活動を開始し，2010年初めに終了した。

　さらに日本はアフガニスタンの復興支援にも大きな役割を果たした。02年1月，緒方貞子を共同議長とするアフガニスタン復興支援会議を東京で開催し，国家再建や難民救済など総額45億ドルの支援策をまとめた。21世紀の新しい脅威は，国際的テロリスト集団といった非国家組織から生まれることが判明したが，そのテロの温床は社会的貧困や経済的格差などに依拠するため，テロとの戦いには，軍事的手段だけではなく，経済援助などの広範な対応が必要とされる，との理解が深まったのである。

XII・57・a　9・11テロ後のブッシュ米大統領演説
2001年(平13) 9 月20日(抄)

　9月11日，自由の敵が，わが国に対して戦争行為を犯した。……変わってしまった世界に夜のとばりが降りた。それは，自由そのものが攻撃にさらされた世界である。／米国民は今，多くの疑問を抱えている。国民は，誰が米国を攻撃したのか，と問うている。われわれが集めた証拠はすべて，ゆるやかに結び付いたテロ組織「アルカイダ」を指し示している。彼らは，タンザニアとケニアの米国大使館爆破事件で起訴され，また米国の軍艦「コール」爆破事件を起こした殺人者たちである。／テロ行為を犯すアルカイダは，犯罪を犯すマフィアと同じである。しかし，その目的は金銭ではなく，世界をつくり直すことにあり，自らの過激な信念を世界中の人々に押し付けることにある。／このテロリストらは，イスラム教の学者や大多数のイスラム教聖職者が否定しているイスラム過激主義の分派教義を実践している。これは，イスラム教の平和的な教えをゆがめた分派集団勢力である。これらテロリストの目的は，キリスト教徒，ユダヤ教徒，そしてすべての米国人を，女性や子ども，そして民間人や軍人を区別することなく殺害することである。……
　アルカイダの指導層は，アフガニスタン国内で強大な影響力を持ち，同国を実効支配するタリバン政権を支援している。われわれは，アフガニスタンに，アルカイダの世界ビジョンを見ることができる。……
　米国はアフガニスタンの国民を尊重する。米国は同国に対する最大の人道的支援提供国である。しかし，われわれはタリバン政権を糾弾する。タリバンは，自国民を抑圧するだけでなく，テロリストを支援し，かくまい，物資を提供することによって，世界中で人々を脅かしている。タリバン政権は，殺人を支援し，ほう助することによって，殺人を犯しているのである。／そして今，米国はタリバンに対して以下を要求する。アフガニスタン国内に潜むアルカイダの指導者をすべて米国当局に引き渡すこと。同国内で不当に拘留されている米国人およびすべての外国人を釈放すること。同国内の外国人記者，外交官，援助隊員を保護すること。アフガニスタン国内のテロリスト訓練キャンプをすべて直ちに永久閉鎖し，テロリストおよびそのサポート組織員を1人残らず，適切な当局に引き渡すこと。米国がテロリスト訓練キャンプの活動停止を確認できるよう，米国に同キャンプへの自由な立ち入りを許可すること。／以上の要求には，交渉あるいは議論の余地はない。タリバンは直ちに行動を起こさなければならない。テロリストを引き渡さなければ，タリバンはテロリストと同じ運命をたどることになる。……
　われわれのテロとの戦いは，アルカイダに始まるが，アルカイダが終わりではない。世界各地に広がるテロ・グループを1つ残らず見つけ出し，阻止し，打ち破るまで，その戦いは続く。／米国民は，「なぜ彼らはわれわれを憎むのか」と問うている。彼らが憎むのは，今この議場にあるもの，すなわち民主的に選ばれた政府である。彼らの指導者は，自らを指導者の地位につけた者である。彼らは，われわれの自由，つまり宗教の自由，言論の自由，選挙・集会の自由，そして異なる意見を述べる自由を憎む。……

われわれの対応は，即時の報復と単発的な攻撃をはるかに超えるものとなる。米国民は，1回限りの戦闘ではなく，これまでに体験したことのない長期的な軍事行動を想定するべきである。……そして，テロリストに援助と隠れ家を提供する国家も追及する。どの地域のどの国家も，今，決断を下さなければならない。われわれの味方になるか，あるいはテロリストの側につくかのどちらかである。今後，テロに避難所あるいは援助を提供する国家は，米国に敵対する政権とみなす。……
　しかし，これは米国だけの戦いではない。また，米国の自由だけが脅かされているのでもない。これは世界の戦いであり，文明の戦いである。進歩と多元主義，寛容と自由を信奉するすべての人間の戦いである。／われわれはすべての国に共に闘うことを求める。われわれは，世界中の警察，情報機関，金融システムの援助を求めていくし，必要とするだろう。米国は，すでに多くの国家や国際組織が同感と支持を持って反応してくれたことに感謝している。……文明社会は米国側に結集している。彼らは，このテロ行為が罰せられなければ，次は彼ら自身の都市や国民が犠牲になるかもしれないことを理解している。テロに対応しなければ，崩れるのはビルだけでなく，合法的な政府の安定までもが脅かされる。そのようなことを，われわれは許さない。〔以下略〕

出所）http://tokyo.usembassy.gov/j/p/tpj-jp0026.html（2007.2.4）.

Ⅻ・57・b　テロ対策特別措置法
2001年(平13)11月2日(抄)

　平成13年9月11日のアメリカ合衆国において発生したテロリストによる攻撃等に対応して行われる国際連合憲章の目的達成のための諸外国の活動に対して我が国が実施する措置及び関連する国際連合決議に基づく人道的措置に関する特別措置法

第1条　この法律は，平成13年9月11日にアメリカ合衆国において発生したテロリストによる攻撃（以下「テロ攻撃」という。）が国際連合安全保障理事会決議第1368号において国際の平和及び安全に対する脅威と認められたことを踏まえ，あわせて，同理事会決議第1267号，第1269号，第1333号その他の同理事会決議が，国際的なテロリズムの行為を非難し，国際連合のすべての加盟国に対しその防止等のために適切な措置をとることを求めていることにかんがみ，我が国が国際的なテロリズムの防止及び根絶のための国際社会の取組に積極的かつ主体的に寄与するため，次に掲げる事項を定め，もって我が国を含む国際社会の平和及び安全の確保に資することを目的とする。
一　テロ攻撃によってもたらされている脅威の除去に努めることにより国際連合憲章の目的の達成に寄与するアメリカ合衆国その他の外国の軍隊その他これに類する組織（以下「諸外国の軍隊等」という。）の活動に対して我が国が実施する措置，その実施の手続その他の必要な事項……
第2条　政府は，この法律に基づく協力支援活動，捜索救助活動，被災民救援活動その他

の必要な措置(以下「対応措置」という。)を適切かつ迅速に実施することにより,国際的なテロリズムの防止及び根絶のための国際社会の取組に我が国として積極的かつ主体的に寄与し,もって我が国を含む国際社会の平和及び安全の確保に努めるものとする。
2　対応措置の実施は,武力による威嚇又は武力の行使に当たるものであってはならない。
3　対応措置については,我が国領域及び現に戦闘行為(国際的な武力紛争の一環として行われる人を殺傷し又は物を破壊する行為をいう。以下同じ。)が行われておらず,かつ,そこで実施される活動の期間を通じて戦闘行為が行われることがないと認められる次に掲げる地域において実施するものとする。／一　公海(海洋法に関する国際連合条約に規定する排他的経済水域を含む。第6条第5項において同じ)及びその上空／二　外国の領域(当該対応措置が行われることについて当該外国の同意がある場合に限る。)……

第5条　内閣総理大臣は,基本計画に定められた自衛隊の部隊等が実施する協力支援活動,捜索救助活動又は被災民救援活動については,これらの対応措置を開始した日(防衛庁長官が次条第2項,第7条第1項又は第8条第1項の規定によりこれらの対応措置の実施を自衛隊の部隊等に命じた日をいう。)から20日以内に国会に付議して,これらの対応措置の実施につき国会の承認を求めなければならない。ただし,国会が閉会中の場合又は衆議院が解散されている場合には,その後最初に召集される国会において,速やかに,その承認を求めなければならない。
2　政府は,前項の場合において不承認の議決があったときは,速やかに,当該協力支援活動,捜索救助活動又は被災民救援活動を終了させなければならない。

第6条　内閣総理大臣又はその委任を受けた者は,基本計画に従い,第3条第2項の協力支援活動としての自衛隊に属する物品の提供を実施するものとする。……
4　防衛庁長官は,実施区域の全部又は一部がこの法律又は基本計画に定められた要件を満たさないものとなった場合には,速やかに,その指定を変更し,又はそこで実施されている活動の中断を命じなければならない。
5　第3条第2項の協力支援活動のうち公海若しくはその上空又は外国の領域における活動の実施を命ぜられた自衛隊の部隊等の長又はその指定する者は,当該協力支援活動を実施している場所の近傍において,戦闘行為が行われるに至った場合又は付近の状況等に照らして戦闘行為が行われることが予測される場合には,当該協力支援活動の実施を一時休止し又は避難するなどして当該戦闘行為による危険を回避しつつ,前項の規定による措置を待つものとする。〔以下略〕

出所)『第153回国会制定法』,1-4頁.

XII・57・c　小泉・ブッシュ日米首脳会談
2005年(平17)11月16日(抄)

2．日米関係　（1）ブッシュ大統領より，現在の日米関係は非常に良い状況であり，同関係は重要である旨述べた上で，続けて，イラク・アフガニスタンにおける日本の支援に深く感謝する旨述べた。

(3) 小泉総理から次のとおり日米同盟に関する考え方を述べた。／（イ）日米関係が重要であることは従来より認識していたが，自分の政権でそれを具体的に実践してきた。国民の多くも日米関係の重要性について同様の認識であると思う。／（ロ）国会の党首討論での日米関係に関する議論にも触れつつ，日米関係は日本にとって最も重要な関係である。国際協調も重要ではあるが，敗戦以降60年間の日本の繁栄は，日米同盟の下で実現されたものである。／（ハ）日本国内には日米関係よりも国際協調を進め，他国との関係を強化して日米関係を補完すべしとの意見もあるが，自分はそのような立場はとらない。日米関係が良好であるからこそ，中国，韓国，ASEAN等をはじめ各国との良い関係が維持されてきている。

(4) これに対し，ブッシュ大統領より，それは正しい考えであり，賛成である，例えば，中国から見ても，良好な日米関係があるからこそ，中国も，日本・米国との関係をそれぞれ良くしていかなければならないと思うのではないか，と述べた。……

4．北朝鮮　（1）小泉総理より，日米関係が強固な中，北朝鮮の問題も考える必要がある，北朝鮮が六者会合に応じたことも良好な日米関係の中で捉えられると思うが，核の問題と併せ，拉致の問題も解決する必要がある旨述べた。

(2) これに対し，ブッシュ大統領より，拉致問題についてはかねがね日本に共感している，拉致問題の解決に向けた日本の立場を支持する，北朝鮮の問題については，核や拉致の問題に加え，北朝鮮の人々の置かれている状況についても懸念しており，本件の解決が必要である，他方，米国単独で出来ることは限られており，また米国単独でなすべきことでもなく，六者会合の枠組みの中で解決を図っていかなければならない問題であると述べた。……

8．米軍再編　（1）小泉総理より，防衛庁，外務省がよく調整を行い，「2＋2」において発出された共同文書の勧告を実行に移すべく努力している，同報告は内閣改造前にとりまとめられ，その後，外務大臣と防衛庁長官は交代したが，切れ目ない努力を継続していく考えである旨述べた。

(2) また小泉総理より，在日米軍基地を受け入れる地元自治体にとってみれば賛否を問われれば反対と言うであろうが，（今回の再編は）日本全体の安全保障の観点から必要なものであり，よく地方自治体に必要性を説明し理解を得つつ進めていきたい旨述べた。〔以下略〕

出所）http://www.mofa.go.jp/mofaj/area/usa/s_kaidan0511.html（2007.2.14）

XII・57・d　テロ事件年表

年	事件の概要
2001.9.11	ニューヨークの世界貿易センタービル，ワシントンの国防総省にハイジャックされた飛行機が激突するテロが発生
12.2	イスラエルで連続自爆テロ事件
12.13	インド国会議事堂を武装グループが襲撃
2002.4.13	イスラエルで自爆テロ
9.5	アフガニスタンのカンダハルでカルザイ大統領暗殺未遂
10.6	イエメン沖でフランス船籍のタンカー爆破
10.12	インドネシアのバリ島で連続爆弾テロ
10.17	フィリピン・ミンダナオ島で連続爆弾テロ
10.26	チェチェン武装勢力がモスクワの劇場を占拠，犠牲者多数
11.28	ケニアのモンバサで爆破事件とイスラエル航空機への撃墜未遂事件発生
2003.3.4	フィリピン・ミンダナオ島のダバオ国際空港で爆弾テロ
8.5	ジャカルタのアメリカ系ホテルの前で自動車爆弾テロ
8.7	バグダッドのヨルダン大使館前で車両が爆発
8.12	イスラエルで連続自爆テロ
8.19	バグダッドの国連事務所で爆弾テロ，国連事務総長特別代表らが死亡
10.4	イスラエル北部ハイファで自爆テロ
10.9	バグダッド近郊サドルシティーの警察署前で自爆テロ
11.12	イラク南部ナーシリーヤのイタリア警察軍司令部で自爆テロ
11.15	トルコ・イスタンブールで自動車爆弾による連続テロ
11.20	イスタンブールのイギリス総領事館などへの同時自爆テロ
12.25	パキスタンのイスラマバードでムシャラフ大統領暗殺未遂事件
2004.2.6	ロシア・モスクワの地下鉄で爆発
3.2	イラクでシーア派を狙った同時テロ
3.11	スペイン・マドリードの国鉄主要3駅で爆破テロ
5.9	ロシア・チェチェン共和国の首都で爆弾テロ，大統領が暗殺される
8.31	ロシア・モスクワの地下鉄で自爆テロ
9.3	ロ・北オセチア共和国ベスランで，武装勢力が小学校を占拠．人質約330人が死亡
9.9	インドネシア・ジャカルタのオーストラリア大使館前で自爆テロ
2005.2.14	レバノンのベイルートで自動車爆破事件
	フィリピン首都圏，ミンダナオ島で連続爆弾テロ
5.7	ミャンマーのヤンゴン市内3カ所で同時テロ
7.2	バグダッドでエジプト次期大使が殺害される
7.7	ロンドンの地下鉄・バスで連続爆弾テロ
2006.7.11	インドのムンバイ近郊で列車爆破テロ
2007.12.27	パキスタンでブット元首相暗殺
2008.11.26	インドのムンバイで駅やホテルが襲撃される
2009.7.17	インドネシア・ジャカルタの高級ホテルで自爆テロ
2010.3.29	ロシアのモスクワで地下鉄爆破テロ
2011.1.1	エジプト・アレクサンドリアのコプト教会で自爆テロ
2012.5.10	シリア・ダマスカスで連続自爆テロ
2013.1.16	アルジェリアの天然ガス施設が襲われ，日本人10人を含む多数死亡
4.15	米国ボストン・マラソンのコース付近で爆発
2014.12.16	パキスタンの学校で武装グループが銃を乱射
2015.1.7	仏パリの新聞社などが襲撃される連続テロ
8.17	タイのバンコク中心部で爆発
10.10	トルコのアンカラで爆発テロ
10.31	エジプト・シナイ半島でロシア機が爆弾テロで撃墜される
11.12	レバノンで連続自爆テロ
11.13	パリでカフェ・劇場等が襲われる同時テロ

58. イラク戦争

　「9・11事件」の衝撃は，その後もアメリカ社会の根底を揺さぶりつづけた。そしてテロリズムという新しい脅威への強い恐怖心が広がるにつれて，この見えざる敵を事前に叩き潰す強力な政策が求められた。ブッシュ米大統領は2002年（平14）1月イラク・イラン・北朝鮮を"悪の枢軸"と断定し，対テロ戦争が第二段階に入った旨表明した。その場合，テロ戦争を仕掛けてくる非国家集団や大量破壊兵器を保有する"ならず者国家"に対しては，先制攻撃が許されるべきであり，またそのような観点にもとづく攻撃はアメリカ単独でも実行されるべきであると主張した。これが「ブッシュ・ドクトリン」である。こうして次第に同政権内のみならず，一般世論もテロ事件とイラクとを同一視する空気が醸成されていった。

　一方国連では，イラクの大量破壊兵器所有疑惑に対する査察要求が決議され，11月イラクはこの決議を受け入れたが，米国はイラクの査察協力が不十分と判定して，03年2月武力行使を認める新しい国連決議を求めた。これには仏・独・ロが反対し，国連による対イラク戦争発動は困難となった。しかし3月に米国政府は英・西とともにフセイン政権が大量破壊兵器を保有しているとして，国連決議のないままイラク戦争を開始した。兵力の優劣は明白であり，3週間で米軍側は首都バグダッドを制圧すると同時にフセイン政権を打倒し，5月にはブッシュが勝利宣言を出した。なお12月に潜伏中のフセインが拘束されて処刑された。

　このイラク戦争に対して，小泉純一郎首相は明確な支持を表明し，7月には「イラク復興支援特別措置法」を成立させた。同法は「テロ特措法」に準じており，イラクの非戦闘地域における自衛隊の人道復興支援活動と安全確保支援活動を規定していた。12月この法律にもとづいて自衛隊の部隊約600名がサマワ地域に派遣された。しかしすでに米英兵らへのテロ攻撃が頻発し，死傷者数は急増していた。ついに国連事務所が爆破されたばかりか，日本人外交官2名も犠牲になった。こうした小泉内閣の対テロ戦争・イラク戦争協力の背景には，北朝鮮の核脅威がある。日本の安全はアメリカの"核の傘"に大きく依存しており，対米軍事協力こそが日本の安全保障上必要不可欠との確信に依拠している。

XII・58・a　フセイン大統領に対するブッシュ米大統領の国外退去通告

2003年（平15）3月17日（抄）

……われわれは行動する。なぜなら，何もしないリスクの方がはるかに大きいからである。1年後あるいは5年後，イラクがすべての自由国家に危害を加える力は数倍になっているであろう。さらに危険になったフセインと彼につながるテロリストたちは，自らが最も高い破壊力を持つ時期を選び破滅的な攻撃をしかけてくるかもしれない。米国は，テロの脅威がわれわれの上空や都市を突然襲う前に，今ここで脅威に立ち向かうことを選択する。

平和の大義のためには，すべての自由国家が，新たなそして否定できない現実を認識することが必要である。20世紀には，虐殺や世界大戦を招いた残忍な独裁者との宥和をはかった国もあった。邪悪な人物が生物・化学兵器あるいは核兵器による恐怖を作り出している今世紀には，宥和政策は，地球上にこれまで起きたことのない破滅をもたらすおそれがある。

テロリストとテロ国家は，自らの脅威を公式な声明により公正な形で通告することはしない。したがって，そのような敵に攻撃されてはじめて対抗措置を取るのは，自衛ではなく自殺行為である。国際社会の安全確保には，フセインを即時武装解除することが求められる。

米国は国際社会の公正な要求を実行に移す〔と〕ともに，わが国の持つ深い責任も全うする。われわれは，イラク国民には，フセインとは異なり，人間としての自由を持つ権利と能力があると信じている。独裁者がいなくなれば，彼らは活力ある，平和で自治能力を持つ国家として，すべての中東諸国に模範を示すことができる。

米国は他国と協力し，中東地域で自由と平和を促進していく。われわれの目標は一夜にして達成されることはないが，いずれ実現できる。人間の自由が持つ力と魅力は，すべての人やすべての国により享受される。自由の最も偉大な力とは，憎しみと暴力に打ち勝ち，人類に与えられた創造的な能力を平和の構築に傾けることである。

これが，われわれが選択する未来である。自由国家は，一致して暴力に対抗し国民を守る義務がある。今夜，米国と同盟国は，これまでと同様に，その責務を受け入れる。

お休みなさい。そして，米国に引き続き神のご加護がありますように。

出所）http://tokyo.usembassy.gov/j/p/tpj-j20030319a1.html（2007.2.4）.

XII・58・b　イラク対策特別措置法（イラクにおける人道復興支援活動及び安全確保支援活動の実施に関する特別措置法）

2003年（平15）8月1日公布（抄）

第1章　総　則

第2条　政府は，この法律に基づく人道復興支援活動又は安全確保支援活動（以下「対応措置」という。）を適切かつ迅速に実施することにより，前条に規定する国際社会の取

組に我が国として主体的かつ積極的に寄与し，もってイラクの国家の再建を通じて我が国を含む国際社会の平和及び安全の確保に努めるものとする。
2　対応措置の実施は，武力による威嚇又は武力の行使に当たるものであってはならない。
3　対応措置については，我が国領域及び現に戦闘行為（国際的な武力紛争の一環として行われる人を殺傷し又は物を破壊する行為をいう。以下同じ。）が行われておらず，かつ，そこで実施される活動の期間を通じて戦闘行為が行われることがないと認められる次に掲げる地域において実施するものとする。……

第2章　対応措置等
第8条　内閣総理大臣又はその委任を受けた者は，基本計画に従い，対応措置として実施される業務としての物品の提供（自衛隊に属する物品の提供に限る。）を行うものとする。……
6　自衛隊の部隊等が対応措置として実施する業務には，次に掲げるものを含まないものとする。／一　武器（弾薬を含む。第18条において同じ。）の提供／二　戦闘作戦行動のために発進準備中の航空機に対する給油及び整備
第17条　対応措置の実施を命ぜられた自衛隊の部隊等の自衛官は，自己又は自己と共に現場に所在する他の自衛隊員（自衛隊法第2条第5項に規定する隊員をいう。），イラク復興支援職員若しくはその職務を行うに伴い自己の管理の下に入った者の生命又は身体を防衛するためやむを得ない必要があると認める相当の理由がある場合には，その事態に応じ合理的に必要と判断される限度で，第4条第2項第2号ニの規定により基本計画に定める装備である武器を使用することができる。
2　前項の規定による武器の使用は，当該現場に上官が在るときは，その命令によらなければならない。ただし，生命又は身体に対する侵害又は危難が切迫し，その命令を受けるいとまがないときは，この限りでない。
3　第1項の場合において，当該現場に在る上官は，統制を欠いた武器の使用によりかえって生命若しくは身体に対する危険又は事態の混乱を招くこととなることを未然に防止し，当該武器の使用が同項及び次項の規定に従いその目的の範囲内において適正に行われることを確保する見地から必要な命令をするものとする。
4　第1項の規定による武器の使用に際しては，刑法（明治40年法律第45号）第36条又は第37条の規定に該当する場合を除いては，人に危害を与えてはならない。

附　則
第2条　この法律は，施行の日から起算して4年を経過した日に，その効力を失う。ただし，その日より前に，対応措置を実施する必要がないと認められるに至ったときは，速やかに廃止するものとする。
第3条　前条の規定にかかわらず，施行の日から起算して4年を経過する日以後においても対応措置を実施する必要があると認められるに至ったときは，別に法律で定めるところにより，同日から起算して4年以内の期間を定めて，その効力を延長することができる。〔以下略〕

出所）『法令全書 平成15年8月』26-28頁.

XII・58・c　世界における米軍の配置状況

(2014年12月31日現在)

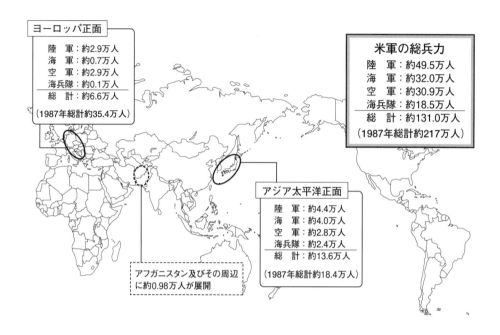

ヨーロッパ正面
- 陸　軍：約2.9万人
- 海　軍：約0.7万人
- 空　軍：約2.9万人
- 海兵隊：約0.1万人
- 総　計：約6.6万人

(1987年総計約35.4万人)

米軍の総兵力
- 陸　軍：約49.5万人
- 海　軍：約32.0万人
- 空　軍：約30.9万人
- 海兵隊：約18.5万人
- 総　計：約131.0万人

(1987年総計217万人)

アジア太平洋正面
- 陸　軍：約4.4万人
- 海　軍：約4.0万人
- 空　軍：約2.8万人
- 海兵隊：約2.4万人
- 総　計：約13.6万人

(1987年総計約18.4万人)

アフガニスタン及びその周辺に約0.98万人が展開

出所）防衛省『防衛白書』2015年版，14頁および，http://www.bbc.com/japanese/34546742.

59. 東アジアの緊張と安全保障関連法の成立

　2010年代以降，東アジアの安全保障環境が悪化している。北朝鮮による核・ミサイル開発の進展や軍事的な挑発行為，ロシア軍の北方領土への軍事基地化，中国による軍事力の広範かつ急速な強化が主要因となっている。とくに中国海空軍は太平洋進出を常態化すると同時に，自国の勢力範囲として「九段線」を提示し，南シナ海でも南沙群島（スプラトリー諸島）の岩礁埋め立てや滑走路建設を実施して，フィリピンやベトナムとの対立を深めている。

　近年の日中間の緊張は，主に尖閣諸島問題に依拠する。2009年（平21）年に日本政府が尖閣諸島を国有化すると，中国側は強く抗議し，13年以降，中国艦船をその周辺海域に常駐化させている。また「東シナ海防空識別区」を設定し，同諸島への領有権を暗に主張している。中国側の軍事的攻勢には日本以上に米国が警戒を強め，「公海における航行の自由」の原則を掲げて中国側の一方的な海洋進出を認めない方針を示した。

　このような対立が深まる中で，2012年にスタートした第2次安倍政権は日米同盟を強化することで日本の安全保障を確保する方針へと舵を切った。14年7月，従来の憲法解釈を変えて集団的自衛権の行使を認める閣議決定をした。従来の政府解釈は，日本が武力を使えるのは直接攻撃を受けた場合に限定してきたが，日本が直接攻撃を受けていなくても，密接な関係のある他国が攻撃されたり，日本の存立が脅かされたりする場合（存立危機事態），集団的自衛権を使った反撃を認めたのである。

　そして翌15年には「平和安全法制整備法」を成立させた。その第一は，上記の閣議決定に伴う「武力攻撃事態法」であり，必要最小限度の武力行使ができることになった。第二は周辺事態法に代わる「重要影響事態法」であり，日本の平和に深刻な影響を及ぼす事態の際，他国軍への後方支援が可能となった。第三は「国際平和支援法」であり，自衛隊が常時派遣される可能性が生じた。第四は「PKO協力法」であり，自衛隊が他国軍や民間人を警護するために武器使用が可能となった。しかし国内外からその是非をめぐる論議が続いている。

XII・59・a 「平和安全法制」の主要事項の関係

(横軸)事態の状況・前提をイメージ →

(縦軸)我が国、国民に関する事項

【自衛隊法】
在外邦人等輸送(現行)
在外邦人等の保護措置(新設)

【自衛隊法】
自衛隊の武器等防護(現行)
米軍等の部隊の武器等防護(新設)

【自衛隊法】
平時における米軍に対する物品役務の提供(拡充)
・駐留軍施設等の警護を行う場合等提供可能な場面を拡充(米国)

重要影響事態における後方支援活動等の実施(拡充)
【重要影響事態安全確保法】
(周辺事態安全確保法改正)
・改正の趣旨を明確化(目的規定改正)
・米軍以外の外国軍隊等支援の実施
・支援メニューの拡大

船舶検査活動(拡充)
【船舶検査活動法】
・国際社会の平和と安全のための活動を実施可能に

武力攻撃事態等への対処
【事態対処法制】
「存立危機事態」への対処(新設)
・「新三要件」の下で、「武力の行使」を可能に

「新三要件」
(1) 我が国に対する武力攻撃が発生したこと、又は我が国と密接な関係にある他国に対する武力攻撃が発生し、これにより我が国の存立が脅かされ、国民の生命、自由及び幸福追求の権利が根底から覆される明白な危険があること
(2) これを排除し、我が国の存立を全うし、国民を守るために他に適当な手段がないこと
(3) 必要最小限度の実力行使にとどまるべきこと

国際社会に関する事項

国際的な平和協力活動
【国際平和協力法】

国連PKO等(拡充)
・いわゆる安全確保などの業務拡充
・必要な場合の武器使用権限の拡充

国際連携平和安全活動の実施
(非国連統括型の国際的な平和協力活動。新設)

国際平和共同対処事態における協力支援活動等の実施(新設)
【国際平和支援法(新法)】

出所) 内閣官房HP「『平和安全法制』の概要」1頁.

60. TPP（環太平洋経済連携協定）

　TPPは太平洋を取り囲む諸国が国境を越えて，貿易や企業活動などを極力自由にするための経済連携協定であり，2006年に発効したシンガポール，ニュージーランド，チリ，ブルネイ4カ国の「P4協定」を前身とする。以後，米国，オーストラリア，ペルー，ベトナム，マレーシア，メキシコ，カナダ，そして日本も参加を表明し，2015年10月12カ国が大筋合意し，2016年2月調印した。この結果，TPPは域内で8億人，世界のGDP（国内総生産）の約4割を占め，投資の誘致や輸出拡大が進むことが期待され，韓国やインドネシアなどが参加に意欲的である。日本はTPPの実現によってEPAやFTAを補強しようと企図している。

　反面，日米主導の枠組みに対して中国やロシアが反発を強めている。中国は1980年代から経済成長路線に乗り，巨大な経済大国へと躍進した。2000年にその国内総生産は世界の4％にすぎなかったが，2015年には15％まで急速に拡大し，2010年には日本を追い抜いて世界第二位となった。またBRICS（ブラジル，ロシア，インド，中国，南ア）を事実上牽引すると同時に，AIIB（アジアインフラ投資銀行）を発足させるなど，活発な経済活動を行っている。ロシアも160余の諸国が参加するWTO（世界貿易機関）の枠組みを優先するよう訴え，TPPを牽制している。透明性の高いルールや幅広い関税の撤廃を定めたTPPは，経済改革が遅れる中ロ両国にはハードルが高く，しかもAPEC内での「FTAAP（アジア太平洋自由貿易圏）」の主導権も失うかもしれないとの焦りもある。

　一方，東南アジアでは市場統合を目指す「AEC（ASEAN経済共同体）」が2015年末に発足した。経済規模は加盟10カ国合計で2兆5700億ドル（約308兆円）となり，日本の約半分となる。6億人が暮らす域内で関税がほぼなくなり，貿易促進につながる半面，サービス分野の規制緩和が進展せず，しかもGDPの格差は最上位シンガポールと最下位カンボジアで51倍もある。さらにEUのような通貨の統合はしないため，実態は経済連携の強化に近く，共同体の完成にはほど遠い。とはいえ，AEC加盟国にはTPPに参加する4カ国が含まれており，将来におけるTPPとAEC間の相乗効果が期待されている。

XII・60・a　日本のEPA・FTAの現状 (2015年3月現在)

発効済・署名済▶15

　ガポール，メキシコ，マレー
　，チリ，タイ，インドネシア，
　ネイ，ASEAN全体，フィリ
　，スイス，ベトナム，インド，
　ー，オーストラリア，モン

交渉中▶8

（交渉完了・未署名含む）

　AN全体（サービス投資章・
　合意），カナダ（交渉中），
　ンビア（交渉中），日中韓（交
　），EU（交渉中），東アジ
　域包括的経済連携（交渉中），
　（交渉中），トルコ（交渉中）

その他

　協力理事会（交渉延期），韓国（交渉中断中）

出所）外務省HP http://www.mofa.go.jp/mofaj/gaiko/ftal/

XII・60・b　TPP 参加12カ国

出所）『読売新聞』2016年2月4日.

60. TPP（環太平洋経済連携協定）　255

付・1 日本外交史主要年表

1700年代

86	（天明6）	林子平が『海国兵談』を著す
92.10.7	（寛政4.9.3）	ロシア使節ラックスマン，根室に来航

1800年代

04.10.9	（文化元.9.6）	レザノフ，長崎に来航
08.10.4	（文化5.8.15）	フェートン号事件
25.4.6	（文政8.2.18）	幕府「無二念打ち払い令」公布
37.7.30	（天保8.6.28）	モリソン号事件
42.7.30	（天保13.6.23）	天保の薪水給与令
53.7.8	（嘉永6.6.3）	アメリカ使節ペリー，浦賀に来航
8.22	（嘉永6.7.18）	ロシア使節プチャーチン，長崎に来航
54.2.13	（安政元.1.16）	ペリー再来航
3.31	（安政元.3.3）	幕府，日米和親条約締結
10.14	（安政元.8.23）	日英約定調印
55.2.7	（安政元.12.21）	日露通好条約調印
56.1.30	（安政2.12.23）	日蘭和親条約調印
8.21	（安政2.7.21）	アメリカ総領事ハリス，下田に到着
57.6.17	（安政4.5.26）	幕府，ハリスと下田条約調印
58.7.29	（安政5.6.19）	幕府，勅許を待たず日米修好通商条約締結
10.13	（安政5.9.7）	安政の大獄始まる
59.6.26	（安政6.5.26）	イギリス総領事オールコック品川来着
7.1	（安政6.6.2）	神奈川・長崎・函館の3港，開港
60.2.13	（万延元.1.22）	遣米使節新見正興以下，横浜出発
3.24	（万延元.3.3）	桜田門外の変
61.1.15	（万延元.12.5）	アメリカ公使館員ヒュースケン暗殺される
3.13	（文久元.2.3）	ロシア軍艦対馬に来航，同島占領企図，9月退去
7.5	（文久元.5.28）	イギリス仮公使館東禅寺襲撃事件
62.9.14	（文久2.8.21）	薩摩藩士，イギリス人を殺傷（生麦事件）
63.2.1	（文久2.12.13）	幕府，諸大名以下に攘夷の方針を通告
6.25	（文久3.5.10）	長州藩，下関でアメリカ商船を砲撃
8.15	（文久3.7.2）	イギリス艦隊，薩摩藩と交戦（薩英戦争）
64.9.5～8	（元治元.8.5～8）	英米仏蘭4国連合艦隊下関砲撃，砲台占拠
65.11.5	（慶応元.9.17）	イギリス公使パークス等来航，条約勅許，兵庫開港，関税軽減を幕府に要求
66.6.25	（慶応2.5.13）	幕府，英米仏蘭と改税約書に調印
7.18	（慶応2.6.7）	第二次長州征伐始まる
67.11.9	（慶応3.10.14）	幕府，朝廷に対して大政を奉還
68.1.3	（慶応3.12.9）	王政復古の大号令
1.27	（明治元.1.3）	鳥羽伏見の戦い
4.6	（明治元.3.14）	「五箇条の御誓文」
69.7.25	（明治2.6.17）	版籍奉還
8.15	（明治2.7.8）	外国官を廃し外務省を設置（政府官制の改革）
71.8.29	（明治4.7.14）	廃藩置県
11.20	（明治4.10.8）	岩倉具視ら欧米へ出発
11.27	（明治4.10.15）	琉球人，台湾で殺害される（台湾事件）
72.7.24	（明治5.6.19）	岩倉全権大使，対米条約改正交渉の中止を通告
73.1.10		徴兵令
9.13		岩倉帰国
10.24		征韓論争決着，西郷隆盛下野
74.5.4		台湾出兵決定
75.5.7		樺太千島交換条約調印
9.20		江華島事件
76.2.26		日朝修好条規調印
77.2.15～9.24		西南戦争

年	月・日	事項
79.	4．4	琉球藩を廃し沖縄県を設置(琉球処分)
81.	10．12	大隈重信免官，明治23年に国会開設する旨の詔書発表(明治14年の政変)
82.	7．23	ソウルで朝鮮兵反乱，市民が日本公使館を包囲(壬午事変)
84.	12．4	甲申事変
85.	4．18	韓国問題につき日清間に天津条約締結
	12．22	内閣制度創設
86.	5．1	井上馨外相，第1回条約改正会議を開催
	10．24	ノルマントン号事件
87.	7．29	条約改正会議無期延期
88.	11．30	メキシコと修好通商条約締結(最初の対等条約)
89.	2．11	大日本帝国憲法発布
90.	11．29	第1回帝国議会開会
91.	5．11	来日中のロシア皇太子襲わる(大津事件)
94.	6．2	朝鮮での東学党の乱に派兵決定
	7．16	日英通商航海条約調印
	8．1	清国に宣戦布告(日清戦争)
95.	4．17	下関条約調印
	4．23	露独仏3国，遼東半島の返還を勧告(三国干渉)
96.	5．14	韓国問題で小村・ウェーバー覚書
	6．9	韓国に関し山県・ロバノフ協定調印
98.	4．25	韓国に関し日露間で西・ローゼン協定成立
99.	9．6	アメリカ，ヘイ国務長官，門戸開放宣言

1900年代

年	月・日	事項
00.	6．11	義和団，北京各国公使館を包囲，日本公使館員を殺害(義和団事件)
01.	9．7	義和団事件に関する最終議定書調印
02.	1．30	第1回日英同盟協約調印
04.	2．10	日露戦争開始(宣戦布告)
	8．22	第一次日韓協約調印
05.	1．22	血の日曜日事件
	7．29	桂・タフト協定成立
	8．12	第2回日英同盟協約調印
	9．5	ポーツマス条約調印，日比谷焼き打ち事件
	11．17	第二次日韓協約調印
	12．21	韓国統監府設置
06.	8．1	関東都督府官制公布
	10．11	サンフランシスコで日本人学童隔離事件起こる
	11．26	南満州鉄道株式会社設立
07.	6．10	日仏協約調印(仏印の仏権益，満韓の日本権益を相互承認)
	7．3	伊藤韓国統監，韓国皇帝をハーグ平和会議への密使派遣で責任追及
	7．24	第三次日韓協約(韓国の内政権を掌握)
	7．30	第1回日露協約調印(満州権益を南北に分割，相互承認)
08.	2．18	日米紳士協約調印(日本人移民の自主規制)
	11．30	太平洋方面の現状維持に関し，日米間で高平・ルート協定成立
09.	10．26	伊藤博文，ハルビンで暗殺される
	12．18	アメリカ，満州諸鉄道の中立化を提唱
10.	7．4	第2回日露協約調印
	8．22	韓国併合に関する日韓協約調印
11.	2．21	日米改正通商航海条約調印(関税自主権確立)
	7．13	第3回日英同盟協約調印
	10．10	清国で辛亥革命勃発
	12．29	孫文，臨時大総統に就任
12.	1．1	中華民国成立
	7．8	第3回日露協約調印
13.	5．2	米カリフォルニア州議会，排日土地法可決
14.	6．28	サラエボ事件発生
	7．28	第一次世界大戦勃発
	8．15	パナマ運河開通
	8．23	日本，ドイツに宣戦布告(第一次世界大戦に参戦)
	11．7	青島占領
15.	1．18	中国に対し21カ条要求通告
	5．7	中国に最後通牒(5．9　袁世凱，受諾，5．25　調印)
16.	7．3	第4回日露協約調印
17.	3．12	ロシア二月革命
	4．6	アメリカ，対独宣戦布告
	11．2	石井・ランシング協定調印
	11．7	ロシア十月革命
18.	1．8	ウィルソン米大統領，平和14カ条発表
	8．2	シベリア出兵宣言
	11．11	第一次世界大戦終結(休戦条約調印)
19.	1．18	パリ講和会議開催

	4．30	パリ講和4大国会議，日本の山東問題に関する要求承認
	5．4	北京で五・四運動発生
	6．28	ベルサイユ講和条約締結
20．	1．10	国際連盟成立
	5．25	ニコライエフスク事件発生
21．	8．26	極東共和国との大連会議開催（～22.4.16）
	11．4	原敬首相刺殺される
	11．12	ワシントン会議開催（～22.2.6）
	12．13	日英米仏，太平洋に関する四カ国条約調印（日英同盟廃棄）
22．	2．4	日中両国，山東問題解決に関する条約調印
	2．6	海軍軍縮に関する五カ国条約，中国に関する九カ国条約調印
	4．16	独ソ間にラパロ条約締結
	9．4	日ソ長春会議開催
	10．25	北サハリンを除きシベリアからの撤兵完了
	10．31	ムッソリーニ政権成立
	12．30	ソビエト社会主義共和国連邦成立
23．	3．10	中国，21カ条条約廃棄を通告
	6．28	川上俊彦・ヨッフェ，日ソ予備交渉開始（～7.13）
	9．1	関東大震災
24．	1．20	第一次国共合作成立
	2．1	イギリス，ソ連承認
	5．15	アメリカ上下両院，排日移民法可決
	5．15	北京で芳沢・カラハン会談開催
	6．11	護憲三派内閣成立（幣原喜重郎，外相就任）
25．	1．20	北京で日ソ基本条約調印
	5．30	上海で英官憲，中国人デモに発砲（五・三〇事件），反帝運動激化
	10．26	北京で関税特別会議開催
26．	7．9	蒋介石，北伐開始
	9．8	ドイツ，国際連盟に加入
27．	1．18	幣原外相，議会で内政不干渉などの対中国方針を言明
	3．15	東京渡辺銀行休業，金融恐慌始まる
	3．24	国民革命軍南京占領，領事館へ乱入，英米の宣教師を殺害（南京事件）
	5．4	ジュネーブで国際経済会議開催（～5.23）

	5．28	第一次山東出兵
	6．20	ジュネーブで日米英三国海軍軍縮会議開催，8．4 決裂
	6．27	対中政策確立のため「東方会議」開催（～7.7）
	7．15	第一次国共合作崩壊
28．	4．19	第二次山東出兵
	5．3	済南で日中両軍衝突（済南事件）
	6．4	関東軍，張作霖爆殺（満州某重大事件）
	8．27	パリ不戦条約（ブリアン・ケロッグ協約）調印
29．	6．3	中国国民政府を正式承認
	7．2	田中内閣，張作霖爆殺事件の処分に関し天皇に叱責され，総辞職
	10．24	ニューヨーク株式市場大暴落（暗黒の木曜日），世界大恐慌始まる
	11．21	金解禁の大蔵省令公布
30．	1．21	ロンドン海軍軍縮会議開催
	4．22	ロンドン海軍条約調印
	10．1	枢密院本会議，ロンドン海軍条約承認
	11．14	浜口雄幸首相，狙撃され重傷
	12．24	国民政府軍，掃共戦開始
31．	9．18	満州事変（柳条湖事件）発生
	9．21	イギリス，金本位制を放棄
	10．24	国際連盟理事会，満州からの期限付き（11.16）撤兵の対日勧告案可決
	12．10	国際連盟理事会，満州への調査団派遣を決定
	12．13	金輸出再禁止
32．	1．3	関東軍，錦州占領
	1．7	スチムソン米国務長官，満州の新事態に対する不承認を通告
	1．28	上海で日中両軍衝突（第一次上海事変）
	2．29	リットン調査団来日
	3．1	満州国建国宣言
	5．5	上海停戦協定成立
	5．15	海軍将校ら犬養毅首相を射殺（五・一五事件）
	8．20	英帝国経済会議でオタワ協定（英連邦内特恵関税制度）成立
	9．15	日満議定書調印
	10．2	リットン報告書公表
33．	1．30	ドイツ，ヒットラー政権成立
	2．23	関東軍，熱河作戦を開始
	2．24	国際連盟総会から日本代表松岡洋右退

　　　　　場
　3. 4　アメリカ，ルーズベルト大統領就任
　3. 27　国際連盟脱退正式通告
　4. 19　アメリカ，金本位制離脱
　5. 31　塘沽停戦協定，北支紛争一応決着
　6. 12　ロンドン国際経済会議開催（～ 7. 27）
　10. 14　ドイツ，軍縮会議および国際連盟から
　　　　　脱退
34. 4. 17　英米らの対中国共同援助反対の外務省
　　　　　情報部長談（天羽声明）
　9. 18　ソ連，国際連盟加入
　12. 29　ワシントン海軍軍縮条約破棄通告
35. 3. 23　ソ連が北満鉄道を満州国に売却する日
　　　　　満ソ議定書調印
　6. 10　梅津・何応欽協定調印
　6. 27　土肥原・秦徳純協定調印
　8. 1　中国共産党，抗日救国統一戦線提唱
　　　　　（八・一宣言）
　10. 7　広田弘毅外相，中国側に「広田3原則」
　　　　　を提議
　11. 3　中国，幣制改革を断行
36. 1. 15　ロンドン軍縮会議からの脱退を通告
　2. 26　陸軍皇道派のクーデター（二・二六事
　　　　　件）
　8. 7　五相会議，「国策の基準」・「帝国外交方
　　　　　針」決定
　10. 2　フランス議会，フラン切下げ・金本位
　　　　　停止案可決
　11. 25　日独防共協定成立
　12. 12　張学良，蒋介石を西安に監禁，中国共
　　　　　産党の調停で釈放（西安事件）
37. 7. 7　盧溝橋事件発生
　8. 13　第二次上海事変発生
　9. 23　第二次国共合作成立
　10. 5　ルーズベルト米大統領，日・独を侵略
　　　　　国として非難（隔離演説）
　11. 6　日独伊防共協定成立
　12. 13　南京陥落，南京虐殺事件起こる
38. 1. 16　「爾後国民政府を対手とせず」の声明
　　　　　（第一次近衛声明）
　4. 1　国家総動員法公布
　7. 29　張鼓峰付近で日ソ両軍衝突
　11. 3　東亜新秩序声明（第二次近衛声明）
39. 2. 10　援蒋ルート遮断のため，海南島を占領
　5. 12　ノモンハンで日ソ両軍衝突（～ 9.15）

　5. 22　独伊軍事同盟締結
　7. 26　アメリカ，日米通商条約廃棄を通告
　8. 23　独ソ不可侵条約調印
　9. 3　英仏，対独宣戦布告（第二次世界大戦始
　　　　　まる）
　11. 4　野村吉三郎外相とグルー米駐日大使の
　　　　　間で日米会談開始
40. 3. 30　汪兆銘の南京国民政府樹立
　6. 14　ドイツ軍，パリ占領
　7. 26　第二次近衛内閣「基本国策要綱」決定
　7. 27　大本営政府連絡会議「世界情勢の推移
　　　　　に伴う時局処理要綱」決定
　9. 23　北部仏印進駐
　9. 27　日独伊三国軍事同盟調印
41. 4. 13　日ソ中立条約調印
　4. 16　ハル米国務長官・野村駐米大使のもと
　　　　　に「日米了解案」到着
　6. 22　独ソ戦開始
　7. 5　関東軍特種演習で85万の兵力動員
　7. 25　アメリカ，在米日本資産凍結
　7. 28　南部仏印進駐
　8. 1　アメリカ，対日石油全面禁輸
　8. 14　ルーズベルト・チャーチル会談，大西
　　　　　洋憲章発表
　8. 28　近衛首相，ルーズベルトに頂上会談要
　　　　　望，失敗
　9. 6　御前会議「帝国国策遂行要領」決定
　11. 5　東郷茂徳外相，対米交渉甲乙案を野村
　　　　　大使に訓電
　11. 26　アメリカ，日本案を拒否し「ハル・ノー
　　　　　ト」提示
　12. 1　御前会議，開戦を決定
　12. 8　真珠湾攻撃（太平洋戦争始まる）
42. 6. 5　ミッドウェー海戦
43. 2. 1　ガダルカナル島撤退開始
　9. 8　イタリア無条件降伏公表
　11. 5　大東亜会議開催
　11. 27　ルーズベルト・チャーチル・蒋介石，
　　　　　カイロ宣言に署名
44. 6. 6　連合軍，ノルマンディー上陸
　6. 15　米軍，サイパン島上陸
45. 2. 4　ルーズベルト・チャーチル・スターリ
　　　　　ンによるヤルタ会談
　3. 10　東京大空襲
　4. 1　米軍，沖縄上陸

- 4．5　ソ連，佐藤尚武駐ソ大使に日ソ中立条約の不延長を通告
- 5．7　ドイツ，無条件降伏
- 6．26　国際連合憲章調印
- 7．17　トルーマン・スターリン・チャーチル，ポツダムで会談
- 7．26　ポツダム宣言発表
- 8．6　広島に原爆投下
- 8．9　ソ連，対日参戦
- 8．9　長崎に原爆投下
- 8．14　御前会議でポツダム宣言受諾決定
- 8．15　天皇，戦争終結の詔書を放送
- 8．28　連合国最高司令官総司令部（GHQ／SCAP）設置
- 8．30　マッカーサー，厚木到着
- 9．2　ミズーリ号上で降伏文書に調印
- 9．6　米大統領「降伏後における米国の初期の対日方針」を承認，指令
- 9．20　「ポツダム宣言の受諾に伴い発する命令に関する件」公布
- 10．24　国際連合誕生
- 11．6　GHQ，持株会社の解体に関する覚書（財閥解体）
- 12．9　GHQ，農地改革に関する覚書
- 12．27　ブレトン・ウッズ協定発効

46．
- 1．1　天皇，「人間宣言」
- 1．4　GHQ，戦争責任者の公職追放を指令
- 5．3　極東国際軍事裁判開廷
- 11．3　新憲法公布

47．
- 3．12　トルーマン・ドクトリン発表
- 6．5　マーシャル・プラン発表

48．
- 4．1　ソ連，ベルリン封鎖開始
- 8．13　大韓民国成立
- 9．9　朝鮮民主主義人民共和国成立
- 12．18　GHQ，経済安定9原則を発表

49．
- 3．7　ドッジ公使，日本経済安定策（ドッジ・ライン）発表
- 4．4　北大西洋条約調印，NATO結成
- 4．23　1ドル360円の為替レート設定
- 8．26　シャウプ米使節，税制改革で勧告
- 10．1　中華人民共和国成立
- 12．1　「外国為替および外国貿易管理法」（通商為替法）制定

50．
- 2．14　中ソ友好同盟相互援助条約調印
- 6．25　朝鮮戦争勃発
- 10．25　中国人民義勇軍，朝鮮戦争に参加
- 11．24　アメリカ，「対日講和7原則」をソ連に手交す

51．
- 7．10　朝鮮休戦会談開始
- 9．8　サンフランシスコ講和条約，日米安全保障条約調印
- 12．24　吉田茂首相，ダレス宛書簡で国民政府との講和を確約

52．
- 1．18　韓国，「李承晩ライン」を宣言
- 2．15　第一次日韓会談開催
- 2．28　日米行政協定調印
- 4．28　日華平和条約調印
- 6．1　第一次日中民間貿易協定調印
- 8．13　日本，IMF（国際通貨基金），IBRD（国際復興開発銀行）加盟

53．
- 3．5　スターリン・ソ連首相死去
- 4．2　日米友好通商航海条約調印
- 7．27　朝鮮休戦協定調印
- 10．2　池田・ロバートソン会談（〜10.30）
- 10．21　第三次日韓会談，久保田発言で決裂

54．
- 3．8　日米相互防衛援助協定（MSA）調印
- 4．29　中国・インド，平和5原則を提唱
- 9．22　国際貿易促進協会設立
- 10．12　中ソ対日共同宣言

55．
- 1．25　元ソ連通商代表ドムニツキー，鳩山一郎首相に国交回復に関する書簡を提示
- 5．14　ソ連，東欧8カ国ワルシャワ条約調印
- 6．1　ロンドンで国交回復に関する日ソ交渉開始
- 9．10　GATT（関税と貿易に関する一般協定）に正式加盟
- 11．15　保守合同成立，自民党結成

56．
- 2．24　フルシチョフ，スターリン批判演説
- 5．9　フィリピンとの賠償協定調印
- 5．14　日ソ漁業条約調印
- 10．19　日ソ共同宣言調印
- 12．18　国連総会，日本の加盟を全会一致で可決

57．
- 3．25　欧州経済共同体（EEC）条約調印
- 5．20　岸信介首相，東南アジア歴訪
- 6．16　岸首相訪米，6．21　日米共同声明（「日米新時代」強調）

58．
- 3．5　第四次日中民間貿易協定成立
- 5．2　長崎国旗事件　5．30　日中貿易全面停止
- 9．11　〜2　藤山愛一郎外相・ダレス国務長

官，安保改定に関し会談，合意
60. 1. 19 新日米安保条約，同地位協定調印
    4. 19 韓国，学生・市民の反政府デモ（4.
          26 李承晩下野声明）
    6. 23 新安保条約批准書交換，発効
    12. 27 池田勇人内閣，「所得倍増計画」決定
62. 3. 19 ケネディ米大統領，沖縄返還の意思を
          表明
    10. 22 ケネディ大統領，キューバ海上封鎖宣
          言（キューバ危機）
    11. 4 池田首相，欧州7カ国訪問
    11. 9 日中長期総合貿易（LT貿易）協定調印
63. 8. 5 米英ソ，部分的核実験停止条約調印
    10. 15 韓国新大統領に朴正熙当選
64. 4. 1 日本，IMF8条国へ移行
    4. 28 経済協力開発機構（OECD）加盟
    10. 10 東京オリンピック開催
    10. 16 中国，核実験成功
65. 2. 7 アメリカ，北ベトナム爆撃（北爆）開始
    6. 22 日韓基本条約調印
    8. 19 佐藤栄作首相，沖縄訪問
66. 4. 6 東南アジア開発閣僚会議，東京で開催
    8. 8 中国，文化大革命全土に拡大
67. 8. 8 東南アジア諸国連合（ASEAN）結成
    11. 15 佐藤・ジョンソン首脳会談
68. 1. 19 米原子力空母「エンタープライズ」佐
          世保入港
    7. 1 核拡散防止条約（NPT）調印
69. 3. 2 中ソ武力衝突（ダマンスキー島事件）
    7. 25 ニクソン米大統領，「グァム・ドクトリ
          ン」発表
    11. 21 佐藤・ニクソン共同声明（沖縄の72年，
          核抜き本土並み返還合意）
70. 3. 14 大阪万国博覧会開催
    6. 22 日米安保条約，自動延長を決定
    6. 24 日米繊維交渉決裂
71. 7. 15 「ニクソン訪中」発表
    8. 15 アメリカ，金とドルの交換停止
    10. 25 中国の国連加盟決定，台湾脱退
    12. 18 スミソニアン体制発足
    12. 20 円切り上げ，1ドル＝308円に
72. 1. 3 日米政府間繊維協定に調印
    2. 21 ニクソン訪中
    5. 15 沖縄の施政権返還される
    9. 17 椎名悦三郎自民党副総裁訪台

9. 29 日中共同声明調印，日中国交正常化
73. 1. 27 ベトナム和平協定調印
    2. 14 日本，円を変動相場制に移行
    8. 8 金大中事件
    10. 6 第四次中東戦争勃発
    10. 17 アラブ石油輸出国機構（OAPEC），石
          油戦略の発動決定
    11. 22 二階堂進官房長官，新中東政策表明
    12. 10 三木武夫特使，中東8カ国訪問
    12. 25 OAPEC石油相会議，日本を友好国
          と判定
74. 4. 20 日中航空協定調印
75. 8. 15 日中漁業協定調印
    11. 15 第1回先進国首脳会議開催（ランブイ
          エ）
76. 9. 9 中国・毛沢東主席死去
77. 5. 20 日米カラーテレビ市場秩序維持協定締
          結
    8. 18 福田赳夫首相，マニラで「福田ドクト
          リン」発表
78. 7. 16 ボン・サミット開催，福田首相「機関
          車論」容認（経済成長率目標値の公約）
    8. 12 日中平和友好条約調印
79. 2. 11 イラン革命勢力，勝利宣言
    2. 17 中越戦争勃発
    6. 28 東京サミット開催
    12. 27 ソ連軍，アフガニスタン侵攻
80. 1. 15 大平正芳首相オセアニア歴訪，「環太平
          洋連帯構想」提唱
    2. 1 政府，モスクワ五輪不参加表明
    9. 9 イラン・イラク戦争勃発
    11. 4 アメリカ，レーガン大統領選出
81. 5. 1 日本，対米自動車輸出自主規制に合意
82. 7. 26 中国，8.3 韓国，教科書問題で抗議
83. 1. 17 中曽根康弘首相訪米，「不沈空母，3海
          峡封鎖」発言問題化
    3. 23 レーガン，戦略防衛構想（SDI）発表
    5. 29 ウィリアムズバーグ・サミットに中曽
          根首相出席，「西側の一員」としての政
          治的・軍事的立場強調
84. 4. 7 日米，牛肉・オレンジ交渉妥結
85. 3. 11 ソ連，ゴルバチョフ新書記長就任
    9. 22 G5（日米英西独仏による5カ国蔵
          相・中央銀行総裁会議）開催，ドルの大
          幅切り下げに合意（プラザ合意）

86． 2．17　ＥＣ９カ国，単一欧州議定書調印
　　 2．25　フィリピン・マルコス政権崩壊，アキノ新政権成立
　　 4．26　ソ連・チェルノブイリで原発事故
　　10．11　アイスランドのレイキャビクで米ソ首脳会談
87． 5．15　東芝機械のココム違反発覚，アメリカ反発
　　12． 8　ワシントンで米ソ首脳会談，ＩＮＦ全廃条約調印
88． 5．15　ソ連軍，アフガニスタンから撤退開始
　　 8．20　イラン・イラク停戦
89． 6． 4　「天安門事件」発生
　　 9． 4　日米構造協議（ＳＩＩ）開始
　　11． 9　東ドイツ，国境開放（ベルリンの壁崩壊）
　　12． 2　マルタでブッシュ・ゴルバチョフ首脳会談，冷戦終結を宣言
90． 6．25　日米構造協議・最終報告
　　 8． 2　イラク，クウェート侵攻（湾岸危機）
　　 8． 5　日本，対イラク経済制裁を決定
　　 8．29　日本，中東貢献策発表
　　 9．14　日本，第二次貢献策発表
　　 9．30　韓国・ソ連，国交樹立
　　10． 3　東西両ドイツ統一
　　11． 8　国連平和協力法案，廃案
91． 1．16　湾岸戦争勃発
　　 1．24　日本，多国籍軍へ90億ドルの追加支援決定
　　 4．11　湾岸戦争終結
　　 4．12　「ＯＤＡ実施上の新しい４指針」を閣議決定
　　 4．26　掃海艇部隊，ペルシャ湾へ派遣
　　 8．19　ソ連でクーデター起こる，失敗
　　 8．24　ソ連共産党解体
　　 9．17　北朝鮮・韓国，国連同時加盟
　　10． 8　日本，25億ドルの対ソ支援決定
　　10．23　カンボジア和平協定調印
　　12． 8　独立国家共同体（ＣＩＳ）創設
　　12．25　ソ連消滅
92． 2． 7　ＥＵ条約（マーストリヒト条約）調印
　　 3．15　国連カンボジア暫定行政機構（ＵＮＴＡＣ）発足
　　 4． 6　ユーゴスラビアのボスニア・ヘルツェゴビナで本格的内戦始まる
　　 4．15　ガリ国連事務総長，日本のＰＫＯ参加への期待を表明
　　 4．24　国連安保理，ソマリアへのＰＫＯ派遣を決定
　　 6．15　ＰＫＯ協力法が衆院本会議で成立
　　 7． 6　日本政府，従軍慰安婦問題直接関与を認める
　　 7． 7　ミュンヘン・サミットの政治宣言に北方領土問題盛り込む
　　 8．24　中韓国交樹立
　　 9． 8　ＰＫＯ実施計画を閣議決定
　　10． 7　北米自由貿易協定（ＮＡＦＴＡ）調印
　　10．23　天皇訪中
93． 1． 1　ＥＣ市場統合
　　 1．20　アメリカ，クリントン大統領就任
　　 3．12　北朝鮮，核不拡散条約脱退を表明
　　 8． 6　細川護熙連合政権誕生，55年体制崩壊
　　 9．13　イスラエル・ＰＬＯ，パレスチナ暫定自治先行に合意
　　11．17　シアトルでアジア太平洋経済協力会議（ＡＰＥＣ）開催
　　12．14　政府，コメの部分開放決める
　　12．15　ウルグアイ・ラウンド最終協定案採択
94． 2．11　日米首脳会談，経済協議物別れ
　　 3． 3　クリントン大統領，包括貿易法スーパー301条の復活に署名
　　 3．21　国際原子力機関（ＩＡＥＡ），北朝鮮の核査察問題を国連安保理に再付託決議
　　 4． 4　北朝鮮，核査察受入れ拒否
　　 5．24　ＮＡＴＯ・ロシア，「平和のためのパートナーシップ」調印で基本合意
　　 6． 8　小和田国連大使，常任理事国入り表明
　　 6．13　北朝鮮，ＩＡＥＡ脱退を声明
　　 6．15　米カーター特使，北朝鮮訪問
　　 7． 4　村山富市社会党委員長，首相就任
　　 7． 8　金日成主席死去
　　 7．25　ＡＳＥＡＮ地域フォーラム（日・米・ロ・中・ＥＵを含む）第１回会合，アジア安保を協議
　　 8．13　米朝高官会談で合意
　　 9．13　ルワンダ難民救済で自衛隊のザイール派遣計画決定
　　 9．28　日本，国連総会で武力行使不参加での安保理常任理事国入り表明
　　10．18　米朝，核協議で合意文書に調印

95. 1. 1 世界貿易機関(WTO)発足
1. 17 阪神大震災
2. 27 米国防省「東アジア戦略報告」提出
3. 9 北朝鮮への軽水炉転換支援のため，朝鮮半島エネルギー開発機構(KEDO)設立協定に日米韓三国が調印
6. 7 李登輝台湾総統私的訪米，中国抗議
6. 28 日米包括経済協議の自動車・同部品分野の交渉が妥結
6. 29 北朝鮮へのコメ支援で，日朝合意
7. 12 米国・ベトナム，国交樹立
8. 28 中国核実験に抗議し，対中国無償資金協力を大幅圧縮
8. 29 中東・ゴラン高原国連平和維持活動への自衛隊参加を閣議決定
9. 1 沖縄で米兵による女子小学生暴行事件
9. 5 フランス，ムルロア環礁で地下核実験強行
9. 15 国連第4回世界女性会議(北京)が行動綱領採択
9. 28 イスラエルとPLO，パレスチナ自治拡大協定に調印
9. 28 大田沖縄県知事，米軍用地の更新手続き拒否
11. 15 APEC大阪会議
96. 4. 12 日米，沖縄・普天間基地全面返還で合意
4. 15 日米物品役務相互提供協定(ACSA)署名
4. 16 橋本・クリントン「日米安保共同宣言——21世紀に向けての同盟」に署名
12. 17 ペルーの日本大使公邸襲撃事件発生
97. 2. 19 鄧小平，死去
4. 22 在ペルー日本大使公邸に武力突入
4. 29 化学兵器禁止条約発効
7. 1 香港返還
7. 4 日本，包括的核実験禁止条約(CTBT)批准を決定
9. 18 対人地雷全面禁止条約採択
9. 23 日米安保協議委員会，新ガイドライン決定
10. 2 EU加盟国，アムステルダム条約署名
12. 3 対人地雷全面禁止条約署名
12. 9 韓国・北朝鮮・米・中による朝鮮半島和平四者協議開催
98. 2. 25 金大中，韓国大統領に就任

4. 18 橋本首相，エリツィン大統領に国境線画定を提案(~ 4. 20)
5. 1 小渕外相，東南アジア訪問．ASEAN基金に2000億ドル拠出表明(~ 5. 5)
5. 印パ核実験．日本，経済制裁を決定
5. 21 インドネシア，スハルト体制崩壊
8. 31 北朝鮮「テポドン」発射
9. 25 日韓新漁業協定に基本合意
99. 1. 1 ユーロ発足
3. 12 ポーランド，ハンガリー，チェコ，NATO加盟
3. 24 NATO軍，コソボ紛争介入でユーゴ空爆
5. 7 NATO軍，中国の在ユーゴ大使館を誤爆
5. 24 ガイドライン関連法案成立
8. 9 国旗・国歌法成立
9. 4 東チモールで住民投票，独立派の圧勝
9. 16 日本政府，東チモール支援策発表
10. 13 米，包括的核実験禁止条約批准を否決
12. 14 日本政府，日朝国交正常化交渉および食糧支援を再開
12. 20 マカオ，中国に返還
12. 31 エリツィン・ロシア大統領辞任

2000年代

00. 2. 28 アラビア石油，サウジアラビアの石油採掘権失効
3. 18 台湾総統に陳水扁が当選
3. 27 ロシア大統領にプーチンが当選
6. 13 北朝鮮と韓国，首脳会談開催
7. 21 沖縄サミット
9. 19 米上院，対中MFN(最恵国待遇)恒久付与法案可決
10. 5 ユーゴ，ミロシェビッチ政権崩壊
10. 13 金大中，ノーベル平和賞受賞
10. 24 オルブライト米国務長官，北朝鮮訪問
11. 21 ペルーのフジモリ大統領，東京で辞任を表明
11. 24 日中韓，三カ国首脳会談の年1回の定例化に合意
01. 1. 20 ブッシュ，アメリカ新大統領に就任
2. 9 えひめ丸沈没事故
4. 1 米軍機，海南島付近で中国軍機と接触事故

4．10 中国からの輸入農産品に暫定的セーフガード発動
4．22 台湾の李登輝前総統来日
5．14 ＥＵ(欧州連合)，北朝鮮と国交樹立
6．22 中国，日本のセーフガードに対抗措置
9．11 アメリカで同時多発テロ
10．8 米英，タリバンへの空爆開始
10．29 テロ対策特別措置法など成立
11．11 中国のＷＴＯ(世界貿易機関)加盟承認
12．13 インドの国会が襲撃される
12．13 ブッシュ米大統領，ＡＢＭ(弾道弾迎撃ミサイル)制限条約からの脱退を表明
12．21 国連安保理，アフガニスタンの治安維持にあたる多国籍軍派遣を決定
12．21 対中セーフガード本発動見送り，中国の対日報復関税も取り消し
12．22 アフガニスタンで暫定行政機構発足
12．22 東シナ海で不審船と銃撃戦，沈没
1．13 シンガポールと経済連携協定締結
02．1．21 アフガニスタン復興支援国際会議，東京で開催
1．30 ブッシュ米大統領，「悪の枢軸」演説
3．4 東チモールＰＫＯ参加の自衛隊現地入り
5．8 中国・瀋陽の日本領事館に脱北者駆け込み未遂事件発生
5．31 日韓共催のサッカーW杯開催
6．7 中国・ロシア・中央アジア４カ国が上海協力機構憲章に調印
9．17 小泉首相訪朝，金正日総書記と日朝平壌宣言に調印
10．15 北朝鮮への拉致被害者５人が帰国
11．8 安保理，イラクへの大量破壊兵器査察無条件受入と廃棄を求める決議を採択
03．1．10 北朝鮮，核拡散防止条約脱退と国際原子力機関との保障措置協定破棄を宣言
3．17 ブッシュ大統領，イラクのフセイン大統領に対して攻撃開始の最後通告
3．18 小泉首相，アメリカへの支持を表明
3．20 イラク戦争開戦　4．9　バグダッド陥落，フセイン政権崩壊
6．6 武力攻撃事態法など有事関連法が成立
7．26 イラク復興支援特別措置法が成立
8．27 北朝鮮の核問題を巡る六カ国協議開始
10．24 マドリードでイラク復興支援会議開催
11．4 ＫＥＤＯが，北朝鮮での軽水炉建設凍結を決定
12．9 閣議でイラクへの自衛隊派遣基本計画が決定
12．19 閣議および安全保障会議で，ミサイル防衛システムの導入を決定
04．1．28 第２回六カ国協議で議長総括を採択
2．9 対北朝鮮経済制裁のための改正外為法が成立
3．12 メキシコと自由貿易協定締結で合意
5．4 小泉首相再訪朝，拉致被害者の家族５人が帰国
6．28 閣議でイラクにおける多国籍軍への自衛隊参加が決定
9．21 小泉首相が，国連総会で国連安全保障理事会常任理事国入りの意思を表明
12．29 中国，台湾の独立阻止に武力行使を合法化する「反国家分裂法」を制定
05．2．10 北朝鮮，核兵器保有を初めて認める
2．19 日米両政府が「共通の戦略目標」に合意
3．16 韓国の盧武鉉政権，竹島問題をめぐって，歴史問題を外交争点としないという対日政策からの転換を表明
4．2 中国で反日デモ
5．16 安保理常任理事国入りを目指す日本・ドイツ・ブラジル・インドの４カ国(Ｇ４)，Ｇ４案を提示
7．21 中国，人民元切上げを決定
7．30 第４回六カ国協議で議長草案提示
8．18 中ロ両国，極東での軍事演習を初実施
8．5 日本などのＧ４案が頓挫，日本の常任理入り絶望的
9．1 日・タイ自由貿易協定(FTA)締結に合意
9．19 ６カ国国協議，北朝鮮の核放棄確約を含む初の共同声明を採択
11．22 KEDO 理事会が組織解体で合意
12．14 ASEAN10カ国と日中韓，印・豪・NZ による東アジアサミット開幕
06．3．4 IAEA，イラン核問題を国連安保理に付託する決議を採択
5．1 日米両政府，在日米軍再編最終報告に合意
6．20 政府，陸上自衛隊のイラクからの撤収を決定

	7．5	北朝鮮がミサイル7発発射
	8．15	小泉首相が終戦記念日としては初めて靖国神社に参拝，中韓両国などは強く反発
	9．26	安倍晋三内閣発足
	10．9	北朝鮮が地下核実験に成功したと発表
	10．13	日本政府，対北朝鮮追加制裁を決定
	10．14	国連安保理が広範な対北朝鮮制裁を発動する決議を採択
	12．30	フセイン元大統領，処刑
07．	4．4	米韓FTA合意
	12．13	欧州連合，リスボン条約に署名
08．	3．22	馬英九が台湾総統に当選
	8．8	北京オリンピック開幕
	9．15	アメリカでリーマン・ショック発生
	11．4	アメリカでバラク・オバマが大統領に当選
09．	4．5	北朝鮮のミサイルが日本上空を越えて太平洋に落下
	5．25	北朝鮮が2回目の核実験
	9．16	鳩山由紀夫民主党内閣が成立
10．	5．1	上海万博開催
	8．18	イラク駐留米国戦闘部隊が撤退完了
	9．7	尖閣諸島で中国漁船と海上保安庁巡視船との激突事件
	11．13	ミャンマーでアウンサンスーチーの自宅軟禁が解除
11．	1．14	チュニジアでジャスミン革命(「アラブの春」の始まり)
	3．11	東日本大震災発生
	5．2	ウサマ・ビンラディンがパキスタンで米軍により殺害される
	12．17	北朝鮮の金正日が死去
12．	4．11	北朝鮮で金正恩が朝鮮労働党第一書記に就任
	8．10	韓国の李明博大統領が竹島に上陸
	9．11	野田佳彦内閣が尖閣諸島を国有化
13．	7．3	エジプトで軍部によるクーデター発生
	8．3	イラン大統領に穏健派のロウハニが就任
	11．23	中国政府，尖閣諸島を含む上空を防空識別圏に設定
14．	2．18	ウクライナのヤヌコビッチ大統領がロシアに逃亡
	3．20	ロシアがウクライナのクリミアを併合
	6．29	イラク・シリアの「イスラム国」が樹立宣言
	8．7	アメリカ，「イスラム国」への空爆開始
15．	1．7	フランス・パリで「シャルリー・エブド襲撃事件」発生
	7．20	アメリカとキューバが54年ぶりに国交回復
	11．7	習近平と馬英九が中台分断後初の首脳会談
	11．8	ミャンマーで総選挙，スー・チー率いるNLDが勝利
	11．13	パリで同時多発テロ事件
16．	1．16	台湾総統選で8年ぶりに民進党が政権奪還

付・2　首相・外相対応表

#	就任年月日	首相	外相
1	1885.12.22	伊藤　博文（第一次）	井上　馨
	(87.9.17)		伊藤　博文（臨時兼任）
	(88.2.1)		大隈　重信
2	1888.4.30	黒田　清隆	大隈　重信
3	1889.12.24	山県　有朋（第一次）	青木　周蔵
4	1891.5.6	松方　正義（第一次）	青木　周蔵
	(91.5.29)		榎本　武揚
5	1892.8.8	伊藤　博文（第二次）	陸奥　宗光
	(95.6.5)		西園寺公望（臨時代理）
	(96.5.30)		西園寺公望（兼任）
6	1896.9.18	松方　正義（第二次）	西園寺公望（兼任）
	(96.9.22)		大隈　重信
	(97.11.6)		西　徳二郎
7	1898.1.12	伊藤　博文（第三次）	西　徳二郎
8	1898.6.30	大隈　重信（第一次）	大隈　重信（兼任）
9	1898.11.8	山県　有朋（第二次）	青木　周蔵
10	1900.10.19	伊藤　博文（第四次）	加藤　高明
11	1901.6.2	桂　太郎（第一次）	曽禰　荒助（臨時兼任）
	(01.9.21)		小村寿太郎
12	1906.1.7	西園寺公望（第一次）	加藤　高明
	(06.3.3)		西園寺公望（臨時兼任）
	(06.5.19)		林　董
13	1908.7.14	桂　太郎（第二次）	寺内　正毅（臨時兼任）
	(08.8.27)		小村寿太郎
14	1911.8.30	西園寺公望（第二次）	林　董（臨時兼任）
	(11.10.16)		内田　康哉
15	1912.12.21	桂　太郎（第三次）	桂　太郎（兼任）
	(13.1.29)		加藤　高明
16	1913.2.20	山本権兵衛（第一次）	牧野　伸顕
17	1914.4.16	大隈　重信（第二次）	加藤　高明
	(15.8.10)		大隈　重信（兼任）
	(15.10.13)		石井菊次郎
18	1916.10.9	寺内　正毅	寺内　正毅（兼任）
	(16.11.21)		本野　一郎
	(18.4.23)		後藤　新平
19	1918.9.29	原　敬	内田　康哉
	(21.11.4)	内田　康哉（臨時兼任)	
20	1921.11.13	高橋　是清	内田　康哉
21	1922.6.12	加藤友三郎	内田　康哉
	(23.8.25)	内田　康哉（臨時兼任）	
22	1923.9.2	山本権兵衛（第二次）	山本権兵衛（兼任）
	(23.9.19)		伊集院彦吉
23	1924.1.7	清浦　奎吾	松井慶四郎
24	1924.6.11	加藤　高明（第一次）	幣原喜重郎
	1925.8.2	加藤　高明（第二次）	幣原喜重郎
	(26.1.28)	若槻礼次郎（臨時兼任）	
25	1926.1.30	若槻礼次郎（第一次）	幣原喜重郎
26	1927.4.20	田中　義一	田中　義一（兼任）
27	1929.7.2	浜口　雄幸	幣原喜重郎
28	1931.4.14	若槻礼次郎（第二次）	幣原喜重郎
29	1931.12.13	犬養　毅	犬養　毅（兼任）
	(32.1.14)		芳沢　謙吉
	(32.5.16)	高橋　是清（臨時兼任）	
30	1932.5.26	斎藤　実	斎藤　実（兼任）
	(32.7.6)		内田　康哉
	(33.9.14)		広田　弘毅
31	1934.7.8	岡田　啓介	広田　弘毅

	就任年月日	首　相	外　相		就任年月日	首　相	外　相
32	1936．3．9	広田　弘毅	広田　弘毅（兼任）	52	1954．12．10	鳩山　一郎（第一次）	重光　葵
	（36．4．2）		有田　八郎	53	1955．3．19	鳩山　一郎（第二次）	重光　葵
33	1937．2．2	林　銑十郎	林　銑十郎（兼任）	54	1955．11．22	鳩山　一郎（第三次）	重光　葵
	（37．3．3）		佐藤　尚武	55	1956．12．23	石橋　湛山	岸　信介
34	1937．6．4	近衛　文麿（第一次）	広田　弘毅	56	1957．2．25	岸　信介（第一次）	岸　信介（兼任）
	（38．5．26）		宇垣　一成		（57．7．10）		藤山愛一郎
	（38．9．30）		近衛　文麿（兼任）	57	1958．6．12	岸　信介（第二次）	藤山愛一郎
	（38．10．29）		有田　八郎				
35	1939．1．5	平沼騏一郎	有田　八郎	58	1960．7．19	池田　勇人（第一次）	小坂善太郎
36	1939．8．30	阿部　信行	阿部　信行（兼任）	59	1960．12．8	池田　勇人（第二次）	小坂善太郎
	（39．9．25）		野村吉三郎		（62．7．18）		大平　正芳
37	1940．1．16	米内　光政	有田　八郎	60	1963．12．9	池田　勇人（第三次）	大平　正芳
38	1940．7．22	近衛　文麿（第二次）	松岡　洋右		（64．7．18）		椎名悦三郎
39	1941．7．18	近衛　文麿（第三次）	豊田貞次郎	61	1964．11．9	佐藤　栄作（第一次）	椎名悦三郎
40	1941．10．18	東条　英機	東郷　茂徳		（66．12．3）		三木　武夫
	（42．9．1）		東条　英機（兼任）	62	1967．2．17	佐藤　栄作（第二次）	三木　武夫
	（42．9．17）		谷　正之		（68．11．30）		愛知　揆一
	（43．4．20）		重光　葵	63	1970．1．14	佐藤　栄作（第三次）	愛知　揆一
41	1944．7．22	小磯　国昭	重光　葵		（71．7．5）		福田　赳夫
42	1945．4．7	鈴木貫太郎	鈴木貫太郎（兼任）	64	1972．7．7	田中　角栄（第一次）	大平　正芳
	（45．4．9）		東郷　茂徳	65	1972．12．22	田中　角栄（第二次）	大平　正芳
43	1945．8．17	東久邇宮稔彦	重光　葵		（74．7．16）		木村　俊夫
	（45．9．17）		吉田　茂	66	1974．12．9	三木　武夫	宮沢　喜一
44	1945．10．9	幣原喜重郎	吉田　茂		（76．9．15）		小坂善太郎
45	1946．5．22	吉田　茂（第一次）	吉田　茂（兼任）	67	1976．12．24	福田　赳夫	鳩山威一郎
46	1947．5．24	片山　哲	片山　哲（兼任）		（77．11．28）		園田　直
	（47．6．1）		芦田　均	68	1978．12．7	大平　正芳（第一次）	園田　直
47	1948．3．10	芦田　均	芦田　均（兼任）	69	1979．11．9	大平　正芳（第二次）	大来佐武郎
48	1948．10．15	吉田　茂（第二次）	吉田　茂（兼任）	70	1980．7．17	鈴木　善幸	伊東　正義
49	1949．2．16	吉田　茂（第三次）	吉田　茂（兼任）		（81．5．18）		園田　直
	（52．4．30）		岡崎　勝男		（81．11．30）		桜内　義雄
50	1952．10．30	吉田　茂（第四次）	岡崎　勝男	71	1982．11．27	中曽根康弘（第一次）	安倍晋太郎
51	1953．5．21	吉田　茂（第五次）	岡崎　勝男	72	1983．12．27	中曽根康弘（第二次）	安倍晋太郎

	就任年月日	首　相	外　相
73	1986. 7. 22	中曽根康弘 (第三次)	倉成　　正
74	1987. 11. 6	竹下　　登	宇野　宗佑
75	1989. 6. 3	宇野　宗佑	三塚　　博
76	1989. 8. 10	海部　俊樹 (第一次)	中山　太郎
77	1990. 2. 28	海部　俊樹 (第二次)	中山　太郎
78	1991. 11. 5 (93. 4. 6)	宮沢　喜一	渡辺美智雄 武藤　嘉文
79	1993. 8. 6	細川　護熙	羽田　　孜
80	1994. 4. 28	羽田　　孜	柿沢　弘治
81	1994. 7. 4	村山　富市	河野　洋平
82	1996. 1. 11	橋本龍太郎 (第一次)	池田　行彦
83	1996. 11. 7 (97. 9. 11)	橋本龍太郎 (第二次)	池田　行彦 小渕　恵三
84	1998. 7. 30 (99. 10. 5)	小渕　恵三	高村　正彦 河野　洋平
85	2000. 4. 5	森　　喜朗	河野　洋平
86	2000. 7. 4	森　　喜朗 (第二次)	河野　洋平
87	2001. 4. 26 (02. 1. 30) (02. 2. 1)	小泉純一郎	田中真紀子 小泉純一郎 (兼任) 川口　順子
88	2003. 11. 19 (04. 9. 27)	小泉純一郎 (第二次)	川口　順子 町村　信孝
89	2005. 9. 21 (05. 10. 31)	小泉純一郎 (第三次)	町村　信孝 麻生　太郎
90	2006. 9. 26 (06. 8. 27)	安倍　晋三	麻生　太郎 町村　信孝
91	2007. 9. 26	福田　康夫	高村　正彦
92	2008. 9. 24	麻生　太郎	中曽根弘文
93	2009. 9. 16	鳩山由紀夫	岡田　克也
94	2010. 6. 8 (10. 11. 22) (11. 1. 14)	菅　　直人	岡田　克也 前原　誠司 松本　剛明
95	2011. 9. 2	野田　佳彦	玄葉光一郎
96	2012. 12. 26	安倍　晋三 (第二次)	岸田　文雄
97	2014. 12. 24	安倍　晋三 (第三次)	岸田　文雄

付・3　参考文献

Ⅰ・1　藤田覚『幕藩制国家の政治史的研究』校倉書房，1987.
　　　三谷博「開国前夜」『年報・近代日本研究7　日本外交の危機認識』山川出版社，1985.
　　　中村栄孝「大君外交の国際認識」日本国際政治学会編『日本外交の国際認識』（『国際政治』57）有斐閣，1974.
　　2　石井孝『日本開国史』吉川弘文館，1972.
　　　加藤裕三『黒船異変──ペリーの挑戦』岩波新書，1988.
　　　ペリー／土屋喬雄・玉城肇訳『ペルリ提督日本遠征記』上・下，臨川書店，1988.
　　3　松岡英夫『岩瀬忠震』中公新書，1981.
　　　カール・クロウ／田坂長次郎訳『ハリス伝──日本の扉を開いた男』有斐閣，1950.
　　　三谷博『明治維新とナショナリズム』山川出版社，1997.

Ⅱ・4　高野雄一『日本の領土』東京大学出版会，1962.
　　　金城正篤『琉球処分論』沖縄タイムス社，1978.
　　　和田春樹『開国──日露国境交渉』NHKブックス，1991.
　　5　大久保利謙編『岩倉使節の研究』宗高書房，1976.
　　　井上清『条約改正』岩波新書，1955.
　　　小宮一夫『条約改正と国内政治』吉川弘文館，2001.
　　6　信夫清三郎『日清戦争』南窓社，増補改訂版，1970.
　　　藤村道生『日清戦争』岩波新書，1975.
　　　高橋秀直『日清戦争への道』東京創元社，1995.
　　7　黒羽茂『日英同盟史の研究』東北教育出版，1965.
　　　Ian H. Nish, *The Anglo-Japanese Alliance : The Diplomacy of Two Island Empires 1894-1907*, London, 1966.
　　　平間洋一『日英同盟』PHP新書，2000.
　　8　古屋哲夫『日露戦争』中公新書，1966.
　　　ウィッテ／大竹博吉訳『日露戦争と露西亜革命』原書房，1972.
　　　横手慎二『日露戦争史』中公新書，2005.

Ⅲ・9　北岡伸一『日本陸軍と大陸政策』東京大学出版会，1978.
　　　角田順『満州問題と国防方針』原書房，1967.
　　　森山茂徳『近代日韓関係史研究』東京大学出版会，1987.
　　10　若槻泰雄『排日の歴史──アメリカにおける日本人移民』中公新書，1971.
　　　三輪公忠編『日米危機の起源と排日移民法』論創社，1997.

　　　　　F・F・チューマン／小川洋訳『バンブー・ピープル──日系アメリカ人試練の100年』サイマル出版会，1978.
　11　ジェームス・ジョル／池田清訳『第一次大戦の起源』みすず書房，1987.
　　　　　黒羽茂『日英同盟の軌跡』上，文化書房出版社，1987.
　　　　　長岡新次郎「欧州大戦参加問題」日本国際政治学会編『日本外交史研究　大正時代』(『国際政治』6) 有斐閣，1958.
　12　堀川武夫『極東国際政治史序説』有斐閣，1958.
　　　　　増田弘『石橋湛山研究』東洋経済新報社，1990.
　　　　　北岡伸一「二十一カ条再考──日米外交の相互作用」，前掲『年報・近代日本研究7　日本外交の危機認識』.
　13　細谷千博『ロシア革命と日本』原書房，1972.
　　　　　原暉之『シベリア出兵』みすず書房，1973.
　　　　　菊地昌典『ロシア革命と日本人』筑摩書房，1973.
　14　斎藤孝「パリ講和会議と日本」，前掲『日本外交史研究　大正時代』.
　　　　　臼井勝美『日本と中国──大正時代』原書房，1972.
　　　　　海野芳郎『国際連盟と日本』原書房，1972.

Ⅳ・15　細谷千博・斎藤真編『ワシントン体制と日米関係』東京大学出版会，1978.
　　　　　麻田貞雄『両大戦間の日米関係』東京大学出版会，1984.
　　　　　入江昭・有賀貞編『戦間期の日本外交』東京大学出版会，1984.
　16　北岡伸一『後藤新平』中公新書，1988.
　　　　　小林幸男『日ソ政治外交史』有斐閣，1985.
　　　　　外務省編『日ソ交渉史』巌南堂書店，1969.
　17　坂野潤治編『近代日本の外交と政治』研文出版，1985.
　　　　　入江昭『極東新秩序の模索』原書房，1970.
　　　　　竹内好・橋川文三編『近代日本と中国』下，朝日新聞社，1974.
　18　臼井勝美『日中外交史──北伐の時代』塙書房，1971.
　　　　　佐藤元英『昭和初期対中国政策の研究』原書房，1992.
　　　　　服部龍二『東アジア国際環境の変動と日本外交　1918-1931』有斐閣，2001.
　19　伊藤隆『昭和初期政治史研究』東京大学出版会，1969.
　　　　　増田知子「政党内閣と枢密院」『年報・近代日本研究6　政党内閣の成立と崩壊』山川出版社，1984.
　　　　　渡辺行男『軍縮──ロンドン条約と日本海軍』ペップ出版，1988.

Ⅴ・20　緒方貞子『満州事変と政策の形成過程』原書房，1976.
　　　　　酒井哲哉『大正デモクラシー体制の崩壊──内政と外交』東京大学出版会，1992.
　　　　　臼井勝美『満州事変』中公新書，1974.
　　　　　山室信一『キメラ──満洲国の肖像』中公新書，1993.
　　　　　クリストファー・ソーン『満州事変とは何だったのか』上・下，草思社，1994.
　21　井上寿一『危機のなかの協調外交』山川出版社，1994.

加藤陽子『模索する1930年代』山川出版社，1993．
　　　石井修『世界恐慌と日本の「経済外交」』勁草書房，1995．
22　秦郁彦『日中戦争史』河出書房新社，1961(新装版1979)．
　　　日本国際政治学会編『太平洋戦争への道3　日中戦争　上』『同4　日中戦争下』朝日新聞社，1963．
　　　細谷千博ほか『日米関係史』全4巻，東京大学出版会，1971．
　　　臼井勝美『日中戦争』中公新書，1965．
　　　松浦正孝『日中戦争期における経済と政治』東京大学出版会，1995．
23　三宅正樹『日独伊三国同盟の研究』南窓社，1975．
　　　義井博『日独伊三国同盟と日米関係』南窓社，1977．
　　　三輪公忠『松岡洋右』中公新書，1971．
24　前掲『太平洋戦争への道6　南方進出』朝日新聞社，1963(新装版1987)．
　　　矢野暢『「南進」の系譜』中公新書，1975．
　　　G・M・バーガー「アジア新秩序の夢――大東亜共栄圏構想の諸相」，およびS・ペルツ「理想の帝国――新秩序建設への日本軍人の夢(1928～1944年)」，佐藤誠三郎・R・ディングマン編『近代日本の対外態度』東京大学出版会，1974．
25　塩崎弘明『日英米戦争の岐路』山川出版社，1984．
　　　細谷千博・本間長世・入江昭・波多野澄雄編『太平洋戦争』東京大学出版会，1993．
　　　森山優『日米開戦の政治過程』吉川弘文館，1998．
　　　須藤真志『日米開戦外交の研究』慶応通信，1986．

Ⅵ・26　長谷川毅『暗闘』中央公論新社，2006．
　　　五百旗頭真『米国の日本占領政策』上・下，中央公論，1985．
　　　竹前栄治・天川晃・柚井林二郎・秦郁彦『日本占領史』上・下，朝日新聞社，1977．
　　　日本国際政治学会編『日本占領の多角的研究』(『国際政治』85)有斐閣，1987．
　　　中村隆英編『占領期日本の経済と政治』東京大学出版会，1979．
27　五十嵐武士『対日講和と冷戦』東京大学出版会，1986．
　　　柚井林二郎『マッカーサーの二千日』中公文庫，1987．
　　　リチャード・B・フィン／内田健三監修『マッカーサーと吉田茂』上・下，同文書院，1993．
28　A・V・トルクノフ『朝鮮戦争の謎と真実』草思社，2001．
　　　神谷不二『朝鮮戦争』中公新書，1976．
　　　小此木政夫『朝鮮戦争』中央公論，1989．
29　増田弘『自衛隊の誕生』中央公論新社，2004．
　　　読売新聞戦後史班『「再軍備」の軌跡』読売新聞社，1981．
　　　植村秀樹『再軍備と五五年体制』木鐸社，1995．
　　　中島信吾『戦後日本の防衛政策』慶応義塾大学出版会，2006．

30 細谷千博『サンフランシスコ講和への道』中央公論社，1984.
渡辺昭夫・宮里政玄編『サンフランシスコ講和』東京大学出版会，1986.
西村熊雄『サンフランシスコ平和条約・日米安保条約』中央公論新社，1997.
31 石井修『冷戦と日米関係』ジャパンタイムズ出版部，1989.
坂元一哉『日米同盟の絆』有斐閣，2000.
宮沢喜一『東京－ワシントンの密談』中央公論社，1999.
五十嵐武士『戦後日米関係の形成』講談社，1995.
楠綾子『吉田茂と安全保障政策の形成』ミネルヴァ書房，2009.

Ⅶ・32 袁克勤『アメリカと日華講和』柏書房，2001.
張群／古屋奎二訳『日華・風雲の七十年』参詣出版，1980.
衛藤瀋吉「戦後国際環境における中国」，衛藤ほか編『日本の安全・世界の平和』原書房，1980.
33 木村汎『日露国境交渉史』中央公論社，1993.
田中孝彦『日ソ国交回復の史的研究』有斐閣，1993.
重光晶『「北方領土」とソ連外交』時事通信社，1983.
34 国連広報センター編『回想・日本と国連の30年』講談社，1987.
井上寿一「国連と戦後日本外交」『年報・近代日本研究 16　戦後外交の形成』山川出版社，1994.
35 宮城大蔵『戦後アジア秩序の模索と日本』創文社，2004.
吉川洋子『日比賠償外交交渉の研究　1949-1956』勁草書房，1991.
渡辺昭夫『アジア・太平洋の国際関係と日本』東京大学出版会，1992.
36 田中明彦『日中関係　1945-1990』東京大学出版会，1991.
添谷芳秀『日本外交と中国』慶応通信，1995.
陳肇斌『戦後日本の中国政策』東京大学出版会，2000.
37 原彬久『戦後日本と国際政治――安保改定の政治力学』中央公論社，1988.
東郷文彦『日米外交三十年』中央公論社，1989.
大日向一郎『岸政権・1241日』行政問題研究所，1985.

Ⅷ・38 山本満『日本の経済外交』日経新書，1973.
大来佐武郎『先進国の条件』日経選書，1965.
鹿島平和研究所編『対外経済協力大系７　アジアに対する経済協力』鹿島平和研究所出版会，1974.
39 李鐘元『東アジア冷戦と韓米日関係』東京大学出版会，1996.
李庭植／小此木政夫・古田博司訳『戦後日韓関係史』中央公論社，1989.
吉沢文寿『戦後日韓関係』クレイン，2005.
40 谷川栄彦編著『ベトナム戦争の起源』勁草書房，1986.
矢野暢『冷戦と東南アジア』中公新書，1986.
松岡完『ダレス外交とインドシナ』同文舘，1988.
黒崎輝『核兵器と日米関係』有志舎，2006.

41 日本国際政治学会編『沖縄返還交渉の政治過程』(『国際政治』52) 有斐閣, 1974.
河野康子『沖縄返還をめぐる政治と外交』東京大学出版会, 1994.
I・M・デスラー・福井治弘・佐藤英夫『日米繊維紛争——"密約"はあったのか』日本経済新聞社, 1970.
宮里政玄『日米関係と沖縄』岩波書店, 2000.
若泉敬『他策ナカリシヲ信ゼムト欲ス』文藝春秋, 1994.

IX・42 緒方貞子／添谷芳秀訳『戦後日中・米中関係』東京大学出版会, 1992.
増田弘編著『ニクソン訪中と冷戦構造の変容』慶應義塾大学出版会, 2006.
ジェームズ・マン『米中奔流』共同通信社, 1999.

43 田所昌幸『「アメリカ」を超えたドル』中央公論新社, 2001.
柏木雄介[述]；本田敬吉, 秦忠夫編『戦後日本の国際金融史』有斐閣, 1998.
牧野裕『日米通貨外交の比較分析』御茶の水書房, 1999.

44 時事通信社政治部『ドキュメント日中復交』時事通信社, 1972.
NHK取材班『周恩来の決断』日本放送出版協会, 1993.
毛里和子『日中関係』岩波新書, 2006.

45 イアン・スキート／奥田英雄訳『OPEC——その価格と政治』石油評論社, 1990.
石川良孝『オイル外交日記——第一次石油危機の現地報告』朝日新聞社, 1983.
マーク・セラルニック「第一次石油危機における日本の対外政策」, 前掲『年報・近代日本研究7　日本外交の危機認識』.

X・46 若月秀和『「全方位外交」の時代』日本経済評論社, 2006.
五十嵐武士編『日本のODAと国際秩序』日本国際問題研究所, 1990.
デニス・ヤスモト『戦略援助と日本外交』同文舘, 1989.

47 ロバート・D・パットナム＝ニコラス・ペイン／山田進一訳『サミット——先進国首脳会議』TBSブリタニカ, 1986.
船橋洋一『サミットの思想』朝日新聞社, 1980.
松浦晃一郎『先進国サミット』サイマル出版会, 1994.

48 石井明ほか編『日中国交正常化・日中平和友好条約締結交渉：記録と考証』岩波書店, 2003.
李恩民『「日中平和友好条約」交渉の政治過程』御茶の水書房, 2005.
古沢健一『日中平和友好条約』有斐閣, 1990.

49 佐藤英夫『日米経済摩擦　1945-1990年』平凡社, 1991.
カレル・ヴァン・ウォルフレン『日本／権力構造の謎』上・下, 早川書房, 1990.
牛場信彦『経済外交の証言』ダイヤモンド社, 1974.

XI・50 下斗米伸夫『独立国家共同体への道——ゴルバチョフ時代の終わり』時事通信社, 1992.
ミハイル・ゴルバチョフ『ゴルバチョフ回想録』上・下, 新潮社, 1996.
ジョセフ・ナイ『不滅の大国アメリカ』読売新聞社, 1990.

		猪口孝『日本——経済大国の政治運営』東京大学出版会，1993.
	51	『湾岸戦争——日本への教訓』(『国際問題』第377号)日本国際問題研究所，1991.
		国枝昌樹『湾岸危機——外交官の現場報告』朝日新聞社，1993.
		手嶋龍一『一九九一年日本の敗北』新潮社，1993.
	52	伊豆見元，張達重編著『金正日体制の北朝鮮』慶應義塾大学出版会，2004.
		菅英輝編著『朝鮮半島』社会評論社，2004.
		ドン・オーヴァードーファー『二つのコリア』(特別最新版)共同通信社，2002.
	53	秋山昌廣『日米の戦略対話が始まった』亜紀書房，2002.
		西原正・土山實男編『日米同盟 Q & A100』亜紀書房，1998.
		山内敏弘編『日米新ガイドラインと周辺事態法』法律文化社，1999.
XII	54	菊池努『APEC』日本国際問題研究所，1995.
		大庭三枝『アジア太平洋地域形成への道程』ミネルヴァ書房，2004.
		船橋洋一『アジア太平洋フュージョン』中央公論社，1995.
	55	田辺敏明『地球温暖化と環境外交』時事通信社，1995.
		環境庁地球環境部編『京都議定書と私たちの挑戦』大蔵省印刷局，1998.
		寺西俊一監修・東アジア環境情報発伝所編『環境共同体としての日中韓』集英社，2006.
	56	国際連合広報センター編『国際連合の改革と刷新』国際連合広報センター，1997.
		ラインハルト・ドリフテ『国連安保理と日本』岩波書店，2000.
		河辺一郎『「常任理事国入り」——国連安全保障理事会』岩波書店，1994.
	57	NHK出版編『"アメリカ′ズ・ウォー"と世界』日本放送出版協会，2001.
		久江雅彦『9・11と日本外交』講談社，2002.
		竹田いさみ『国際テロネットワーク』講談社，2006.
	58	ジェームズ・マン『ウルカヌスの群像』共同通信社，2004.
		酒井啓子『イラク戦争と占領』岩波書店，2004.
		森本敏編『イラク戦争と自衛隊派遣』東洋経済新報社，2004.
	59	阪田雅裕編著『政府の憲法解釈』有斐閣，2013.
		森肇志『自衛権の基層——国連憲章に至る歴史的展開』東京大学出版会，2009.
		読売新聞政治部『安全保障関連法——変わる安保体制』信山社，2015.
	60	畠山襄『経済統合の新世紀——元通商交渉トップの回想と提言』東洋経済新報社，2015.
		浦田秀次郎ほか『ASEAN経済統合の実態』文眞堂，2015.
		作山巧『日本のTPP交渉参加の真実』文眞堂，2015.

あ と が き

　本書の初版本は，20年も遡る1995年のことである．当時は，米ソ冷戦の終焉が真の国際平和をもたらすであろう，との期待と夢が大きく揺らいでいた．湾岸戦争が勃発し，そのときの日本政府の対応が「あまりにも遅く，自主性がなく，実行力がない」と国際社会から激しい批判を浴び，ついに日本は国際貢献の一環として，カンボジアPKOのために自衛隊派遣へと舵を切ったばかりであった．のみならず，北朝鮮のミサイル実験や中国による台湾近海へのミサイル発射など日本周辺で緊張が増していた．国内でも地下鉄サリン事件や阪神淡路大震災といった人災や天災，また沖縄で小学生が米軍兵士によって暴行されるといった悲惨な事件が相次ぎ，遠くペルーでは日本人多数が現地のテロ組織によって人質にされるショッキングな事件も発生するなど，安全保障や危機管理が盛んに叫ばれたのである．

　戦後長らく日本外交は「吉田路線」を金科玉条としてきたが，もはや限界を露呈しつつあった．日本はひたすら経済成長と発展に全力を注ぎ，政治的かつ防衛上の問題はアメリカ任せで関与することを意識的に避けてきた．それが戦後の平和国家日本の正しい姿であると多くが信じてきた．しかしもはや国際社会はこのような基本姿勢を許さなくなっていた．日本は堂々たる経済大国として，グローバルな問題への一定の責任を果たすべき義務をもっている，との主張や認識がすでに一般化していたのである．ただ日本人がそれに気づかず，対応が後手に回ったことは否めなかった．要するに，日本人の自己イメージと諸外国からの他己イメージとのギャップが一気に顕在化し，それにわれわれは翻弄されたといえる．

　では今後日本外交はどうあるべきか．本書の刊行を思い立ったのは，上記のような戦後日本外交の重要な転換期を迎えていたことと無関係ではない．このよう

な外交の節目を身近に感じつつ、では学生諸君に対してどのように日本外交のあるべき姿や方向性を提示すればよいのか、と自問自答せざるを得なかった。一方、学生諸君の側にも、日本外交に関心をもちながらも、中国や韓国から歴史上の問題でバッシングされると、自信なく右往左往する状況が見られた。結局、受講者の立場をより強く意識した教科書の作成が緊要と考えることに落ち着いた。そうすれば、もう少し学生諸君も堅実な知識に基づく、理性的でバランスの取れた外交感覚を養えるのではなかろうかと思いを巡らした次第である。

しかし21世紀を迎えた今、国際社会は激しく流動化している。グローバリゼーションが普遍化する中で、環境・資源・テロ・伝染病などの難問が国境を越え、人権・ジェンダー・貧困・宗教・人種差別など人間の生命権や財産権に直接関わる重要課題が世界中に蔓延しつつある。それら懸案はいずれも一国単位で対処できず、世界国家としての集団的取り組みが不可欠となっている。いわば各国家は国益に縛られずに、国際益とでもいうべき使命をもって果敢に行動することが緊要となっている。とすれば、主導すべき立場にある先進国の役割はますます巨大化しつつあり、その中で日本の世界的ビジョンと、それに伴う行動が問われているのである。

本書もこのような国際環境の急激な変化を受け止め、今般、2007年の新版を大幅に改訂することとした。その結果、初版時の計10章・50項目から、計12章・60項目へと拡張された。同時に、各項目に収めている資料も必要部分で入れ替えたり、新たに挿入した。もちろん、初心者から専門家までもが手に取って日本外交の理解を深める工夫に努力した点は従来通りである。

最後に、有信堂高文社の髙橋明義社長と川野祐司氏に大変お世話になったことに心から謝意を表したい。

2016年3月　　　　　　　　　　　　　　　　　　　　　　　　増田　弘

事項索引

ア 行

アジアインフラ投資銀行(AIIB) 254
アジア開発銀行(ADB) 162, 164
アジア金融危機 234
アジア太平洋経済協力会議(APEC) 233, 234
アジア太平洋自由貿易圏(FTAAP) 254
アジア盟主論 38
アジア・モンロー主義 92
芦田修正 110
アデナウアー方式 146
天羽声明 92
アラブ石油輸出国機構(OAPEC) 194, 204
　　──石油相会議 194
アルカイーダ 232
アルバニア決議案 190
安政諸条約 3
安政の大獄 12
安保改定 158
安保騒動 164
帷幄上奏 80
石井・ランシング協定 39
李承晩ライン 168
イラク復興支援特別措置法 248
岩倉使節団 22
インドシナ戦争 172
ウィリアムズバーグ会議 204
ウィリアムズバーグ・サミット 199
ウィルソン大統領の14カ条 39
梅津・何応欽協定 92
英仏露三国協商 50
易幟 78
NSC13／2 116, 128
LT貿易 190
円切り上げ 186
援蔣ルート 100
欧州共同体(EC) 181, 194, 198, 204, 218
欧州経済共同体(EEC) 180
欧州連合(EU) 218, 238, 242
王政復古の大号令 12
王道楽土・五族協和 86
大津事件 22
大平・金メモ 168
大山大尉射殺事件 92
沖縄返還 163
　　──協定 176
　　──交渉 176
乙案 104

カ 行

海外経済協力基金(OECF) 162, 164
海軍軍縮に関する五カ国条約 68, 70
『海国兵談』 4
海主陸従 100
華夷秩序 2, 16
カイロ宣言 112
核拡散防止条約(NPT) 208, 216, 226
核査察 216
核抜き・本土並み・72年返還 163, 176
加州排日土地法 46
臥薪嘗胆 26
ガダルカナル陥落 112
桂・タフト協定 38
桂・ハリマン予備覚書 40
神奈川条約 → 日米和親条約
華北分離工作 92
樺太千島交換条約 18
漢口事件 76
関税自主権 12, 22
関税と貿易に関する一般協定(GATT) 141, 150, 164, 204
艦隊派 80
環太平洋経済連携協定(TPP) 254

関東軍	69, 78, 85, 86	国際原子力機関(IAEA)	216, 226, 232
関東州租借地	54	国際通貨基金(IMF)	141, 150, 181
関東庁	40	国際復興開発銀行(世界銀行, IBRD)	150
関東都督府	40	国際平和支援法	252
機関車論	199, 204	国際連合(国連)	141, 150, 182, 216, 226, 233, 238, 240
九カ国条約 → 中国に対する九カ国条約		国際連盟(連盟)	39, 62, 80, 86, 90, 150
9・11 テロ事件	232	国民党	142
京都議定書	233, 238	国務・陸軍・海軍三省調整委員会(SWNCC)	112
極東委員会	116, 132		
極東国際軍事裁判	111	国連 → 国際連合	
極東条項	136	国連安全保障理事会(国連安保理)	124, 150, 194, 222, 240
極東地域委員会(FEAC)	112	——常任理事国	182
金解禁	84, 90	——の常任理事国入り	233
金融恐慌	84, 86	国連カンボジア暫定統治機構(UNTAC)	222
九段線	252	国連軍	124, 222
グラスノスチ	218	国連憲章	240
軍閥混戦	76	国連平和協力法	222
経済安定 9 原則	116	五・三〇事件	69, 76
経済外交	90, 152, 164, 180	五・四運動	39, 62, 76
経済科学局(ESS)	116	55 年体制	228
経済協力開発機構(OECD)	162, 164	国共合作	92
経済制裁	216	国共内戦	128, 142
経済成長路線	164	国権回収運動	76
経済的自立化	111, 116, 128	コミンテルン	96
経済連携協定(EPA)	254		
警察予備隊	124, 128	**サ 行**	
ケーセン調査団	176	サーベル外交	69
建艦競争	70	最恵国待遇	22
原爆	110	財産および請求権の放棄	142
——投下	112	済南事件	78
五・一五事件	80, 84	在日朝鮮人の法的地位や処遇	162
甲案	104	在日米軍	111, 128, 136, 158
膠州湾租借地	62	財閥解体	110, 116
公職追放	110, 116	在米日本資産の凍結	104
甲申の変	26	薩英戦争	3, 12
降伏後における米国の初期の対日方針 (SWNCC150/4)	116	佐藤・ニクソン共同声明	190
五箇条の御誓文	16	サミット → 先進国首脳会議	
国際協力事業団(JICA)	162, 164	サラエボ事件	50
国際経済会議	90	三国干渉	26
国際経済懇話会	154		

『三酔人経綸問答』	17
山東出兵	69, 78
山東に関する日華公文	62
サンフランシスコ講和条約	150
自衛隊	124, 128, 199, 208, 217, 222, 228, 233, 242
事前協議	136, 158
——制	176
幣原外交	68, 76, 78, 84
支那一撃論	92
支那事変	92
支那膺懲論	92
シベリア出兵	39, 58, 70, 74
シベリア抑留問題	146
下田条約	12
下関戦争	3, 12
写真結婚	46
上海コミュニケ	182
上海事変	92
十昭会	100
集団的自衛権	252
周辺事態法	217, 228
自由貿易協定(FTA)	254
自由民権運動	22
重要影響事態法	252
周四原則	190
ジュネーブ会議	90
ジュネーブ軍縮会議	80
攘夷運動	3, 12
小国意識	38
焦土外交	92
条約派	80
昭和維新	69, 86
昭和電工疑獄	116
初期の基本的指令	116
殖産興業	16
所得倍増	164
ジラード事件	158
辛亥革命	39, 40
新日米ガイドライン	217
新旧大陸対峙論	74

新憲法	116
任午の変	26
新冷戦	199
枢軸派	85, 96
砂川事件	158
スミソニアン会議	186
西安事件	92
征韓論争	16
青年海外協力隊	164
政府開発援助(ODA)	198, 200, 238
政友会	78
世界恐慌	69, 84, 86
世界銀行 → 国際復興開発銀行	
世界最終戦論	86
世界貿易機関(WTO)	234, 254
尖閣諸島	18, 252
戦後計画委員会(PWC)	112
戦後政治の総決算	199
先進国首脳会議(サミット)	181, 194, 198, 204
戦争責任	111
戦争放棄	110
戦犯逮捕	116
全方位外交	208
全面講和	132
——論	111
戦略兵器削減交渉(START)	218
存立危機事態	252

タ 行

大アジア主義	17, 69
第一次近衛声明	85
第一次世界大戦	39, 58
対イラク経済措置	222
対華四原則	76
第9条	110
大国意識	38
第五福竜丸事件	158
対支政策綱領	78
大正デモクラシー	68
大政奉還	12
大東亜共栄圏構想	100

『大東合邦論』	17	東京オリンピック	163
第二次近衛声明	85	等距離外交	208
第二次世界大戦	85	統帥権干犯	80
対日講和七原則	132, 136	──問題	84
対日理事会(ACJ)	116	東南アジア開発閣僚会議	164
大日本帝国憲法	16	東南アジア諸国連合(ASEAN)	162, 181
太平洋戦争	85, 104		198, 200, 234
太平洋に関する四カ国条約	68, 70	──経済共同体(AEC)	254
第四次中東戦争	181, 194	東方会議	78
大連会議	74	独墺伊三国同盟	50
台湾海峡危機	217	特需景気	116, 124
台湾事件	18	独ソ開戦	104
高平・ルート協定	38	独ソ不可侵条約	85, 96, 180
多国籍軍	216, 222, 233	ドッジ・ライン	111, 116
多数講和 → 片面講和		ドミノ理論	172
脱亜論	17	ドル外交	40
田中上奏文	78	ドル・ショック	181, 186, 198, 212
ダレス宛書簡	140	トンキン湾事件	172
単独講和 → 片面講和			
チェリアビンスク事件	58	**ナ 行**	
地球温暖化	233	内乱条項	158
地租改正	16	長崎国旗事件	141, 154
血の日曜日事件	34	中村大尉殺害事件	86
中距離核戦力(INF)	204, 218	ナチス	96
中国に関する九カ国条約	68, 70, 85, 104	7カ国財務相・中央銀行総裁会議(G7)	204
中国の幣制改革	92	南京事件	76
超均衡財政	116	南沙諸島(スプラトリー諸島)	252
張鼓峰事件	100	軟弱外交	69
長春会議	74	南進	85, 104
朝鮮戦争	116	──論	38, 100
朝鮮半島エネルギー開発機構(KEDO)	217	南部仏印進駐	100, 104
徴兵令	16	難民救済	242
珍宝(ダマンスキー)島事件	180	ニクソン・ショック	180, 182, 186
積み上げ方式	154		190, 198, 208
テポドン事件	228	ニコライエフスク事件	58
テロ対策特別措置法	242	21カ条要求	39
天津条約	26	日英同盟	17, 34, 38
天皇制	112	日英同盟協約	39
土肥原・秦徳純協定	92	日独伊軍事同盟条約	85, 96
東亜新秩序	85, 100	日独伊防共協定	96
東学党の乱	26	日独協定強化	96

日独戦争	50
日独防共協定	84, 96, 100
日米安保条約	124, 132, 136, 142, 158, 208, 217, 228
日米安保体制	217
日米ガイドライン → 日米防衛協力のための指針	
日米行政協定	136
日米経済戦争	212
日米経済摩擦	212
日米構造協議(SII)	212
日米修好通商条約	3, 12
日米紳士協定	46
日米通商航海条約	85, 104
日米防衛協力のための指針(日米ガイドライン)	208
日米和親条約(神奈川条約)	3, 8
日露協商(日露協約)	39
日露戦争	38
日露通好条約	18
日露同盟	38, 39, 58
日華協定	70
日華協力委員会	190
日華平和条約	140, 142, 181, 190
日韓基本条約	163, 168
日韓協約	39
日韓交渉	140, 162, 168
日韓国交正常化	168
日韓併合	39
日清講和条約	26
日清戦争	17, 26
日ソ基本条約	68, 74
日ソ共同宣言	141, 146, 150
日ソ国交正常化	141, 146
日ソ中立条約	104, 112
日ソ不可侵条約	96
日中共同声明	190
日中国交正常化	141, 154, 181, 190, 198
日中戦争	100, 142
日中平和友好条約	199
日中民間貿易協定	154
日朝修好条規	26
日朝平壌宣言	226
日本異質論	212
日本移民問題	38
日本海海戦	34
日本国際貿易促進協会	154
日本人学童隔離事件	46
日本盟主論	17
『日本幽囚記』	4
ニューディーラー	116
熱河作戦	92
農産物の輸入自由化	212
農地改革	110, 116
ノモンハン事件	85, 100
ノルマントン号事件	22

ハ 行

ハーグ密使事件	39
パージ → 公職追放	
賠償	90, 140, 142, 152, 162, 168, 190, 200
排日移民法	46
廃藩置県	16
幕藩体制	17
覇権条項	208
八・一宣言	92
パリ平和会議	70
パリ和平協定	172
ハル・ノート	104
ハル四原則	104
ハワイ奇襲攻撃	112
版籍奉還	16
バンデンバーグ決議	136
反ワシントン体制派	69, 84
PKO協力法	217, 252
東シナ海防空識別区	252
比島作戦	100
日比谷焼き討ち事件	34
秘密外交	39
ひも付き援助	198
フィウメ問題	62
フィリピン作戦 → 比島作戦	

事項索引 283

復員	110	**マ 行**	
福田ドクトリン	199, 200	前川レポート	212
富国強兵	16	松岡構想	96
不戦条約	80	マハティール構想	234
ブッシュ・ドクトリン	248	マラケシュ合意	238
ブライアン・ノート	54	満州	84
プラザ合意	198, 212	——国	86, 92
ブラジル，ロシア，インド，中国，南ア(BRICS)	254	——聖域論	38
		——鉄道の中立化	40
武力攻撃事態法	252	——某重大事件	69, 78
ブレジネフ・ドクトリン	218	——問題	38
ブレトンウッズ体制	204	満鉄 → 南満州鉄道株式会社	
文化交流	154	万宝山事件	86
文化大革命	190	満蒙危機運動	86
文明開化	16	満蒙問題解決方策大綱	86
米原子力空母エンタープライズ	172	ミッドウェー海戦	112
米中接近	180, 182, 186, 198	南満州鉄道株式会社(満鉄)	40
平和安全法制整備法	252	民間経済外交	164
北京関税会議	76	民政局(GS)	116
ベトコン	172	民政党	78
ベトナム戦争	163, 172, 176, 180, 182, 186, 190, 200, 208, 212	無二念打ち払い令	4
		モリソン号事件	8
ベルサイユ体制	68	**ヤ 行**	
ペレストロイカ	218	ヤルタ密約	112
変動相場制	186	輸出自主規制	186, 212
片面(単独，多数)講和	111, 132, 136	輸入課徴金	186
保安隊	128	吉田書簡	142
貿易と資本の自由化	164	吉田ドクトリン	180
奉直戦争	76	四次防	208
奉天会戦	34	『万朝報』	34
ポーツマス講和会議	40	4カ国の借款団	40
北守南進	100	**ラ 行**	
北進論	38	ラパロ条約	74
北爆	172	ラピタン協定	80
北伐	69, 76, 78	リース・ロス・ミッション	92
北部仏印進駐	85, 100, 104	陸主海従	100
ボゴール宣言	234	リットン調査団	86
ポスト冷戦期	217	『リットン報告書』	86
ボスニア・ヘルツェゴビナ	216	琉球処分	18
ポツダム宣言	112		
北方領土問題	218		

柳条湖事件	69, 84, 86
領事裁判権	12, 22
ルート四原則	70
レッドパージ	124
連合国最高司令官総司令部（GHQ／SCAP）	
	116
連盟脱退	90, 92
ロイヤル演説	116
労働改革	116
労働争議	116
鹿鳴館	22
盧溝橋事件	85, 92
ロシア革命	39
ロンドン海軍軍縮会議	80
ロンドン海軍軍縮条約	69, 80, 84
ロンドン交渉	146
ロンドン国際経済会議	90

ワ 行

和協外交	92
ワシントン会議	70
ワシントン体制	68, 76
湾岸戦争	216, 222, 233, 242

A・B・C…

ADB → アジア開発銀行
AEC → 東南アジア諸国連合（ASEAN）経済共同体
AIIB → アジアインフラ投資銀行
APEC → アジア太平洋経済協力会議
ASEAN → 東南アジア諸国連合
BRICS → ブラジル，ロシア，インド，中国，南ア

EC → 欧州共同体	
EEC → 欧州経済共同体	
EPA → 経済連携協定	
EU → 欧州連合	
FEAC → 極東地域委員会	
FEC → 極東委員会	
FTA → 自由貿易協定	
FTAAP → アジア太平洋自由貿易圏	
G7 → 7カ国財務相・中央銀行総裁会議	
GATT → 関税と貿易に関する一般協定	
GATT11条国	162
GHQ／SCAP → 連合国最高司令官総司令部	
IAEA → 国際原子力機関	
IBRD → 国際復興開発銀行	
IMF → 国際通貨基金	
IMF 8条国	162, 164
INF → 中距離核戦力	
JICA → 国際協力事業団	
KEDO → 朝鮮半島エネルギー開発機構	
NPT → 核拡散防止条約	
OAPEC → アラブ石油輸出国機構	
ODA → 政府開発援助	
OECD → 経済協力開発機構	
OECF → 海外経済協力基金	
PWC → 戦後計画委員会	
SII → 日米構造協議	
START → 戦略兵器削減交渉	
SWNCC → 国務・陸軍・海軍三省調整委員会	
TPP → 環太平洋経済連携協定	
UNTAC → 国連カンボジア暫定統治機構	
WTO → 世界貿易機関	

人名索引

ア 行

アイゼンハワー（Eisenhower, D.）	158, 176
青木周蔵	22
芦田均	116
有田八郎	96, 104
井伊直弼	12
井川忠雄	104
池田勇人	116
石橋湛山	50, 154
石原莞爾	69, 84, 86
李承晩	163
板垣征四郎	86
井上馨	22, 50
井上準之助	90
岩倉具視	16, 26
ウィッテ（Vitte, S.）	34
ウィルソン（Wilson, W.）	39, 54, 62
ウィルヘルム二世（Wilhelm II, カイザー）	50, 62
ウォルフレン（Wolferen, K.）	212
内田康哉	92
内村鑑三	34
エッカルトシュタイン（Eckardstein, H.）	30
袁世凱	54
王国権	190
汪兆銘	78, 85
大久保利通	16, 18, 26
大隈重信	22
大島浩	96
大平正芳	168, 200
オールコック（Alcock, R.）	12
小笠原貞頼	18
緒方貞子	242

カ 行

カーター（Carter, J.）	208
桂太郎	38
加藤寛治	80
加藤高明	38, 50, 54
加藤友三郎	70
金子堅太郎	34
金丸信	226
カラハン（Karakhan, L.）	74
河本大作	78
キッシンジャー（Kissinger, H.）	180, 182, 194
木戸孝允	16
金日成	124, 217
金鍾泌	168
キャラウェイ（Caraway, P.）	176
久保田貫一郎	168
グラント（Grant, U.）	18
クリントン（Clinton, B.）	228, 234
グレー（Gray, E.）	54
黒田清隆	18
ケナン（Kennan, G.）	111, 116
ケネディ（Kennedy, J.）	172, 176
ケンペル（Kampfer, E.）	4
小磯国昭	112
高宗	39
江沢民	218
幸徳秋水	34
河野一郎	146
高良とみ	154
後藤新平	74
小村寿太郎	22, 30, 38
ゴルバチョフ（Gorbachev, M.）	218
ゴローニン（Golovnin, V.）	4

サ 行

西園寺公望	38, 62
佐々木惣一	80
サッチャー（Thatcher, M.）	216

三条実美	16
椎名悦三郎	168
重光葵	146, 158
ジスカールデスタン（Giscard' Estaing, V.）	204
幣原喜重郎	70
ジャクソン（Jackson, A.）	8
周恩来	180, 182
シュミット（Schmidt, H.）	204
蒋介石	69, 76, 78, 112, 142
廖承志	190
昭和天皇	78
ジョンソン（Johnson, L.）	163, 172, 176, 212
鈴木貫太郎	112
鈴木善幸	200
スターリン（Stalin, I.）	112
スチムソン（Stimson, H.）	80
セミョーノフ（Semenov, G.）	58
孫文	68, 76

タ 行

大院君	26
高碕達之助	190
高橋是清	34, 90
高平小五郎	34
竹入義勝	190
竹下登	200
田中角栄	190, 198
田中義一	78
樽井藤吉	17
ダレス（Dulles, J.）	132, 136, 140, 142, 146, 152, 158, 172, 176
チェンバレン（Chamberlain, J.）	30
チャーチル（Churchill, W.）	112
張学良	78
張作霖	69, 76, 78
陳毅	154
寺島宗則	22
東郷平八郎	34
鄧小平	208
徳川家達	70
徳川家茂	12
徳川慶喜	3, 12
徳田球一	124
ド・ゴール（de Gaulle, C.）	162
ドッジ（Dodge, J.）	116
ドムニツキー（Domnitsky, A.）	146
ドレイパー（Draper, W.）	111

ナ 行

中江兆民	17
中曽根康弘	199, 200
南原繁	132
ニクソン（Nixon, R.）	163, 176, 180, 182, 186
ニコライ二世（Nikolai II）	34
野村吉三郎	104

ハ 行

ハーディング（Harding, W.）	70
橋本龍太郎	228
鳩山一郎	146
林子平	4
ハリス（Harris, T.）	3, 12
ハリマン（Harriman, E.）	40
ハル（Hull, C.）	104
日置益	54
ビッドル（Biddle, J.）	8
ヒトラー（Hitler, A.）	84
ヒューズ（Hughes, C.）	70
広田弘毅	92
閔妃	26
フーバー（Hoover, H.）	80
溥儀	40, 86
福沢諭吉	17
福田越夫	190, 198, 200, 204, 208
藤山愛一郎	158
フセイン（Husayn, S.）	216, 222, 233, 248
プチャーチン（Putiatin, E.）	8
ブッシュ（子，Bush, G. W.）	226, 233, 242, 248
ブッシュ（父，Bush, G.）	216, 218, 222, 233
ヘイ（Hay, J.）	30

ペリー（Perry, M.）	8
帆足計	154
細川護熙	234
ホルヴァート（Khorvat, D.）	58

マ 行

牧野伸顕	62
マクドナルド（MacDonald, J.）	80
松岡洋右	96, 104
マッカーサー（MacArthur, D.）	110, 112
松平恒雄	80
松村謙三	190
松本俊一	146
マリク（Malik, Y.）	146
三木武夫	194, 198, 204
美濃部達吉	80
陸奥宗光	22, 26
村田省蔵	154
村山富一	226
毛沢東	142, 182

ヤ 行

芳沢謙吉	74
吉田茂	111, 124, 128, 132, 140, 142, 150, 164, 176, 199
ヨッフェ（Joffe, A.）	74

ラ 行

ラックスマン（Laksman, A.）	4
リード（Reed, D.）	80
李鴻章	26
リッベントロップ（Ribbentrop, J.）	96
李徳全	154
ルーズベルト, F.（Roosevelt, F.）	104, 112
ルーズベルト, T.（Roosevelt, T.）	34, 46
レーニン（Lenin, V.）	58
レザノフ（Rezanov, N.）	4
ロイヤル（Royall, K.）	111
ローゼン（Rosen, R.）	34
ロバーツ（Roberts, E.）	8

ワ 行

若槻礼次郎	80

編著者　増　田　　　弘（ますだ・ひろし）
　　　　1947 年　神奈川県生まれ
　　　　1971 年　慶應義塾大学法学部政治学科卒業
　　　　1976 年　慶應義塾大学大学院法学研究科政治学専攻博士課程修了
　　　　　　　　法学博士
　　現　職　立正大学特任教授（日本外交史・政治外交論）
　　主　著　『石橋湛山研究――小日本主義者の国際認識』東洋経済新報社，1990 年（石橋湛山賞）．『アジアのなかの日本と中国――友好と摩擦の現代史』共編，山川出版社，1995 年．『公職追放――三大政治パージの研究』東京大学出版会，1996 年（吉田茂賞）．『政治家追放』中公叢書，2001 年．『周恩来・キッシンジャー機密会談録』共訳，岩波書店，2004 年．『自衛隊の誕生――日本の再軍備とアメリカ』中公新書，2004 年．『ニクソン訪中と冷戦構造の変容』編著，慶應義塾大学出版会，2006 年．『マッカーサー』中公新書，2009 年．*MacArthur in Asia*, Cornell University Press, 2012.

　　　　佐　藤　　　晋（さとう・すすむ）
　　　　1967 年　愛媛県生まれ
　　　　1992 年　慶應義塾大学文学部国史学科卒業
　　　　2000 年　慶應義塾大学大学院法学研究科政治学専攻博士課程修了
　　　　　　　　博士（法学）
　　現　職　二松学舎大学教授（日本政治外交史）
　　主　著　『岸信介政権と高度成長』共著，東洋経済新報社，2003 年．『池田・佐藤政権期の日本外交』共著，ミネルヴァ書房，2004 年．『現代日本の東南アジア政策』共著，早稲田大学出版部，2007 年．『東アジア近現代通史 第 9 巻』共著，岩波書店，2011 年．『もう一つの日米交流史』共著，中央公論新社，2011 年．『大日本帝国の崩壊』共著，慶応義塾大学出版会，2012 年．『冷戦変容期の日本外交』共著，ミネルヴァ書房，2013 年．『戦後日本とアジア』共著，ミネルヴァ書房，2015．

新版　日本外交史ハンドブック――解説と資料〔第二版〕

2007 年 3 月 22 日　初　版第 1 刷発行　　　　　　　〔検印省略〕
2011 年 6 月 26 日　初　版第 4 刷発行
2016 年 4 月 11 日　第二版第 1 刷発行
2021 年 1 月 27 日　第二版第 2 刷発行

編著者 ⓒ 増田　弘・佐藤　晋／発行者　髙橋明義　　　印刷／製本　博文社

東京都文京区本郷 1-8-1　　振　替　00160-8-141750　　発　行　所
〒113-0033　　　　　　　　Ｔ Ｅ Ｌ（03）3813-4511　　株式会社　有信堂高文社
　　　　　　　　　　　　　Ｆ Ａ Ｘ（03）3813-4514　　Printed in Japan
　　　　　　　　　　　　　http://www.yushindo.co.jp
　　　　　　　　　　　　　ISBN978-4-8420-5574-9

国際関係学〔第3版〕——地球社会を理解するために	滝田賢治 編	三二〇〇円
国際政治と規範——国際社会の発展と兵器使用をめぐる規範の変容	大芝亮治 編	三〇〇〇円
オタワプロセス——対人地雷禁止レジームの形成	足立研幾 著	二六〇〇円
レジーム間相互作用とグローバル・ガヴァナンス——通常兵器がヴァナンスの発展と変容	足立研幾 著	六三〇〇円
国内避難民問題のグローバル・ガバナンス——アクターの多様化とガバナンスの変化	足立研幾 著	四八〇〇円
移行期正義と和解——規範の多系的伝播・受容過程	クロス京子 著	四六〇〇円
東アジアの国際関係——多国間主義の地平	赤星聖 著	三九〇〇円
民族自決の果てに——マイノリティをめぐる国際安全保障	大矢根聡 編	三〇〇〇円
ナショナリズム論——社会構成主義的再考	吉川元 著	二九〇〇円
日本の通商政策転換の政治経済学——FTA/TPPと国内政治	原百年 著	四八〇〇円
国際協力のレジーム分析——制度・規範の生成とその過程	金ゼンマ 著	二七〇〇円
日本とドイツの気候エネルギー政策転換——パラダイム転換のメカニズム	稲田十一 著	六六〇〇円
	渡邉理絵 著	

★表示価格は本体価格（税別）

有信堂刊